George Weigel

Die Erneuerung der Kirche

George Weigel

DIE ERNEUERUNG DER KIRCHE

Tiefgreifende Reform im 21. Jahrhundert

media
maria

Bibliografische Information: Deutsche Nationalbibliothek. Die deutsche Nationalbibliothek verzeichnet diese Publikation in der Deutschen Nationalbibliografie; detaillierte bibliografische Daten sind im Internet über http://dnb.ddb.de abrufbar.

Alle Schriftzitate stammen aus der deutschen Einheitsübersetzung.

Originaltitel: EVANGELICAL CATHOLICISM
Deep reform in the 21st century church
© 2013 by George Weigel
Published by Basic Books, A Member of the Perseus Books Group
Titel der deutschen Ausgabe: DIE ERNEUERUNG DER KIRCHE
Tiefgreifende Reform im 21. Jahrhundert

© Media Maria Verlag, Illertissen 2015
Alle Rechte vorbehalten
Aus dem Englischen übersetzt von Dr. Gabriele Stein
ISBN 978-3-9454011-2-5
www.media-maria.de

Für Scott Newman
und Russell Hittinger

Inhalt

Wo wird mit feurigen Zungen von Gott und seiner Liebe gesprochen?
Wo wird von den »Geboten Gottes« nicht als von einer mühselig zu
respektierenden Pflicht, sondern von ihnen als der herrlichen Befreiung des
Menschen von versklavender Lebensangst und von frustrierendem
Egoismus geredet? Wo wird in der Kirche nicht nur gebetet, sondern das
Gebet auch als pfingstliche Gabe des Geistes, als herrliche Gnade erfahren?
[...] Wir in der Kirche reden zu wenig von Gott oder tun es in einer
dürren Indoktrination, der eine wirklich lebendige Kraft fehlt. [...] Erst
wenn diese Botschaft vom lebendigen Gott in den Kirchen mit aller Kraft
des Geistes gepredigt wird, wird der Eindruck verschwinden, die Kirche
sei doch nur ein seltsames Relikt aus den Zeiten einer Gesellschaft, die
zum Untergang verurteilt ist. [...] Und umgekehrt könnte das Bekenntnis
zu Jesus als dem Christus und dem Herrn, dem entscheidenden und
letzten Wort Gottes in der Geschichte, lebendiger, froher und
unbefangener werden.[1]
– Karl Rahner SJ
– 1972 –

Heute scheinen wir die Geburt eines neuen Katholizismus zu erleben,
der ohne Verlust seiner institutionellen, sakramentalen und sozialen
Dimensionen in einem echten Sinn evangelikal ist. [...][2]
[Der Katholizismus] in seiner besten Form hat stets eine tiefe persönliche
Beziehung mit Christus gefördert. Wenn wir evangelisieren, sind wir
aufgerufen, unsere Augen zu ihm zu erheben und jedweden
Ekklesiozentrismus zu überwinden. Die Kirche ist wichtig, aber sie ist
nicht in sich selbst verschlossen. Sie ist ein Mittel, die ganze Welt durch
Jesus Christus in die Vereinigung mit Gott hineinzuziehen. [...] Die erste
und oberste Priorität besteht für die Kirche darin, die Frohbotschaft von
Jesus Christus als eine freudige Botschaft der ganzen Welt zu
verkündigen. Nur wenn die Kirche ihrer evangelikalen Mission treu ist,
darf sie hoffen, in der Gesellschaft, in der Politik und in der Kultur ihren
eigenständigen Beitrag zu leisten.
– Avery Kardinal Dulles SJ
– 1991 –

Die Kirche ist aufgerufen, ihren Auftrag [...] gründlich zu überdenken
[...]. Sie darf sich nicht vor jenen beugen, die nur Verwirrung, Gefahren
und Bedrohungen sehen. [...] Es geht darum, die Aktualität des
Evangeliums [...] durch persönliche und gemeinschaftliche Begegnung
mit Jesus Christus zu bestätigen, zu erneuern und zu beleben, damit er
Jünger und Missionare berufen kann. [...]
Ein katholischer Glaube, der nur als Last betrachtet wird, der nur als
Katalog von Regeln und Verboten verstanden wird, sich auf einzelne
Frömmigkeitspraktiken beschränkt, Glaubenswahrheiten nur selektiv und
partiell akzeptiert, gelegentlich an einigen Sakramenten teilnimmt, nur
einige Prinzipien der kirchlichen Lehre nachbetet, Moralvorstellungen
zurechtbiegt oder krampfhaft vertritt, die das Leben der Getauften nicht
verwandeln, – ein solch reduzierter Glaube wird den
Auseinandersetzungen der Zeit nicht standhalten. [...] Wir alle müssen
(gemäß den Worten Papst Benedikts XVI.) neu beginnen von Christus
her: »Am Anfang des Christseins steht [...] die Begegnung mit einem
Ereignis, mit einer Person, die unserem Leben einen neuen Horizont und
damit seine entscheidende Richtung gibt.«
– Schlussdokument der 5. Generalversammlung
des Episkopats von Lateinamerika und der Karibik in Aparecida
– 2007 –

Vorwort

Evangelikaler Katholizismus: eine Einladung zu einer
tiefgreifenden katholischen Reform

Als die katholische Kirche den 50. Jahrestag der Eröffnung des
Zweiten Vatikanischen Konzils beging, waren die Forderungen nach einer Reform der Kirche nachdrücklich, weitverbreitet und nicht selten misstönend. Doch der Ruf nach einer »Reform« war oft schon das Einzige, was die Rufer miteinander
verband.

In den ersten Jahrzehnten des 21. Jahrhunderts weisen so-
wohl die »progressiven« als auch die »traditionalistischen«
Katholiken ihre Reform-Agenda vor. Hans Küng, der die
Aufgabe des II. Vaticanums einst als »Reform und Wiederver-
einigung« beschrieb, ist fest davon überzeugt, dass er weiß,
was Reform bedeutet, und auch die Herausgeber von *The
Wanderer*[1] oder *The Tablet*[2] sind sich ihrer Sache sicher, obwohl keiner von ihnen sich mit dem jeweils anderen auf die
Einzelheiten dieser Reform einigen könnte. Die *New York
Times* hat eine genaue Vorstellung davon, wie eine katholische Reform aussehen sollte, *L'Osservatore Romano* ebenfalls
und dasselbe gilt für Hunderttausende von Bloggern und In-
ternetkommentatoren überall auf der Welt. Damit hören die
Gemeinsamkeiten aber schon auf. Die Forderung nach einer
Reform ist de facto universal, doch die Modalitäten der Reform sind allesamt umstritten.

15

Dennoch gibt es vielleicht noch einen weiteren Berührungspunkt. Grundsätzlich stimmen alle streitenden Parteien darin überein, dass sich die Probleme und Chancen des Katholizismus des 21. Jahrhunderts zwischen 1962 und 1965 – also in den Jahren des Zweiten Vatikanischen Konzils – herauskristallisiert haben. Besonders scharfsinnige Beobachter gehen in ihrer Analyse womöglich noch um einige Jahrzehnte weiter zurück, nämlich bis in die Zeit der katholischen intellektuellen Renaissance Mitte des 20. Jahrhunderts. Tatsächlich waren viele Aspekte, die die Konzilsdebatten prägten, damals schon präsent: ein neues biblisches Bewusstsein; ein feineres Gespür für die Bedeutung der Geschichtstheologie und verschiedener philosophischer Sichtweisen; die Erneuerung des kirchlichen Gottesdiensts; eine neue Auseinandersetzung mit dem öffentlichen Leben. Gemeinhin besteht jedoch über das gesamte Spektrum der kirchlichen und weltlichen Meinungen hinweg Einigkeit darüber, dass der Katholizismus des 21. Jahrhunderts – zum Guten oder zum Schlechten – mit dem II. Vaticanum begann.

Dennoch läuft dieser Konsens-im-Dissens Gefahr, die tieferen Strömungen der kirchlichen und weltlichen Kulturgeschichte außer Acht zu lassen. Er erweckt den Eindruck, als wären die Debatten über die katholische Identität, die die Jahre des Konzils und die darauffolgenden Jahrzehnte geprägt haben, *ex nihilo* entstanden – oder von Anfang an in der Form geführt worden, zu der sie in der Tat schon sehr bald erstarrten. Das vorliegende Buch und die darin enthaltenen Vorschläge gehen von der Hypothese aus, dass diese bekannten Analysen verschiedene Aspekte des Katholizismus des 21. Jahrhunderts zwar durchaus treffend beleuchten und erklären, insgesamt aber zu oberflächlich sind. Und das wiederum heißt, dass auch die »Reformvorschläge«, die aus diesen Analysen erwachsen, im Großen und Ganzen zu oberflächlich sind und im Kern an einer wirklich tiefgreifenden katholischen Reform vorbeigehen.

In Wirklichkeit hat die tiefgreifende Reform der katholischen Kirche bereits vor über 125 Jahren eingesetzt. Sie begann unter Papst Leo XIII. und wurde Mitte des 20. Jahrhunderts durch die Wiederbelebung der katholischen Wissenschaften (Bibelforschung, Liturgiewissenschaft, Geschichte, Philosophie und Theologie) und, mehr noch vielleicht, durch das millionenfache Martyrium der Katholiken weitergeführt, die den totalitären Systemen dieser Epoche zum Opfer fielen. Sie wurde fortgesetzt, als Papst Pius XII. seine Lehre von der Kirche als dem »Mystischen Leib Christi« *(Enzyklika Mystici corporis Christi)* vorlegte.[3] Sie erreichte auf dem Zweiten Vatikanischen Konzil einen kirchendramatischen Höhepunkt und sie erhielt neuen Schwung durch das apostolische Schreiben *Evangelii nuntiandi* (1975), in dem Papst Paul VI. die ganze Kirche dazu aufrief, das Evangelium mit neuem missionarischem Eifer zu verkünden.[4] Durch die Pontifikate zweier brillanter Männer, des heiligen Johannes Paul II. und Benedikts XVI., wurde sie noch schärfer akzentuiert. Viele Kämpfe im Katholizismus des 21. Jahrhunderts – angefangen bei der Missbrauchskrise über die radikale Säkularisierung Europas und den Kampf mit dem evangelikalen, pfingstlichen und fundamentalistischen Protestantismus um die christliche Zukunft Lateinamerikas bis hin zu der Herausforderung, für Afrika und Asien geeignete Formen der »Inkulturation« des katholischen Glaubens zu finden – lassen erkennen, welche Wellen diese tieferen Reformströmungen geschlagen haben, auf welche Widerstände sie getroffen sind und wie sich aus alledem allmählich und mühsam ein neues Katholisch-Sein herausschält: eine neue »Form« des Katholizismus.

Diese neue Form steht in wesentlicher Kontinuität mit den Ursprüngen und der Entwicklung der katholischen Lehre, denn sonst wäre sie keine wirklich katholische »Form« der Kirche. Und doch ist sie auch etwas Neues. Oder, anders und vielleicht besser ausgedrückt: Sie ist die Wiederentdeckung und Wiederanwendung von etwas ganz Altem – von etwas, das bis in die ersten Jahrhunderte der christlichen Zeitrechnung zurückreicht.

Dieses »Etwas« soll im Folgenden »evangelikaler Katholizismus« genannt werden. Ehe ich dieses Konzept – was damit gemeint ist und was es im Hinblick auf eine tiefgreifende Reform der katholischen Kirche bedeuten könnte – näher erläutere, muss ich jedoch klarstellen, was ich *nicht* darunter verstehe.

Der evangelikale Katholizismus ist keine Art und Weise des Katholisch-Seins, die gewisse katechetische Praktiken und gottesdienstliche Formen des evangelikalen, fundamentalistischen und pfingstlichen Protestantismus adaptiert.

Der evangelikale Katholizismus ist nicht der Katholizismus der Zukunft, wie ihn sich die »progressiven« oder die »traditionalistischen« Katholiken vorstellen, obwohl er von den Ersteren und von den Letzteren die Forderung nach einer Entwicklung – einer Reform – übernimmt, die die Form, die Christus der Kirche gegeben hat, im Wesentlichen beibehält.

Der evangelikale Katholizismus ist nicht auf die Situation der katholischen Kirche in den Vereinigten Staaten zugeschnitten, die, gemessen an den westeuropäischen Verhältnissen, vergleichsweise gut dasteht.

Der evangelikale Katholizismus ist nicht einfach eine Antwort auf die Missbrauchskrise, die das mediale Erscheinungsbild der katholischen Kirche seit 2002 geprägt hat.

Der evangelikale Katholizismus ist keine Bewegung innerhalb des Katholizismus, keine katholische Sekte und auch keine neue katholische Elite.

Der evangelikale Katholizismus ist kein Ersatz für den *römischen* Katholizismus, im Gegenteil: Seine Entstehung ist eng mit dem Aufkommen des modernen Papsttums verbunden, auch wenn seine weitere Entwicklung gewisse Anforderungen an ein reformiertes Petrusamt in der Kirche stellen wird.

Wenn also der evangelikale Katholizismus alles das *nicht* ist – was ist er dann?

Der evangelikale Katholizismus ist ein Katholizismus, der – nicht selten unter großen Schwierigkeiten – als das Ergebnis einer tiefgreifenden katholischen Reform durch das Wirken des Heiligen Geistes hervorgebracht wird. Diese Reform reagiert auf die Herausforderungen, vor die sich die christliche Orthodoxie und das christliche Leben durch den Sog der Veränderungen gestellt sehen, die die Welt seit dem 19. Jahrhundert verwandeln. Der evangelikale Katholizismus wird im ersten Teil des vorliegenden Buchs, *Die Sichtweise des evangelikalen Katholizismus*, genauer definiert werden. Die tiefgreifenden Reformen, die diese Sichtweise im konkreten Leben der Kirche auslösen sollten, sind das Thema des zweiten Teils, *Die Reformen des evangelikalen Katholizismus*.

Die katholische Kirche glaubt, dass sie durch den Willen Christi selbst in ihrer charakteristischen *Form* konstituiert worden ist. Deshalb erfolgt jede wirklich katholische Reform mit Bezug auf diese von Christus gegebene Konstitution oder Verfassung der Kirche (Verfassung weniger im amerikanischen als vielmehr im britischen Sinne des Wortes). In der über 2000-jährigen Geschichte des Christentums hat eine echte katholische Reform immer darin bestanden, sich auf diese Verfassung zu besinnen und Aspekte der von Christus gegebenen Form der

Kirche wieder neu zur Geltung zu bringen. Das trifft auf das frühe Mittelalter und die Entwicklung des abendländischen Mönchtums zu. Das trifft auf die gregorianischen Reformen des elften Jahrhunderts zu (die übrigens ebenfalls weitreichende Folgen für die Entwicklung des politischen Lebens in Westeuropa hatten). Das trifft auf das 16. Jahrhundert zu, als das Konzil von Trient die Korruption, die die Reformation mitverursacht hatte, schonungslos offenlegte und im Zuge der Gegenreformation eine Form des Katholizismus schuf, die die Jahrhunderte überdauerte. Und das trifft auf die Absichten und zumindest in Teilen auch auf die Maßnahmen des Zweiten Vatikanischen Konzils zu.

Heute besteht die Herausforderung nicht allein darin, dass der Katholizismus sich mit feindlichen kulturellen Kräften konfrontiert sieht, die behaupten, die Kirche leiste den Männern und Frauen in einer freien, gerechten und menschlichen Gesellschaft einen schlechten Dienst. Das ist ein alter Hut. Und offen gesagt wirken solche neuen Atheisten wie Richard Dawkins, Sam Harris und der inzwischen verstorbene Christopher Hitchens eher harmlos, wenn man sie mit Nero oder Diokletian, Voltaire, Robespierre oder Bismarck, Lenin oder Mao Zedong vergleicht. Die Herausforderung besteht heute darin, das Besondere an dieser kulturellen Animosität zu erkennen: dass sie nämlich im Grunde in einer gewissen Gleichgültigkeit gegenüber der biblischen Religion wurzelt und dass sich aus dieser Gleichgültigkeit erst später, im Nachgang, die Auffassung entwickelt hat, der Gott der Bibel sei ein Feind der menschlichen Freiheit, der menschlichen Reife und des naturwissenschaftlichen Fortschritts. Im weiteren Verlauf des 21. Jahrhunderts wird diese Animosität womöglich dazu führen, dass Gläubige, einfach weil sie Gläubige sind, neuen Formen der offenen Verfolgung ausgesetzt sein werden. In den ersten beiden Jahrzehnten des neuen Jahrtausends hat sie sich jedoch vor allem darin geäußert, dass der Katholizismus an den Rand gedrängt und auf eine private Lifestyle-Entscheidung ohne jede öffentliche Relevanz reduziert worden ist. So oder so steht die nachkonziliare Kirche vor der Herausforderung, das Evangelium in einer neuen und vielleicht bisher noch nie dagewesenen kulturellen Situation zu verkünden.

Die westliche Welt, historische Heimat des Christentums, ist, um es mit dem berühmten Wort des Soziologen Max Weber zu sagen, »entzaubert« worden. Es scheint, als hätte man die Fenster und Dachluken der menschlichen Erfahrung zugenagelt und übertüncht. Eine Moderne (und Postmoderne), die der christlichen Zivilisation des Westens weit mehr zu verdanken hat, als viele Erben der kontinentalen Aufklärung es sich eingestehen wollen, hat eine nicht selten toxische öffentliche Kultur hervorgebracht, die zunehmend christophobe Züge annimmt, um einen Begriff des orthodoxen Juden und international anerkannten Rechtswissenschaftlers Joseph H. H. Weiler zu verwenden.[5] Das alles stellt den Katholizismus vor neue Herausforderungen. Diesen Herausforderungen können wir nur durch die tiefgreifenden Reformen des evangelikalen Katholizismus begegnen: Reformen, die die wesentliche, von Christus gegebene Form der Kirche wieder zur Geltung bringen und gleichzeitig ihren Gläubigen und geweihten Amtsträgern das Rüstzeug an die Hand geben, um eine entzauberte und nicht selten feindselige Welt zu bekehren.

Zusammenfassend betrachtet ruft der evangelikale Katholizismus die Katholiken (und alle, die sich für die katholische Kirche interessieren) dazu auf, die von links und von rechts vorgebrachten, oberflächlichen Argumente der vergangenen Jahrzehnte, bei denen es in erster Linie um die *Macht* der Kirche ging, hinter sich zu lassen und sich eingehender mit dem missionarischen *Herzen* der Kirche zu befassen – und mit der Frage, wie dieses Herz sich im 21. Jahrhundert und im dritten Jahrtausend ausdrücken könnte. Der evangelikale Katholizismus handelt von der Zukunft. Sein Wesen zu erfassen setzt jedoch auch einen veränderten Blick auf die jüngere katholische Vergangenheit voraus. Deshalb wollen wir genau dort beginnen.

ERSTER TEIL

Die Sichtweise des evangelikalen Katholizismus

KAPITEL EINS

Abschlüsse und Anfänge

Einige wenige Jahre nach der Wahl Benedikts XVI. war eine markante Tatsache über seinen Nachfolger bereits bekannt: Wer auch immer er sein und woher auch immer er stammen mochte – der nächste Papst würde kein Mann sein, der am Zweiten Vatikanischen Konzil teilgenommen hatte.

Anders als der heilige Johannes Paul II., der als junger polnischer Bischof eine bedeutende Rolle bei der Vorbereitung mehrerer Konzilsdokumente gespielt hatte, und anders als Benedikt XVI., der als Joseph Ratzinger ein wichtiger theologischer Berater auf dem II. Vaticanum gewesen war, wird der nächste Bischof von Rom das wichtigste katholische Konzil seit dem Tridentinum nicht selbst miterlebt haben. Und sollte Benedikt XVI. ein solch langes und erfülltes Leben vergönnt sein wie dem Begründer des modernen Papsttums – Leo XIII., der 1903 im Alter von 93 Jahren starb –, dann wäre es sogar möglich, dass sein Nachfolger in der Zeit, als das Konzil tagte, also 1962 bis 1965, noch nicht einmal geboren war oder vielleicht gerade erst die Grundschule besuchte. Der nächste Papst wird sein gesamtes kirchliches Leben in den Turbulenzen der nachkonziliaren katholischen Kirche verbracht haben. Anders als seine beiden unmittelbaren Vorgänger wird der 265. Nachfolger des heiligen Petrus an der Erfahrung des II. Vaticanums, die Johannes Paul II. und Benedikt XVI. so maßgeblich geprägt hat, nicht teilgehabt haben.

Als Benedikt XVI. 2005 im Alter von 78 Jahren gewählt wurde, sagten manche, er werde ein »Übergangspapst« sein. Exakt dasselbe hatte man auch 1958 bei der Wahl des 58-jährigen Johannes XXIII. erwartet. In beiden Fällen erwies sich die Prognose als wahr – wenn auch nicht unbedingt so, wie sie von ihren Urhebern eigentlich gedacht war. Denn keiner dieser beiden Päpste war nur ein Platzhalter, wie sich die Propheten ihr »Übergangspapsttums« vorgestellt hatten; der »Übergang« spielte sich auf einer ganz anderen Ebene ab.

Mit der Einberufung des Zweiten Vatikanischen Konzils versuchte Johannes XXIII., die kirchlichen Voraussetzungen für ein neues Pfingsten, eine neue und belebende Geisterfahrung zu schaffen, die es der Kirche ermöglichen sollte, mit erneuerter evangelikaler Energie in das dritte Jahrtausend einzutreten und die moderne Welt in einen Dialog über die Zukunft der Menschheit einzubinden. Schlussendlich löste sein Konzil jedoch eine katholische Identitätskrise aus, die das Pontifikat seines Nachfolgers, Pauls VI., zu einem langen Leidensweg, zu einer päpstlichen *Via Crucis* hat werden lassen. Als Papst Paul VI. am 6. August 1976 starb, schienen sowohl das Papsttum als auch die katholische Kirche erschöpft und mutlos.

Dann, nach dem kurzen »Septemberpontifikat« von Johannes Paul I., kam der Papst aus Polen, Johannes Paul II., und flößte der katholischen Kirche neuen evangelikalen Mut ein, als er bei seiner ersten öffentlichen Messe als Bischof von Rom mit kühnen Worten zur Furchtlosigkeit aufrief: »Öffnet, ja reißt die Tore weit auf für Christus!« Sechsundzwanzigeinhalb Jahre lang tat Johannes Paul II. mit der tatkräftigen Unterstützung seines wichtigsten theologischen Beraters, Joseph Kardinal Ratzinger, das, was man noch 1978 für unmöglich gehalten hatte: Er gab dem Konzil eine amtliche Deutung; er führte die Kirche durch das große Ereignis des Heiligen Jahrs 2000 zu einem neuen Pfingsterlebnis, wie Johannes XXIII. es sich erhofft hatte, und er richtete die Kirche mit der »Neuevangelisierung«, die er zur Gesamtstrategie für die Kirche im 21. Jahrhundert und dritten Jahrtausend erklärte, fest und zuversichtlich auf die Zukunft aus.[1] Dadurch, dass Benedikt XVI. diese Gesamtstrategie beibehielt, stand sein Pontifikat in dynamischer Kontinuität mit dem seines Vorgängers, der aufgrund seiner Leistungen vielleicht als Johannes Paul der Große in die Geschichte eingehen wird.

Die Turbulenzen, die das katholische Leben seit dem II. Vaticanum prägen, werden oft auf einen anhaltenden kirchlichen Bürgerkrieg zwischen »Progressiven« und »Konservativen« (oder »Traditionalisten«) zurückgeführt. Diese Einteilung hat sich seit dem II. Vaticanum im öffentlichen (und katholischen) Denken festgesetzt und ist den Menschen seither kaum mehr auszutreiben. Und doch muss sie ausgetrieben werden. Denn wenn es darum geht, das katholische Leben nach dem II. Vaticanum zu erkennen, ist die progressiv-konservative Brille eher dazu angetan, unsere Sicht zu trüben, als sie zu schärfen. Und vor allem trübt sie unseren Blick auf die tiefgreifende Reform, die in der Kirche im Gange ist, seit Vincenzo Gioacchino Kardinal Pecci am 20. Februar 1878 zum Bischof von Rom gewählt wurde und sich den Namen Leo XIII. gab. Peccis Wahl – und nicht etwa die Eröffnung des II. Vaticanums am 11. Oktober 1962 – ist der Geburtstag der Kirche des 21. Jahrhunderts. Denn Leo XIII. setzte eine weitreichende Veränderung des Katholizismus in Gang, die die Kirche Schritt für Schritt von dem seit der Gegenreformation des 16. Jahrhunderts vorherrschenden katechetisch-devotionalen Modell weg- und einem neuen Modell entgegenführte: einem Modell, das sich am besten als evangelikaler Katholizismus beschreiben lässt.

Heute, mehr als eineinviertel Jahrhunderte nach ihrer Initiierung durch Leo XIII., ist diese Veränderung alles andere als abgeschlossen. Um sie zu vollenden, bedarf es einer weiteren und tieferen Reform der katholischen Kirche. In dieser Reform wird sich eine radikal neu grundgelegte Vorstellung sowohl von der christlichen Jüngerschaft als auch von der Aufgabe der Kirche niederschlagen: eine Vorstellung von Jüngerschaft und Sendungsauftrag, in der sich die Entwicklung des katholischen Selbstverständnisses von Leo XIII. bis hin zu Benedikt XVI. verdichtet; die anerkennt, dass die Herausforderungen dieses einzigartigen Augenblicks in der Geschichte der Weltkultur eine neue und dynamische Art des Katholisch-Seins in Kontinuität mit dem authentischen Erbe der Vergangenheit erfordern; und die die Kirche aus den seichten Gewässern der institutionellen Instandhaltung herausführt und den Katholizismus auf das hin ausrichtet, was Johannes Paul II. den »tiefen See eines neuen Jahrtausends«[2] genannt hat.

Benedikt XVI. ist also insofern ein »Übergangspapst«, als die katholische Kirche mit seinem Pontifikat tatsächlich am Ende einer Ära steht. Doch das nahe Ende trägt die fruchtbare Saat einer neuen Zukunft in sich. In dieser Zukunft wird eine zutiefst katholische Reform – eine Reform, die auf zwei Grundpfeilern ruht, nämlich Wort und Sakrament – die Kirche in die Lage versetzen, mit neuer Energie auf den Missionsauftrag ihres Meisters zu reagieren: »Darum geht zu allen Völkern und macht alle Menschen zu meinen Jüngern; tauft sie auf den Namen des Vaters und des Sohnes und des Heiligen Geistes« (Mt 28,19).

Das Ende der Gegenreformation

Als Papst Pius IX. 1878 starb, glaubten viele europäische Staatsmänner und Intellektuelle, das Papsttum – und damit auch die katholische Kirche – sei am Ende seiner Möglichkeiten, um die Geschicke des Menschen zu beeinflussen. Nach dem Verlust des Kirchenstaats war der Papst »Gefangener im Vatikan«. Die rasch wachsende Arbeiterklasse eines zunehmend industrialisierten Europas trat in Scharen aus der Kirche aus, und die Säkularisierung der europäischen Hochkultur schritt immer schneller voran und führte nicht selten zu einer geradezu feindseligen Haltung gegenüber der biblischen Religion.[3] Und obwohl viele Pius IX. (den ersten Papst, der eine Art Personenkult auslöste) als einen bewundernswerten Menschen in Erinnerung behielten, der von seinen Zeitgenossen schmählich geschmäht worden war, lastete das Bild des »Pio No-No« schwer auf der Kirche, denn er war eben auch der Papst, der seiner Epoche ein schallendes »Nein« entgegengerufen hatte, als er 1864 in seinem *Syllabus Errorum* (»Verzeichnis der Irrtümer«) die Vorstellung verurteilte, der römische Papst könne und müsse »sich mit dem Fortschritt, dem Liberalismus und der heutigen Zivilisation versöhnen und vereinigen«. Bei seinem Tod wies in der »Großwetterlage« nur wenig darauf hin, dass der Katholizismus noch einmal imstande sein würde, sich von den Schlägen zu erholen, die er hatte einstecken müssen, seit die Französische Revolution mit ihren kulturellen und politischen Folgen die alten europäischen Regime gestürzt, die traditionellen Autoritätsvorstellungen zerschlagen und das Band zwischen Kirche und Staat, das seit den Zeiten des römischen Kaisers Konstantin für zentrale Aspekte des katholischen Lebens prägend gewesen war, zerschnitten hatte.

Angesichts der antiklerikalen Stoßrichtung des *Risorgimento* (der Gründung des Nationalstaates in Italien im 19. Jahrhundert) waren die Kardinäle, die in Rom zusammenkamen, um Pius' Nachfolger zu wählen, nicht einmal sicher, dass sie dies ohne Gefahr für Leib und Leben würden tun können. Der englische Kardinal Henry Edward Manning schlug sogar vor, man solle das Konklave des Jahres 1878 auf Malta – unter dem Schutz der Kanonen der Royal Navy – abhalten.[4] Die Kardinäle entschlossen sich letztlich, doch in Rom zu bleiben, aber sie dachten vermutlich, sie hätten mit dem 68-jährigen Vincenzo Gioacchino Pecci lediglich einen Platzhalter gewählt. In Wirklichkeit läutete diese Wahl das Ende des gegenreformatorischen Katholizismus ein und setzte einen Prozess in Gang, der auch heute, im 21. Jahrhundert, noch nicht abgeschlossen ist.

Das Pontifikat Leos XIII. war das längste seit Beginn der zuverlässigen historischen Aufzeichnungen. Im Laufe dieser Amtszeit, die mehr als ein Vierteljahrhundert währte, arbeitete er unbeirrbar, stetig und beharrlich daran, die Voraussetzungen für eine neuartige katholische Auseinandersetzung mit dem kulturellen, politischen, wirtschaftlichen und gesellschaftlichen Leben der Moderne zu schaffen. Dadurch, dass er eine gründliche Beschäftigung mit den Originaltexten Thomas von Aquins anordnete, die so zur Grundlage eines spezifisch katholischen Umgangs mit der Moderne wurden, reformierte er das philosophische und theologische Denken der Kirche. Er war der päpstliche Vater der modernen katholischen Bibelwissenschaft, die er für notwendig hielt, um dem zu begegnen, was die Herausforderung der historisch-kritischen Lesart antiker Texte womöglich an zersetzenden Einflüssen mit sich bringen würde. Mit seinen Bemühungen, das zu unterscheiden, was im Leben der Kirche wirklich von Dauer und was vergänglich ist, förderte er die ernsthafte historische Wissenschaft.[7] Außerdem begünstigte er, gestützt auf die Ideen von Männern wie dem Deutschen Wilhelm Emmanuel von Ketteler und dem britischen Kardinal Manning, eine neue katholische Begegnung mit dem politischen und wirtschaftlichen Leben und legte 1891 mit der Enzyklika *Rerum Novarum* den Grundstein zu einer modernen katholischen Soziallehre; schon der Titel weist darauf hin, dass es darin um die »neuen Dinge« der Moderne geht und sich seit der rundweg ablehnenden, antimodernen Haltung Pius' IX. (die Leo als eine Folge der besonderen Situation und Persönlichkeit seines Vorgängers gedeutet hatte) eine entscheidende Wende vollzogen hatte.[8] Seine stillschweigende Billigung der Art und Weise, wie das Verhältnis zwischen Kirche und Staat in der amerikanischen Verfassung geregelt worden war, setzte einen Prozess in Gang, der dazu führte, dass die katholische Kirche die Religionsfreiheit auf dem II. Vaticanum als grundlegendes Menschenrecht anerkannte. Und das wiederum war die Voraussetzung dafür, dass Johannes Paul II. – der Mann, der das bisher längste Pontifikat Leos XIII. übertraf – die Geschichte des 20. Jahrhunderts veränderte.[9]

Das Grabmal von Leo XIII. in der römischen Basilika St. Johannes im Lateran wird seiner epischen Leistung in angemessener Weise gerecht. Das Marmorbildnis zeigt den verstorbenen Pontifex nicht liegend, sondern aufrecht stehend und in Schrittstellung, den rechten Arm ausgestreckt, als wolle er die Welt zu einem ernsthaften Gespräch über die Aussichten der Menschheit einladen – und die Kirche aus der Vergangenheit heraus in eine neue, hoffnungsfrohe und evangelikale Zukunft führen.

Aus dieser leoninischen Perspektive lässt sich die katholische Geschichte nach dem II. Vaticanum schärfer ins Auge fassen als über die Einteilung in ein »progressives« und ein

»konservatives« Lager, die noch vor Ablauf des Konzils gleichsam in Beton gegossen worden ist. Es trifft sicherlich zu, dass in den 59 Jahren zwischen Leos Tod 1903 und der Eröffnung des II. Vaticanums 1962 unterschiedliche Kräfte innerhalb der Kirche darum rangen, den zukünftigen Kurs zu bestimmen; einige dieser Kräfte wollten die bröckelnden Wälle des gegenreformatorischen Katholizismus abstützen, während andere dem leoninischen Erneuerungsvorstoß grundsätzlich wohlwollend gegenüberstanden. Doch wer versteht, wie große Teile der auf dem II. Vaticanum formulierten Lehre durch das bahnbrechende Pontifikat Leos XIII. überhaupt erst möglich geworden waren, der ist imstande, unter die Oberfläche der Wirrungen und Streitereien der heutigen katholischen Geschichte zu blicken. Und auf dieser tieferen Wahrnehmungsebene wird deutlich, dass sich die Ereignisse während des II. Vaticanums und in der Folgezeit, als die Kirche sich bemühte, die Konzilslehre getreulich umzusetzen, nicht auf einen kirchlichen Machtkampf zwischen einem linken und einem rechten Flügel reduzieren lassen. Es war mehr im Gange und es stand mehr auf dem Spiel – viel mehr.

Wer die tieferen Strömungen im Katholizismus des ausgehenden 20. und des beginnenden 21. Jahrhunderts auf Leo XIII., den letzten Papst des 19. und ersten Papst des 20. Jahrhunderts, zurückführt, wird auch das II. Vaticanum und alles, was seither geschehen ist, richtig und von Grund auf verstehen. Das Zweite Vatikanische Konzil hat den Prozess, der mit Leos Reformen einsetzte und beabsichtigte, dass der Katholizismus über seine gegenreformatorische Prägung hinauswachsen sollte, auf einen dramatischen Höhepunkt geführt. Die Pontifikate Johannes Pauls II. und Benedikts XVI. haben eine amtliche Auslegung des II. Vaticanums vorgelegt und es als ein Konzil der Reform durch Wiederherstellung,

32

Erneuerung und Entwicklung interpretiert, das während der Gegenreformation verloren gegangene, vergessene oder vernachlässigte Elemente des kirchlichen Lebens wieder neu zur Geltung gebracht und in den Dienst der evangelikalen Erneuerung gestellt hat. Dieser durch die Lehre Johannes Pauls II. und Benedikts XVI. geschaffene Deutungsrahmen wiederum hat zwei unangemessenen Lesarten des II. Vaticanums ein Ende bereitet: der (typischerweise im progressiven Lager verbreiteten) Vorstellung, das Konzil habe mit der Vergangenheit gebrochen, und der (von den Traditionalisten bevorzugten) Vorstellung, das Konzil sei ein Zugeständnis an die Moderne und schon allein deshalb ein furchtbarer Fehler gewesen.

Bei alledem war, wie schon gesagt, etwas sehr viel Weitreichenderes im Gange, als es die Verzerrungen durch die progressiv-konservative Brille ahnen lassen. Dieses *Etwas* war nicht weniger als das Ende eines Zeitalters – der Ära des gegenreformatorischen Katholizismus – und der Beginn einer neuen Etappe in der katholischen Geschichte: der Ära des evangelikalen Katholizismus.

Die Kirche der Gegenreformation, die darauf bedacht war, den Katholizismus durch einfache, geradlinige Katechese und fromme Andachtsübung zu erhalten, mag in der Zeit zwischen der Spaltung der abendländischen Christenheit Mitte des 16. Jahrhunderts und dem kulturellen Triumph der Moderne im Laufe des 19. Jahrhunderts durchaus ihre Berechtigung gehabt haben. Der gegenreformatorische Katholizismus hat durch die Reform des Priestertums und des Ordenslebens unzählige Heilige hervorgebracht. Er hat die Neue Welt evangelisiert, große Missionare wie Franz Xaver nach Indien, Japan und China und Peter Chanel nach Ozeanien entsandt und Charles Martial Lavigerie zur Gründung der Weißen Väter, der Missionare Afrikas, inspiriert. Er hat das katholische Leben in Großbritannien bis zu einem gewissen Grad wiederaufgebaut, die Französische Revolution überlebt, Bismarcks antikatholischem Kulturkampf die Stirn geboten und der antiklerikalen Verfolgung in Mexiko standgehalten. Der Katholizismus der Gegenreformation hat die Kirche in einer bis dato beispiellosen Situation der Religionsfreiheit gegen den Widerstand bigotter Protestanten und deistischer Skeptiker in den neuen Vereinigten Staaten etabliert. Er hat den ganzen Reichtum der marianischen Volksfrömmigkeit hervorgebracht. Und vor allem war es der gegenreformatorische Katholizismus, der der kommunistischen Verfolgung – der schlimmsten Verfolgung der Kirchengeschichte – Widerstand geleistet hat.

Andererseits war diese Form des Katholizismus nicht geeignet, sich der Herausforderung der Moderne zu stellen, denn das verlangte von den Katholiken mehr, als (auf amerikanische Verhältnisse bezogen) den *Baltimore-Katechismus* auswendig zu lernen und die Wundertätige Medaille zu tragen. Das wusste der Brite John Henry Newman schon Mitte des 19. Jahrhunderts, und er wusste auch, dass der »Liberalismus« in der Religion, wie er es abschätzig nannte – Religion als ein bloßes Gefühl –, keine angemessene Antwort auf die Herausforderung der Moderne war.[10] Und Leo XIII. wusste es schon, als er noch Nuntius in Belgien und Diözesanbischof in Perugia war, und setzte dann als Bischof von Rom jenen Prozess in Gang, der zur Ablösung des gegenreformatorischen Katholizismus führen sollte.

Der Katholizismus der Gegenreformation brachte katholische Kulturen (oder Mikrokulturen) hervor, die den Glauben geradezu osmotisch weitergaben. Doch unter den Säureangriffen der Moderne stürzten diese katholischen Mikrokulturen – insbesondere in den turbulenten 1960er-Jahren – in sich zu-

sammen: in den städtisch-ethnischen Zentren des US-amerikanischen Katholizismus, in Quebec, in Irland, in Spanien,
in Portugal, in den Niederlanden, in Bayern, in Frankreich
und de facto in der gesamten nordatlantischen katholischen
Welt. Gleichzeitig gab es gewisse Hinweise auf eine mögliche
und nötige Alternative zum gegenreformatorischen Modell,
nämlich einen zutiefst biblischen und sakramentalen Katholizismus, der in Afrika gewaltigen Zulauf fand. Doch noch hat
sich diese evangelikale Alternative zum Katholizismus der Gegenreformation in der abendländischen Kirche nicht vollends
ausgeprägt, obwohl das gegenreformatorische Modell – aus
kulturellen Gründen, die inzwischen klar geworden sein
dürften – bereits auf Grund gelaufen und zerschellt ist.

   In seinen 2011 erschienenen intellektuellen Memoiren
Adventures of an Accidental Sociologist hat Peter L. Berger aus
seinem lebenslangen Nachdenken über die Beziehung zwischen Religion und Moderne Folgendes herausdestilliert: Der
Pluralisierungsprozess der Moderne bringt die traditionellen
Kulturen zum Einsturz. Die Bedingungen der Moderne (die
Urbanisierung, die Märkte, die allgemeine Schulpflicht, die
postabsolutistische Politik, das herrschende naturwissen-
schaftliche Paradigma) führen unweigerlich dazu, dass kon-
kurrierende Deutungen der Welt und der menschlichen Bestimmung aufkommen. Wie Berger schreibt: »Die Moderne
[...] relativiert alles, auch die religiösen Weltanschauungen
und Wertesysteme. Diese Relativierung ist für die Moderne
wesentlich und beinahe unvermeidlich. Sie ist eine echte Herausforderung für alle religiösen Traditionen und ihre Wahrheitsansprüche.«[11] Unter solchen Bedingungen geschieht es
nicht und kann es nicht geschehen, dass religiöse Gewissheit
auf dem Weg der Osmose durch die umgebende Kultur (oder
Mikrokultur) vermittelt wird. Religiöser Glaube, Zugehörig-

keit zu einer Religionsgemeinschaft und eine religiös geprägte Moral können nicht länger als selbstverständlich vorausgesetzt werden.

Der progressive Katholizismus akzeptiert diese Relativierung der religiösen Wahrheit als eine mögliche Deutung – eine mögliche Wahrheit – in einer pluralistischen Welt der Wahrheiten und »Erzählungen«, von denen keine Gewissheit beanspruchen kann. Der traditionalistische Katholizismus dagegen meint, man könne die Moderne rückgängig machen und die alten, kulturell tradierten Gewissheiten wiederherstellen. Doch die »Schlachtbank der Geschichte«, wie Hegel es nannte, hat entschieden, dass die letztgenannte Option de facto keine Option mehr ist. Und gleichzeitig zeigt sich die ganze Unfruchtbarkeit des progressiven Katholizismus – eine Unfähigkeit, den Glauben an die nachfolgenden Generationen weiterzugeben, die einiges mit der Verwässerung der katholischen Wahrheitsansprüche und Lehren zu tun hat –, wenn man sich den religiösen Kahlschlag in Westeuropa ansieht: jenem Teil der Weltkirche, der das progressive Projekt mit der größten Begeisterung aufgegriffen hat. Keine theoretische Beweisführung, sondern die Geschichte selbst hat gezeigt, dass der progressive Katholizismus keine plausible Strategie ist, wenn es darum geht, die Kirche im dritten Jahrtausend in ihrer missionarischen Sendung zu bestärken.

Doch auch der katholische Traditionalismus ist kein plausibles, ja nicht einmal ein mögliches Modell eines lebendigen Katholizismus. Er leugnet die Realität der Bedingungen, unter denen das Evangelium im 21. Jahrhundert verkündet werden muss – und verurteilt sich damit selbst zur evangelikalen Unfruchtbarkeit, weil er, statt zu Bekenntnis und Mission aufzurufen, lieber den Rückzug in Bunker und Katakomben propagiert. Der progressive Katholizismus ist eine Variante des liberalen Protestantismus und findet (obwohl das Tenure-Track-System sein akademisches Fortleben begünstigt) in der Weltkirche keinen demografischen Rückhalt, doch Letzteres gilt ebenso für den traditionalistischen Katholizismus und insbesondere für den schismatischen Traditionalismus, wie ihn der verstorbene französische Erzbischof Marcel Lefebvre begründet hat. Und wer genauer hinsieht, wird sogar feststellen, dass es sich bei beiden Optionen um Varianten desselben gegenreformatorischen, regelbasierten, katechetisch-devotionalen Katholizismus handelt: Das traditionalistische Lager will die Regeln, Katechismusantworten und Frömmigkeitsübungen straffen und festzurren und die Progressiven wollen die Schrauben im Namen der Offenheit oder Barmherzigkeit lockern. Dennoch beziehen sich die einen wie die anderen auf das gegenreformatorische Modell und bleiben darin gefangen wie ein in Bernstein eingeschlossenes Fossil.

Sie werden beide enden und in den ersten Jahrzehnten des 21. Jahrhunderts ist ihr Niedergang nur ein weiterer Hinweis für den Aufstieg des evangelikalen Katholizismus: eines Katholizismus, der aus einem neuen Pfingsten, einer neuen Ausgießung missionarischer Energie für eine neue historische und kulturelle Epoche geboren wird.

Und wieder ist Pfingsten

Nach dem Wunsch des heiligen Johannes XXIII. sollte das Zweite Vatikanische Konzil ein neues Pfingsten werden. Nach dem Wunsch des heiligen Johannes Paul II. sollte das Heilige Jahr 2000 eine Pfingsterfahrung für die gesamte Weltkirche werden und den Katholizismus des dritten Jahrtausends zu einer »Neuevangelisierung« anspornen. Doch man darf den

Wunsch nach einem neuen Pfingsten nicht auf die leichte Schulter nehmen. Sich ein neues Pfingsten zu wünschen heißt, mit dem Feuer zu spielen.

In einer Betrachtung zum Pfingstfest (der jährlichen Feier der ersten Ausgießung des Heiligen Geistes, die oft als die Geburtsstunde der Kirche beschrieben wird) hat Joseph Ratzinger einmal geschrieben: »Der Heilige Geist ist Feuer; wer nicht gebrannt werden will, darf sich ihm nicht nahen.« Im weiteren Verlauf erinnert Ratzinger an ein nichtbiblisches Jesuswort, dass der alexandrinische Theologe Origenes im dritten Jahrhundert überliefert hat: »Wer mir nahe ist«, so sagt Jesus bei Origenes, »ist dem Feuer nahe« – ein Herrenwort, das an Lk 12,49 erinnert: »Ich bin gekommen, um Feuer auf die Erde zu werfen. Wie froh wäre ich, es würde schon brennen!« Dieses Feuer, so Ratzinger weiter, »weist auf den Zusammenhang von Christus, Heiligem Geist und Kirche in unnachahmlicher Weise hin.«

Diese Beziehung und ihre Verbindung zur Mission hat, so Ratzinger weiter, der heilige Johannes Chrysostomos, der gelehrte Patriarch von Konstantinopel, im vierten Jahrhundert in einem Kommentar zu jener Stelle in der Apostelgeschichte sehr schön beschrieben, in der die aufgeregten Einwohner von Lystra Paulus und Barnabas für Inkarnationen der griechischen Götter Zeus und Hermes halten. Die Apostel erschrecken, als das Volk sie wie Götter verehrt, und sie beeilen sich, den Leuten zu erklären: »Auch wir sind nur Menschen, von gleicher Art wie ihr; wir bringen euch das Evangelium« (vgl. Apg 14,8–18). Chrysostomos schreibt in seiner Auslegung zu diesem Text, dass sie in der Tat Menschen waren, genau wie die überspannten Männer und Frauen von Lystra. Und doch waren sie auch mehr, waren sie anders, denn sie waren vom Feuer berührt worden – und sprachen nun auf geläuterte und machtvolle Weise, denn die Feuerzungen, die bei der Ausgießung des Heiligen Geistes an Pfingsten auf die Kirche herabgekommen waren, hatten sie berührt.

Das Feuer des Heiligen Geistes läutert, inspiriert und schmilzt Männer und Frauen zu einer neuen menschlichen Gemeinschaft zusammen: der Kirche. Durch jedes ihrer Mitglieder und in ihnen ist die Kirche als ein Ganzes der Leib Christi auf Erden. Paulus, Barnabas und alle, die wahrhaft zu Christus bekehrt worden sind – sodass die grundlegende Dynamik ihres Lebens in der Freundschaft mit Christus und der Möglichkeit besteht, diese Freundschaft an andere weiterzugeben –, sind andere Menschen geworden. Christen, die eine radikale Umkehr vollzogen haben, werden zu Männern und Frauen, die von Feuerzungen berührt und vom Heiligen Geist beseelt worden sind, und sie erkennen die bleibende Gegenwart dieses Heiligen Geistes in der Liturgie, wenn sie miteinander beten, einander den Frieden Christi schenken und gemeinsam den Leib und das Blut des Herrn empfangen.

Gegen Ende seiner Betrachtung zum Pfingstfest gibt Joseph Ratzinger bereitwillig zu, dass man sich bei vielen Christen heute fragen muss: »Wo ist die Feuerzunge geblieben?« Und dann formuliert er eine Herausforderung, die den evangelikalen Katholizismus in seiner ganzen Dramatik einfängt: »Der Glaube ist eine Feuerzunge, die uns brennt und umschmilzt, damit immer mehr gelten könne: ich und doch nicht mehr ich. [...] Wo wir dem brennenden Feuer des Heiligen Geistes ausweichen, wird Christsein freilich nur auf den ersten Blick bequem. [...] Nur wenn wir die Feuerzunge nicht fürchten und den Sturm, der sie mit sich bringt, wird Kirche Ikone des Heiligen Geistes. Und nur dann öffnet sie die Welt auf das Licht Gottes hin.«[12]

Wie diese Gedanken zum Pfingstereignis bereits andeuten, hat der evangelikale Katholizismus nichts Leichtes, Einfaches oder Bequemes an sich. Der kulturelle Katholizismus der Vergangenheit war »bequem«, weil er sich nahtlos in die umgebende Kultur einfügte und fast keine Reibung zwischen dem Leben »in der Kirche« und dem Leben »in der Welt« verursachte. Der evangelikale Katholizismus jedoch ist eine Gegenkultur, die die umgebende öffentliche Kultur zu bekehren sucht, indem sie die Wahrheit verkündet, im Geist und in der Wahrheit anbetet und eine menschlichere Lebensart vorlebt. Der evangelikale Katholizismus will sich nicht »arrangieren«: Er will bekehren.

Niemand sollte denken, das sei nicht schwer. Auch der Katholizismus der Gegenreformation war nicht immer nur einfach, denn er hatte es mit der fortwährenden Rastlosigkeit des menschlichen Herzens und dem uralten Aufruhr der menschlichen Leidenschaften zu tun. Doch in einer prämodernen Welt, deren Autoritäten als selbstverständlich galten, war die religiöse Autorität der Kirche als einer Zuchtmeisterin des menschlichen Eigensinns durchaus selbstverständlich. Die kirchliche Autorität war, um es in Peter Bergers soziologischer Terminologie auszudrücken, eine unangefochtene »Plausibilitätsstruktur«, mit der der Mensch sein Leben ordnen konnte, und die Kirchenzugehörigkeit ging typischerweise in der umgebenden öffentlichen Kultur auf. Allermindestens war die Zugehörigkeit zu dieser Lebensform keinen Frontalangriffen seitens der umgebenden öffentlichen Kultur ausgesetzt.

Das ist in der entwickelten Welt des 21. Jahrhunderts nicht mehr der Fall. Katholiken können nicht durch die New Yorker Madison Avenue oder vergleichbare Straßen in Toronto, Buenos Aires, Paris, Berlin, London, Rom oder Sydney gehen, ohne dass ihre »Plausibilitätsstruktur«, also ihr christliches Verständnis davon, wie die Dinge sind und wie die Dinge sein sollten, an jeder Ecke sinnenfällig angegriffen wird. Wer sich zu den Inhalten des Credo bekennt – sie also nicht nur als seine »persönliche« Wahrheit, sondern als die Wahrheit der Welt betrachtet, wie sie der Mensch gewordene Sohn Gottes offenbart hat –, muss in Kauf nehmen, dass man ihn für einen Idioten hält. Wer in der biblischen Moral eine sowohl offenbarte als auch mit dem Verstand erkennbare Wahrheit und außerdem nach wie vor eine Möglichkeit sieht, menschliche Beziehungen zu ordnen, muss damit rechnen, dass man ihn bigott nennt.

Unter diesen Umständen hat der laue Katholizismus keine Zukunft: Sich dem verwandelnden Feuer des Heiligen Geistes auszusetzen, ist nicht länger nur eine Option.

Der evangelikale Katholizismus ist in vielerlei Hinsicht weitaus anspruchsvoller als der gegenreformatorische, katechetisch-devotionale Katholizismus. Er verlangt Priestern und Bischöfen, Ordensleuten und Laien größere Anstrengungen ab; den Feuerzungen kann sich niemand entziehen. Er erfordert eine tiefere religiöse Kultur: Der evangelikale Katholizismus wird, um es an einem Beispiel zu verdeutlichen, nicht von den simplen Formen des *Baltimore-Katechismus*, sondern von den mystagogischen Reflexionen der alten *Jerusalemer Katechesen* gespeist, die die Christen dazu einluden, sich tief in die »Mysterien« – gemeint sind die Sakramente – zu versenken und ihr ganzes Leben von ihnen formen zu lassen.[13] Von den Laien verlangt der evangelikale Katholizismus einen großzügigen Einsatz ihrer Zeit, damit sie inmitten des überstürzten postmodernen Lebens zu einer tieferen Christusbegegnung gelangen, als es ihnen mit nur einer Stunde Gottesdienst pro Woche möglich ist. Von Seelsorgern und Bischöfen verlangt der evangelikale Katholizismus außerdem ein höheres Maß an Stabilität, weil der Aufbau pulsierender evangelikaler Gemeinden Zeit braucht. Und Zeit braucht es auch, die nötigen

41

Beziehungen wachsen zu lassen für jenen Weg der missionarischen Ausformung und Fruchtbarkeit, der, wie der hl. Paulus schreibt, »alles übersteigt« (1 Kor 12,31) – und der schon immer der beschwerlichere Weg gewesen ist.

Der evangelikale Katholizismus, der sich als ein Ergebnis der katholischen Erneuerung Leos XIII. und seiner Nachfolger abzeichnet, wird eine erhöhte Aufmerksamkeit für die sakramentale Vorbereitung und die Sakramentendisziplin erfordern, weil er sich – ganz im Einklang mit den Vorstellungen der klassischen Liturgischen Bewegung Mitte des 20. Jahrhunderts, die Liturgie und Gottesdienst mit christlicher Bildung und Mission und mit dem christlichen Einsatz für Gerechtigkeit in der Welt verknüpfte – aus den Sakramenten speisen wird. Der evangelikale Katholizismus wird eine sehr viel größere Aufmerksamkeit für die Verkündigung erfordern, als sie in großen Teilen der Kirche in den entwickelten Ländern zu finden ist, weil Mission aus den Sakramenten *und* aus dem Wort Gottes lebt. Und das wiederum wird eine tiefgreifende Reform der Priesternachwuchsarbeit und der Priesterausbildung erfordern.

Der evangelikale Katholizismus wird es ferner erforderlich machen, dass die Bischöfe ihre Rolle als Werkzeuge der Einheit in der Kirche überdenken: Die Bischöfe der katholischen Zukunft müssen einsehen, dass sie nur dann Werkzeuge der Einheit sein können, wenn sie den Seelen helfen, die befreiende Wahrheit des Evangeliums zu bejahen, was wiederum bedeutet, dass diese Seelen der Falschheit und Sünde entsagen müssen. Deshalb wird der evangelikale Katholizismus es zuweilen erforderlich machen, dass die Kirche an ihren Schnittstellen mit dem öffentlichen Leben fest und unzweideutig »Nein« sagt – wie es die deutschen Bischöfe im bismarckschen Kulturkampf tun mussten (als die Hälfte von ihnen im Gefängnis saß); wie es 1953 die polnischen Bischöfe taten, als sie »Nein« sagten zu den Bestrebungen des polnischen Kommunismus, die Kirche zu einem verlängerten Arm der Partei zu machen (auch dies ein kühnes Eintreten für das Evangelium, das einige Nachfolger der Apostel ins Gefängnis brachte); wie es die Bischöfe der westlichen Welt überall dort tun müssen, wo sich der Staat das Recht anmaßt, das Wesen der Ehe zu verändern oder ganze Gruppen von Menschen aus der gemeinsamen Schutz- und Interessengemeinschaft auszuschließen.

Wenn der evangelikale Katholizismus die Gemeinschaft der Gläubigen aufbaut, dann tut er das nicht um der Gemeinschaft, sondern um der gemeinsamen Teilhabe an den Glaubensgeheimnissen willen. Diese Teilhabe wird ihrerseits zur Quelle der Gnade, aus der die Gemeinschaft schöpft, wenn sie anfängt, die Welt zu bekehren. Die Feuerzungen, die die Kirche formen, werden so zum Feuer der Mission, das die Welt in Brand steckt.

Der evangelikale Katholizismus ruft die ganze Kirche um ihrer missionarischen Sendung willen zur Heiligkeit auf.[14]

Tiefenwachstum

Der eine oder andere mag einwenden, dass das einfach nicht funktionieren wird: dass eine solche Vision von zutiefst bekehrten, durch und durch katechetisierten, sakramental bereicherten und evangelikal begeisterten Katholiken, die auf den tiefen See der postmodernen Welt hinausfahren, einfach zu anspruchsvoll ist und nur ein beschönigender Name für ein neues katholisches Sektierertum, für eine reinere, aber kleinere Kirche ist. Gewiss, der evangelikale Katholizismus verlangt viel. Und doch war es schon immer genau dieser Ruf nach christlicher Größe – einer Größe aus der Kraft der göttlichen Gnade, die die Herzen emporhebt, und des Heiligen Geistes, der unseren Bemühungen sein Feuer eingießt –, die den katholischen Glauben hat wachsen lassen.

Genau dieser Glaube hatte die heidnische Welt erobert und die frühen Märtyrer in ihren Prüfungen gestärkt.

Genau dieser Glaube, vereint mit einer mystagogischen Sicht auf die Sakramente, hatte Fischhändler und Bäcker in Konstantinopel dazu gebracht, über das Verhältnis zwischen der göttlichen und der menschlichen Natur in Jesus Christus zu debattieren. Und wenn byzantinische Kaufleute über die hypostatische Union debattieren konnten, dann sollte es doch auch möglich sein, dass die mit Sicherheit am besten ausgebildeten Katholiken der Kirchengeschichte unter Anleitung ihrer Seelsorger, die meisterhafte Prediger sind, die Tiefen dessen erkunden, was sie Sonntag für Sonntag im Glaubensbekenntnis aussprechen, nämlich dass Jesus, der Herr, »eines Wesens mit dem Vater« ist, und dass sie sodann aus dieser Betrachtung neue Einsicht, Kraft und Leidenschaft für ihre missionarische Sendung gewinnen.

Genau dieser Glaube – ein zutiefst biblischer und im sakramentalen Sinne reicher Glaube, in dem die göttliche Gegenwart eine greifbare Realität des alltäglichen Lebens ist – hat das enorme Wachstum des Katholizismus im Afrika des 20. und 21. Jahrhunderts herbeigeführt, als Millionen von Afrikanern aus einer Welt der Geister und Mächte in die Wahrheit des einen und wahren Gottes, seines Sohnes und des Heiligen Geistes geführt wurden.

Ein evangelikaler Katholizismus ist auch dort am Werk, wo aus den vermeintlichen Ruinen des einstmals bedeutsamen westlichen Katholizismus neues Leben wächst. Überall auf der Welt blühen an den unwahrscheinlichsten Orten katholische Pfarreien (Soho im Londoner West End; Greenville, South Carolina, im Herzen des amerikanischen *Bible Belt*; Manhattan Zentrum) und Studentengemeinden (an der A&M University in Texas, in Princeton und an der katholischen Universität Lemberg, die von der ehemals illegalen Untergrundkirche der griechischen Katholiken in der Ukraine betrieben wird), weil Seelsorger ohne Kompromisse das Evangelium verkünden, die Sakramente mit Würde und Gnade feiern, den Ausgegrenzten dienen und auf diese Weise »die Heiligen für die Mission rüsten« (vgl. Eph 4,12). Es ist kein Zufall, dass diese und ähnliche Pfarreien, Studentengemeinden und höhere katholische Bildungseinrichtungen in einer ansonsten eher trockenen Periode eine große Menge an Priester- und Ordensberufungen hervorbringen.

Von Yonkers, New York, über Alma, Michigan, bis hin nach Nashville, Tennessee, von Pluscarden Abbey im schottischen Hochland bis hin zum Kloster *Our Lady of the Annunciation* in Clear Creek, Oklahoma, schießen Frauen- und Männerorden aus dem Boden, die ein geweihtes Leben nach dem Modell des evangelikalen Katholizismus führen, in einer Zeit, in der andere Orden zur Bedeutungslosigkeit verkümmern, weil sie in sich nicht plausibel sind.

Erneuerungsbewegungen und neue katholische Gemeinschaften, die die evangelikale Essenz des II. Vaticanums begriffen haben und ein Leben der missionarischen Jüngerschaft führen, sind die lebendigsten Saatfelder der Kirche in einst so durch und durch katholischen Ländern wie Frankreich oder Argentinien.

Seminare, die evangelikale katholische Priester für das 21. Jahrhundert ausbilden, verzeichnen wachsende Mitgliederzahlen (und sind in einigen wenigen Fällen sogar ausgelastet), während Seminare, die noch immer in den tief ausgefahrenen

Furchen eines entweder progressiven oder traditionalistischen Katholizismus feststecken, auf der Stelle treten oder langsam dahinsiechen.

In der ganzen westlichen katholischen Welt inspiriert der evangelikale Katholizismus kreative intellektuelle Leistungen, was zu einem nicht geringen Teil daran liegt, dass der Glaube von vornherein nicht als irgendein Objekt betrachtet wird, das nach allen Regeln der postmodernen Skepsis und Strukturlosigkeit zerpflückt werden muss, sondern als ein kostbares Offenbarungsgeschenk, das den Verstand herausfordert und seine ganze Wertschätzung verdient.

Selbst in den Künsten sind die Anfänge einer evangelikalen katholischen Renaissance zu erkennen – etwa in den Werken des britischen Komponisten James MacMillan, des amerikanischen Architekten Duncan Stroik, der in Russland gebürtigen Malerin Natalia Tsarkova, des irischen Bildhauers Dony MacManus, der niederländischen Bildhauerin Daphné Du Barry und der in Rom ansässigen Kunsthistorikerin Elizabeth Lev.

Vor diesem Hintergrund mag man versucht sein, G. K. Chestertons berühmte Bemerkung zu zitieren, wonach [»das christliche Ideal nicht erprobt und für zu leicht befunden, sondern für zu schwer befunden und gar nicht erst erprobt wurde«.] Doch das wäre jenen gegenüber unfair, denen der evangelikale Katholizismus nie vorgeschlagen worden ist – den dürftig Katechetisierten, den liturgisch Gelangweilten, den moralisch Verwirrten. In den ersten Jahrzehnten des 21. Jahrhunderts ist der evangelikale Katholizismus nach einem mehr als hundertjährigen Ringen darum, wie genau man diese neue Art, in der Welt katholisch zu sein, definieren soll – einem Ringen, das sich bis zum Pontifikat Leos XIII. zurückverfolgen lässt –, gerade dabei, zu einer ersten Reife zu gelangen. Und überall dort, wo der evangelikale Katholizismus angeboten wird, ist die Begeisterung größer als die Ablehnung. So lehrt es die Erfahrung der eben erwähnten Pfarreien, Studentengemeinden, Ordensgemeinschaften, Seminare, Erneuerungsbewegungen und intellektuellen Zentren.

Doch er muss angeboten werden. Dieses Angebot detaillierter zu entwerfen ist der nächste Punkt auf unserer Tagesordnung.

KAPITEL ZWEI
Wahrheit mit Konsequenzen

Hat das Zweite Vatikanische Konzil einen grundlegenden Wandel im katholischen Selbstverständnis und damit letztlich einen Bruch mit der Vergangenheit herbeigeführt? War das Konzil ein furchtbarer Fehler? Hat es eine Horde Dämonen losgelassen, die man andernfalls hätte im Zaum halten können? Oder war das II. Vaticanum ein Triumph und wurde in der Folgezeit von Männern vereinnahmt, die entschlossen waren, die Kirche zu den Gewissheiten und der Sicherheit der 1950er-Jahre zurückzuführen? Ist das Konzil in Fragen wie der nach dem richtigen Verhältnis zwischen Kirche und Staat, dem Verhältnis der Kirche zum Judentum der Gegenwart, den Bemühungen um die Einheit des Christentums, dem interreligiösen Dialog und der Religionsfreiheit der bestehenden katholischen Lehre untreu geworden?

Jahrzehntelang hat die katholische Kirche in diesen und anderen grundlegenden Aspekten über die korrekte Interpretation eines Ereignisses debattiert, das – darin sind sich alle streitenden Parteien einig – im katholischen Leben einen Wendepunkt markiert: das II. Vaticanum. Diese Debatten haben einiges an interessanter historischer und einiges an ernst zu nehmender theologischer Arbeit hervorgebracht – und außerdem gegenseitige Anathemata (die meist eher im Stillen als offiziell ausgesprochen wurden), ein nicht geringes Maß an Groll sowie ein formelles Schisma (die kleine Abspaltung der Le-

febvre-Anhänger) auf der rechten und ein weitaus folgen-
schwereres psychologisches Schisma auf der linken Seite
(nämlich insofern, als zahlreiche Katholiken schon lange nicht
mehr das glauben und bekennen, was die katholische Kirche
glaubt und bekennt, ihr aber im formalen oder kirchenrechtlichen Sinne nach wie vor angehören). Diese Debatten waren
nicht umsonst.

Dennoch haben sie tendenziell dazu beigetragen, die wahrhaft radikale Zielsetzung des Zweiten Vatikanischen Konzils
und sein tiefgreifendes katholisches Reformprogramm zu verdunkeln.

Diese Zielsetzung bestand darin, das Evangelium in die
Mitte des katholischen Lebens zu stellen und um diese Mitte
herum einen reformierten Katholizismus aufzubauen: einen
evangelikalen Katholizismus, der imstande sein würde, einer
entzauberten Welt die Frohbotschaft von Jesus Christus zu
verkünden und so auch unter den entschieden veränderten Bedingungen des dritten Jahrtausends der christlichen Geschichte den Missionsauftrag des Herrn zu erfüllen.

Keine »Spiritualität«

Zu den Kuriositäten der spätmodernen und postmodernen
Kultur gehört die Ausbreitung von »Spiritualitäten« aller Art.
Auf den entsprechenden Regalen der Buchläden kann ihr Angebot Regal um Regal bestaunt werden: Produkte, die Zeugnis
davon ablegen, dass – so »entzaubert« die westliche Welt des
21. Jahrhunderts nach den Worten Max Webers auch sein
mag – die alten Bedürfnisse des *Homo religiosus* doch nach
wie vor der Befriedigung harren. Im Großen und Ganzen handelt es sich bei diesen »Spiritualitäten« um zahllose Variatio-

nen über das Thema der menschlichen Suche nach Gott – mit dem Ergebnis, dass die Welt (und sogar die Kirche) jemanden, der den Kontakt mit dem Göttlichen anstrebt, heute ganz selbstverständlich als *Seeker*, als »Suchenden«, bezeichnet.

Diese anthropozentrische und zutiefst subjektive Suche nach dem Göttlichen ist genau das Gegenteil dessen, was der evangelikale Katholizismus will und was das Zweite Vatikanische Konzil gelehrt hat. Diese Lehre ist in dem zentralen theologischen Konzilsdokument der dogmatischen Konstitution *Dei verbum* über die göttliche Offenbarung präzise umrissen:

»Gott hat in seiner Güte und Weisheit beschlossen, sich selbst zu offenbaren und das Geheimnis seines Willens kundzutun (vgl. Eph 1,9): dass die Menschen durch Christus, das fleischgewordene Wort, im Heiligen Geist Zugang zum Vater haben und teilhaftig werden der göttlichen Natur (vgl. Eph 2,18; 2 Petr 1,4). In dieser Offenbarung redet der unsichtbare Gott (vgl. Kol 1,15; 1 Tim 1,17) aus überströmender Liebe die Menschen an wie Freunde (vgl. Ex 33,11; Joh 15,14–15) und verkehrt mit ihnen (vgl. Bar 3,38), um sie in seine Gemeinschaft einzuladen und aufzunehmen. Das Offenbarungsgeschehen ereignet sich in Tat und Wort, die innerlich miteinander verknüpft sind: Die Werke nämlich, die Gott im Verlauf der Heilsgeschichte wirkt, offenbaren und bekräftigen die Lehre und die durch die Worte bezeichneten Wirklichkeiten; die Worte verkündigen die Werke und lassen das Geheimnis, das sie enthalten, ans Licht treten. Die Tiefe der durch diese Offenbarung über Gott und über das Heil des Menschen erschlossenen Wahrheit leuchtet uns auf in Christus, der zugleich der Mittler und die Fülle der ganzen Offenbarung ist.«[1]

»Spiritualität« ist so, wie die postmoderne Welt sie versteht, die menschliche Suche nach dem Göttlichen. Das Christentum dagegen ist die Suche Gottes nach uns und der Prozess, durch den wir lernen, auf Gottes Wegen durch die Geschichte zu gehen. Diese Vorstellung vom Christentum ist es, die den evangelikalen Katholizismus trägt, und diese Vorstellung stimmt voll und ganz mit dem überein, was die christliche Orthodoxie seit Jahrhunderten lehrt – und worin sich wiederum die Dynamik der göttlichen Offenbarung gegenüber Abraham und seinen Nachkommen, dem jüdischen Volk, spiegelt.

Außerdem ist – und auch das lehrt die dogmatische Konstitution über die göttliche Offenbarung – diese Suche Gottes nach uns und unsere Glaubensantwort eine Wahrheit mit denkbar schwerwiegenden Folgen. Die Väter des Zweiten Vatikanischen Konzils wollten diese Folgen gleich zu Anfang des Konzils unmissverständlich darlegen:

> »Gottes Wort voll Ehrfurcht hörend und voll Zuversicht verkündigend, folgt die Heilige Synode den Worten des heiligen Johannes: ›Wir künden euch das ewige Leben, das beim Vater war und uns erschien. Was wir gesehen und gehört haben, künden wir euch, damit auch ihr Gemeinschaft habt mit uns. Wir haben Gemeinschaft mit dem Vater und mit seinem Sohn Jesus Christus‹ (1 Joh 1,2–3). Darum will die Synode in Nachfolge des Trienter und des Ersten Vatikanischen Konzils die echte Lehre über die göttliche Offenbarung und deren Weitergabe vorlegen, damit die ganze Welt im Hören auf die Botschaft des Heiles glaubt, im Glauben hofft und in der Hoffnung liebt.«[2]

»Spiritualität« im postmodernen Sinne ist etwas für Suchende. Evangelikaler Katholizismus ist etwas für Finder. Den Finder aber – besser gesagt den, der von der Gnade gefunden wird und seine »Gefundenheit« akzeptiert – erkennt man daran, dass er die Welt bekehrt, und zwar in den herausfordernden kulturellen Gegebenheiten des je besonderen historischen Augenblicks.[3]

Die Herausforderung annehmen

Das Zweite Vatikanische Konzil hat das Evangelium – alles, was Gott zu unserem Heil in der Heiligen Schrift und der apostolischen Tradition offenbart hat – ins Zentrum der Kirche gestellt und so den Fehdehandschuh der Moderne und aller eventuellen Folgeepochen aufgenommen. Moderne und Postmoderne leugnen, dass es so etwas wie Offenbarung überhaupt gibt. Der evangelikale Katholizismus nimmt die Herausforderung an und räumt ein, dass das Christentum entweder eine Offenbarungsreligion oder eine falsche Religion ist. Im nächsten Schritt aber sagt er, dass das Christentum nicht vom Menschen, sondern von Gott stammt.

Mithin ist die Überzeugung, dass das Christentum eine Offenbarungsreligion ist, die Grundlage des evangelikalen Katholizismus: Den Menschen, Männern und Frauen, wird das übernatürliche Geschenk der göttlichen Offenbarung (also die Tatsache, dass Gott kommt, um nach uns zu suchen) zuteil, sodass sie durch einen Akt des Glaubens, der seinerseits wieder durch die übernatürliche Gabe der Gnade ermöglicht wird, den Weg des Heils einschlagen können, an dessen Ende die Verherrlichung der menschlichen Person im Licht und Leben des dreifaltigen Gottes steht (das heißt, dass wir Gott, der nach uns sucht, antworten und lernen, auf seinen Wegen durch die Geschichte zu gehen).

Mit anderen Worten: Alles ist immer übernatürlich. Die Antwort des evangelikalen Katholizismus auf die »Entzauberung der Welt« ist keine stoische Tugendhaftigkeit und keine ehrenhafte Resignation, wie sie Albert Camus und andere aufrechte Nichtgläubige der Moderne vorschlagen. Der evangelikale Katholizismus glaubt vielmehr – und er folgt darin der auf dem Zweiten Vatikanischen Konzil erfolgten radikalen Wiederausrichtung der Kirche auf das Evangelium –, dass man der modernen Unruhe und dem postmodernen Unbehagen am besten mit der Verkündigung der Frohbotschaft der biblischen Offenbarung begegnet: dass unsere Welt eine Schöpfung ist, deren Fenster, Türen und Dachluken von Gott selbst geöffnet worden sind, um das Licht hereinzulassen: Gott selbst tritt in die Geschichte ein, um die Schöpfung, die er ins Dasein gerufen hat, zu erlösen. Und durch dieses Licht der göttlichen Offenbarung wird die Dunkelheit im Hier und Jetzt – die zum Teil von der menschlichen Neigung zum Bösen und zum Teil von der Erkenntnis herrührt, dass der Tod unvermeidlich ist – durch die tiefste Wahrheit des Menschseins erhellt: dass wir durch Taten der göttlichen Liebe, die der Zeit vorangehen, sie definieren und über sie hinausreichen, von Gott geschaffen und für Gott bestimmt sind.

In seiner 1847 erschienenen Erzählung *Loss and Gain* (»Verlust und Gewinn«) hat John Henry Newman die wesentlichen Grundzüge der evangelikalen katholischen Überzeugung erfasst, wonach der Akt des Glaubens auf die göttliche Offenbarung hingeordnet ist. Die genau abgewogenen Worte über den Unterschied zwischen einer lauen, kulturell vermittelten Religiosität und dem echten christlichen Glauben, die der Erzähler Newman einem seiner Charaktere in den Mund legt, beleuchten die Situation im 21. Jahrhundert ebenso gut wie die viktorianischen Verhältnisse, auf die sie eigentlich gemünzt waren:

»Persönlich mögen sich viele in rührender Weise dienst-
beflissen erzeigen oder eine Gewissenhaftigkeit an den Tag
legen, die unsere Hochachtung verdient; immer aber fehlt
es ihnen, bis sie erst den Glauben haben, an dem festen
Grunde, und was sie aufbauen, wird in sich zusammenstür-
zen. In religiösen Dingen wird kein Segen mit ihnen, wird
all ihr Tun vergeblich sein, bis sie den rechten Anfang machen mit einem tatkräftigen, rückhaltlosen Glauben an Gottes Wort [...]; bis sie über sich selbst hinausgehen; bis sie
aufhören, irgendwie in sich selbst einen höchsten Richter-
stuhl zu finden; bis sie ihren Willen vollenden heißen, was
die Vernunft genügend zwar, aber doch immer nicht zwin-
gend, an Beweisen liefert.«[4]

Die Kirche des 21. Jahrhunderts kann die Männer und Frauen
unserer Zeit jedoch nicht auf der Grundlage ihrer Autorität
zum Glauben einladen. Sie muss kühnere, evangelikalere Impulse setzen. Sie muss die Sache anders anpacken.

Neue Vorgaben

Fünfzig Jahre nach dem II. Vaticanum fällt die Autorität der
Kirche kaum mehr ins Gewicht. Der Satz »Die Kirche lehrt ...«
hat außerhalb der Kirche keinerlei Bedeutung. Und auch innerhalb der Kirche hat er weniger Bedeutung, als er haben
sollte – das beweisen die unzähligen Beispiele von Katholiken,
die eine Art selbstgestrickten Katholizismus praktizieren. Die
katholische Lehre mag darin durchaus noch eine Bezugsgröße
darstellen, aber auf die Lebensgestaltung hat sie keinen nennenswerten Einfluss mehr. Und doch haben – wie die Ame-
rikaner in den Debatten über Themen wie das Recht auf Leben

oder die Bedeutung der Ehe feststellen mussten – diese Lehren
sehr wohl Einfluss auf die Lebensgestaltung: Das liegt in ihrer
Natur. Und deshalb wird sich der Ausgang dieser Debatten
ganz konkret auf das auswirken, was die Welt »das richtige
Leben« nennt. Gleichwohl bleibt die harte Tatsache bestehen,
dass der Satzanfang »Die Kirche lehrt ...« im 21. Jahrhundert
auf taube Ohren stößt, denn es dominiert die Kultur der radikalen Subjektivität und die höchste Autorität gebührt dem alles beherrschenden autonomen Selbst.

Anders verhält es sich mit dem Satzanfang »Das Evangelium
offenbart ...« – »Das Evangelium offenbart ...« ist eine heraus-
fordernde Antwort auf den Zweifel an der schieren Idee einer
»Offenbarung«, wie ihn die Hochkulturen des Westens in den
letzten zwei Jahrhunderten geäußert haben. »Das Evangelium
offenbart ...« ist eine ähnliche Herausforderung wie die, vor die
Jesus seine Jünger auf dem Weg nach Cäsarea Philippi gestellt
hat: »Ihr aber, für wen haltet ihr mich?« (Mk 8,29). »Das Evangelium offenbart ...« ist wie ein Handschuh, den man dem anderen vor die Füße wirft und der eine Reaktion erzwingt. Diese Reaktion kann zunächst skeptisch oder sogar feindselig, wird aber
aller Wahrscheinlichkeit nach nicht gleichgültig sein. Ja, mehr
noch, wenn die Wahrheit klar und furchtlos genug verkündet
wird und ihre eigene Kraft entfaltet, dann kann »Das Evangelium offenbart ...« – und das belegen zwei Jahrtausende christliche Geschichte – zumindest ein Anfang sein, ein Einstieg ins Gespräch, während bei den Worten »Die Kirche lehrt ...« in den
Köpfen und Herzen der von ihrer westlichen Umgebungskultur
geprägten Menschen des 21. Jahrhunderts sämtliche modernen,
postmodernen und antiautoritären Alarmglocken läuten.

Dem evangelikalen Katholizismus ist durchaus bewusst,
dass es eine innere Verbindung zwischen der göttlichen Offenbarung und der Kirche gibt: »Das Evangelium offenbart ...«

führt letztlich zu der Aussage »Die Kirche lehrt ...« Doch der Ausgangspunkt ist ein anderer. Der evangelikale Katholizismus beginnt mit einem unmissverständlichen Bekenntnis des christlichen Glaubens als eines Offenbarungsglaubens an »das ewige Leben, das beim Vater war *und uns offenbart wurde*« (1 Joh 1,2).[5] Dieses ewige Leben, dieses Wort Gottes, das in die Geschichte gekommen ist, um nach uns zu suchen, ist das, »was wir gesehen und gehört haben« (1 Joh 1,3).

Das, und nichts weniger und nichts anderes als das, ist der Ausgangspunkt des evangelikalen Katholizismus, seiner Verkündigung und der Reformen, die er in der Kirche herbeiführen wird. Ein zugegeben dramatisches, aber vielleicht nicht völlig unwahrscheinliches Beispiel kann helfen, die Sache auf den Punkt zu bringen. Nehmen wir einmal an, irgendein Bistum wäre durch Skandale, Kirchenaustritte und Bankrott so heftig erschüttert worden, dass am Ende nur noch der Bischof übrig bliebe, und nehmen wir weiter an, dieser Bischof säße, nachdem er seine Sonntagsmesse gelesen hätte, auf einer Parkbank und spräche die Passanten an: »Hallo, ich bin Bischof _____. Darf ich Ihnen von Jesus Christus erzählen?« Das Evangelium als die wesentliche Natur und Sendung der katholischen Kirche wäre in diesem Bistum, trotz seines vermeintlichen institutionellen Totalschadens, noch immer lebendig.

Denn im Zentrum des evangelikalen Katholizismus steht die Freundschaft mit Christus.

Freundschaft mit Christus

Am 25. Mai 1899, am Ende eines Jahrhunderts, das nach allgemeiner Überzeugung den Grundstein zu einer Ära des grenzenlosen menschlichen Fortschritts gelegt hat, promulgierte

Papst Leo XIII. die Enzyklika *Annum sacrum*. Darin verfügte er, dass die Bischöfe der Kirche an drei besonderen Gebetstagen im darauffolgenden Monat die Weihe der Welt an das Heiligste Herz Jesu – das »Bild der unbegrenzten Liebe Jesu Christi [...], die uns zur gegenseitigen Liebe bewegt«[6] – vollziehen sollten. Die Ära des 19. Jahrhunderts endete, ungeachtet des kalendarischen Diktats, tatsächlich erst eineinhalb Jahrzehnte später, nämlich im August 1914 mit jenen Gewehrschüssen, die den Beginn des 20. Jahrhunderts markierten: Eröffnungssalven zu einer siebenundsiebzig Jahre währenden Zivilisationskatastrophe, die mit dem Zusammenbruch der Sowjetunion am 15. August 1991 endete (was gleichzeitig, epochal gesprochen, auch das Ende des 20. Jahrhunderts war). In diesen acht Jahrzehnten wurden um ein Vielfaches mehr Menschen aus politischen Gründen hingeschlachtet als in jeder anderen vergleichbaren Periode. So grauenvoll der Dreißigjährige Krieg auch gewesen sein mag – und er war in der Tat grauenvoll –, die siebenundsiebzig Jahre dauernde Katastrophe war grauenvoller.[7] Diese siebenundsiebzig Jahre waren das Zeitalter der flandrischen Schützengräben, des Niemandslands und des uneingeschränkten U-Boot-Kriegs, der Gulags, des Holodomors in der Ukraine, der Lager von Auschwitz-Birkenau, Majdanek und Sobibor, der Bombardierungen von Rotterdam und London, Hamburg und Dresden, Tokio und Hiroshima und Nagasaki, der bewussten Hungertötung hunderttausender Kriegsgefangener; eines Kalten Krieges, der jederzeit in einem globalen Desaster hätte enden können, und der größten Kirchenverfolgung der Menschheitsgeschichte.[8] Die mittel- und langfristigen Auswirkungen dieser Katastrophe sind heute noch zu sehen. Ihre unmittelbare Folge aber war, dass Europa seine Rolle als zentraler Akteur des globalen Zivilisationsprojekts ausgespielt hatte. Der demografische Winter, zu dem

Europa sich im 21. Jahrhundert durch seine mangelnde Bereitschaft, künftige Generationen hervorzubringen, offenbar selbst verurteilt hat, lässt sich als das Ergebnis eines Unbehagens deuten, das am Ende einer Ära, die doch eigentlich eine gereifte und von Vernunft und Wissenschaft geleitete Menschheit hatte hervorbringen wollen, wie ein dicker, drückender Nebel große Teile der westlichen Welt bedeckte.

Am 30. April 2000, epochal betrachtet beinahe neun Jahre nach dem Ende des 20. Jahrhunderts, sprach Papst Johannes Paul II. die polnische Ordensschwester Maria Faustyna Kowalska heilig. Sie hatte in den 1930er-Jahren mehrere Visionen von der göttlichen Barmherzigkeit gehabt, die vom Herzen Christi ausstrahlte. Im Heiligen Jahr fiel der 30. April auf den Sonntag nach Ostern und so verfügte der letzte Papst des 20. und erste Papst des 21. Jahrhunderts, dass die Kirche den Sonntag nach Ostern von nun an als den Sonntag der göttlichen Barmherzigkeit begehen sollte. Denn die göttliche Barmherzigkeit, so der Papst in seiner Predigt während der Heiligsprechung, ist das Antlitz Gottes, das die postmoderne Welt nach allem, was geschehen war, seit Leo XIII. mit der Erhebung des Heiligsten Herzens Jesu auf die vermeintliche Autonomie der weltlichen Moderne reagiert hatte, am dringendsten brauchte.

Die menschliche Hybris hatte das 20. Jahrhundert in ein Schlachthaus verwandelt, und die Visionen der hl. Faustyna waren Gottes Antwort auf die niederdrückende Last der Schuld, die die Menschheit auf sich geladen hatte. Diese Visionen kleideten die Fakten aus dem Gleichnis vom verlorenen Sohn – das (wie die rembrandtsche Darstellung seines Kulminationspunkts gezeigt hat) eigentlich besser das Gleichnis vom barmherzigen Vater genannt werden sollte – in ein modernes Gewand.[10]

Christus, so glaubte Johannes Paul, winkte der Welt zu: Er lud die postmoderne Menschheit zu einem neuen Verständnis ihrer Leiden ein und rief die Kirche zu einer neuen Verkündigung seines Evangeliums auf. Auch in dieser Hinsicht hat Johannes Paul II. eine Reform vollendet, die Leo XIII. in Gang gesetzt hatte.

Leo XIII. – auf den Punkt gebracht

Die Herz-Jesu-Verehrung, auf die Leo XIII. solch großen Wert gelegt hatte, war zum einen eine populistische Antwort auf das nach wie vor aktuelle Problem des »Monophysitismus«, wie die Theologen es nennen, also der Tendenz, die Gottheit Christi so sehr zu betonen, dass seine menschliche Natur zu einer bloßen Verkleidung wird – ähnlich wie der behornbrillte Clark Kent, der *Superman* als Verkleidung diente. Der Monophysitismus hat das Christentum über eineinhalb Jahrtausende lang geplagt und war für den Katholizismus gegenreformatorischer Prägung ein wiederkehrendes theologisches und katechetisches Problem.[11] Mit der Förderung der Herz-Jesu-Frömmigkeit und der Weihe der Welt an das Heiligste Herz 1899 setzte Leo XIII. drei interessante Entwicklungen in Gang.

Erstens setzte er der extrem weltlichen Politik der Moderne einen Schuss vor den Bug. Das Herz Jesu war lange Zeit ein Symbol des Widerstands gegen den postjakobinischen radikalen Säkularismus und die gesetzlich verordnete Privatisierung des Glaubens und der religiösen Praxis gewesen. Die Weihe der Welt an das Heiligste Herz Jesu war mithin eine stillschweigende, aber unmissverständliche Warnung vor den Risiken eines öffentlichen Lebens, das die in diesem Bild der Barmherzigkeit und Mitmenschlichkeit enthaltenen Grundwahrheiten aus dem öf-

59

fentlichen Bereich verbannte. Unabhängig davon, wie Leos Zeitgenossen darauf reagiert haben, erscheint seine Warnung angesichts der exzessiven Selbstzerstörung des Westens im 20. Jahrhundert bemerkenswert hellsichtig: Dieser Akt des kulturellen Vandalismus und Autogenozids war, wie Alexander Solschenizyn es in seinem berühmten Ausspruch auf den Punkt brachte, das Nebenprodukt einer Welt, die »Gott vergessen« hatte.[12]

Zweitens brachte Papst Leo mit der Weihe der Welt an das Heiligste Herz eine Form der Volksfrömmigkeit zur Geltung, die wichtige Themen aus dem Denken des hl. Thomas von Aquin aufgriff: Nach Leos Überzeugung war das Werk des Aquinaten der intellektuelle Dreh- und Angelpunkt einer neuen Auseinandersetzung der Kirche mit der entzauberten Welt. Das Herz Jesu, so schreibt Leo in *Annum sacrum*, erinnert die Kirche daran, dass Christus, der Pontius Pilatus am Tag seines Todes gesagt hatte, er sei in der Tat ein König (vgl. Joh 18,37), seine einzigartige Souveränität nicht durch Zwang und Gewalt, sondern »durch Wahrheit, durch Gerechtigkeit, am meisten durch Liebe« ausübt.[13] In seiner *Summa Theologiae*, so Leo, habe Thomas von Aquin diese einzigartige Form der souveränen Hoheit hervorgehoben und so dazu beigetragen, einen vornehmeren Begriff von Herrschaft und Autorität in die kulturellen Fundamente des Abendlandes hineinzuschreiben als den bloßen Machtwillen, der unglücklicherweise (heute wie zu Leos Zeiten) viele Ausdrucksformen der politischen Moderne charakterisiert.

Drittens setzte Leo sein päpstliches Siegel unter einen Entwicklungsprozess im katholischen Selbstverständnis, der letztlich dazu führen sollte, dass das Zweite Vatikanische Konzil das Evangelium wieder in die Lebensmitte der katholischen Kirche rückte. Denn die Kirche wieder auf das Evangelium auszurichten heißt, Jesus Christus und die Freundschaft mit

Christus, in dessen Menschennatur das barmherzige Antlitz Gottvaters greifbar wird, wieder ins Zentrum der Kirche zu stellen – ein Punkt, den Johannes Paul II. erneut zur Geltung brachte, indem er, gleichsam als Schlussakkord zu allem, was seit *Annum sacrum* geschehen war, den Sonntag der Osteroktav zum Sonntag der göttlichen Barmherzigkeit erklärte.

Christus, Evangelium, Kirche

In Weiterführung dieser gedanklichen Linie bietet der evangelikale Katholizismus die Freundschaft mit Jesus Christus und die Unterwerfung unter das sanfte Joch seiner Herrschaft als Antwort auf die Frage an, die sich mit jedem menschlichen Leben neu stellt. Jesus ist, so der evangelikale Katholizismus, der Lehrmeister *par excellence* und gleichzeitig das Evangelium, das gelehrt wird, er ist der Prediger *par excellence* und gleichzeitig die Frohbotschaft, die gepredigt wird. Sein Evangelium, das Herzstück der evangelikalen katholischen Verkündigung, ist ein Aufruf, »umzukehren und zu glauben«. Es ist ein Aufruf, anzuerkennen, dass hier und jetzt und mitten unter uns das Himmelreich nahe ist. Es ist eine Einladung, hier und jetzt durch unsere Lebensweise und beständige Herzensumkehr in dieses Himmelreich einzutreten.[14]

Das Evangelium ist der Ausgangspunkt und daher betont der evangelikale Katholizismus, dass niemand als Katholik geboren wird und dass es ein Leben lang dauert, »katholisch zu werden«, das heißt, die Verheißungen und Gnaden der Taufe durch ein Leben der radikalen Nachfolge und Übereinstimmung mit den Lehren Christi, wie sie in der Heiligen Schrift und in der apostolischen Tradition der Kirche überliefert sind, umzusetzen. Man ist nicht deshalb im vollen Wortsinn Katholik, weil man eine Großmutter hat, die aus der Grafschaft Cork oder aus Palermo oder aus Guadalajara stammt, und weil man als Säugling von seinen Eltern einem bestimmten religiösen Ritual unterzogen worden ist. Man ist Katholik, weil man Jesus, dem Herrn, begegnet und eine reife Freundschaft mit ihm eingegangen ist. Das heißt, evangelikal katholisch gesprochen, dass die sakramentale Taufgnade (wenn man denn als Kind getauft worden ist) sich im Laufe des menschlichen Reifeprozesses im Muster des eigenen Lebens ausprägt.

Deshalb predigt der evangelikale Katholizismus keine allgemeine Wahrheit über Gott. Vielmehr verkündet der evangelikale Katholizismus, gestützt auf das Alte und das Neue Testament, dass der Gott Abrahams, Isaaks und Jakobs, der auch der Gott Moses und des fortbestehenden Sinaibundes mit dem Volk Israel ist, sich selbst endgültig und abschließend in Jesus von Nazareth, dem Sohn Gottes und dem Sohn Marias, offenbart hat. Seine Menschwerdung, eines der beiden zentralen Geheimnisse des christlichen Glaubens, offenbart das zweite dieser großen Geheimnisse: dass Gott eine ewige Gemeinschaft, eine Heiligste Dreifaltigkeit der sich selbst verschenkenden und empfangenden Liebe ist. Das Bekenntnis dieser beiden Grundwahrheiten, das durch die Freundschaft mit Jesus Christus ermöglicht wird, ist die Essenz der Quintessenz des christlichen Glaubens. Niemand kommt zum Vater, außer durch die Freundschaft mit Jesus Christus. Und durch die Zugehörigkeit zu ihm empfängt man die Gabe des Heiligen Geistes, der vom Vater und vom Sohn ausgeht, um Feuerzungen über die Erde auszugießen.

Eines der großen Themen im Pontifikat Benedikts XVI. war, dass die Freundschaft mit Jesus Christus die Daseinsberechtigung der Kirche ist. Die Kirche existiert, um die Möglichkeit der persönlichen Freundschaft mit Jesus, dem Herrn, anzubieten, die alle, die sie annehmen, zur Wahrheit über Gott und zu der denkbar reichsten Fülle des menschlichen Lebens führt. Und wo finden wir diese Kirche, die uns hilft, Freunde Christi zu werden? Wir finden sie dort, wohin uns das zweite Kapitel der Apostelgeschichte weist: dort, wo die apostolische Lehre weitergegeben und wo das Brot im Leib Christi gebrochen und geteilt wird.[15] In dieser Gemeinschaft werden Männer und Frauen ermächtigt, so zu leben, wie es nach Jesu eigenen Worten der Freundschaft mit ihm entspricht: Sie werden ermächtigt, den Hungernden Brot, den Dürstenden zu trinken, den Nackten Kleidung und den Gefangenen die Freiheit zu geben.[16]

Dieser Lebensstil ist zutiefst und (zumindest für einige) beunruhigend gegenkulturell. Doch der evangelikale katholische Entwurf ist sehr viel menschlicher – genau genommen unendlich viel menschlicher – als ein Leben, das sich nach den unersättlichen Forderungen des alles beherrschenden autonomen Selbst, nach seinem weltlichen Geltungskult und nach seiner Geringschätzung der Demut richtet. So, wie er sich im Sendungs- und Dienstverständnis der evangelikalen katholischen Gemeinden ausdrückt, ist dieser Lebensstil die Antwort der katholischen Kirche des 21. Jahrhunderts auf das unermessliche menschliche Leid, das durch die Politik des Machtwillens verursacht wurde. Die Welten der heidnischen Antike wurden zu einem nicht geringen Teil dank der unübersehbaren Überlegenheit des christlichen Lebensstils bekehrt. Die postmoderne Welt des 21. Jahrhunderts und des dritten Jahrtausends wird auf dieselbe Weise bekehrt werden: durch menschliche Lebensweisen, die in der Wahrheit des Evangeliums wurzeln und die Möglichkeit bieten, sich von dieser Wahrheit packen zu lassen.

Denn diese Wahrheit, so verkündet es der evangelikale Katholizismus, ist die Wahrheit der Welt: eine Wahrheit, die eine missionarisch ausgerichtete Gemeinschaft von Jüngern mit einem ausgeprägten Bewusstsein ihrer Identität und Sendung formt.

Der evangelikale Stellenwert der Lehre

Diese Neuausrichtung des kirchlichen Lebens auf das Evangelium und die Freundschaft mit Jesus Christus, der das Evangelium *ist* und es zugleich als der Gesalbte Gottes verkündet, erklärt auch, weshalb die Klarheit und Reinheit der Lehre so wichtig sind. Inmitten der lehrmäßigen Turbulenzen in den Jahrzehnten nach dem II. Vaticanum haben einige der Kombattanten vielleicht vergessen, worum es eigentlich geht.

Es geht bei der Forderung nach lehrmäßiger Klarheit (und nach der Klarheit der katholischen Identität, die aus der lehrmäßigen Klarheit erwächst) nicht darum, eine intellektuelle Debatte zu gewinnen, wie manche selbstverliebte Intellektuelle vielleicht meinen. Bei der lehrmäßigen Klarheit geht es vielmehr darum, »die Heiligen zu rüsten«: Männer und Frauen, die eine Freundschaft mit Jesus Christus, dem Herrn, geknüpft haben und die nun seine Zeugen in der Welt sein und jenen dienen wollen, die das barmherzige Antlitz des Vaters am nötigsten brauchen. Dogmatische Klarheit und Überzeugung speisen den Prozess der lebenslangen Umkehr. Dogmatische Klarheit und Überzeugung vertiefen die Freundschaft mit Christus. Deshalb gibt es keinen »dogmatischen Katholizismus« auf der *einen* und »sozialgerechten Katholizismus« auf der *anderen* Seite. Die Wahrheit des Evangeliums, die durch die apostolische Verkündigung der geweihten Lehrer der Kirche bewahrt und an uns weitergegeben und die in den Sakramenten der Kirche gefeiert wird, macht den echten christlichen Dienst überhaupt erst möglich.

Diese auf das Evangelium ausgerichtete Herangehensweise an das christliche Leben, die die wesentliche Eigenschaft und das Erkennungsmerkmal des evangelikalen Katholizismus ist, hilft uns auch, gewisse Kontroversen, die die katholische Kirche seit Jahrzehnten heimsuchen, in einem anderen Licht zu sehen.

Wenn das Evangelium – also alles, was Gott zu unserem Heil in der Heiligen Schrift und in der apostolischen Tradition offenbart hat – das Zentrum der Kirche ist und erst die Treue zum Evangelium einen Menschen zum vollgültigen Mitglied der Kirchengemeinschaft macht, dann wird leider nur allzu klar, dass viele Menschen, die dem Namen und kirchenrechtlichen Status nach Katholiken sind, im existenziellen Sinne einer anderen Religion angehören. Man denke nur an die Mitglieder von Gemeinschaften des geweihten Lebens, an

feststehende Lehr- ... en sind zwar in ka- ... lizit aus der kirchli- ... schlossen worden), ... ngelium und einem ... Kirche Jesu Christi ... er katholischen Kir- ... Kirche des 21. Jahr- ... tlichen Besitz von ... eine Schenkung zu- ... tten.

, deren Katholizis- ... haupt nur noch ru- ... r Kirche gelehrte ... einschaft mit der ... Status – für defi- ... soweit sie die öf-

fentliche moralische Ordnung (wie etwa den Schutz des unveräußerlichen Rechts auf Leben oder das Wesen der Ehe) betrifft, im Gesetz und in der öffentlichen Politik verankert sein
sollte (und zwar *nicht*, weil »seine Religion das so will«, sondern weil es sich dabei um eine rational begründbare moralische Wahrheit handelt, durch deren Missachtung die Gesellschaft sich selbst in Gefahr bringt), zeigt, dass es in seinem
Verständnis des öffentlichen Lebens schwerwiegende Unstim-
migkeiten gibt. Wer sich dafür einsetzt, das *Gegenteil* der von
der Kirche bezeugten Grundwahrheiten im Gesetz und in der
Politik zu verankern, der tritt in einen so deutlichen Widerspruch zum Evangelium – in der Tat zum Evangelium und
nicht in erster Linie zur »Autorität der Kirche« –, dass er sich
im Interesse seiner eigenen Integrität entweder eine andere religiöse Heimat suchen oder sich wirklich bekehren sollte.

Deshalb besteht tatsächlich eine engere Gemeinschaft zwischen evangelikalen Katholiken, die am Evangelium festhalten – noch einmal: Evangelium im Sinne der Wahrheit, die
Gott zu unserem Heil in der Heiligen Schrift und in der apostolischen Tradition offenbart hat –, und evangelikalen Protestanten, die sich zur klassischen, christlichen Rechtgläubigkeit
bekennen, als zwischen evangelikalen Katholiken und prominenten katholischen Theologen wie Hans Küng, Roger
Haight und Elizabeth Johnson, obwohl diese, kirchenrechtlich
gesprochen, derselben Kirchengemeinschaft angehören.

Aus dieser evangelikalen katholischen Sicht betrachtet,
weist das Leben von Katharine Jefferts Schori, die der katholischen Kirche in ihrer Jugendzeit den Rücken gekehrt hat, in
die Episkopalkirche eingetreten und 2006 zu deren Primas gewählt worden ist, größere innere Stimmigkeit auf als das Leben all derer, die rechtlich gesehen in der katholischen Kirche
bleiben, aber in einem psychologischen Schisma leben. Jefferts

Schori ist gemeinsam mit ihren Eltern aus der katholischen Kirche ausgetreten und offenbar später zu der Erkenntnis gelangt, dass sie nicht an das von der katholischen Kirche verkündete Evangelium glaubt. Also blieb sie in der Episkopalkirche, einer Gemeinschaft mit einem klar und radikal anderen Verständnis des Evangeliums, als die katholische Kirche es lehrt. Ihre Position ist stimmiger und ehrlicher als das Verhalten derer, die innerhalb der katholischen Kirche »gemeldet« bleiben, obwohl sie das von dieser Kirche verkündete Evangelium ablehnen.

Was auch immer sie damit bezwecken, fest steht, dass sie den evangelikalen Sendungsauftrag der katholischen Kirche letztlich behindern. Diesen Auftrag kann man nur wahrnehmen, wenn man fest davon überzeugt ist, dass er im Wort Gottes wurzelt.[17]

Der Schlüssel zum II. Vaticanum und zu allem anderen

Über vier Jahre vergingen, ehe das Zweite Vatikanische Konzil seine dogmatische Konstitution über die göttliche Offenbarung ausgearbeitet hatte. Ursprünglich konzipiert, um die Frage des Verhältnisses der katholischen Kirche zur modernen Bibelwissenschaft zu klären und eine langjährige Auseinandersetzung innerhalb der katholischen Theologie über die »Quellen der Offenbarung« zu beenden (daher der lateinische Titel), war *Dei verbum* (»Das Wort Gottes«) das Ergebnis eines langwierigen Reifeprozesses einschließlich heftiger Debatten und zahlloser Neuentwürfe. Von den Konzilsvätern mit überwältigender Mehrheit angenommen und am 18. November 1965 (genau drei Wochen vor Abschluss des Konzils) von Papst Paul VI. promulgiert, ist *Dei verbum* ungeachtet seiner mühevollen Entstehung in vieler Hinsicht *der* Schlüsseltext des II. Vaticanums – die Linse, die die von Leo XIII. in Gang gesetzte Entwicklung des katholischen Selbstverständnisses zum klaren, weißen Licht des evangelikalen Katholizismus bündelt. Und in diesem essenziellen Sinn ist *Dei verbum* zugleich *das* maßgebliche Konzilsdokument für die tiefgreifende Reform der katholischen Kirche.

Alles, was wir bisher erörtert haben, ist in *Dei verbum* bereits enthalten. In *Dei verbum* erklärt die katholische Kirche unmissverständlich, dass die göttliche Offenbarung kein frommer Mythos, sondern eine Tatsache ist. Und im Zuge dieser Offenbarung beschloss Gott, nicht mehr nur Aussagen über sich, sondern *sich selbst* zu offenbaren. Die Worte und Taten, mit denen er dies getan hat, sind sowohl im Alten Testament, das für die katholische Kirche immer ein heiliger Text bleiben wird, als auch im Neuen Testament verzeichnet, das, wie sein hebräischer Vorgänger, ein glaubwürdiges Zeugnis dieser Wahrheit ist, die Gott zum Heil der Menschheit hat offenbaren wollen.[18] Seinen entscheidenden Moment hat dieser Prozess der göttlichen Selbstoffenbarung mit dem Leben, dem Tod und der Auferstehung Jesu von Nazareth erreicht: des Gesalbten Gottes, dessen Paschamysterium (das die Kirche alljährlich von Gründonnerstag bis Ostersonntag nacherlebt) die göttliche Offenbarung vollendet und besiegelt.

Dieses Paschamysterium offenbart die Wahrheit: nicht nur die Wahrheit der Christen, sondern die Wahrheit der Welt. Mit dieser Wahrheit in Berührung zu kommen heißt, die Gelegenheit zu etwas zu erhalten, das der hl. Paulus den »Gehorsam des Glaubens« nennt (Röm 1,5; 16,26). Dieser Gehorsam wird möglich durch die Gnade Gottes, die der Heilige Geist über der Welt ausgießt, und er ist nicht etwa eine Last, sondern eine freudige Befreiung zur Wahrheit des eigenen

Menschseins: eine Befreiung, die aus einer sicheren Erkenntnis Gottes und seiner Liebe erwächst.

Der Herr selber, so *Dei verbum* weiter, gebot den Aposteln Christi, »das Evangelium, das er als die Erfüllung der früher ergangenen prophetischen Verheißung selbst gebracht und persönlich öffentlich verkündet hat, allen zu predigen«. So erhielten die Apostel den Auftrag, allen Menschen »göttliche Gaben zu übermitteln«, denn das Evangelium war »die Quelle jeglicher Heilswahrheit und Sittenlehre«. Dadurch, dass die Apostel und ihre Nachfolger in Erfüllung dieses Auftrags »die Botschaft vom Heil niederschrieben«, brachten sie das Neue Testament hervor.[19] Besagte Nachfolger setzten die apostolische Verkündigung mit derselben Autorität fort, die Christus den Aposteln verliehen hatte. Geleitet vom Heiligen Geist, schufen sie so das einheitliche, evangelikale Zeugnis der katholischen Kirche.

Das eine Zeugnis

Über alle Generationen der Kirche hinweg formen also die Schrift, die apostolische Überlieferung und das Lehramt der Kirche (wie es sich in den Bischöfen als den Nachfolgern der Apostel kundtut) das eine Zeugnis des Evangeliums. Dieses Zeugnis ist »gleichsam ein Spiegel, in dem die Kirche Gott, von dem sie alles empfängt, auf ihrer irdischen Pilgerschaft anschaut, bis sie hingeführt wird, ihn von Angesicht zu Angesicht zu sehen, so wie er ist (vgl. 1 Joh 3,2)«.[20] Mithin bilden die Schrift und die kirchliche Tradition »den einen der Kirche überlassenen heiligen Schatz des Wortes Gottes«, den diese aber nicht wie einen Preis an sich reißen, sondern als Geschenk annehmen und durch Verkündigung und Bekenntnis weitergeben soll.[21] Die primäre Aufgabe des kirchlichen Lehramts besteht folglich darin, diese Verkündigung unversehrt zu bewahren und so die Voraussetzungen dafür zu schaffen, dass die ganze Kirche ihre evangelisierende und dienende Aufgabe erfüllen kann.

Der evangelikale Katholizismus fußt auf der festen Überzeugung, dass dies alles *wahr* ist, und er hält diese Wahrheit hoch, ohne sich in den technischen Niederungen der Diskussionen über die »Irrtumslosigkeit« der Bibel zu verirren. Was in der Schrift und der authentischen apostolischen Überlieferung gelehrt wird, ist keine Metapher oder »Erzählung«, sondern die Wahrheit. Die Bibel ist im Verständnis des evangelikalen Katholizismus eine komplexe, aber einheitliche Erzähltradition, die gelegentlich auf eine metaphorische Sprache zurückgreift, weil keine andere Form der menschlichen Sprache die Wahrheit vermitteln kann, die Gott zu unserem Heil offenbart hat. Diese Überzeugung, dass das, was die Kirche lehrt, wahr ist, macht die Theologie keineswegs überflüssig. Vielmehr appelliert sie an die Theologen, anzuerkennen, dass, wie *Dei verbum* es formuliert, die Theologie »auf dem geschriebenen Wort Gottes, zusammen mit der apostolischen Tradition, wie auf einem bleibenden Fundament« ruht.[22] Das heißt, die Theologie ist aus evangelikaler katholischer Sicht nicht nur und nicht einmal in erster Linie eine Sache der menschlichen Klugheit. Die Aufgabe – besser gesagt: das *Privileg* – der Theologie besteht darin, mit den Mitteln der menschlichen Intelligenz über die von Gott offenbarten und vom Lehramt der Kirche behüteten Grundwahrheiten nachzudenken.

Damit gibt uns *Dei verbum* ein wichtiges Kriterium für die tiefgreifende Reform der katholischen Kirche an die Hand. Mit ihrer Lehre über die göttliche Offenbarung (die durch die Form einer »dogmatischen Konstitution« höchste Autorität genießt) haben die Väter des Zweiten Vatikanischen Konzils vor der Kirche und der Welt einen großen Akt des Glaubens in Bezug auf das Faktum der Offenbarung vollzogen. Dieser Glaubensakt enthält ein implizites Kriterium für eine tiefgreifende und echte katholische Reform: *das Kriterium der Wahrheit*. Dieses Kriterium lässt sich ganz ohne Umschweife auf eine einfache Frage reduzieren: Glauben Sie – ganz gleich, ob Sie nun Diakon, Priester oder Bischof, Mitglied einer theologischen Fakultät oder ausgewiesener katholischer Intellektueller sind, ob Sie die Ordensgelübde abgelegt haben oder als Laie »in der Welt« leben und arbeiten –, *glauben* Sie, dass das Evangelium (also alles, was Gott zu unserem Heil in der Heiligen Schrift und in der apostolischen Überlieferung offenbart hat) ein übernatürliches Geschenk der göttlichen Offenbarung ist, das sich nicht nach dem Maßstab Ihres Lebens zu richten hat, sondern selbst der Maßstab Ihres Lebens ist? Glauben Sie, dass nicht das Evangelium sich an der Begeisterung des Augenblicks, sondern diese Begeisterung sich am Evangelium messen lassen muss?

Wie die gesamte zweitausendjährige Erfahrung der Kirche bezeugt, ist das Evangelium immer ein Zeichen, dem widersprochen wird. Je nach umgebender Kultur ist dieser Widerspruch entweder heftig – dann kann er bis zum Martyrium führen – oder eher mild. Doch in jedem Zeitalter – einschließlich unserer gegenwärtigen Ära der »Neuevangelisierung«, wie sie der hl. Johannes Paul II. und Benedikt XVI. in Reaktion auf das Zweite Vatikanische Konzil ausgerufen haben – ist das Evangelium eine Frage der Überzeugung und nicht der Übereinkunft. Deshalb ist der evangelikale Katholizismus, dessen Zentrum das Evangelium ist, keine Sekte innerhalb des Katholizismus und auch keine katholische Bewegung, sondern ein bestimmtes Verständnis der Berufung eines jeden Christen, ein treuer Jünger und gläubiger missionarischer Zeuge Jesu, des Herrn, zu sein, der selbst das verkündigte Evangelium und das Ur-Sakrament der Begegnung zwischen Gott und den Menschen ist.

Wort und Sakrament, Evangelium und Berufung

Eine der wichtigeren Publikationen, die die Überlegungen des Zweiten Vatikanischen Konzils prägten, war das Buch, *Christ the Sacrament of the Encounter with God* (»Christus, Sakrament der Gottbegegnung«), des flämischen Dominikanerpaters Edward Schillebeeckx.[23] Pater Schillebeeckx' spätere Auseinandersetzungen mit dem kirchlichen Lehramt sollten niemanden daran hindern, die tiefe Erkenntnis zu würdigen, die er in diesem Frühwerk darlegt: dass nämlich Jesus Christus das grundlegende oder das »Ur-Sakrament« ist. Denn als Ganzes genommen sind Leben, Lehre, Dienst, Leiden, Tod und Auferstehung Jesu Christi das definitive »äußere Zeichen« (wie der *Baltimore-Katechismus* es wohl formulieren würde), durch das die Christen die Wahrheit sowohl über Gott als auch über sich selbst – dass sie von Gott geliebt und von Gottes Sohn erlöst worden sind – erkennen. Die Sakramente der Kirche sind weit mehr als nur sieben Rituale, mit denen die Kirche verschiedene Schlüsselmomente des Lebens markiert. Die sieben Sakramente – Taufe, Firmung, Beichte (Versöhnung), Eucharistie, Priesterweihe, Ehe und Krankensalbung – sind sieben privilegierte Begegnungen mit Christus, der seinerseits *der* sakramentale Ausdruck des lebendigen Gottes in der Welt und in der Geschichte ist.

Jesus ist kein »achtes Sakrament«. Jesus, der Herr, dem wir im Evangelium begegnen, ist die sakramentale Wirklichkeit Gottes, der sich selbst seiner Schöpfung offenbart. Durch diese

»Sakramentalität« des Mensch gewordenen Gottessohnes macht Christus die Gottesbegegnung in den Sakramenten der Kirche überhaupt erst möglich. »Wer mich gesehen hat, hat den Vater gesehen«, sagt Jesus beim Letzten Abendmahl zum Apostel Philippus (Joh 14,9). Alle, die in dem rettenden Wasser der Taufe Jesus, dem Herrn, begegnet sind, haben die Gabe dieses christlichen Sehens empfangen, der uns im Sohn den Vater erkennen lässt. Alle, die Jesus, dem Herrn, in der Gabe des Geistes bei der Firmung oder in den Worten der Absolution im Beichtstuhl, in den Salbungen und Gebeten der Priesterweihe oder im Austausch des Gelöbnisses und wechselseitigen Geschenks der Liebe bei der Trauung begegnen, haben durch den Sohn den Vater gesehen. Und das gilt auch für alle, die bei der Krankensalbung geistliche und zuweilen auch physische Heilung erfahren haben. Vor allem aber werden alle diejenigen eins mit dem Vater, die, dem Sohn gehorsam, in der heiligen Eucharistie seinen Leib und sein Blut empfangen. Ihr Einswerden mit dem Vater geschieht in der Kraft des Heiligen Geistes, der vor der Wandlung auf Brot und Wein herabgerufen wird.[24]

Der evangelikale Katholizismus ist also eine Wirklichkeit aus Wort *und* Sakrament, und das gleich in mehrfacher Hinsicht. Das Wort des Evangeliums, das verkündet wird, ist gleichzeitig das Wort Gottes, es ist Jesus, der Herr: das Sakrament, das durch die sieben Sakramente in der Kirche gegenwärtig ist. Die Begegnung mit dem Wort Gottes, wie es in der Heiligen Schrift enthalten ist, vollzieht sich durch die Sakramente, die niemals ohne Schriftbezug gefeiert werden. Wachstum in Glauben, Hoffnung und Liebe – Wachstum in der Freundschaft mit Christus – wird durch den regelmäßigen und häufigen Empfang der Sakramente gespeist, und dieses Wachstum wiederum trägt dazu bei, dass sich uns das Wort Gottes im Alten und im Neuen Testament in

Aspekten erschließt, die uns zuvor vielleicht rätselhaft, unklar oder gänzlich verborgen waren. Das alles ist ein Gesamtpaket, eine einzige evangelikale katholische Wirklichkeit. Wort und Sakrament sind ebenso wenig voneinander zu trennen wie Evangelium und Kirche, Schrift und apostolische Tradition, Mission und Dienst.

Evangelikale katholische Männer und Frauen, die – durch die tägliche Bibellektüre und den regelmäßigen Empfang der Eucharistie und des Bußsakraments – sowohl im Wort als auch im Sakrament gestärkt werden, werden durch den Gehorsam des Glaubens so geformt, dass sie zu echter Freiheit fähig sind.[25] Diese echte Freiheit ist Freiheit *für die* Wahrheit und *in der* Wahrheit der Freundschaft mit Christus sowie Freiheit *von* unserer ungezügelten Eigenliebe, die auf dem Weg zur Begegnung mit Gott immer und überall das größte Hindernis darstellt. Deshalb führt der Glaubensgehorsam nicht etwa in die Unterdrückung, sondern in die radikale Freiheit: die Freiheit, sich frei für das Gute, Wahre und Schöne zu entscheiden und daraus eine moralische Gewohnheit zu machen.[26] Das ist allerdings ein zutiefst gegenkultureller Lebensstil und basiert – zumindest nach den Maßstäben des 21. Jahrhunderts – auf einer zutiefst gegenkulturellen Realitätswahrnehmung.

Sich dem Zeitgeist stellen

Der evangelikale Katholizismus bekennt, dass die Menschheit von Jesus, Marias Sohn, das Gefäß der Inkarnation des Sohnes Gottes ist. Ebenso bekennt der evangelikale Katholizismus, dass die außergewöhnliche Gnade Gottes durch die gewöhnlichen Substanzen des Lebens – die Substanzen der sieben Sakramente: Brot, Wein, Öl und Wasser – in die Geschichte eintritt, die Freunde Jesu nährt und sie in ihrer missionarischen Jüngerschaft stärkt. Diese katholische Sakramentalität, diese sakramentale Vorstellung von der Welt, ist eines der kulturellen Erkennungsmerkmale des evangelikalen Katholizismus im 21. Jahrhundert und eine der schärfsten Herausforderungen der Kirche an den Zeitgeist – einen »Geist«, auf den die schlichten katechetischen Formeln und Frömmigkeitspraktiken des gegenreformatorischen Katholizismus nicht wirkungsvoll hatten antworten können.

Dieser »Geist« ist, um es mit zwei technischen Begriffen zu sagen, gnostisch und antimetaphysisch.

Die späte Moderne und die Postmoderne haben – auf kultureller Ebene – den Gnostizismus machtvoll wiederaufleben sehen, die älteste aller Irrlehren, die die Gutheit der Schöpfung leugnet und nicht in der Geschichte und der Erfüllung der Geschichte, sondern außerhalb der geschichtlichen und materiellen Welt nach Erlösung sucht. In seiner aktuellen Spielart verkündet der Gnostizismus des 21. Jahrhunderts die uneingeschränkte Formbarkeit des Menschseins: Bei Männern und Frauen ist nichts, nicht einmal ihr Geschlecht, *gegeben*; alles ist wandelbar; alles lässt sich verändern, um die Wünsche des alles beherrschenden autonomen Selbst zu erfüllen (oder seine »Bedürfnisse« zu befriedigen, wie es in der Regel heißt). Und auch in der Gesellschaft gibt es nichts, das *vorgegeben* wäre. Im Hinblick auf die Ehe zum Beispiel ist nichts vorgegeben; »Ehe« – und natürlich auch »Familie« – kann jede gewünschte Bedeutung haben.

Der Zusammenbruch jedweder kulturell überkommenen Vorstellung von einer tiefen, in die Welt und in die Menschen hineingelegten Wahrheit kennzeichnet die späte Moderne und Postmoderne: eine Wahrheit, die wir (unvollständig, aber unzweifelhaft) mit den Mitteln unseres Verstandes erfassen können. Dieser Zusammenbruch wurde im 18. Jahrhundert durch die von David Hume und Immanuel Kant geübte Kritik an der klassischen und mittelalterlichen Metaphysik vorbereitet: eine Kritik, die mit der Zeit (und ungeachtet dessen, was Hume und Kant eigentlich beabsichtigt hatten) die Überzeugung der westlichen Welt untergrub, wonach das Leben und damit auch die Geschichte zweckorientiert sind. Die Welt bot nun einen unerschöpflichen Vorrat an potenziellen Bedeutungen, doch diese Bedeutungen waren auf keinerlei Zweck hingeordnet. Folgerichtig setzte man die individuelle Freiheit mit der Maximierung der möglichen Mittel gleich. Was aber rechtfertigt diese Mittel, wenn sie nicht durch ihren Zweck gerechtfertigt werden, nämlich das Gute, das von Gesellschaften und Individuen angestrebt werden soll? Ohne eine Vorstellung vom »Zweck« – den guten Dingen, die wir erstreben sollten, weil wir sie als gut erkennen können – sind die Mittel Trumpf. Technik und Nutzen sind das Einzige, was zählt.

Wie sich all das auf die Würde der menschlichen Person und auf die Gesellschaft auswirkt, hat Aldous Huxley in *Brave New World* (»Schöne neue Welt«) auf brillante Weise vorweggenommen. Irgendwie scheint Huxley, noch bevor seine Schreckensvision von der menschlichen Zukunft durch die Entschlüsselung der DNA-Doppelhelix wissenschaftlich plausibel wurde, geahnt zu haben, dass die alte gnostische Lehre von der Formbarkeit des Menschseins, wenn man sie mit moderner Technologie kombiniert und auf eine Kultur loslässt, die gar nicht mehr versucht, die tieferen Grundwahrheiten der Dinge aus den Gegebenheiten der menschlichen Natur herauszulesen, eine Welt hervorbringen würde, in der sich die prometheische Versuchung als unwiderstehlich erweist. Aldous Huxley war kein großer Literat. Aber er hat die Tragweite der kulturellen Herausforderung erfasst, der der gegenreformatorische Katholizismus nicht gewachsen war und auf die der evangelikale Katholizismus reagieren muss. Das zeigt sich in einem Abschnitt etwa in der Mitte seines Romans, in dem er beschreibt, was einem der allmächtigen Weltkontrolleure beim Lesen eines wissenschaftlichen Aufsatzes durch den Kopf geht, den er prüfen soll, ehe er ihn zur Veröffentlichung freigibt. Offenbar hat der Denker, der ihn verfasst hat, einige alte Grundwahrheiten wiederentdeckt:

»›Neue Theorie der Biologie‹ hieß die Abhandlung, die Mustafa Mannesmann soeben zu Ende gelesen hatte. Mit nachdenklich gerunzelter Stirn saß er eine Weile da, dann nahm er den Stift und schrieb schräg auf das Titelblatt: ›Die mathematische Behandlung des Begriffs der Zweckbestimmtheit durch den Verfasser ist neu und scharfsinnig, die Schlüsse aber, zu denen er kommt, sind ketzerisch und, soweit sie die bestehende Gesellschaftsordnung betreffen, gefährlich und möglicherweise zerstörerisch. *Zur Veröffentlichung nicht freigegeben.*‹ Diese Worte unterstrich er. ›Der Verfasser ist im Auge zu behalten. Seine Versetzung in die Station für Meeresbiologie auf Sankt Helena könnte erforderlich werden.‹ Schade, dachte er, während er unterschrieb. Es war ein Meisterwerk. Aber wenn man erst einmal Erklärungen zum Thema der Zweckbestimmung zuließ – ja, dann waren die Folgen nicht absehbar. Solche Gedanken untergruben nur zu schnell die Normung der weniger gefestigten Geister innerhalb der höheren Kasten, sie raubten ihnen den Glauben an das Glück als das höchste Gut und lehrten sie stattdessen den Glauben an ein Ziel, das irgendwo jenseits, irgendwo außerhalb des gegenwärtigen menschlichen Bereichs lag. Solche Irrlehren führten dahin, den Sinn des Daseins nicht in der Erhaltung des Wohlbefindens zu sehen, sondern in der Vertiefung und Verfeinerung der Erkenntnis, der Vermehrung des Wissens. Vielleicht war das, überlegte der Aufsichtsrat, sogar ein wahrer Glaube. Aber unter den derzeitigen Verhältnissen unzulässig. Er nahm noch einmal den Stift und zog unter die Worte ›*Zur Veröffentlichung nicht freigegeben*‹ einen zweiten Strich, dicker und schwärzer noch als der erste.«[27]

In der schönen neuen Welt der huxleyschen Anti-Utopie ist das, was die klassische und mittelalterliche Theologie als die *Anima naturaliter christiana* bezeichnet hat – dass also der menschliche Geist sich von Natur aus zu der Wahrheit des christlichen Glaubens hingezogen fühlt – unter dem Druck des Lustprinzips, eines innerweltlichen Tugendersatzes, verkümmert. Die schöne neue Welt, die Huxley sich vorstellt, ist eine weitgehend seelenlose Welt oder, besser vielleicht, eine Welt der sehnsuchtslosen Seelen (wobei Sehnsucht weder mit »Wunsch« noch mit »Bedürfnis« verwechselt werden darf). Vielleicht erscheint uns diese fiktive Zukunft zu extrem, als dass sie wahr werden könnte; doch wenn wir ihre Möglichkeit ignorieren oder leugnen, schaden wir uns selbst.

Die amerikanische Schriftstellerin Flannery O'Connor hat vor denselben kulturellen Unterströmungen und ihren entmenschlichten Auswirkungen gewarnt und dem Nihilismus der späten Moderne vorgeworfen, er habe Menschen hervorgebracht, die wie »flügellose Hühner« seien: Männer und Frauen, die, wie O'Connor es nennt, die »Gewohnheit, zu sein« verloren haben. Sie haben diese wesentliche menschliche Qualität verloren, weil sie sich das Leben als durch und durch plastisch und formbar vorstellen und ihnen seine Gegebenheiten nicht mehr bewusst seien; sie haben ihre Menschlichkeit verloren, weil die sakramentale Sensibilität, die die westliche Zivilisation in erster Linie dem Christentum verdanke, – jene Ahnung des Außergewöhnlichen, das sich im Stoff des Gewöhnlichen offenbart – kulturell aus ihnen weggezüchtet worden sei.

Unter diesen düsteren kulturellen Umständen, deren soziale und politische Auswirkungen zuweilen durch den materiellen Wohlstand überdeckt werden, war es in der Tat providenziell, dass der Katholizismus im Zuge seiner tiefgreifenden Reform, die Leo XIII. gegen Ende des 19. Jahrhunderts auf den Weg brachte, wiederentdecken sollte, dass Wort und Sakrament die beiden Grundpfeiler der gelebten Christusnachfolge sind. Die lebensverändernde Macht des Wortes Gottes in den Worten der Bibel ist die gegenkulturelle Antwort der Kirche auf die postmoderne Geringschätzung der menschlichen Fähigkeit, die tiefen Wahrheiten des Menschseins zu erkennen. Die Sakramente sind das Gegengift des evangelikalen Katholizismus gegen den herrschenden Gnostizismus der späteren Moderne und Postmoderne, weil das sakramentale System der Kirche den Stoff der Welt und der menschlichen Beziehungen als Gefäße der göttlichen Gnade betrachtet und denkbar ernst nimmt.

Die Eigenschaften eines engagierten Glaubens

Wort und Sakrament vertiefen die persönliche Freundschaft mit Jesus, unserem Herrn, und diese Freundschaft ist eine wesentliche Voraussetzung für den Vollzeitkatholizismus, der notwendig ist, um inmitten unserer Zeit Glauben, Hoffnung und Liebe zu leben und an der Bekehrung der Welt zu arbeiten. Indem wir uns in das Wort und in die Sakramente versenken, halten wir jenen Prozess der lebenslangen Umkehr in Gang, der in uns die vier Erkennungsmerkmale der evangelikalen Katholiken hervorbringt.

Radikale Umkehr

Der evangelikale Katholizismus lädt die Menschen der Kirche, Laien wie Kleriker, zu einem Leben ein, in dem alles – unsere persönliche Identität, unsere Beziehungen, alles, was wir tun – um die Freundschaft mit Jesus kreist. Der Satz »Ich glaube an das Evangelium« ist das entscheidende Bekenntnis eines evangelikalen katholischen Lebens. Aus ihr erwächst alles andere. Deshalb ist der evangelikale Katholizismus keine Lifestyle-Entscheidung, sondern ein lebensverändernder Prozess der lebenslangen Umkehr zur Wahrheit des Evangeliums. Der Charakter dieser Umkehr, ihre Macht und ihr Anspruch, sind eindrucksvoll in den Worten eingefangen, die Margaret More am Ende von *A Man for All Seasons* (»Ein Mann zu jeder Jahreszeit«) im Londoner Tower mit ihrem Vater Sir Thomas More wechselt. Margaret fragt Thomas Morus, der seine Stellung, seinen Wohlstand und seine Freiheit aufgegeben hat, ob Gott vernünftigerweise noch mehr von ihm verlangen könne. Worauf Thomas entgegnet: »Nun ... letztlich ist es keine Frage der Vernunft; letztlich ist es eine Frage der Liebe.«[28] In der radikalen Umkehr des evangelikalen katholischen Lebens hat die Liebe Christi den Jünger verwandelt und ihm oder ihr eine irdische Erfahrung der Liebesgemeinschaft der Heiligsten Dreifaltigkeit geschenkt – eine Erfahrung der Versöhnung, des Einsseins mit Gott, die durch das Ostergeheimnis und die Gabe des Heiligen Geistes möglich geworden ist.[29] Diese Erfahrung verändert alles. Sie ist die treibende Kraft hinter der tiefgreifenden Reform der Kirche.

Tiefe Treue

Auch nach seiner radikalen Umkehr bleibt der evangelikale Katholik ein armer Sünder. Doch der evangelikale Katholik weiß nach seiner radikalen Umkehr, dass er oder sie trotz der Verwundungen der Sünde in jeder Lebenssituation um Treue ringen muss. Der Entschluss, sogar in der Versuchung und in der Sünde aus der Liebe Christi zu leben, die in unsere Herzen eingegossen ist, bringt das Streben nach christlicher Vollkommenheit hervor – die wir zwar nie erreichen, die aber dem Jünger als gnadenhafter Erwartungshorizont stets gegenwärtig ist. Der evangelikale Katholik stärkt sich auf seiner Reise zur Heiligkeit Tag für Tag mit dem Wort Gottes, das er in der Bibel liest, und mit dem häufigen Empfang der Sakramente, insbesondere der heiligen Eucharistie und dem Sakraments der Buße oder Versöhnung. Ein evangelikaler Katholizismus im Sinne dessen, was sich das Zweite Vatikanische Konzil unter dieser Form der radikalen Umkehr vorgestellt hat, ist nur möglich, wenn man das Wort Gottes täglich hört und Christus, das Sakrament der menschlichen Begegnung mit Gott, in den Sakramenten der Kirche regelmäßig empfängt. Der evangelikale Katholik liest das Wort Gottes als einen Schatz der Wahrheit, der in einer Vielfalt literarischer Formen zum Ausdruck kommt, und er oder sie empfängt die Sakramente als echte Begegnungen mit dem Gott Abrahams, Isaaks, Jakobs und Jesu. Die Bibel und die Sakramente sind der Maßstab unserer Jüngerschaft. Evangelikale katholische Jünger stehen dem zweifachen Fundament der Kirche – Wort und Sakrament – nicht in einer Haltung der kritischen Skepsis gegenüber.

Freudige Nachfolge

Die freudige Lebensbejahung des evangelikalen Katholiken ist Ausdruck der Dankbarkeit, die die zutiefst gläubigen Jünger nach ihrer Umkehr für die Freundschaft Jesu, des Herrn, empfinden, der uns zu einem hohen Preis von der Last der Sünde und Schuld losgekauft hat. Das heißt nicht, dass evangelikale Katholiken von geistlicher Dürre, Trostlosigkeit und sogar dunklen Nächten der Seele verschont blieben. Gerade wegen ihrer Freundschaft mit Jesus, dessen Erlösungswerk die Form des Kreuzes hat, können evangelikale Katholiken diese Erfahrungen *durch*leben (das heißt in ihrer Tiefe ausloten). Mithin geht es bei der freudigen Nachfolge des evangelikalen Katholiken nicht darum, sich durchzusetzen, sondern sich hinzugeben. Da er von Christus erlöst worden ist, der uns mit seinem eigenen Leiden, Sterben und seiner Auferstehung die Kreuzesform des Heils aufzeigt, und da er durch die Begegnung in Wort und Sakrament mit ebendiesem Christus Freundschaft geschlossen hat, kann der evangelikale Katholik in Dürre, Trostlosigkeit und dunklen Nächten auf die Kraft des Auferstandenen zählen: die Kraft Christi, der auf Golgatha alle menschliche Furcht auf sich genommen, sie im Feuer seiner aufopferungsvollen Liebe verbrannt und es so all jenen, die gläubig an ihm festhalten, ermöglicht hat, zwar nicht *ohne* Angst, aber *jenseits* der Angst zu leben.[30] Deshalb ist der typische Mut eines radikal umgekehrten, zutiefst gläubigen evangelikalen Katholiken ein Mut, der jenseits der Furcht liegt, das heißt aus dem Kreuz stammt. Und dieser Mut bringt eine einzigartige und unerschütterliche Freude hervor, die das ganze Leben durchströmt.

Mutige Evangelisierung

Wie weit sie sich wirklich für die »Kraft Gottes« geöffnet haben, »die jeden rettet, der glaubt« (Röm 1,17), und wie wirksam ihre Nachfolge ist, messen evangelikale Katholiken daran, ob sie das Geschenk, das sie selbst empfangen haben, an andere weitergeben: daran, wie sehr sie sich dafür einsetzen, andere zur Freundschaft mit Christus zu führen oder die Liebe Christi für die, die bereits getauft sind, tiefer erfahrbar zu machen. Der evangelikale Katholizismus ist daher ein nicht-apologetischer, missionarischer Katholizismus. Der evangelikale Katholik – Laie, Priester, Bischof oder Ordensmitglied – betrachtet jeden Schauplatz seines oder ihres Lebens als Gelegenheit zur Evangelisierung. Dieses evangelikale Engagement äußert sich vor allem in der Nächstenliebe: in einer Begegnung mit anderen, die hilft, Zerbrochenes zu heilen, Schwaches aufzurichten, in der Trauer zu trösten und in der Verwirrung zu erleuchten. Der evangelikale Katholik, der das Kreuz Christi umarmt und so die Kraft gewonnen hat, jenseits der Angst zu leben, versucht anderen einen ähnlichen Mut einzuflößen. Durch sein Vorbild (eine Form dessen, was die Katecheten als »Präevangelisierung« bezeichnen) eröffnet sich die Möglichkeit, im nächsten Schritt eine Begegnung mit dem Evangelium in der Bibel und mit dem Mensch gewordenen Wort Gottes in den Sakramenten der Kirche anzubahnen. Den Weg, »der alles übersteigt« (1 Kor 12,31), lebt der evangelikale Katholizismus vor, ehe er ihn lehrt; was er aber unermüdlich lehrt, ist vor allem dieses: »Gott ist die Liebe, und wer in der Liebe bleibt, bleibt in Gott und Gott bleibt in ihm« (1 Joh 4,16).

Deshalb werden evangelikale katholische Gemeinden (und ihre Pfarrer) und evangelikale katholische Diözesen (und ihre Bischöfe) ihre Umkehr, ihre Treue und ihre Nachfolge an anderen Kriterien messen, als sie im institutionell verwalteten Katholizismus üblich sind. Wie viele potenzielle Konvertiten die Pfarrgemeinde oder das Bistum eingeladen hat und wie viele dieser potenziellen Konvertiten sich entschlossen haben, dem Weg Jesu, des Herrn, nachzufolgen, gilt im evangelikalen Katholizismus als besserer Gradmesser für die eigene »Performance« als die jährliche Zählung der Gottesdienstbesucher an einem Sonntag X (das Standardverfahren der »Praxismessung« in großen Teilen der katholischen Kirche) – eben weil es ein evangelikaler Gradmesser ist. Und in einer evangelikalen katholischen Gemeinde sind es sowohl die Laien als auch die Kleriker, die diese Fragen stellen und die Antworten auswerten.

Mit den Worten, mit denen Petrus auf die Verklärung Jesu reagiert – »es ist gut, dass wir hier sind« beim Herrn in seiner Herrlichkeit (Mt 17,4) –, fasst das Evangelium alle wichtigen Merkmale der evangelikalen Katholiken zusammen. Die Freude, in der Gegenwart des Herrn zu sein, ist die Dynamik, die der *Communio* zugrunde liegt, jener einzigartigen Form der menschlichen Gemeinschaft, die die Kirche ist. Ebendiese Freude treibt die, die an dieser *Communio* teilhaben, dazu an, sie anderen anzubieten. Das ist ihre evangelikale Sendung.

Doch diese Sendung wirklich zu leben heißt, sich Rechenschaft darüber zu geben, weshalb sich die Kirche in solch großen Teilen der westlichen Welt in einer Periode der Trockenheit befindet. Und damit sind wir wieder bei der Frage nach der Wahrheit.

Die Folgen der Untreue

Wenn die von Grund auf reformierte Kirche, auf die sich die katholische Entwicklung von Leo XIII. bis hin zu Benedikt XVI. kontinuierlich zubewegte und die das Zweite Vatikanische Konzil sich vorstellte, durch einen kraftvollen, durch Wort und Sakrament geformten evangelikalen Katholizismus verkörpert wird, der das Evangelium der Wahrheit und Liebe »auf das tiefe Wasser« der modernen und postmodernen Welt hinausträgt, dann müssen wir als nächstes den großen Schiffbruch des nachkonziliaren Katholizismus in den Blick nehmen: den Zusammenbruch der Kirche in Westeuropa, dem historischen Kernland des Christentums.

Der Niedergang des westeuropäischen Katholizismus war, so viel ist klar, nicht das Ergebnis eines Bruderkriegs zwischen progressistischen und traditionalistischen Katholiken. Und es ist auch nicht wahrscheinlich, dass das Erfolgsrezept für eine künftige Wiederbelebung und Reform aus einem dieser beiden abgekämpften Lager kommen wird. Die Kirche in Europa befand sich in den Jahren nach dem Konzil in freiem Fall, weil viele ihrer Mitglieder nicht mehr an die Wahrheit des Evangeliums glaubten. Die Krise des Katholizismus in Europa rührt nicht daher, dass die institutionelle Kirche ins Wanken geraten wäre und die Gläubigen ihr daraufhin den Rücken gekehrt hätten. Die Krise rührt daher, dass die Menschen in der Kirche (einschließlich des Klerus) aufgehört haben, mit Leidenschaft und Überzeugung zu glauben und sich an der Gegenwart des Herrn zu freuen, und dass sie stattdessen begonnen haben, ihr Glück anderswo zu suchen. *Deswegen* geriet die Institution ins Wanken und scheint nun, im ersten Viertel des 21. Jahrhunderts, vor dem Zusammenbruch zu stehen. Die katholische Zukunft Europas liegt nicht in Reformen auf der Führungsebene (obwohl auch diese notwendig sind), sondern in einem erneuten Aufleben des Glaubens, das (wie so oft) vermutlich nicht aus den formalen Strukturen des katholischen Lebens (das heißt in Pfarrgemeinden und Bistümern), sondern aus den Erneuerungsbewegungen und neuen katholischen Gemeinschaftsformen kommen wird. Dort ist die Vision des evangelikalen Katholizismus lebendig. Und wenn diese Vision den echten Eingebungen des Heiligen Geistes folgt und eine kritische Masse erreicht, dann kann sie letztendlich auch die institutionelle Kirche reformieren und verwandeln.

Dieses gleiche evangelikale katholische Prisma wirft auch ein Licht auf die Frage, weshalb die tiefgreifende katholische Reform in den Vereinigten Staaten ins Stocken geraten ist, wo mittlerweile – obwohl die Situation in den ersten Jahrzehnten des 21. Jahrhunderts besser zu sein scheint als in Europa – beunruhigende Anzeichen zu beobachten sind. Auch in den Vereinigten Staaten ist der Glaube das eigentliche Problem. Eine tiefgreifende katholische Reform in den Vereinigten Staaten wird durch Bischöfe, Priester, Gottgeweihte, Ordensleute, Intellektuelle und Laien verhindert, deren Gemeinschaft mit der Kirche vielleicht nicht im kirchenrechtlichen, aber doch im existenziellen Sinne geschwächt ist, weil sie nicht das für wahr halten, was die Kirche – wie es das Glaubensbekenntnis bei der Aufnahme in die volle Gemeinschaft der katholischen Kirche formuliert – »als Offenbarung Gottes glaubt, lehrt und verkündet«. Wie viele Katholiken in den Vereinigten Staaten – noch einmal: wir reden von Bischöfen, Priestern, Gottgeweihten, Ordensleuten, Intellektuellen und Laien – können ohne jeden Vorbehalt sagen: »Ich glaube und bekenne alles, was die heilige, katholische Kirche als Offenbarung Gottes glaubt, lehrt und verkündet«? So negativ oder uneindeutig die Antwort auf diese Frage ausfällt, so gefährdet ist die tiefgreifende

Reform der Kirche, wie sie sich das II. Vaticanum vorgestellt hat.

Vor einem Vierteljahrhundert vertrat Richard John Neuhaus, damals noch ein lutherischer Pastor, die Auffassung, die katholische Kirche könne dank des Musters, das ihre Entwicklung von Leo XIII. über das II. Vaticanum bis hin zu Johannes Paul II. durchzog, bei der Verkündigung des Evangeliums unter den christlichen Gemeinschaften in der Welt die Führung übernehmen. In dem Buch *The Catholic Moment* kritisierte Neuhaus diejenigen Katholiken, die glaubten, Johannes Paul II. sei allzu besorgt wegen der abweichenden Meinungen in der Kirche. In Wirklichkeit, so Neuhaus, sei Johannes Paul wegen einer sehr viel tieferen, sehr viel biblischeren Frage besorgt: einer Frage nämlich, die Jesus, der Herr, als Erster gestellt habe: »Wird jedoch der Menschensohn, wenn er kommt, auf der Erde (noch) Glauben vorfinden?« (Lk 18,8). *Das*, so Neuhaus, sei für jeden, gleich ob Papst oder Laie, die dringlichste Frage, wenn er oder sie die katholische Möglichkeit, die durch die Reform- und Einigungsbemühungen des Konzils eröffnet worden war, wirklich verstanden hätte.[31]

Und es bleibt auch heute die entscheidende Frage für jeden, der wirklich an einer tiefgreifenden Reform der katholischen Kirche interessiert ist.

KAPITEL DREI

Das Profil des evangelikalen Katholizismus

Das Nizäno-Konstantinopolitanische Glaubensbekenntnis, das Christen überall auf der Welt beten, nennt vier »Merkmale« der Kirche Jesu Christi: Die Kirche, so bekennen es die Christen, ist die *eine, heilige, katholische* und *apostolische* Kirche. Die verschiedenen christlichen Gemeinschaften haben eine unterschiedliche Auffassung davon, was diese vier kirchlichen Merkmale bedeuten. Die katholische Kirche glaubt, dass sie selbst diese vier Merkmale in einer Fülle in sich vereint, die keine andere kirchliche Gemeinschaft für sich beanspruchen kann. Gleichzeitig erklärt die katholische Kirche, dass Elemente der Gnade und Heiligung (wenn auch in je unterschiedlichem Grad) überall dort gefunden werden können, wo Glaubensgemeinschaften Jesus als den Herrn und Erlöser bekennen.[1]

So, wie die katholische Kirche sie versteht, benennen die vier im Credo erwähnten Merkmale der Kirche vier wesentliche Attribute der Gemeinschaft, die durch die Herabsendung des Heiligen Geistes auf die ersten Männer und Frauen ins Leben gerufen worden ist, die an Jesus, den auferstandenen Herrn, geglaubt haben.

Mit dem Bekenntnis, dass die Kirche *eine* ist, bringt die katholische Kirche ihren Glauben zum Ausdruck, dass es nur eine Kirche Christi gibt, denn die Kirche ist der Leib Christi, und Christus ist einer. Die Eingliederung in diesen einen Leib erfolgt durch die im Namen des Vaters, des Sohnes und des Heiligen Geistes gespendete Taufe, sodass da »ein Herr, ein Glaube, eine Taufe, ein Gott und Vater aller, der über allem und durch alles und in allem ist« (Eph 4,5).[2]

Mit dem Bekenntnis, dass die Kirche *heilig* ist, bringt die katholische Kirche ihren Glauben zum Ausdruck, dass Christus sein Versprechen gehalten hat, den Geist auf seine Jünger herabzusenden, und dass er dies auch weiterhin und bis zum Ende der Geschichte tun wird. Obwohl die Kirche aus Sündern besteht, ist sie selbst als die Braut des Lammes, wie der heilige Johannes sie im Buch der Offenbarung beschreibt, heilig und hat Teil an der unsterblichen und unaussprechlichen Heiligkeit des Bräutigams und Herrn Jesus Christus.[3]

Mit dem Bekenntnis, dass die Kirche *katholisch* ist, bringt die katholische Kirche ihren Glauben zum Ausdruck, dass das Evangelium für die gesamte Menschheit bestimmt und die Kirche dazu berufen ist, der ganzen Welt die Frohe Botschaft zu bringen, und dass jeder imstande ist, sich zu Christus zu bekehren. Die Katholizität oder Universalität der Kirche ist, wie die Konzilsväter auf dem II. Vaticanum gelehrt haben, »Zeichen und Werkzeug für die innigste Vereinigung mit Gott wie für die Einheit der ganzen Menschheit«[4]. Denn die Kirche ist der Leib Christi, und in diesem Leib gibt es »nicht mehr Juden und Griechen, nicht Sklaven und Freie, nicht Mann und Frau« (Gal 3,28).[5]

Mit dem Bekenntnis, dass die Kirche *apostolisch* ist, bringt die katholische Kirche ihren Glauben zum Ausdruck, dass das Evangelium durch die Apostel und ihre Nachfolger, die Bischöfe, die in voller Gemeinschaft mit dem Bischof von Rom stehen, unversehrt weitergegeben wird. Damit bringt die Kirche gleichzeitig ihren Glauben zum Ausdruck, dass sie sich auf das Zeugnis von Menschen gründet, deren Leben durch ihre Freundschaft mit Jesus, dem Herrn, verändert worden ist und die von Jesus selbst dazu ermächtigt worden sind, andere in diese heilbringende Freundschaft einzubeziehen.[6]

Die Charakteristika des gegenreformatorischen Katholizismus

Der gegenreformatorische Katholizismus mit seinem katechetisch-devotionalen Stil, der das katholische Leben von der Mitte des 16. bis zur Mitte des 20. Jahrhunderts prägte, brachte diese vier Merkmale durch typische Charakteristika oder Eigenschaften zum Ausdruck.

Durch einen historischen und theologischen Evolutionsprozess gelangte der Katholizismus der Gegenreformation zu einem pyramidalen Verständnis der Kirche und der innerkirchlichen Beziehungen. Der Papst herrschte an der Spitze der Struktur; Bischöfe, Priester und Ordensleute besetzten das mittlere Drittel der Pyramide, während die gläubigen Laien die unterste Schicht bildeten. Der Autoritäts- und meist auch der Diskussionsstrom verlief von oben nach unten. Auf diese Weise stellte sich der gegenreformatorische Katholizismus den Bischof von Rom mehr und mehr als den Chef eines globalen Unternehmens vor, dessen örtliche Vorstände (die Bischöfe) de facto päpstliche Bevollmächtigte (oder Filialleiter) für die betreffenden Gebiete waren. Das, so glaubte man, war in der frühen Neuzeit die angemessenste Form, um die Einheit und Apostolizität des Katholizismus zum Ausdruck zu bringen.

Das brachte natürlich eine gewisse Klarheit mit sich. Andererseits aber drohte diese scharf umrissene Theologie der Kirche, des Papsttums und des Episkopats die reiche Palette von Bildern zu überlagern, die frühere Erscheinungsformen der

Kirche aus der Bibel geschöpft hatten: das johanneische Bild von der Kirche als einer Schafherde und einem Stall zum Beispiel oder als der makellosen Braut des Lammes oder das paulinische Bild von der Kirche als dem Haushalt Gottes und dem himmlischen Jerusalem. Diese Verdrängung der biblischen Bilderwelt verstärkte die Tendenz, sich die Kirche in Analogie zu einem Staat vorzustellen und sie vor allem nach formaljuristischen Gesichtspunkten zu konzipieren. Außerdem führte dies zu einer Art klerikaler Kastengesellschaft, in der der geweihte Stand in einer für andere unerreichbaren Weise »die Kirche« war.

Die Heiligkeit der Kirche brachte der gegenreformatorische Katholizismus durch einen großen Reichtum an Frömmigkeitsformen zum Ausdruck, die Maria, die Heiligen und das Herz Jesu zum Zentrum hatten. Weniger großen Wert legte er dagegen auf die Heiligung durch regelmäßige Bibellektüre und den häufigen Empfang der heiligen Kommunion (ein Manko, das schließlich dadurch behoben wurde, dass man den jährlichen Empfang der heiligen Kommunion wenigstens in der österlichen Zeit vorschrieb). Wie die Kirche selbst wurde auch das moralische Leben im gegenreformatorischen Katholizismus formaljuristisch betrachtet: Im moralischen Leben zu wachsen hieß, seinen Willen zu trainieren, indem man eine Reihe moralischer Vorschriften befolgte. Die biblische, patristische und mittelalterliche Vorstellung vom moralischen Leben als einem Leben des Tugendwachstums (eines Wachstums, das auf Glück oder Glückseligkeit ausgerichtet war) drohte inmitten dieser ausgeprägten Regelfixierung in Vergessenheit zu geraten. Die Katholizität schließlich brachte man in der gegenreformatorischen Kirche dadurch zum Ausdruck, dass man die liturgische und pädagogische Praxis und die Muster der Kirchenleitung stark vereinheitlichte: ein Ausdruck der Univer-

salität, der die katholischen Ostkirchen (die ja trotz ihrer by-
zantinischen Liturgie und Kirchenverfassung in voller Gemeinschaft mit dem Bischof von Rom stehen) oft zu Bürgern
zweiter Klasse degradierte.

Diese Ausdrucksformen oder Ausprägungen der vier
durchgängigen Merkmale des gegenreformatorischen Katholizismus wurden in der Zeit nach dem II. Vaticanum gern ins
Lächerliche gezogen, und wenn man ehrlich ist, boten einige
Aspekte dieser Form des Katholisch-Seins tatsächlich gewisse
Angriffspunkte für eine Satire. Zu ihrer Zeit jedoch waren sie
eine maßgebliche Inspiration für die Weitergabe des Glaubens
an künftige Generationen und für ein bewundernswertes missionarisches Engagement und trugen so entscheidend dazu
bei, dass die Symphonie der katholischen Wahrheit erhalten
geblieben ist. Dennoch war ihre Zeit – wie die anderer zeit-
gebundener Ausdrucksformen der von Christus gewollten
vierfachen Verfasstheit der Kirche – schließlich vorüber. Die
kulturellen Umstände veränderten sich dramatisch und demzufolge wurde auch die evangelikale Tragfähigkeit dieser Art,
Kirche zu sein, abgeschwächt oder ging in mancher Hinsicht
ganz verloren.

Die Charakteristika des evangelikalen Katholizismus

Der evangelikale Katholizismus ist Ausdruck der vier grundlegenden Wirklichkeiten des christlich-kirchlichen Lebens –
Einheit, Heiligkeit, Katholizität und Apostolizität – im Sinne
der tiefgreifenden Reform der katholischen Kirche, die sich
seit Papst Leo XIII. vollzieht. Der evangelikale Katholizismus,
der den gegenreformatorischen Katholizismus ersetzen wird,
damit die Kirche ihre Sendung unter den veränderten kulturel-

len Bedingungen des 21. Jahrhunderts und des dritten Jahrtausends erfüllen kann, weist zehn Erkennungsmerkmale auf, die zusammengenommen ein Profil der katholischen Kirche der Zukunft liefern und Maßstäbe für eine tiefgreifende Reform in der Kirche setzen.[7]

1. Der evangelikale Katholizismus ist Freundschaft mit dem Herrn Jesus Christus.

Das, was die Katholiken im katechetisch-devotionalen Katholizismus der gegenreformatorischen Kirche über Jesus Christus wussten, hatten sie aus kurzen Katechismusformeln gelernt, die die kirchliche Lehre vom Sohn Gottes, der der Sohn Marias wurde, treffend zusammenfassten.[8] Der evangelikale Katholizismus beginnt hingegen nicht damit, etwas *über* Jesus zu wissen, sondern Jesus *kennenzulernen*.

Der evangelikale Katholizismus erkennt an, dass die kurzen und eingängigen Glaubensformeln in den Katechismen der gegenreformatorischen Kirche die Wahrheit des Evangeliums vermitteln; sie sind vereinfachte, aber in doktrineller Hinsicht stimmige Antworten auf die Frage: »Ihr aber, für wen haltet ihr mich?« (Mk 8,29). Für den evangelikalen Katholizismus sind diese kurzen Lehrformeln jedoch Ausdruck von etwas, das im Kern eine persönliche Begegnung ist: eine persönliche Begegnung und Bekanntschaft mit dem Herrn Jesus Christus, dem der Gläubige im Glauben begegnet ist und mit dem der Gläubige eine Freundschaft eingegangen ist. Im Katholizismus der Gegenreformation sollten die Gläubigen wissen, wer Jesus Christus ist, und durch dieses Wissen *über* ihn zur Begegnung *mit* ihm finden. Im evangelikalen Katholizismus dagegen steht die Begegnung und Bekanntschaft mit dem Herrn am *Anfang* und ist die Begegnung des Menschen mit Gott, dem Ur-Sakrament.

Nach evangelikalem katholischem Verständnis lehrt diese Freundschaft mit Jesus, dem Herrn, uns zwei Dinge, die für unsere Erlösung und, diesseits des Todes, für ein menschlich erfülltes Leben notwendig sind.

Erstens lernen wir in der Freundschaft mit Jesus Christus das Antlitz des barmherzigen Vaters kennen, denn wer den Sohn sieht, sieht den Vater. Wer die Macht des Sohnes erfährt, Sünden zu vergeben und die durch Eigenliebe verloren gegangene menschliche Würde wiederherzustellen, sieht den barmherzigen Vater, der seinen verlorenen Söhnen und Töchtern entgegeneilt und sie in das Gewand der Rechtschaffenheit kleidet, während er den Geist, das Band der Liebe zwischen dem Vater und dem Sohn, in ihre Herzen eingießt.

Zweitens erfahren wir in der Freundschaft mit Jesus Christus, die uns für das Leben der Heiligsten Dreifaltigkeit öffnet, die volle Wahrheit über unser Menschsein. Denn die Freundschaft mit Jesus, dem Herrn, gleicht unser Leben seinem Leben der liebenden Selbsthingabe an und befähigt uns, unser Leben so zu leben, dass es für andere ein ebenso großes Geschenk ist wie für uns selbst. Das bedeutet, dass die Freundschaft mit Jesus Christus uns befähigt, hier und jetzt einen Blick auf das Leben im Licht und Leben der Dreifaltigkeit zu erhaschen, die eine Gemeinschaft des restlosen Sich-Verschenkens und Empfangens ist.[9]

Der evangelikale Katholizismus verkündet das große Geschenk der Freundschaft mit Jesus Christus nicht als attraktive Möglichkeit in einem Supermarkt der Spiritualitäten, sondern als einen von Gott gegebenen und den einzigen Heilsweg für jedermann. Jeder, der gerettet wird, hat sein Heil in gewisser Weise Jesus Christus zu verdanken, der mit seinem Leiden, Sterben und in seiner Auferstehung die Wahrheit über sein Leben und seine Sendung als Erlöser offenbart. Außerdem bekennt der evangelikale Katholizismus – nicht als frommen Mythos, sondern als Wahrheit –, dass Jesus der von der Jungfrau Maria durch die Kraft des Heiligen Geistes geborene Sohn Gottes war, dass Jesus, der in Zeit und Geschichte geboren wurde, der wahre Sohn Gottes und nicht der Sohn irgendeines menschlichen Erzeugers ist, dass dieser Jesus seinem eigenen Selbstverständnis nach auf einzigartige Weise die Heilshoffnung der Welt verkörperte, die sich zum ersten Mal in der Geschichte im Glauben des jüdischen Volkes ausgedrückt hatte, dass dieser Jesus seinen Tod als den von Gott gebotenen Weg akzeptierte, allen das Heil zu bringen, und dass er in diesem Akt des Gehorsams gegenüber dem Willen Gottes durch seine Auferstehung von den Toten gerechtfertigt und von denen, die ihn während seines öffentlichen Wirkens beim Lehren und Heilen begegnet waren, als der auferstandene Herr erkannt wurde.[10] Das alles, so erklärt der evangelikale Katholizismus, ist *wahr*.

Der Christus, den der evangelikale Katholizismus verkündet, ist nicht nur ein moralisches Vorbild, nicht nur ein Lehrer nobler Wahrheiten über die Kunst des rechtschaffenen Lebens, der dann durch menschliche Niedertracht ein trauriges Ende findet. Er ist der im Fleisch und in der Geschichte inkarnierte Sohn Gottes, des Allerhöchsten, denn andernfalls kommen, wie C. S. Lewis es einmal so provozierend formuliert hat, nur zwei andere Möglichkeiten in Betracht: dass Jesus von Nazareth ein Verrückter oder dass er der größte Lügner der Geschichte war. Andere Optionen gibt es nicht.[11] Der evangelikale Katholizismus beginnt mit dem Glaubensbekenntnis, dass Jesus wirklich der Herr ist, wie die große Tradition des Christentums es seit jeher bezeugt. Und der evangelikale Katholizismus erklärt, dass sich alle theologischen Antwortversuche auf die Frage, wie das möglich war oder was es bedeutete, an diesem grundlegenden Glaubensbekenntnis messen lassen müssen.

Die Verkündigung, dass Jesus Christus, der Herr, und dass mit diesem Herrn Jesus Christus eine lebensverändernde Freundschaft möglich ist, stellt – dessen ist sich der evangelikale Katholizismus vollauf bewusst – einen zutiefst gegenkulturellen Entwurf dar. Evangelikale Katholiken wissen auch, dass dies schon immer so war: Die Verkündigung eines gekreuzigten und auferstandenen Erlösers war von allem Anfang an ein »empörendes Ärgernis« für die einen und eine »Torheit« für die anderen, wie der heilige Paulus an die streitlustigen ersten Christen von Korinth schreibt (1 Kor 1,23). So war es, so ist es, und so wird es immer sein. Doch mit dem heiligen Paulus bekennt der evangelikale Katholizismus auch, dass Christus für die, die der Einladung der Freundschaft mit ihm Folge leisten, »Gottes Kraft und Gottes Weisheit« ist (1 Kor 1,24). Durch diese Kraft und Weisheit werden die tiefsten Fragen des Menschseins beantwortet und die tiefsten Sehnsüchte des menschlichen Herzens erfüllt.

Gleichzeitig ist dem evangelikalen Katholizismus bewusst, dass die Möglichkeit der Freundschaft mit Jesus, dem Herrn, die er allen anbietet, etwas in sich birgt, das die postmoderne Welt ganz dringend braucht: die Begegnung mit der göttlichen Barmherzigkeit. So, wie der Gott der Bibel die Menschheit der Antike von den Launen und der Willkür der olympischen Gottheiten oder von der Grausamkeit des schrecklichen Moloch befreite, so befreien das Evangelium Jesu Christi und die Freundschaft mit ihm die Menschheit der Postmoderne von ihrer Last der Schuld, die aus dem stillschweigenden (oft intuitiven und uneingestandenen) Wissen um das Grauen erwächst, das die Menschheit sich im Laufe des 20. Jahrhunderts selbst angetan hat. Wer kann diese Last der Schuld sühnen? Wem kann diese Niedertracht gebeichtet und von wem kann sie vergeben werden? Die Freundschaft mit Christus, die der evangelikale Katholizismus der postmodernen Menschheit anbietet, ist ein Weg zu einer menschlicheren, von der Schuld der jüngeren Vergangenheit befreiten Zukunft.[12]

Wo aber findet man diese Freundschaft mit Jesus? Dem evangelikalen katholischen Entwurf zufolge findet man diese Freundschaft in der Kirche, in der Bibel, die die Kirche als das Wort Gottes anerkennt, in den Sakramenten, die die Kirche feiert, in den Werken der Nächstenliebe und des Dienstes und in der Gemeinschaft derer, die »aus Wasser und Geist geboren« sind (Joh 3,5). Obwohl ihre Mitglieder Sünder sind und es ihnen nicht gelingt, die Bedeutung der Freundschaft mit Jesus, dem Herrn, voll und ganz zu leben, ist die Kirche dennoch immer der bevorzugte Ort der Begegnung mit dem lebendigen Gott, der sein Volk unablässig zu einer Gemeinschaft formt: einer Gemeinschaft, in der sich die volle Wahrheit über das Menschsein konkretisiert.

Die Wahrheit über Gott und die Menschheit, die die Kirche hütet und von der sie durch Mission, Evangelisierung und Dienst Zeugnis ablegen muss, ist das wichtigste Kriterium der fortdauernden Reform der Kirche. Jede genuin katholische Reform beginnt mit dieser Wahrheit, genauso wie jede genuin katholische Reform die Chancen verbessert, dass Männer und Frauen eine Freundschaft mit Jesus Christus eingehen.

2. Der evangelikale Katholizismus bejaht die göttliche Offenbarung und erkennt ihre Autorität an, die sich durch die Geschichte hindurch im Lehramt der Kirche fortsetzt.

Auch heute noch gibt es Orte, an denen das Alltagsleben ganz selbstverständlich von der Durchsichtigkeit auf das Göttliche und von traditionellen Formen der Autorität geprägt ist. Doch in der westlichen Welt des 21. Jahrhunderts muss das Evangelium der Freundschaft mit Jesus, dem Herrn, einer weitgehend »desillusionierten« Welt oder, vielleicht genauer, einer Welt verkündet werden, die sich einredet, sie sei »desillusioniert« und das sei gut so. Unter derartigen kulturellen Umständen erwächst die Skepsis gegenüber der Autorität aus der Skepsis gegenüber der menschlichen Fähigkeit, die Wahrheit zu erkennen (Wie sollte jemand imstande sein, die Wahrheit über die Dinge mit solcher Klarheit zu erkennen, dass ihm diese Erkenntnis Autorität verleiht?). Und diese Skepsis führt häufig zu moralischem Relativismus (Wenn wir die Wahrheit über die Dinge nicht sicher erkennen können, warum sollten wir dann denken, dass es eine absolute und für jeden verbindliche moralische Wahrheit gibt?). Das gesamte Unternehmen Postmoderne – das aus der Desillusionierung entstanden ist – führt, was die Aussichten der Menschheit betrifft, allzu oft in den Treibsand des Zynismus.

In dieser kulturellen Umgebung ist der evangelikale Katholizismus zwangsläufig gegenkulturell, denn er lebt aus dem Glauben an den dramatischen Anspruch Jesu, des Herrn, mit dem die evangelikalen Katholiken ja befreundet sind: »Mir ist alle Macht gegeben im Himmel und auf der Erde. [...] Seid gewiss: Ich bin bei euch alle Tage bis zum Ende der Welt« (Mt 28,18.20). In einer Kultur der konkurrierenden Wahrheitsansprüche, in der die beliebteste »Wahrheit« die ist, dass es so etwas wie *die* Wahrheit gar nicht gibt, könnte man den Glaubensgehorsam, der wesentlich zur Freundschaft mit Jesus dazugehört, für ein bisschen seltsam, ein bisschen armselig, ein bisschen unreif halten. Denn echte menschliche Reife ist doch gewiss von einer gesunden Skepsis gegenüber jeder Autorität und von der festen Überzeugung geprägt, dass authentisches Leben heißt, die Dinge »auf die je eigene Art« zu tun.

Der evangelikale Katholizismus schlägt eine völlig andere Vorstellung von der Wahrheit und von der Beziehung vor, die reife und freie Menschen zur Wahrheit haben. Jesus als das anzunehmen, was er seinem eigenen Wort zufolge ist – »der Weg und die Wahrheit und das Leben« (Joh 14,6) –, ist wesentlich für die Freundschaft mit ihm. Das gilt für jenen Aspekt des Evangeliums, der uns vielleicht mehr als alles andere gegen den Strich geht – dass nämlich die Welt durch den ungerechten Tod eines gerechten Mannes gerettet worden sein soll – und das gilt auch für seinen Anspruch, selbst die Wahrheit zu sein: die Wahrheit, die der Weg zu einem wahrhaft menschlichen und zum ewigen Leben ist. Dadurch, dass sie sich mit ihm angefreundet, das heißt sich auf ihn, der *die* Wahrheit ist, eingelassen haben, sind evangelikale Katholiken vom Skeptizismus befreit und imstande, die Autorität, die Jesus darstellt und verkörpert, anzunehmen: die Autorität des lebendigen Gottes, der sich dem Volk Israel in Tat und Wort und der sich abschließend und endgültig in seinem Sohn offenbart. Diese göttliche Autorität verleiht der Heiligen Schrift als der schriftlichen Form jener Wahrheit, die Gott zum Heil der Welt hat offenbaren wollen, ihre Autorität. Diese göttliche Autorität verleiht auch der Kirche ihre Autorität.

Wenn Jesus Christus wirklich »die Wahrheit« ist und wenn diese Wahrheit befreit, dann ist es nur natürlich, dass Jesus, der Herr, seine Jünger in der Wahrheit bewahren will. Deshalb, so der evangelikale katholische Glaube, hat der Herr die Apostel – die Zwölf, die ihm in der Zeit seines öffentlichen Wirkens am nächsten standen und Zeugen seiner Auferstehung waren – ermächtigt, durch die Gabe des Heiligen Geistes in der Wahrheit zu bleiben. Dieser Geist, der niemals aufhört, die Kirche von innen heraus mit dem innersten Leben der Heiligsten Dreifaltigkeit zu beleben, bringt durch Zeit und Geschichte hindurch eine Abfolge wahrer Lehrer hervor, die mit Autorität lehren. Diese mit Autorität ausgestatteten Lehrer, so bekennen evangelikale Katholiken, sind das Kollegium der Bischöfe, die in voller Gemeinschaft mit dem Bischof von Rom stehen, denn diese Bischöfe sind die wahren Nachfolger der Apostel und die Erben jener Autorität, die der auferstandene Herr zuallererst den Aposteln und ihrem Oberhaupt, Petrus, verliehen hat (vgl. Joh 20,21–24; Mt 16,18–19).

Deshalb, so der evangelikale Katholizismus, hat das Zweite Vatikanische Konzil den Dienst und Sendungsauftrag der Ortsbischöfe aufgewertet: Da die Kirche im Begriff stand, die Schwelle zum dritten Jahrtausend zu übertreten, wollte das Konzil zu Recht betonen, dass das Amt des Bischofs seinem Wesen nach ein *lehrendes* Amt ist.[13]

Der Ortsbischof steht also in seiner Ortskirche als erster Zeuge für die Wahrheit des Evangeliums ein und ist damit der Erste, der den Skeptizismus und Zynismus der Postmoderne herausfordert. So, wie der evangelikale Katholizismus die Rolle des Episkopats im Hinblick auf die gegenkulturelle Wahrheit des Evangeliums versteht, wird ein Mann nicht als Belohnung für geleistete Dienste zum Bischofsamt berufen, und der Episkopat, dem der Bischof angehört, ist auch keine Kaste: Bischöfe bilden einen *Stand*, den höchsten der heiligen Weihestände, dessen vorrangige Funktion darin besteht, die Wahrheit des Evangeliums zu behüten und zu verkünden. Deshalb wird eine auf das Evangelium ausgerichtete Kirche ihre Bischöfe unter jenen Männern auswählen, die bewiesen haben, dass sie zu einem gegenkulturellen Zeugnis in der Lage sind, das heißt fähig und bereit sind, Menschen zur Freundschaft mit Jesus, dem Herrn, einzuladen, und sie wird ihre Auswahl in dem vollen Bewusstsein treffen, dass sie diese Männer zu den verschiedensten Formen des Martyriums bestimmt, unter denen Schmach und Hohn noch das Harmloseste ist, was sie zu gewärtigen haben.

Wenn Freundschaft mit Jesus Christus heißt, den Einen bereitwillig anzunehmen, der die Wahrheit ist, und wenn diese Freundschaft Eingliederung in den Leib Christi bedeutet, der die Kirche ist, und der der Herr selbst eine bischöfliche Leitungsstruktur verliehen hat, dann wird der evangelikale Katholik notwendigerweise alles glauben und bekennen, »was die heilige, katholische Kirche als Offenbarung Gottes glaubt, lehrt und verkündet«. Und außerdem wird der evangelikale Katholik wissen, was dieses »Alles« ist, weil er sich an das hält, was von den der Kirche angehörenden Bischöfen gelehrt wird, die in voller Gemeinschaft mit dem Bischof von Rom stehen. Der Bischof von Rom aber ist das lebendige Zentrum der Einheit der Kirche und in besonderer Weise dafür verantwortlich, die Wahrheit, die Christus seiner Kirche hinterlassen hat, unversehrt zu bewahren. Die Wahrheit dessen, was vom Papst und vom Kollegium der Bischöfe gelehrt wird, ist nichts, worüber man debattieren könnte (wenngleich eine Debatte darüber, wie genau diese Wahrheit zu verstehen und zu erklären ist, durchaus legitim sein kann).[14] Der evangelikale Katholizismus kennt keine »private Meinung« und vertritt die Auffassung, dass die, die leugnen, dass es wahr ist, was die katholische Kirche lehrt, nicht in voller Gemeinschaft mit dem Leib Christi stehen.

Das zu akzeptieren heißt nicht, auf persönliche Reife zu verzichten. Es heißt, anzuerkennen, dass ich mich, wenn ich mich auf die Freundschaft mit Jesus, dem Herrn, einlasse, auf die Wahrheit einlasse, die er ist und die er lehrt, und dass diese Wahrheit der Maßstab meines Lebens ist und mich in die Fülle der menschlichen Würde ruft: mich hineinruft in das Licht und die Liebe der Heiligsten Dreifaltigkeit. Und die Autorität des kirchlichen Lehramts zu akzeptieren, verstößt nicht gegen die Rechte des Gewissens, denn das Gewissen ist, wenn man es richtig versteht, kein persönliches Meinungsorgan, sondern auf die Wahrheit ausgerichtet.

Geht es also überhaupt um irgendeinen Verzicht? Ja, denn der evangelikale Katholik muss sich von seinem alles beherrschenden autonomen Selbst verabschieden und sich zu einem echten Glied des lebendigen Leibes Christi formen lassen. Doch dieser Verzicht führt uns, wie schon der selige John Henry Newman wusste, *ex umbris et imaginibus in veritatem* – »aus Schatten und Bildern in die Wahrheit«, vom Unwirklichen in die Wirklichkeit.[15]

3. Der evangelikale Katholizismus feiert die sieben Sakramente als von Gott gegebene Mittel der Heiligung des Lebens.

Die Freundschaft mit Jesus Christus lebt man nicht in der Isolation und sie ist auch kein einmaliges »Bekehrungserlebnis«. So, wie der evangelikale Katholizismus sie versteht, wird die Freundschaft mit Jesus, dem Herrn, innerhalb der Kirche gelebt und von den sieben Sakramenten des Neuen Bundes gespeist, welche sieben bevorzugte Wege sind, unsere Begegnung mit Jesus, dem Ur-Sakrament, dem Heiligen, der uns Gott vergegenwärtigt, zu vertiefen.

Der katechetisch-devotionale Katholizismus der gegenreformatorischen Zeit definierte ein Sakrament als »äußeres Zeichen, das von Christus eingesetzt worden ist, um Gnade zu spenden«.[16] Der evangelikale Katholizismus akzeptiert diese Formel als knappe, prägnante Zusammenfassung, definiert die besagte »Gnade« aber dahingehend, dass sie die Freundschaft mit Gott in Christus vertieft. Und er versteht die »äußeren Zeichen« als gewöhnliche Dinge – Wasser, Salz und Öl, Brot und Wein, eheliche Liebe und Treue, Worte der Vergebung –, die gleich hinter dem Gewöhnlichen das Außerge-

wöhnliche sichtbar werden lassen: die Eingliederung in das
Leben Gottes selbst durch die Taufe und Aufnahme in die Kirche Jesu Christi; Leib und Blut des Gottessohnes, die als wahr-
hafte Speise und wahrhafter Trank hingegeben werden, um
Christi Brüder und Schwestern zu nähren; die Macht, im Priestertum des Neuen Bundes *in persona Christi* zu handeln; die
wirkliche Sündenvergebung; die Ehe als Symbol für die Beziehung Christi zu seiner Kirche.

Wenngleich alle sieben Sakramente Begegnungen mit Christus und Kanäle der Gnade sind, legt der evangelikale Katholizismus doch besonderen Wert auf die Taufe und die heilige
Eucharistie.

In Übereinstimmung mit dem, was die Kirche von Anfang
an geglaubt hat, erkennt der evangelikale Katholizismus des
21. Jahrhunderts an, dass die Kindertaufe und ihre pastorale
Bedeutung nur von der Erwachsenentaufe her verstanden
werden können. Ein Erwachsener wird getauft, weil er oder
sie dem Herrn begegnet ist, sich zur Freundschaft mit ihm bekehrt hat und nun durch das erste der Sakramente die Eingliederung in seinen Leib und die Vergebung der Sünden anstrebt. Das ist das Taufparadigma, das die Kirche mit der
Erwachsenentaufe in der Osternacht, dem Zentrum und Höhepunkt des Kirchenjahres, liturgisch veranschaulicht. Folglich ist bei der Kindertaufe der Glaube der stellvertretend
durch die Eltern und Paten verkörperten Kirche entscheidend. Früher konnte man diesen Glauben voraussetzen. Heute ist er nicht mehr selbstverständlich. Deshalb betrachtet der
evangelikale Katholizismus die Taufvorbereitung der Eltern
und Paten als Chance zu einer tieferen Evangelisierung, die
man, anders als es im gegenreformatorischen Katholizismus
häufig der Fall war, von der umgebenden Kultur kaum mehr
erwarten kann.

Die heilige Eucharistie ist die eigentliche Mitte des evangelikalen katholischen Lebens. Sie ist das Sakrament, das die Jünger am innigsten mit dem Herrn verbindet, der uns geboten hat, zu seinem Gedächtnis von ihm zu essen und zu trinken. Wie Douglas Farrow geschrieben hat, ist uns das Sakrament der Eucharistie als bleibendes Zeugnis dessen hinterlassen worden, was im österlichen Geheimnis des Todes, der Auferstehung und der Himmelfahrt Christi wirklich geschehen ist: »Der ganze Kosmos [wurde] von Grund auf neu in Christus auf Gott ausgerichtet.« Mit der Eucharistie hat der Herr selbst der Kirche das Mittel an die Hand gegeben, »an dem Opfer, das Christus bei seiner Himmelfahrt dem Vater darbringt, – sich selbst und die Menschen, deren Erlösung er erwirkt hat – und an all den Segnungen teilzuhaben, die daraus erwachsen, dass der Vater dieses Opfer annimmt.«[17] Auf diese Weise erhält die Kirche Anteil am göttlichen Leben.

Deshalb ist die heilige Eucharistie das Sakrament, in dem die Kirche dem am nächsten kommt, was sie tatsächlich ist: das Volk Gottes, das durch die Gabe des Leibes und Blutes des Herrn zum Leib Christi geformt wird. Sie ist das Sakrament, durch das die Kirche Gott in der angemessensten Weise Lobpreis und Anbetung darbringt und in dem das gesamte Kirchenvolk die priesterliche Gabe ausübt – die Gabe, sich unserem Herrn und Gott im Gebet zu nähern –, die ihm bei der Taufe zuteilgeworden ist (auch wenn die geweihten Priester der Kirche und das Kirchenvolk diese Gabe auf je unterschiedliche Weise ausüben). Die heilige Eucharistie ist nicht erst in der Todesstunde, sondern ein Leben lang das Sakrament der »Wegzehrung«, das *Viaticum*. Denn die Eucharistie ist das Opfer, das es uns »erlaubt, an der göttlichen Natur teilzuhaben, die (als Opfer) Hingabe und Empfangen ist«.[18] Und durch diese sakramentale Teilhabe am göttlichen Leben wird das Kirchenvolk zur Nächstenliebe und zum Dienst und vor allem zur Mission und Evangelisierung bevollmächtigt. In der heiligen Eucharistie wird die doppelte Grundlegung aus Wort und Sakrament, auf der der evangelikale Katholizismus ruht, am deutlichsten und kraftvollsten erkennbar.

Mit der wöchentlichen Eucharistiefeier am Tag des Herrn – dem Sonntag, dem Sabbat des Neuen Bundes – erfüllt die Kirche das göttliche Gebot, den siebten Tag der Woche heiligzuhalten. Gleichzeitig gibt die Kirche dem Vater durch die Eucharistie das Geschenk des Sohnes zurück, den der Vater uns geliehen hat, damit wir nicht einmal mit leeren Händen und Herzen vor ihm stehen werden.[19] Deshalb ist die Teilnahme am wöchentlichen Gottesdienst der gesamten Pfarrgemeinde für den evangelikalen Katholiken wichtig, denn an diesem Tag, dem Tag der Auferstehung, feiert die Kirche die endgültige Offenbarung Jesu, des Herrn und Erlösers, die am ersten Ostersonntag der Geschichte stattgefunden hat. Aus evangelikaler katholischer Sicht ist jeden Sonntag Ostern. Deshalb ist für evangelikale Katholiken jeder Sonntag eine Gelegenheit, sich wieder ins Gedächtnis rufen zu lassen, dass sie »nicht einer Persönlichkeit der vergangenen Geschichte folgen, sondern dem lebendigen Christus, der im Hier und Jetzt ihres Lebens gegenwärtig ist«.[20] Jeder Sonntag ist, auch im 21. Jahrhundert, eine Chance, dem Auferstandenen im Obergemach oder auf der Straße nach Emmaus zu begegnen – und diese Chance wird als ein großartiges Geschenk und nicht als lästige Verpflichtung wahrgenommen. Mit dem Sonntagsgottesdienst nimmt der evangelikale Katholik an der göttlichen Ruhe teil, und deshalb ist der Sonntagsgottesdienst für Christus ein bevorzugtes Mittel, das Menschsein seines Volkes zu vervollkommnen.

Die Eucharistie formt das Leben und die Sendung der evangelikalen Katholiken sowohl durch die Mitfeier der täglichen

Messe als auch durch die eucharistische Anbetung (das heißt durch das Gebet vor dem auf dem Altar ausgesetzten Allerheiligsten) die ganze Woche hindurch. Eine tägliche Teilnahme an der Eucharistiefeier befähigt evangelikale Katholiken, tiefer in die Herrlichkeit der Heiligen, deren Zeugnis im Laufe des Kirchenjahrs gefeiert wird, und damit tiefer in den Kreis der Gemeinschaft einzutreten, an der sowohl die Heiligen als auch das Kirchenvolk im Hier und Jetzt teilhaben. Die tägliche Messe gibt dem evangelikalen Katholiken außerdem die Gelegenheit, sich dank des Lesezyklus, der dem Kirchenvolk praktisch die gesamte Bibel zu Gehör bringt, tiefer in den Reichtum des Wortes Gottes zu versenken.

Auch die – im Rahmen einer liturgischen Feier oder in Stille gehaltene – eucharistische Anbetung ist für evangelikale Katholiken eine Möglichkeit, Jesus, dem Herrn, im Sakrament seines Leibes und Blutes zu begegnen und so ihre Bekanntschaft und Freundschaft mit ihm zu vertiefen. Bei der eucharistischen Anbetung schauen Jesu Freunde auf den Herrn und der Herr schaut auf seine Freunde. Die vielleicht kraftvollste Form dieser Begegnung sind eucharistische Anbetungen der örtlichen Gemeinde, die mit Gebetsanliegen konkreter Personen – Katholiken wie Nichtkatholiken – verknüpft sind.[21]

4. Der evangelikale Katholizismus ist ein Aufruf zu einem Leben der beständigen Umkehr, die sowohl die Abkehr vom Bösen als auch die aktive Beteiligung an den Werken des Dienens und der Nächstenliebe beinhaltet.

In den ersten Jahrzehnten des 21. Jahrhunderts war die katholische Kirche in den Vereinigten Staaten und andernorts tief in eine Debatte über die katholische Identität verstrickt, die meist in kirchenrechtliche Begriffe gefasst wurde: Wann und wie hat ein Katholik die rechtlichen Grenzen der Kirchenzugehörigkeit überschritten? Wann sollte der Ortsbischof (oder der Bischof von Rom) die Kirchenzugehörigkeit eines Menschen für beendet erklären? Diese ganze Diskussion um die katholische Identität war nicht selten vom regelorientierten Katholizismus der Gegenreformation geprägt: Die eine Seite sprach sich für eine großzügigere, die andere für eine strengere Regelauslegung aus, doch beide stimmten darin überein, dass es im Grunde um die Regeln ging.

Der evangelikale Katholizismus bejaht die Notwendigkeit von Regeln – im kirchenrechtlichen Sinne –, gibt aber zu bedenken, dass bei einer allzu engen Fokussierung auf kanonische Grenzziehungen sowohl die eigentlichen Probleme als auch ihre möglichen Lösungen aus dem Blickfeld geraten. Eines dieser eigentlichen Probleme besteht darin, dass es manche und zuweilen viele Katholiken gibt, die zwar innerhalb der vom Codex des Kirchenrechts gezogenen Grenzen der Kirche bleiben, aber in keinem anderen irgendwie relevanten Sinn des Wortes Katholiken sind.[22] Dieses Phänomen des getauften katholischen Heiden ist gravierend: Ein Zusammenbruch ihrer inneren Gemeinschaft und internen Ordnung hindert die Kirche daran, ihren Evangelisierungsauftrag zu erfüllen, denn dies ist ein Anzeichen dafür, dass die Kirche, was die von ihr vertretenen Grundwahrheiten oder die Konsequenzen einer dieser Grundwahrheiten entsprechenden (oder widersprechenden) Lebensführung betrifft, nicht ehrlich ist. Verkompliziert wird das Problem außerdem durch eine weitere Tatsache, nämlich die, dass die Kirche eine Kirche der Sünder und immer reformbedürftig ist. Und auch das wäre ein Evangelisierungshindernis: wenn es der Kirche nicht gelänge, *diese* Tatsache des katholischen Lebens zu erkennen und damit umzugehen.

Der evangelikale Katholizismus stellt diese ganze Diskussion auf eine neue Grundlage, indem er betont, dass die Freundschaft mit Jesus, dem Herrn, ein Leben der beständigen Umkehr erfordert, dass diese Umkehr die Abkehr vom Bösen und, wenn wir gesündigt haben, die sakramentale Versöhnung mit Christus und der Kirche voraussetzt, und dass es andere Grade der Gemeinschaft mit der Kirche gibt, die nicht mit den kirchenrechtlichen Grenzen der Kirche identisch sind.

Umkehr – *Metanoia* im neutestamentlichen Griechisch – ist für evangelikale Katholiken immer ein Thema: ihr Leben lang. Ganz gleich, ob jemand als Kind oder als Erwachsener getauft wird oder wie alt er oder sie bei der ersten persönlichen Begegnung mit Jesus, dem Herrn, gewesen ist: Das christliche Leben, wie es der evangelikale Katholizismus vorschlägt, ist ein Leben der beständigen Umkehr. Dieser Prozess dauert bis zum Augenblick des Todes, der für den Christen der Augenblick sein sollte, in dem er dem Schöpfer das Geschenk seines Lebens anbietet: voll Dankbarkeit für das Geschenk der Erlösung durch den Sohn und voller Vertrauen darauf, dass der Tod dank der Kraft des Geistes der Moment des Übergangs und der Läuterung hin zu einer volleren Begegnung mit der Heiligsten Dreifaltigkeit ist. Auf diese Weise dem Tod entgegenzuleben erfordert eine lebenslange Vorbereitung, eine lebenslange Vertiefung der Freundschaft mit Jesus, dem Herrn, dem Sieger über den Tod.

Diese lebenslange Reise, so lehrt der evangelikale Katholizismus, ist ein Leben des Wachstums an den Inhalten der *Seligpreisungen* oder an Tugend. Deshalb gründet die evangelikale katholische Vorstellung von einem sittlich guten Leben auf der Geschichte des jungen Mannes aus dem Evangelium, der Jesus fragt, was er Gutes tun müsse, um das ewige Leben zu erlangen (vgl. Mt 19,16). Die Antwort des Herrn – dass er seinen Besitz verkaufen und den Armen geben und er selbst sich in der Nachfolge und Mission hingeben soll – setzt den Maßstab für jede christliche Moral, bei der es immer darum geht, in der Gutherzigkeit zu wachsen. Das Sittengesetz ist wichtig, aber es ist wichtig, weil die darin formulierten Regeln Grenzen bezeichnen, die dem Wachstum des evangelikalen Katholiken zu den Seligpreisungen hin eine Richtung geben.

Deshalb stellt der evangelikale Katholizismus die auf Verbote zentrierte Auffassung vom sittlichen Leben infrage – eine Auffassung, die traditionell sowohl von katholischen Traditionalisten, die auf möglichst vielen handfesten Regeln bestehen, als auch von katholischen Progressisten akzeptiert wird, die »die Regeln« lockern und in letzter Konsequenz oft ganz abschaffen wollen. Beide Formen des gegenreformatorischen Katholizismus stellen sich das sittliche Leben in erster Linie als Willensanstrengung vor, während der evangelikale Katholizismus die Überzeugung vertritt, dass man, um sittlich zu leben, sowohl den Kopf als auch das Herz, Verstand und Willen, trainieren muss, um jene Entscheidungen zu treffen, die wirklich zur Gutheit, zur Seligkeit nach der Bergpredigt führen, sodass die Freunde Jesu auf immer im Licht und in der Liebe der Allerheiligsten Dreifaltigkeit leben können.

Dieses Wachstum in der Fähigkeit, das Gute zu wählen, – die Seligkeit nach der Bergpredigt zu wählen – setzt sich ein Leben lang fort, und selbst der von Grund auf bekehrte evangelikale Katholik wird auf diesem Weg fallen und scheitern. Das aber, so lehrt der evangelikale Katholizismus, ist kein Grund, die Messlatte unserer Erwartungen niedriger zu legen oder in unserem Bemühen um die Gutheit, die wir zum ewigen Leben brauchen, nachzulassen. Vielmehr lädt der evangelikale Katholizismus alle, die scheitern – das heißt jeden Katholiken – dazu ein, wieder aufzustehen, Versöhnung zu suchen und die Reise zu jenem Leben des Gesegnetseins fortzusetzen, das der Heilige

Geist, »der Beistand«, der uns Trost bringt (Joh 16,7), den Söhnen und Töchtern der Kirche ermöglicht.

Für evangelikale Katholiken ist die Fastenzeit der beste Zeitpunkt im Kirchenjahr, um über diese Dinge nachzudenken. Die Fastenzeit ist für die erwachsenen Katechumenen das letzte Stadium der Vorbereitung auf ihre Taufe in der Osternacht. Und es ist die Zeit im Kirchenjahr, in der alle Katholiken eingeladen sind, sich gleichsam in ihr Katechumenat zurückzuversetzen und durch Akte der Buße und Werke der Nächstenliebe eingehender über die Wahrheit des Evangeliums nachzudenken. Die Fastenzeit ist die jährliche liturgische Erinnerung daran, dass die Umkehr zu Christus auf dieser Seite des Himmelreichs niemals abgeschlossen ist.[23]

Lebenslange Umkehr verlangt von den evangelikalen Katholiken regelmäßige Gewissenserforschungen – ein regelmäßiges, womöglich sogar tägliches Nachdenken über die Momente, in denen es nicht gelungen ist, ihre Freundschaft mit Jesus, dem Herrn, in ihrem Leben zu verwirklichen, verbunden mit einen erneuerten Vorsatz, alles, was dem Evangelium widerspricht, zurückzuweisen, und der Wahrheit des Evangeliums treu zu bleiben. Deshalb betrachtet der evangelikale Katholizismus das Sakrament der Buße oder Versöhnung als wesentliches Element eines Lebens der beständigen Umkehr und befürwortet das häufige Sündenbekenntnis als einen wichtigen Weg, dem barmherzigen Vater in der durch den Priester und Beichtvater verkörperten Barmherzigkeit des Sohnes zu begegnen. Die regelmäßige Beichte ist daher mehr als nur eine wöchentliche oder monatliche spirituelle Dusche, obwohl die Befreiung von der Sündenlast, die sie bewirkt, ein wichtiger Teil unserer lebenslangen Bekehrungsreise ist. Die regelmäßige Beichte der Sünden ist auch eine Voraussetzung für das Wachstum an Heiligkeit in unserem Leben, denn diese ist eine der Wirkungen der sakramentalen Begegnung mit dem barmherzigen Herrn im Sakrament der göttlichen Barmherzigkeit, das der auferstandene Herr der Kirche am Abend des ersten Ostertages anvertraut hat, als er den Aposteln den heilenden Gruß »Friede sei mit euch!« und mit dem Heiligen Geist auch die Gabe der Sündenvergebung übermittelte: »Empfangt den Heiligen Geist! Wem ihr die Sünden vergebt, dem sind sie vergeben; wem ihr die Vergebung verweigert, dem ist sie verweigert« (Joh 20,19–23).

Im Licht all dessen betrachtet also der evangelikale Katholizismus die Frage der katholischen Identität nicht vorrangig unter dem Blickwinkel der rechtlichen Frage nach den kanonischen Grenzen, sondern unter dem Blickwinkel der theologischen Wirklichkeit der verschiedenen Grade der Gemeinschaft mit der Kirche. In seinem Dekret über den Ökumenismus hat das Zweite Vatikanische Konzil dieses Bild verwendet, um die Beziehung anderer christlicher Gemeinschaften zur katholischen Kirche zu beschreiben: Demnach stehen christliche Gemeinschaften, die die apostolische Sukzession der Bischöfe bewahrt, aber die volle Gemeinschaft mit dem Bischof von Rom aufgekündigt haben, in einem höheren Grad der Gemeinschaft mit der katholischen Kirche als christliche Gemeinschaften, die die apostolische Sukzession nicht aufrechterhalten, aber das System der Sakramente weitergeführt haben. Und diese letztgenannten Gemeinschaften wiederum stehen in vollerer Gemeinschaft mit der katholischen Kirche als diejenigen christlichen Gemeinschaften, die das System der Sakramente auf die Taufe und das Herrenmahl reduziert haben.[24]

Dieses aus der Theologie der Ökumene entlehnte Bild von den »Graden der Gemeinschaft« lässt sich in analoger Weise auch innerhalb der katholischen Kirche anwenden. Katholiken, die gewisse Tatsachen leugnen, die nach kirchlicher Lehre unzweifelhaft wahr sind, stehen natürlich in einem anderen Grad der Gemeinschaft mit der Kirche und ihren Mitkatholiken als solche, die dieselben Tatsachen als wahr bekennen. Katholiken, die Dinge tun oder unterstützen, die dem kirchlichen Lehramt zufolge aus Vernunft- und Offenbarungsgründen unsittlich sind, befinden sich ebenso klar in einem defizitären Zustand der Gemeinschaft mit der Kirche. Katholiken, die die von der Kirche gelehrten Fakten leugnen, und Katholiken, deren Handeln der festgefügten kirchlichen Auffassung von Gut und Böse widerspricht, bleiben in einem formaljuristischen, kirchenrechtlichen Sinne vielleicht Katholiken. Doch solche Katholiken führen in spiritueller Hinsicht ein derart unstimmiges Leben, dass ihre eigene Integrität sie dazu drängen sollte, im Sakrament der Buße Versöhnung zu suchen – und zwar bevor sie durch den Empfang der heiligen Kommunion in der Messe eine vollere Gemeinschaft mit der Kirche zum Ausdruck bringen, als sie sie in Wirklichkeit für sich beanspruchen können.

Nach evangelikalem katholischem Verständnis ist es eine vorrangige Pflicht der Bischöfe als der obersten Hüter der katholischen Wahrheit in ihren örtlichen Kirchen, Katholiken, die sich in einem mangelhaften Zustand der Gemeinschaft befinden, in eine vollere Gemeinschaft mit der Kirche zurückzurufen. Dabei geht es aus evangelikaler katholischer Sicht weniger darum, »auf die Regeln zu pochen« oder »zu zeigen, wer der Herr im Haus ist«, als vielmehr um einen pastoralen Imperativ: Die Hirten rufen zur Umkehr auf. Und die Priester nehmen diese Verantwortung der Bischöfe in den ihnen anvertrauten Gemeinden wahr. Diese Verantwortung ist, um es noch einmal zu betonen, in erster Linie eine spirituelle und erst dann eine richterliche: Es ist die mit der Weihe verliehene Verantwortung, die Herde zu hüten, und dazu gehört auch, dass der gute Hirte die verirrten Schafe zurückruft – ganz gleich, wer sie sind.

Beständige Umkehr ist ein Werk der Gnade, und sowohl das Volk als auch die geweihten Diener der Kirche arbeiten an dieser gnadenhaften Bekehrung mit. Christus, der Herr, ist es, der jeden Katholiken zur Umkehr ruft, und Christus, der Herr, ist es, der durch die Vermittlung seiner Priester Sünden vergibt und die Gemeinschaft mit seinem Leib, der Kirche, wieder herstellt. Diese beständige Umkehr ist eine wesentliche Grundlage für die Werke der Nächstenliebe und des Dienstes, zumal diese Werke ihrerseits wieder geeignet sind, die Freundschaft des evangelikalen Katholiken mit Jesus, dem Herrn, zu vertiefen, der uns aufträgt, anderen in seinem Namen zu trinken zu geben, und sich mit diesen anderen, denen sein Volk dient, identifiziert.

5. Der evangelikale Katholizismus ist eine liturgisch zentrierte Form des katholischen Lebens, die sowohl die alten Traditionen des katholischen Ritus als auch die authentische Erneuerung der Liturgie nach der Lehre des Zweiten Vatikanischen Konzils umfasst.

Der katechetisch-devotionale Katholizismus der Gegenreformation hat großartige religiöse Kunstwerke inspiriert: Mozarts *Ave verum*, Caravaggios *Beweinung Christi*, die römische Kirche *Il Gesù*. Doch während der katechetisch-devotionale Katholizismus einerseits allergrößten Wert auf die Wahrheit (die katholische Lehre) und die Gutheit (das Sittengesetz) gelegt hat, hat er der Schönheit als einem jener »Transzendentalien«, die uns auf Gott verweisen, vergleichsweise wenig Beachtung geschenkt. Eines der Anzeichen für das Aufkommen des evangelikalen Katholizismus im Verlauf der letzten sechs oder sieben Jahrzehnte war ein erneuertes theologisches Interesse an der Schönheit als einem Mittel, das Göttliche zu erfassen. In einer entzauberten Welt ist die Bezauberung des Schönen eine Spur der Engel, ein Hinweis auf das Transzendente – ein Weg zu Gott.[25]

Der evangelikale Katholizismus will die Schönheit als vorrangige Kategorie für das Verständnis Gottes und seiner Wege wiederentdecken und auf die Liturgie der Kirche anwenden. Sein Ansatz im Hinblick auf die Architektur und Ausstattung der Kirchen, die Kirchenmusik, die liturgischen Gewänder und all die anderen greifbaren Bestandteile des kirchlichen Lebens geht von der Frage aus: »Ist dies auf eine Weise schön, die dazu beiträgt, den lebendigen Gott in Wort und Sakrament zu erschließen?« So gesehen positioniert sich der liturgische Ansatz des evangelikalen Katholizismus nicht irgendwo »zwischen« den Vorlieben der Traditionalisten und der Progressisten, sondern ist dem inzwischen doch recht ermüdenden Hin und Her der Liturgiekriege einen Schritt voraus.

Es wäre unfair, die vom Zweiten Vatikanischen Konzil auf den Weg gebrachte Liturgiereform als gescheitert zu bezeichnen, aber es wäre auch unzutreffend zu behaupten, die Früchte, die sich die Anführer der liturgischen Erneuerungsbewegung Mitte des 20. Jahrhunderts von dieser Reform erhofft hatten, wären tatsächlich geerntet worden. Zu diesen erhofften Früchten gehörten: ein tieferes Verständnis der »Mysterien«, die in der Liturgie auf bevorzugte Weise offenbar werden; ein stärkerer regelmäßiger Sakramentenempfang; eine ausgedehntere Praxis des Stundengebets – des offiziellen täglichen Gebets der Kirche – nicht nur aufseiten derer, die durch Weihe, Gelübde und Kirchenrecht dazu verpflichtet sind; und eine enge Verbindung zwischen der liturgischen Erneuerung auf der einen und dem Einsatz für die Gerechtigkeit auf der anderen Seite. Es gibt viele Gründe dafür, dass die liturgische Erneuerung nicht die Auswirkungen gehabt hat, die sich die Reformer Mitte des letzten Jahrhunderts und die Konzilsväter erhofft hatten. Doch statt die Fehler der Vergangenheit zu sezieren, ist es an dieser Stelle vermutlich konstruktiver, das Liturgieverständnis des evangelikalen Katholizismus zu skizzieren, denn dieses Verständnis sieht sich in Kontinuität mit den durch die Jahrhunderte hindurch gepflegten großen Traditionen des christlichen Gottesdienstes und gleichzeitig in vollem Einklang mit den Absichten der Liturgiereform des 20. Jahrhunderts.

Zunächst einmal versteht der evangelikale Katholizismus die Liturgie grundsätzlich nicht als von Menschen gemacht, sondern als ein Werk Gottes. Mit der Feier der Liturgie der Kirche und insbesondere der heiligen Messe nehmen wir unser Privileg wahr, an der Liturgie teilzunehmen, die die Engel und Heiligen am Gnadenthron der Heiligsten Dreifaltigkeit feiern. Wenn die Liturgie keine Teilnahme an einem sakramentalen Akt der Anbetung mehr ist, sondern etwas von Menschen Gemachtes, dann läuft sie Gefahr, dem ähnlich zu werden, was die Israeliten am Berg Sinai um das goldene Kalb herum veranstaltet haben – will heißen, sie droht zur Selbstanbetung, zum Gottesdienst der um sich selbst kreisenden, sich selbst bestätigenden Gemeinde zu werden.[26] Deshalb nimmt der evangelikale Katholizismus die Gesetze und Vorgaben der Kirche ernst: Diese Grenzen sind Schutzwälle, die die Liturgie davor bewahren, zu einer gemeinschaftlichen Huldigung unseres eigenen Selbst zu verkommen.

Der evangelikale Katholizismus ist bestrebt, die Messe gemäß dem 1970 von Papst Paul VI. eingeführten *Novus Ordo* in einer Weise zu feiern, die den Reichtum der alten liturgischen Tradition der Kirche in diesen Ritus integriert. Deshalb begrüßt es der evangelikale Katholizismus, dass laut Missale von 1962 auch die außerordentliche Form der Messe – die Form, die während der Gegenreformation entstanden ist – zulässig ist, weil die Begegnung mit dieser älteren Form des einen römischen Ritus den nachkonziliaren *Novus Ordo* in seinem eigenen Glanz zur Geltung bringt, die vornehmen Ziele einer echten liturgischen Erneuerung fördert und so dazu beiträgt, die Reform der Liturgiereform zu beschleunigen. Der evangelikale Katholizismus betrachtet die außerordentliche Form nicht als Ersatz für den *Novus Ordo* in dem Sinne, dass die »alte Messe« nach und nach wieder an die Stelle der missratenen »neuen Messe« zu treten hätte. Der evangelikale Katholizismus sieht die Erfahrung mit der außerordentlichen Form der heiligen Messe vielmehr als eine Art liturgischen Magneten, der den *Novus Ordo* (wohlgemerkt die normale Form des römischen Ritus) Stück für Stück von den überflüssigen Kleinteilen befreien wird, die sich im Laufe der Jahrzehnte in ihm angesammelt haben.

Der evangelikale Katholizismus misst die greifbaren Bestandteile der Liturgie – liturgisches Gerät, liturgische Gewänder, Ausstattung und Architektur der Kirchen – am Maßstab der Schönheit. Er erkennt zwar an, dass Schönheit vielerlei Formen annehmen kann, hat jedoch gewisse Vorbehalte im Hinblick auf die Frage, ob ausgeprägt modernistische Formen der Architektur, der Kunst und des Designs geeignet sind, eine entzauberte Welt wieder auf die Spuren der Engel zu bringen. Andererseits aber ist die evangelikale katholische Liturgie nicht antiquarisch und betrachtet Modelle liturgischer Gewänder, die in den 1940er- und 1950er-Jahren populär waren, nicht als ästhetische Norm. Die evangelikale katholische Liturgie kann verschiedene musikalische Formen verwenden (und tut dies auch!), nimmt aber die Lehre des Zweiten Vatikanischen Konzils ernst, wonach der gregorianische Gesang eine Art Universalgrammatik der katholischen Musik darstellt. Gleichzeitig ist die evangelikale katholische Liturgie für moderne Gesangsformen aufgeschlossen und bestrebt, auch die großen traditionellen Gesänge anderer christlicher Gemeinschaften in den katholischen Gottesdienst zu integrieren.

Wenn die Kirche Gottesdienst feiert, dann nicht deshalb, weil sie sich besser fühlen will, sondern weil Gott selbst ihr das Gebot gegeben hat, ihn in der rechten Weise anzubeten – und dieses Gebot zu erfüllen, ist keine lästige Pflicht, sondern ein Privileg. So gesehen ist die evangelikale katholische Liturgie »hohe« Liturgie, weil evangelikale Katholiken davon überzeugt sind, dass Schönheit ein Weg zum Göttlichen, ein Heilmittel gegen das Stumpfwerden unserer christlichen und menschlichen Sensibilität, ein Ansporn zu christlicher Mission und christlichem Dienst und eine Erinnerung daran ist, dass die Jünger des Herrn Botschafter des Königs der Herrlichkeit sind und die Welt mit ihrer Botschaft daran erinnern, dass die gegenwärtigen Dinge im Licht der radikalen österlichen Neuordnung der Geschichte und des Kosmos vergehen (vgl. Offb 21,1–4).[27]

Diese Betonung der Schönheit im liturgischen Leben der Kirche ist ein weiterer Grund dafür, dass der evangelikale Katholizismus die Vorbereitung auf die Sakramente und die Erwachsenenkatechese so ernst nimmt. Ohne ein echtes, fest im Wesen des Evangeliums verwurzeltes Verständnis dessen, was die Liturgie ist, werden die, die »in die Kirche kommen«, nicht im lebendigen Glauben wachsen. Liturgie ohne Evangelium ist Aberglaube oder Selbstbeweihräucherung oder beides. Deshalb achten evangelikale katholische Gemeinden darauf, eine fortlaufende liturgische Katechese zu gewährleisten. Das bevorzugte Mittel hierfür ist die Predigt, doch auch die verschiedenen anderer Formen der Kommunikation des Seelsorgers mit seiner Gemeinde sind dazu geeignet. Priester, die verstehen, dass die liturgische Katechese eine Möglichkeit ist, ihre Gemeinde zur Ausübung jener priesterlichen Gabe zu ermächtigen, die ihr kraft ihrer Taufe zu eigen ist, werden wahrscheinlich mit Erfolg Gottesdienstgemeinschaften aufbauen, die die heilige Liturgie würdig und im Einklang mit den Lehren des II. Vaticanums feiern.

Und schließlich ist die evangelikale katholische Liturgie ein Ansporn zur Mission. Da die Gläubigen durch die würdige Feier der kirchlichen Liturgie zur Schwelle des Gnadenthrons emporgehoben werden, ist die sonntägliche Messe für evangelikale Katholiken eine Gelegenheit, neue missionarische Energie zu »tanken«. Deshalb sind sie stets gern bereit, nichtkatholische Christen und Nichtgläubende im Gottesdienst willkommen zu heißen, wo sie die Möglichkeit haben, Jesus Christus zu begegnen und sich mit ihm anzufreunden.

6. *Der evangelikale Katholizismus ist eine bibelzentrierte Form des katholischen Lebens, der die Bibel als das Wort Gottes zum Heil der Seelen liest.*

Der gegenreformatorische Katholizismus verehrte die Bibel sozusagen aus der Distanz. Beginnend mit der 1893 promulgierten Enzyklika *Providentissimus Deus* Leos XIII. hat die tiefgreifende Reform der katholischen Kirche überall dort, wo sie Fuß fassen konnte, auch dazu geführt, dass im Zuge einer großen Strategie der Neuausrichtung der Kirche auf *Wort* und Sakrament das Buch der Kirche zum Kirchenvolk zurückkehrte. Das war der pastorale Grund dafür, dass Leo XIII. 1902 die Päpstliche Bibelkommission ins Leben rief und so die Entwicklung der katholischen Bibelwissenschaften vorantrieb: Dem Kirchenvolk die Bibel zurückzugeben hieß, dem Kirchenvolk ein weiteres, besonderes Mittel der Begegnung mit dem lebendigen Gott anzubieten, der durch die Heilige Schrift spricht. Die Entwicklung, die – nicht ohne Schwierigkeiten – nach der Enzyklika *Providentissimus Deus* ihren Gang nahm, erreichte auf dem Zweiten Vatikanischen Konzil ihren Höhepunkt in der dogmatischen Konstitution über die göttliche Offenbarung *Dei verbum*.[28] Darin erläuterte die katholische Kirche ihr Selbstverständnis als Überbringerin einer Frohbotschaft, die die göttliche Offenbarung ist, eines Evangeliums aus Wort und Sakrament, die beide zur Freundschaft mit Jesus Christus führen und diese Freundschaft stärken. Diese gesamte Entwicklung, die mit der Enzyklika *Providentissimus Deus* begonnen hatte und in *Dei verbum* ihren Höhepunkt erreichte, war eine reformerische Bekräftigung des von Hieronymus formulierten Grundsatzes: Unkenntnis der Schrift ist Unkenntnis Christi, denn Christus ist die lebendige Mitte des gelesenen und verkündigten Wortes Gottes.

Doch die biblische Renaissance, die man sich im Vorfeld und während des II. Vaticanums vorgestellt hatte, hat im Großen und Ganzen nicht stattgefunden. Es trifft zu, dass heute mehr Katholiken die Bibel lesen als Mitte der 1950er-Jahre. Es trifft zu, dass die Bibel im Zentrum des sich explosionsartig entwickelnden katholischen Lebens in Afrika steht, wo das Leben der Menschen aus biblischer Zeit einschließlich der Befreiung der Kinder Gottes aus den Händen dämonischer Mächte einen intensiven und unmittelbaren Bezug zur Wirklichkeit aufweist. Und es trifft zu, dass gebildete Katholiken und exegetisch geschulte katholische Intellektuelle weit mehr über die Geschichte, die literarischen Gattungen und die redaktionelle Entwicklung biblischer Texte wissen als Mitte der 1950er-Jahre. Doch all diese Bildung hat nicht zu der biblischen Renaissance geführt, die man nach dem II. Vaticanum so sehnsüchtig erwartete.

Bei vielen Katholiken in der westlichen Welt hat die moderne Bibelwissenschaft vor allem dazu geführt, dass sie der Bibel mit tiefem Misstrauen begegnen: Das hier war in Wirklichkeit ganz anders, jenes ist nur eine Metapher, dieses ein Mythos. Aus der Bibel, die die Gläubigen doch eigentlich hätten lieben lernen und als Mittel der Begegnung mit dem lebendigen Gott und seinem Sohn hätten nutzen sollen, ist – nicht immer, aber viel zu oft – ein Gegenstand geworden, der einfach nur seziert wird. Und die Überreste, die danach auf dem Seziertisch liegen bleiben, sind kaum geeignet, unsere Liebe zu wecken, im Gegenteil: Manchmal stoßen sie uns sogar ab.

Mit Papst Benedikt XVI. erkennt der evangelikale Katholizismus, dass die Ernte der modernen historisch-kritischen Lesart der Bibel im Laufe des 20. Jahrhunderts im Wesentlichen eingefahren worden ist und dass die Aufgabe der Kirche im 21. Jahrhundert darin besteht, die Bibel wieder neu mit den Brillengläsern der Theologie zu lesen, mit Gläsern also, die ihren Grundschliff durch die Maschinerie der historisch-kritischen Forschung, ihren Feinschliff aber durch einen reifen, theologisch gebildeten Glauben erhalten haben.[29] Das bedeutet, dass der evangelikale Katholizismus die Bibel als ein Ganzes und nicht als eine Sammlung voneinander unabhängiger Bücher unterschiedlicher literarischer Gattungen liest: In einer evangelikalen katholischen Lesart der Bibel bilden die Teile ein zusammenhängendes Ganzes, und die Mitte dieses Ganzen ist Jesus Christus, auf den das Alte Testament hinweist und den das Neue Testament seinen Lesern als Freund nahebringen will. Mithin finden im evangelikalen Katholizismus moderne kritische Ansätze wie etwa die Kanonkritik Verwendung, die die Bücher und Texte der Bibel vor dem Hintergrund dessen untersucht, was die Kirche als den authentischen »Kanon« der Schrift definiert hat.[30] Ferner wird sich der evangelikale Katholizismus des 21. Jahrhunderts mit neuer Wertschätzung auf die allegorischen Schriftauslegungen der Kirchenväter des ersten Jahrtausends und die theologische Bibelerklärung mittelalterlicher Kommentatoren besinnen. Das heißt, der evangelikale Katholizismus praktiziert bei seiner Lesart der Bibel eine zeitgemäße Ökumene.

Außerdem vertritt der evangelikale Katholizismus die Auffassung, dass eine wahrhaft kirchliche Bibelwissenschaft der katholischen Verkündigung, Katechese und Evangelisierung neue Kraft verleihen und so die evangelikale Sendung der Kirche unterstützen muss. Formen der Exegese oder biblischen Interpretation, die die homiletische, evangelikale und pädagogische Sendung der Kirche nicht unterstützen, haben möglicherweise ihren berechtigten Platz an den Universitäten, sind jedoch keine Theologie, sondern Hilfswissenschaften der Religionsforschung und müssen auch als solche verstanden werden. Kein seriöser evangelikaler katholischer Priester predigt aus dem historisch-kritischen Notizbuch. Seine Predigten stützen sich zwar auf die Ergebnisse der historisch-kritischen Bibelforschung, sind aber ihrer Substanz nach theologisch und richten den Fokus immer auf die Begegnung mit Jesus Christus im geschriebenen Wort Gottes. Auf diese Weise erhalten die Formeln am Ende der Bibellesungen bei der Messe – »Wort des *lebendigen Gottes*« und »Evangelium *unseres Herrn* Jesus Christus« – ihre vom Zweiten Vatikanischen Konzil intendierte Bedeutung.

Der evangelikale Katholizismus nimmt den reformerischen Ansatz, wonach die Bibel das Buch des Kirchenvolks ist, überaus ernst. Deshalb laden evangelikale katholische Gemeinden und Bistümer ihre Gläubigen ein, dem Herrn täglich in der Bibellesung und im Gebet zu begegnen und ihre Programme um das Wort Gottes herum zu konzipieren (das heißt, sich bei der Planung die Frage zu stellen: »Was rät uns das Wort Gottes in dieser Angelegenheit?«).[31] In den ersten Jahrzehnten des 21. Jahrhunderts beinhaltet diese Einladung zu biblischer Belesenheit und biblischer Spiritualität zwangsläufig ein gewisses Maß an historisch-kritischer Entprogrammierung, weil sowohl die Kirche als auch die Welt – in dem Irrtum, die einzige Herangehensweise an die Bibel, die von intellektueller Reife zeuge, bestehe darin, die biblischen Texte zu sezieren – einen Argwohn gegenüber der Heiligen Schrift kultiviert haben, mit dem wir uns auseinandersetzen müssen, bevor das geschriebene Wort Gottes zu einem Ort der Begegnung mit dem fleischgewordenen Wort werden kann.

7. *Der evangelikale Katholizismus ist ein hierarchisch strukturierter Katholizismus, innerhalb dessen vielfältige Berufungen respektiert werden.*

Aufgrund ihrer gegenkulturellen Stoßrichtung stellt die Verkündigung des Herrn Jesus Christus als des einzigen Erlösers der Welt sicherlich den Hauptstreitpunkt zwischen der katholischen Kirche und den entzauberten Welten des 21. Jahrhunderts dar, doch der Anspruch der Kirche, dass ihre hierarchische Struktur den Willen Christi verkörpert und nicht in historischen Zufällen und überkommenen gesellschaftlichen Konventionen wurzelt, kommt, was sein gegenkulturelles Konfliktpotenzial betrifft, vermutlich gleich dahinter. In einer kulturellen Umgebung, die jedwede Autorität mit Argwohn betrachtet und den Begriff der göttlichen Autorität für ein psychologisches Überbleibsel aus der prämodernen Epoche hält, erscheint die Behauptung, dass ebendiese göttliche Autorität in einer ununterbrochenen Kette der apostolischen Sukzession durch die Bischöfe der Kirche, die in Gemeinschaft mit dem Bischof von Rom stehen, weitergegeben wird, buchstäblich unglaublich.

Genau das aber glaubt die katholische Kirche und muss der evangelikale Katholizismus verkünden, erklären und leben. Das tut er, indem er die hierarchische »Verfasstheit« der Kirche im Kontext der einzigartigen Berufung verortet, die Gott jedem Christen schenkt: einer einzigartigen Weise, die eigene Zugehörigkeit zum Leib Christi zu leben. »Berufung« ist nach evangelikalem katholischem Verständnis nicht den geweihten Amtsträgern der Kirche, ihren Ordensleuten und Gottgeweihten »vorbehalten«. *Berufung* ist eine Wirklichkeit in jedem einzelnen katholischen Leben und jedes einzelne katholische Leben verfügt über eine einzigartige Berufungsdimension.

Deshalb denkt der evangelikale Katholizismus in der Frage der Berufung, der hierarchischen Verfasstheit der Kirche und der Vielfalt der Geistesgaben in der Kirche genauso wie der selige John Henry Newman:

»Gott hat mich erschaffen, dass ich ihm auf eine besondere Weise diene. Er hat ein bestimmtes Werk mir übertragen und keinem anderen. Ich habe meine Aufgabe, meine Mission – und wenn ich sie in diesem Leben nie erfahre, im künftigen wird sie mir kundgetan. […] Ich bin ein Glied in der Kette, ein Band zwischen Personen. Gott hat mich nicht umsonst erschaffen. Ich soll Gutes tun und sein Werk vollbringen. Ich soll an meinem Platz ein Engel des Friedens, ein Prediger der Wahrheit sein, indem ich es nicht beabsichtige, sondern deshalb, weil ich nur seine Gebote halte und ihm in meinem Beruf diene. Darum will ich ihm vertrauen. Was immer oder wo immer ich bin, nie kann ich verworfen werden.

Wenn ich krank bin, soll meine Krankheit ihm dienen, wenn Drangsal über mich kommt, soll sie seinen Willen tun, und wenn ich traurig bin, soll mein Leiden ihm dienen. [...] Gott tut nichts vergeblich. Er [...] weiß, was er will. Er mag mich meiner Freunde berauben und mich in die Fremde schicken, mir die Einsamkeit zur Gefährtin geben, meine Entmutigung zulassen, die Zukunft vor mir verhüllen – er weiß, wozu es gut ist.«[32]

Die bischöfliche Berufung in der von Papst Leo XIII. in Gang gesetzten Reform der katholischen Kirche ist auf je unterschiedliche Weise hervorgehoben worden. Ab der Mitte des 19. Jahrhunderts konnte die Kirche durchsetzen, dass die Bischöfe nicht länger von öffentlichen Behörden und ortskirchlichen Gremien wie etwa den Domkapiteln ernannt wurden, und gewann so nach und nach die Kontrolle über ihr internes Leben zurück. Seit Anfang des 21. Jahrhunderts kann die katholische Kirche – mit einigen wenigen Ausnahmen wie China und Vietnam – völlig frei bestimmen, welche Bischöfe sie ernennen will. Dadurch ist die Kirche rechtlich in der Lage, die Reform des Episkopats umzusetzen, die das II. Vaticanum anvisiert, wenn es den Ortsbischof als wahren Lehrer, Lenker und Heiligen seiner Ortskirche und nicht nur als Filialleiter der *Katholische Kirchen GmbH* beschreibt.

Das Konzil hat die Rolle des Ortsbischofs als die eines Lehrers, Predigers und Katecheten hervorgehoben. Deshalb wird sich die Reform des Episkopats, wie sie das II. Vaticanum beabsichtigt hat, in Bischöfen verwirklichen, die den großen Bischöfen und Lehrern der Vergangenheit folgen, Männern, die in ihrer Umgebungskultur nicht selten tiefe Spuren hinterlassen haben: Clemens, Leo der Große und Gregor der Große; Ambrosius und Augustinus; Athanasius und Johannes Chrysostomos; Karl Borromäus und Franz von Sales; Clemens Graf von Galen und Ildefonso Schuster; Andrej Scheptyzkyj und

Karol Wojtyła. Auf je eigene Weise und unter unterschiedlichen kulturellen Bedingungen haben von Galen, Schuster und Scheptyzkyj den evangelikalen Katholizismus vorweggenommen, während Wojtyła Ende des 20. und Anfang des 21. Jahrhunderts durch sein Zeugnis und sein Wirken als Erzbischof von Krakau und Bischof von Rom Maßstäbe gesetzt hat, nach denen die evangelikale katholische Reform sich wird richten müssen.

Im katechetisch-devotionalen Katholizismus wurde das Priestertum oft überwiegend funktionell verstanden. Zwar lehrten die Katechismen der vorkonziliaren Kirche, dass die Priesterweihe einem Mann einen besonderen sakramentalen Charakter verleiht und ihn auf einzigartige Weise Christus anverwandelt, sodass er ein *Alter Christus*, ein zweiter Christus, wird. Die Theologie war stimmig, doch die Wirklichkeit sah so aus, dass man sich die Priester in erster Linie als Männer vorstellte, die dazu autorisiert waren, bestimmte Dienstleistungen im Kirchenbusiness zu erledigen: Kinder zu taufen, die Beichte zu hören, die Messe zu feiern und Hochzeiten und Beerdigungen zu halten.[33] Dieses funktionalistische Verständnis des Priestertums ließ sich anstandslos auf die Gemeindeleitung ausweiten, sodass aus dem Priesterstand schließlich so etwas wie eine vom Kirchenvolk losgelöste Klerikerkaste wurde. In den theologischen Wirren der Jahrzehnte nach dem Konzil nahm dieses funktionalistische Verständnis des Priestertums neue und dunklere Züge an: wenn Seminaristen davon sprachen, dass sie das »Priesterhandwerk« erlernten, und wenn das klerikale Kastensystem als Schutzschirm und Deckmantel für Sexualstraftäter diente.

Der evangelikale Katholizismus versteht das Priestertum bildhaft: Der katholische Priester ist ein Mann, der durch seine Weihe zu einem Abbild, zu einer lebendigen Re-Präsentation

(Vergegenwärtigung) des Herrn Jesus wird. Deshalb ist der Priester wie der Bischof in erster Linie Prediger, Lehrer, Katechet und Heiliger und erst danach Verwalter. Priester leiten ihre Gemeinde so wie die Bischöfe die Diözesen. Doch in einem voll ausgebildeten evangelikalen Katholizismus werden die Routineangelegenheiten der Pfarr- und Bistumsverwaltung mehr und mehr von qualifizierten Laien und Diakonen der Kirche übernommen werden. Die Seelsorger – Bischöfe, die echte Nachfolger der Apostel sind, und Priester, die mit und unter dem Bischof ein Priesterkollegium bilden (genau so, wie die Bischöfe mit und unter dem Bischof von Rom ein Bischofskollegium bilden) – haben sich um dringendere Angelegenheiten zu kümmern.

Die Laien sind jedoch nach evangelikalem katholischem Verständnis nicht in erster Linie dazu berufen, kirchliche Verwaltungsaufgaben zu übernehmen – das trifft de facto nur für eine kleine Minderheit der Laien zu. Die eigentliche Berufung der Laien ist die Evangelisierung: der Familie, der Arbeitswelt und des Wohnviertels, aber auch der Kultur, der Wirtschaft und der Politik. Da der evangelikale Katholizismus die klerikalistische Auffassung ablehnt, die Laien seien nur dazu da, zu beten, zu zahlen und zu gehorchen (oder zu jagen, zu schießen und sich zu vergnügen, wie es in einem auf die britische Aristokratie gemünzten Bonmot aus dem 19. Jahrhundert heißt), lehnt er auch die klerikalisierte Vorstellung ab, wonach die Laien in erster Linie dazu berufen seien, im Pfarrbüro oder in der bischöflichen Kanzlei zu arbeiten.[34] Zwar gibt es in diesen Bereichen eine beträchtliche Menge an wichtiger Arbeit zu tun, und die katholischen Laien können und sollten mehr davon übernehmen, damit Priester und Bischöfe sich wieder auf die Aufgabe konzentrieren können, für die sie geweiht worden sind, doch die vorrangige Berufung des Laien besteht, wie Johannes

Paul II. es in seiner 1990 promulgierten Enzyklika *Redemptoris missio* lehrt, darin, das Evangelium in diejenigen Bereiche »der Welt« zu bringen, zu denen die Laien leichteren Zugang haben als die Angehörigen des geweihten Standes: die Familie, die Massenmedien, die Geschäftswelt, die Kultur oder die politische Sphäre, um nur einige Beispiele zu nennen.[35]

Evangelikale Katholiken sind Männer und Frauen, die, nachdem ihnen die große Gnade der Taufe zuteilgeworden ist und sie im Rahmen einer angemessenen Katechese in »die Mysterien« eingeweiht worden sind, die biblische Wahrheit der christlichen Berufung so verstehen, schätzen und leben, wie der heilige Paulus sie beschreibt: »Es gibt verschiedene Gnadengaben, aber nur den einen Geist. Es gibt verschiedene Dienste, aber nur den einen Herrn. Es gibt verschiedene Kräfte, die wirken, aber nur den einen Gott: Er bewirkt alles in allen. Jedem aber wird die Offenbarung des Geistes geschenkt, damit sie anderen nützt« (1 Kor 12,4–7).

8. Der evangelikale Katholizismus ist sowohl kulturformend als auch gegenkulturell.

Der evangelikale Katholizismus bringt seine eigene Kultur hervor. Weil die Freundschaft mit dem Herrn Jesus jeden Aspekt im Leben eines Christen prägt, ist diese Freundschaft kulturformend: Die, die in der Gemeinschaft der Kirche als Freunde des auferstandenen Herrn leben, sprechen eine andere Sprache (in der Begriffe wie »Gehorsam« und »Vergebung«, um nur zwei Beispiele zu nennen, eine reichere und tiefere Bedeutung haben als in der postmodernen Umgebungskultur). Sie leben in einem anderen zeitlichen Rhythmus (in dem der Sonntag, um nur ein Beispiel zu nennen, nicht bloß ein Tag ist, an dem die Geschäfte [in den Vereinigten Staaten, Anm. d. V.] früher schließen). Sie feiern besondere Rituale, befolgen besondere Gesetze, schätzen und erzählen besondere Geschichten und nehmen das Leben (und den Tod) vor einem besonderen Horizont wahr. Die Kultur des evangelikalen Katholizismus bestimmt die Art, wie evangelikale Katholiken denken, sich entscheiden und sich verhalten. Evangelikale Katholiken wissen, dass die Freundschaft mit dem Herrn Jesus und die Gemeinschaft, die aus dieser Freundschaft erwächst, in den Städten dieser Welt die Stadt Gottes vorwegnimmt. Deshalb haben evangelikale Katholiken insofern eine Art doppeltes Bürgerrecht, als sie die Souveränität Christi, des Königs, ebenso anerkennen wie die Souveränität der politischen Gemeinschaft, in der sie leben.[36] In den letzten Jahrzehnten des gegenreformatorischen Katholizismus, in der Zeit nach dem Zweiten Weltkrieg, kamen die Katholiken in all den Regionen, in denen das Christentum längst etabliert war (mit Ausnahme der kommunistisch regierten christlichen Länder) in den Genuss recht weitreichender Überschneidungen zwischen der Kultur der Kirche und der öffentlichen Umgebungskultur. Die öffentliche Kultur des Westens war in vieler Hinsicht noch erkennbar christlich; in der »freien Welt« Christ zu sein hieß nicht, die Kirche als eine Gegenkultur zu erleben. Vermutlich war dies auch der Grund dafür, dass die pastorale Konstitution des II. Vaticanums über die Kirche in der Welt von heute den Dialog der katholischen Kirche mit der modernen Kultur so vergleichsweise optimistisch bewertete.[37]

Doch gleich nach dem Konzil hat die westliche Hochkultur in nicht einmal zehn Jahren eine scharfe Kehrtwende vollzogen und sich einem aggressiven und auf Vormachtstreben ausgerichteten Säkularismus zugewandt, der sich heute, im 21. Jahrhundert, als echte Christophobie entpuppt: eine tiefe Feindschaft gegenüber der (insbesondere moralischen) Wahrheit des Evangeliums und eine feste Entschlossenheit, Christen, die sich zu dieser Wahrheit bekennen, aus dem öffentlichen Bereich zu vertreiben und in ein privatisiertes Dasein am Rande der Gesellschaft zu verbannen.[38] Unter diesen Umständen sind die Verkündigung und praktische Umsetzung der Wahrheit des Evangeliums – in Aktivitäten, die von medizinischer Versorgung über Kinderbetreuung bis hin zu Bildungsinitiativen reichen – zutiefst gegenkulturell. Sie stellen ein Risiko für das psychologische Wohlbefinden und den gesellschaftlichen Status des Gläubigen dar. Wenn die umgebende öffentliche Kultur von Nihilismus und Relativismus beherrscht ist und wenn sie die öffentliche Autorität dazu benutzt, anderen diesen Nihilismus und Relativismus mit den Mitteln der staatlichen Gewalt aufzuzwingen, dann steht die Kirche vor einer Herausforderung, die der in den kommunistischen Ländern zur Zeit des Kalten Krieges zumindest in struktureller Hinsicht nicht unähnlich ist.

Dieser Herausforderung kann man nicht mit einem ängstlichen oder lauen Katholizismus begegnen. Man kann ihr nur mit einem robusten evangelikalen Katholizismus begegnen, der das Evangelium auf mitreißende und mutige Weise verkündet und darauf besteht, dass die öffentlichen Autoritäten der Kirche den Freiraum geben, sie selbst zu sein, ihre Vorschläge einzubringen und anderen mit den Werken der Nächstenliebe zu dienen. Deshalb ist der evangelikale Katholizismus auf kultureller Ebene darauf bedacht, zum Besten und zum Heil der Welt eine kulturformende Gegenkultur zu sein und die Welt zu bekehren.

Das Christentum ist Christus, und deshalb ist es auch keine abstrakte Ansammlung »christlicher« Ideen, sondern Christus selbst, der die Kultur des Westens über Jahrhunderte hinweg geformt hat. Es war Christus, der durch die Glieder der Kirche, die die Glieder seines Leibes sind, die klassische Welt bekehrt und das intellektuelle und kulturelle Erbe dieser Welt in den christlichen Mikrokulturen des benediktinischen Mönchtums bewahrt hat.[39] Es war Christus, der durch die Kirche das Christentum des Mittelalters geformt hat, jener Zeit, in der die Grundlagen der modernen Wissenschaft und Demokratie gelegt worden sind.[40] Es war Christus in seiner Kirche, der Europa – seine Völker und ihre Kulturen – in die westliche Hemisphäre gebracht und über fünf Jahrhunderte lang das gesellschaftliche, kulturelle und politische Leben der Neuen Welt geprägt hat. Es war Christus, den die jakobinische Politik von Robespierre bis Stalin aus der Zukunft der westlichen Welt verdrängen wollte, indem sie die Kirche brutal unterdrückte. Es ist Christus, den die Christophoben des 21. Jahrhunderts fürchten.

Und wenn der Westen sich von der Krise seiner Zivilisationsmoral erholen will, die seit den letzten Jahrzehnten des 20. Jahrhunderts an seinen Fundamenten nagt, dann ist es wieder Christus, der durch den evangelikalen Katholizismus mithelfen wird, die irdische Stadt durch die Stadt Gottes, die in der Gegenkultur der Kirche schon jetzt als Vorwegnahme präsent ist, menschlicher zu gestalten.

9. Der evangelikale Katholizismus betritt die öffentliche Sphäre und spricht mit der Stimme der Vernunft, die sich auf die Überzeugungskraft des Evangeliums stützt.

Weil er in zwei Hoheitsgebieten lebt, ist der evangelikale Katholizismus zweisprachig.

Das Evangelium kann nur in seiner eigenen Sprache verkündet werden, und diese Sprache ist zutiefst von der Heiligen Schrift geprägt. Dasselbe gilt für die Katechese oder die christliche Erziehung und Bildung innerhalb der Kirche: Sie muss im Rahmen einer biblischen und sakramentalen und sogar »mystagogischen« Begrifflichkeit stattfinden. Deshalb gibt es nach evangelikalem katholischem Verständnis für bestimmte biblische Wörter und Bilder keinen Ersatz. »Manche Wörter und Wendungen in der christlichen Kultur«, so der Patristiker Robert Louis Wilken, »sind schlichtweg unersetzlich. Wörter und Wendungen wie ›Gehorsam‹, ›Gnade‹, ›Langmut‹ (das biblische Wort für Geduld), ›Bild Gottes‹, ›Gottesknecht‹, ›Annahme‹ oder ›Wille Gottes‹ formen – wenn man sie wieder und wieder benutzt – unsere Vorstellung und kanalisieren unsere Zuneigung.«[41]

Die Textur des katholischen Lebens und Denkens mit dieser Sprache und ihrer reichen theologischen Bedeutung zu durchwirken ist, wie Hefe in einen Teig hineinzukneten. Deshalb besteht der evangelikale Katholizismus auf biblischer Belesenheit, das heißt auf einem regelmäßigen Lesen in und Beten mit der Bibel. Regelmäßig die Psalmen zu beten heißt, die Welt auf eine neue, evangelikale katholische Weise zu erfassen. Die Evangelien so zu lesen, dass man vollkommen vertraut mit ihnen wird (auch wenn sie uns natürlich trotzdem mit immer neuen Bedeutungsmustern überraschen), heißt, sich das Vokabular und die »Grammatik« anzueignen, die aus jedem Christen einen Boten des Evangeliums macht.

Die Sprache der Kirche zu sprechen heißt außerdem, die Sprache der Offenbarung, das heißt eine Sprache zu sprechen, die die Kirche nicht einfach überarbeiten kann, wann immer die Umgebungskultur sie dazu auffordert. In seiner Verkündigung und Katechese, in seinen Gottesdiensten und Evangelisierungsaktivitäten schätzt und verwendet der evangelikale Katholizismus Vokabeln wie »Vater«, »Sohn« und »Heiliger Geist« und scheut auch nicht vor gegenkulturellen Wörtern wie »Herr« und »Sünde« zurück, weil diese Wörter zum Erbe des Evangeliums gehören. In manchen Fällen hat er diese Wörter von Jesus selbst empfangen und erkennt demütig an, dass er nicht das Recht hat, sie zu ändern. Überdies ist der gegebene sakrale Wortschatz der Kirche – insbesondere das trinitarische Vokabular »Vater, Sohn und Heiliger Geist« – so konkret, dass er dem herrschenden Gnostizismus der postmodernen Kultur, in der alles formbar und funktionell ist, den Wind aus den Segeln nimmt. Wer lieber vom »Schöpfer, Erlöser und Heiligmacher« als vom »Vater, Sohn und Heiligen Geist« spricht, bekennt sich nicht zum Christentum, sondern zu einer anderen Religion, auch wenn er kirchenrechtlich gesehen Mitglied der katholischen Kirche ist.[42]

Seine zweite Sprache, nämlich die Sprache der Vernunft, spricht der evangelikale Katholizismus, wenn er in pluralistischen und typischerweise säkularisierten Gesellschaften Fragen anschneidet, die von öffentlichem Interesse sind. Die geweihten Kirchenoberhäupter und die Laien, die Christi wichtigste Zeugen in der öffentlichen Sphäre sind, treten nicht mit den Worten »Die Kirche lehrt …« auf die öffentliche Bühne, um etwa das unveräußerliche Recht auf Leben von der Empfängnis bis zum Moment des natürlichen Todes oder die Unauflöslichkeit der Ehe zu verfechten. Wenn eine unmoralische Praxis zur Debatte steht, dann werden die Oberhäupter und Mitglieder der Kirche ungefähr Folgendes beitragen: »Das ist schlecht und kann nicht vom Gesetz sanktioniert werden, und zwar aus folgenden Gründen, denen jeder vernünftige Mensch beipflichten wird.« Wenn es dagegen um die Förderung von etwas Gutem geht, dann werden die Oberhäupter und die Mitglieder der Kirche als Erstes sagen: »Das ist gut und muss per Gesetz bestätigt werden, und zwar ist es aus den folgenden Gründen gut und gerecht …«

In pluralistischen Demokratien die Sprache der Vernunft zu verwenden, ist aus mehreren Gründen gerechtfertigt. Zunächst einmal ist es eine Frage der demokratischen Umgangsformen: Eine ernsthafte Debatte ist der Lebenssaft einer Demokratie, und diejenigen, die sich dem demokratischen Projekt verschrieben haben, achten auf die Einhaltung des sprachlichen Protokolls, das uns auffordert, so zu sprechen, dass die Mitbürger sich mit unseren Argumenten auseinandersetzen können. Außerdem ist es eine Frage des politischen Pragmatismus: Wenn man will, dass ein Argument gehört, ernst genommen und akzeptiert wird, dann trägt man es in einer Sprache vor, die diejenigen, die man zu überzeugen sucht, verstehen können. Und schließlich ist es eine Frage der Selbstverteidigung vor allem jenen gegenüber, die behaupten, das, was die katholische Lehre über Themen wie Abtreibung, Euthanasie und Ehe lehrt, sei »sektiererisch« und könne einer pluralistischen Gesellschaft nicht »aufgezwungen« werden. Tatsächlich ist das Gegenteil wahr: Die Argumente, die evangelikale Katholiken zu diesen Fragen im öffentlichen Raum vortragen, sind der Sprache der Vernunft entnommen, die allen zugänglich ist (oder zumindest sein sollte), ganz gleich, wo sie sich theologisch verorten (oder ob sie überhaupt religiöse Überzeugungen haben).

Der evangelikale Katholizismus schöpft den Willen, die Energie, die Stärke und nötigenfalls auch die Sturheit, die er braucht, um die Würde der menschlichen Person auch im 21. Jahrhundert zu verteidigen und zu fördern, aus der Kraft des Evangeliums. Er wird seine Standpunkte in einer säkularisierten pluralistischen Demokratie so vertreten, dass jedermann die Worte hören und sich mit den darin enthaltenen Tatsachen auseinandersetzen kann. Nur religiöse und säkularistische Sektierer können hierin einen Widerspruch sehen.

10. *Der evangelikale Katholizismus erwartet in sehnsüchtiger*
Vorwegnahme die Wiederkunft Jesu, des Herrn, in seiner
Herrlichkeit und weiß sich bis dahin der Mission verpflichtet:
der Verkündigung des Evangeliums zum Heil der Welt.

In der Enzyklika *Redemptoris missio* lehrt Papst Johannes Paul II.
in Weiterführung einer Entwicklungslinie, deren Ausgangspunkt die neue Auseinandersetzung mit der Moderne unter
Leo XIII. gewesen war, dass die Kirche keine Mission *hat* – so,
als wäre die Mission nur eines von vielen Dingen, die die Kirche tut –, sondern dass sie eine Mission *ist* und dass alles, was
die Kirche tut, auf diese ihre Mission, das Evangelium zu verkündigen und die Welt zu Christus zu bekehren, ausgerichtet
ist.[43] Der evangelikale Katholizismus ist die Form des Katholizismus im 21. Jahrhundert, die diese Lehre Johannes Pauls II.
von der Kirche als Mission voll und ganz verinnerlicht hat
und sich selbst und seine Anhänger als in fortdauernder Mission begriffen definiert.[44] Und damit ist er zugleich die Form
des Katholizismus, die die seit 1878 andauernde tiefgreifende
Reform der katholischen Kirche vollenden wird.

Aus evangelikaler katholischer Sicht ist die Mission der Maßstab für *alles*; in Anlehnung an die Managementlehre könnte
man den evangelikalen Katholizismus geradezu als *Missions-*
betrieb bezeichnen. Selbst in der heiligen Liturgie – jenem Le-
bensbereich der Kirche, mit dem sie sich einen Schritt aus der
Welt heraus- oder, besser gesagt, einen Schritt in die eigentliche
Welt, nämlich das himmlische Hochzeitsmahl des Lammes, hi-
neinzubewegen scheint – empfängt die Kirche die sakramentale
Gnade als Ausrüstung für die Mission. Sogar kontemplative Berufungen, die in echter Abgeschiedenheit sowohl von der Welt
als auch von der Kirche leben, sind auf die Mission ausgerichtet.
Denn das geweihte Leben ist, wie Johannes Paul II. in seinem

1996 erschienenen apostolischen Schreiben *Vita consecrata* lehrt, der spirituelle Motor der Kirche. Hier werden die Energien der Evangelisierung weiterentwickelt und in einem großen Austausch der Gaben geteilt, der die gesamte Kirche als Braut Christi der Vereinigung mit ihrem göttlichen Bräutigam entgegenträgt.[45] Deshalb ist die Mission der Kirche in der Welt auf die Wiederkunft des Herrn in seiner Herrlichkeit und auf das neue Leben des neuen Jerusalem hingeordnet.

Wenn die Mission im evangelikalen Katholizismus der Maßstab für alles ist, dann ist sie auch der Maßstab für jeden, denn »jedem Jünger Christi«, so lehren die Väter des Zweiten Vatikanischen Konzils, »obliegt die Pflicht, nach seinem Teil den Glauben auszusäen«.[46] Aus evangelikaler katholischer Sicht ist jeder Katholik ein Missionar, ein Bote des Evangeliums, und als getaufter Jünger vom Herrn damit beauftragt, das Evangelium zu allen Nationen zu bringen und alle zur Taufe auf den Namen der Allerheiligsten Dreifaltigkeit einzuladen. So reagiert der evangelikale Katholizismus auf die Herausforderungen des evangelikalen Protestantismus (der die Teilhabe an der Freundschaft Jesu als die Verantwortung jedes Einzelnen begreift) und des klerikalisierten Katholizismus (der die Mission für ein Vorrecht der geweihten Amtsträger hält).

Außerdem ist die Mission ein Maßstab für die tiefgreifende Reform der Kirche. Die Dinge, die in der Kirche geändert werden müssen und können, müssen im Interesse der Mission geändert werden. Die Dinge in der Kirche, die nicht geändert werden können, weil sie Teil der von Gott gewollten Verfasstheit der Kirche sind, müssen, wenn nötig, so reformiert werden, dass sie das Ihre zur Mission beitragen. Die Vorstellung von einer Kirche, die stets der Läuterung bedarf, stammt nicht aus dem reformatorischen Slogan von der *Ecclesia semper reformanda* (»die Kirche muss immer reformiert werden«), sondern ist eine unmittelbare Folge der tiefsten inneren Dynamik der Kirche: ihrer Sehnsucht, mit ihrem Bräutigam und Haupt, Christus, dem Herrn, vereinigt zu werden, und ihrer Leidenschaft, seine Liebe mit denen zu teilen, denen sie seinem Auftrag gemäß die Frohe Botschaft bringen soll – das heißt mit allen Menschen.

Deshalb gewinnt die Kirche die Kriterien für ihre tiefgreifende Reform aus ihrem eigenen Inneren: das *Kriterium der Wahrheit* und das *Kriterium der Mission*.

Evangelikale Katholiken wissen, dass ihnen das Evangelium und die Sakramente geschenkt worden sind, damit sie sie an andere weiterschenken. Zu schüchtern (oder zu selbstsüchtig) zu sein, um anderen diese Möglichkeit einer Freundschaft mit Jesus, dem Herrn, anzubieten, wäre derer unwürdig, die er als seine Zeugen berufen hat. Deshalb müssen alle Getauften beständig für die Mission ausgebildet und vorbereitet werden. Manche werden durch die Qualität ihrer Lebensführung missionarisch wirken und durch ihre offen gelebte Treue zu Christus in anderen die Hoffnung auf eine vergleichbare Glaubensüberzeugung und Nächstenliebe wecken. Andere werden, zeitgemäß und unzeitgemäß, das Evangelium verkünden, weil sie wissen, dass das Wort, wenn es wahrhaft vom Wort Gottes geformt ist, niemals wirkungslos verhallt. Doch wie auch immer die Mission gelebt wird: Evangelikale Katholiken sind zur Mission berufen und leben die Mission in der Freude, der Zuversicht und dem festen Glauben, dass der Herr, der Sünde und Tod überwunden hat, seinen Sieg beim Hochzeitsfest des Lammes im neuen Jerusalem vollenden wird, wo alle Tränen abgewischt werden, wo der Tod nicht mehr sein wird und »keine Trauer, keine Klage, keine Mühsal. Denn was früher war, ist vergangen« (Offb 21,4).

Der verstorbene französische Journalist André Frossard war zum Katholizismus konvertiert, nachdem er dem damals modernen Atheismus seiner gesellschaftlichen Kreise den Rücken gekehrt hatte: einem Atheismus, der einst eine Modeerscheinung unter Pariser Intellektuellen gewesen war, inzwischen aber in der westlichen Welt des 21. Jahrhunderts deutlich härtere, christophobe Züge angenommen hat. Als Frossard Johannes Paul II. am 22. Oktober 1978 bei der Messe zu Beginn seines Pontifikats erlebte, kabelte er an seine Pariser Redaktion: »Dieser Papst kommt nicht aus Polen; dieser Papst kommt aus Galiläa.« Eine brillante Metapher, die in einem einzigen reichen biblischen Bild Wesen und Auftrag des evangelikalen Katholizismus veranschaulicht.

Die leoninische Neubelebung, die mit Johannes Paul II. und Benedikt XVI., den Erben und authentischen Deutern des Zweiten Vatikanischen Konzils, ihre Vollendung fand, lädt die katholische Kirche ein, nach Galiläa und dann über Galiläa hinauszugehen. Die katholische Kirche ist eingeladen, dem auferstandenen Herrn in der Schrift, in den Sakramenten und im Gebet zu begegnen und die Freundschaft mit ihm zur Mitte des katholischen Lebens zu machen. Jeder Katholik hat diese Einladung bei der Taufe erhalten: die Einladung, den Missionsauftrag anzunehmen, als Boten des Evangeliums zu handeln und die Wahrhaftigkeit des katholischen Lebens daran zu messen, wie Katholiken den menschlichen Anstand und die menschliche Solidarität zum Ausdruck bringen, die aus der Freundschaft mit Christus, dem Herrn, erwachsen.

In den ersten Jahrzehnten des 21. Jahrhunderts fordert der evangelikale Katholizismus das gesamte Kirchenvolk, Laien, Gottgeweihte, Ordensleute und Priester, dazu heraus, dass sie den Mut haben, katholisch zu sein, dass sie den Mut haben, die Fülle des Evangeliums über Galiläa hinaus und zu allen

Völkern zu tragen. Diese Herausforderung anzunehmen bedeutet, die tiefgreifende Reform der katholischen Kirche fortzusetzen, die unter Papst Leo XIII. begonnen hat: eine Reform mit zwei Leitkriterien: *Wahrheit* und *Mission*.

KAPITEL VIER

Echte Reform in der Kirche

Nachdem Jesus die Jünger gespeist hatte, forderte er die Jünger auf, ins Boot zu steigen und an das andere Ufer vorauszufahren. Inzwischen wollte er die Leute nach Hause schicken. Nachdem er sie weggeschickt hatte, stieg er auf einen Berg, um in der Einsamkeit zu beten. Spät am Abend war er immer noch allein auf dem Berg. Das Boot aber war schon viele Stadien vom Land entfernt und wurde von den Wellen hin und her geworfen; denn sie hatten Gegenwind. In der vierten Nachtwache kam Jesus zu ihnen; er ging auf dem See. Als ihn die Jünger über den See kommen sahen, erschraken sie, weil sie meinten, es sei ein Gespenst, und sie schrien vor Angst. Doch Jesus begann mit ihnen zu reden und sagte: Habt Vertrauen, ich bin es; fürchtet euch nicht!

Darauf erwiderte ihm Petrus: Herr, wenn du es bist, so befiehl, dass ich auf dem Wasser zu dir komme. Jesus sagte: Komm! Da stieg Petrus aus dem Boot und ging über das Wasser auf Jesus zu. Als er aber sah, wie heftig der Wind war, bekam er Angst und begann unterzugehen. Er schrie: Herr, rette mich! Jesus streckte sofort die Hand aus, ergriff ihn und sagte zu ihm: Du Kleingläubiger, warum hast du gezweifelt? Und als sie ins Boot gestiegen waren, legte sich der Wind. Die Jünger im Boot aber fielen vor Jesus nieder und sagten: Wahrhaftig, du bist Gottes Sohn.

Mt 14,22–33

Diese bekannte Episode in der Mitte des Matthäusevangeliums bietet eine reiche Palette von Denkanstößen für diejenigen, die die Reform der katholischen Kirche im 21. Jahrhundert vertiefen und so den evangelikalen Katholizismus zur Reife bringen wollen.

Der Bibelwissenschaftler Gianfranco Ravasi hat darauf hingewiesen, dass diese Geschichte dieselbe literarische Struktur aufweist wie die Berichte von den Erscheinungen des auferstandenen Herrn in den vierzig Tagen zwischen Ostern und Himmelfahrt. »Ich bin es; fürchtet euch nicht!« – diese Worte, mit denen Jesus die verängstigten Jünger inmitten des Sturms zu beruhigen sucht, sind dieselben, mit denen sich der Auferstandene auch in vielen anderen Szenen seinen Anhängern und Freunden zu erkennen gibt, die zunächst oft nicht wissen, wen sie da vor sich haben. In dieser Geschichte spricht Petrus Jesus zweimal mit dem österlichen Titel »Herr« an, genau wie Johannes, der mit Petrus fischen gegangen ist und den Auferstandenen am Ufer des Sees sieht (vgl. Joh 21,7).

Die Jünger, die sich, erschrocken über den Sturm und ihre Unfähigkeit, sich seiner Folgen zu erwehren, ängstlich im Boot zusammendrängen, erinnern uns an die Jünger, die sich, entsetzt über das grauenhafte Geschehen des Karfreitags und außerstande, sich jetzt noch eine Zukunft vorzustellen, im Obergemach verstecken. Doch diese Jünger, die womöglich für die Kirche zu allen Zeiten und an allen Orten stehen, erkennen den Auferstandenen und beten ihn an, und zwar sowohl im Boot als auch bei den nachösterlichen Erscheinungen. Das Bekenntnis dieser frommen Juden auf dem See von Tiberias: »Wahrhaftig, du bist Gottes Sohn«, ist eine exakte Parallele zum ersten Glaubensbekenntnis der Heiden, nämlich der römischen Wachleute unter dem Kreuz (»Als der Hauptmann und die Männer, die mit ihm zusammen Jesus bewachten, das Erdbeben bemerkten und sahen, was geschah, erschraken sie sehr und sagten: Wahrhaftig, das war Gottes Sohn!«, Mt 27,54). Damit bietet uns der Evangelist Matthäus genau in der Mitte seines Berichts einen stillschweigenden Ausblick auf eine Kirche, in der der »Zweig vom wilden Ölbaum« der Heiden in den Baum Israels eingepfropft und Gottes universaler Heilsplan erfüllt werden wird (Röm 11,17).

Ravasis Kommentar stellt noch mehrere andere Aspekte heraus, die die überzeitliche Kraft und aktuelle Bedeutung dieser Episode ausmachen. Die Kirche war im Laufe ihrer Geschichte oft in Schwierigkeiten, und solche Schwierigkeiten erwachsen nicht selten aus dem »kleinen Glauben« oder dem Mangel an Glauben, den Jesus Petrus vorwirft. Eine Kirche, die sich in Schwierigkeiten oder in einer Krise befindet, ist typischerweise eine ängstliche Kirche: Eine Kirche, die den Herrn aus den Augen verloren und ihren Blick auf einen anderen Horizont gerichtet hat; eine Kirche, die in ihren Problemen zu ertrinken droht, weil sie nicht mehr so genau oder so aufmerksam, wie sie es sollte, auf den Auferstandenen achtet, der seinem Volk oft auf unerwarteten Wegen zu Hilfe kommt. Dann wird die Situation bereinigt und die Angst der Jünger zerstreut (wie ja auch die katholischen Krisen im Laufe der Jahrhunderte stets bereinigt wurden und die katholischen Zukunftsängste stets zerstreut werden): durch die Initiative des Herrn, des Auferstandenen, des Gottessohnes, der damals, auf dem See von Tiberias, und durch die Jahrtausende hindurch immer wieder in das Boot der Kirche steigt und die Dinge in Ordnung bringt.

Durch diese Geschichte erinnert das Matthäusevangelium die Kirche beständig daran, dass wir, so schlau und geschickt wir uns auch anstellen mögen, in Sachen Erlösung dennoch machtlos sind – wir sind die Erlösten, nicht die Erlöser, und all unsere Versuche, uns selbst gerecht zu machen, sind zum

Scheitern verurteilt. Anders ausgedrückt: Die Kirche ist nicht unsere Kirche, sondern die Kirche Christi, und wir beginnen in dem Moment zu sinken, da wir versuchen, sie zu unserer Kirche zu machen.[1]

Mut »im Boot«

Bei dem Versuch, den evangelikalen Katholizismus im 21. Jahrhundert zur vollen Reife zu bringen – und damit den Prozess einer tiefgreifenden katholischen Reform zu beschleunigen, der 1878 mit der Wahl Papst Leos XIII. begonnen hat –, sitzen, wie es scheint, alle Katholiken im selben Boot und der Prototyp dieses Bootes war der Fischkutter, dessen Insassen in einer stürmischen Nacht in den Dreißiger- oder Vierzigerjahren des ersten nachchristlichen Jahrhunderts den See von Tiberias überqueren wollten. Noch heute ist es genauso wie damals: Die Kirche – alle, die »im Boot« sitzen – muss völlig von Christus und seiner ausgestreckten Hand abhängen, wenn sie sicher ans Ufer gelangen und gemäß dem Sendungsauftrag des Erlösers das Evangelium verkünden will. Die Kirche des 21. Jahrhunderts muss die Hand ausstrecken und sich von der ausgestreckten und durchbohrten Hand des auferstandenen Herrn ergreifen lassen, wenn alle Menschen der Kirche ein Leben der radikalen Treue und übernatürlichen Nächstenliebe leben, zur Durchführung einer genuin katholischen Reform beitragen und, wie der Auferstandene es uns geboten hat, bei »allen Völkern« Zeugen sein wollen (Mt 28,20).

Das Boot der katholischen Kirche ist in den ersten Jahrzehnten des 21. Jahrhunderts durch eine scheinbar endlose Reihe von Skandalen heftig erschüttert worden; an nicht wenigen dieser Skandale waren ihre Priester und Bischöfe beteiligt.

Deshalb haben die Worte, die der Herr uns über das Wasser hinweg zuruft: »Fürchtet euch nicht!«, zu Beginn des dritten Jahrtausends der Kirchengeschichte einen ganz besonderen Klang. Es trifft sich, dass dieser ermutigende Zuruf: »Habt keine Angst!«, bekanntlich sechsundzwanzigeinhalb Jahre lang das Kennzeichen des Pontifikats des heiligen Johannes Pauls II. gewesen ist. Dieser Aufruf zur Furchtlosigkeit – zu einer neuen Zeit, in der »die Arme wieder stark, die Herzen mutig sind«[2] – ist seiner Ausrichtung nach evangelikal. Es ist kein Aufruf dazu, sich besser oder sicherer oder beschützter zu fühlen, obwohl wir in der Umarmung des Heiligen Gottes, der uns zur Furchtlosigkeit aufruft, sicherer und beschützter sind als sonst irgendwo. Nein, der Aufruf zu Mut und Furchtlosigkeit ist ein Aufruf, sich ein Herz zu fassen, damit der Missionsauftrag erfüllt werden kann. Deshalb war die dreimalige Herausforderung: »Habt keine Angst«, am 22. Oktober 1978 in der ersten öffentlichen Messe, die Johannes Paul II. als Bischof von Rom gehalten hat, mit der missionarischen Sendung verknüpft: »Reißt die Tore weit auf für Christus!«

Dadurch, dass sie die ausgestreckte Hand Christi ergreift, findet die Kirche im 21. Jahrhundert und zu allen Zeiten das Heilmittel gegen ihre Furcht. Und sie findet die Kriterien für eine echte katholische Reform: das *Kriterium der Wahrheit* – denn alle, die im Boot der Kirche sitzen, müssen sich an der Wahrheit Christi messen lassen – und das *Kriterium der Mission* – denn durch Christus, der unsere Furcht überwindet, schöpft die Kirche den Mut, den Auftrag zur Mission auszuführen, den sie hat.

Die Kriterien der katholischen Reform

Das erste Kriterium einer echten katholischen Reform spiegelt wider, was der Herr seinen ersten Jüngern verheißen hat: »Dann werdet ihr die Wahrheit erkennen und die Wahrheit wird euch befreien« (Joh 8,32). Das ist das Kriterium der Wahrheit: *Jede echte katholische Reform baut auf der Wahrheit auf, die Christus ist, und spiegelt die Wahrheit wider, die Christus der Kirche anvertraut hat.*

Es ist seine Wahrheit, die uns befreit, denn er, die Mensch gewordene Wahrheit, hat uns durch sein gehorsames Opfer am Kreuz im wahrsten und tiefsten Sinne des Wortes die Freiheit geschenkt, indem er uns erlöst und den Sieg über das errungen hat, was wir am meisten fürchten – Tod und Vergessenheit.

Es ist seine Wahrheit, die uns befreit, denn in seiner Auferstehung und Himmelfahrt wird die letzte Wahrheit über das Menschsein offenbar: dass die Erlösten, die für Gott geschaffen worden sind und die Verheißung des Geistes empfangen haben, *in* ihrer menschlichen Natur, und nicht losgelöst von ihr, zum ewigen Leben im Licht und Leben der Heiligsten Dreifaltigkeit bestimmt sind.

Es ist seine Wahrheit, die die Kirche zur Evangelisation und Zeugenschaft ermächtigt, denn die Wahrheit über die Menschheit und ihre Bestimmung, die seine Jünger seinem Auftrag gemäß bis an die Enden der Erde tragen sollen, ist so überwältigend großartig, dass man gar nicht anders kann, als sie zu verkündigen und miteinander zu teilen. Diese Wahrheit ermächtigt und *ist* eine Macht, eine Macht, die nicht aufzwingt, sondern vorschlägt, eine Macht, die süß und überwältigend ist.

Und es ist seine Wahrheit, die der Kirche den Mut verleiht, katholisch zu sein – eine echte katholische Reform in Gang zu setzen, die die Mission der Kirche ermöglicht, ermächtigt und voranbringt.

Deshalb erwächst das zweite Kriterium jeder echten katholischen Reform, das Kriterium der Mission, aus dem ersten und ist untrennbar mit diesem verbunden: *Jede echte katholische Reform ist auf Mission, auf die Verkündigung der Frohen Botschaft und auf den Aufbau des Leibes Christi ausgerichtet, um die Welt zu heilen und zu erlösen.* Bei der echten katholischen Reform geht es nicht darum, irgendwelche Kirchenrekorde aufzustellen oder auf dem Feld der Ideen oder der Macht die Gewinner und Verlierer zu bestimmen. Echte katholische Reform heißt nicht, die Kirche dem Zeitgeist anzupassen; sie bedeutet jedoch auch nicht, die Kirche verknöchern zu lassen, indem man eine historische Manifestation ihrer wesentlichen Form für unveränderlich und endgültig erklärt. Durch den beständigen Bezug auf die wesentliche Form, die Christus seiner Kirche hinterlassen hat, ist die echte katholische Reform eine »Re-Formation«, die alle »im Boot« dazu ermächtigt, zu einer Verlängerung der ausgestreckten Hand des Herrn zu werden, damit auch andere von ihm ergriffen werden, ihn kennenlernen, ihn lieben und in ihm sicher sein können.

Diese »Re-Formation« der Kirche besinnt sich auf die Wurzeln der Kirche im Volk Israel und schöpft aus den Geschichten, die das Alte Testament über die Bemühungen der Israeliten erzählt, ihrem Bund mit Gott treu zu bleiben.

Das prophetische Muster der Reform

Deshalb beginnt das Muster der echten katholischen Reform in der prophetischen Literatur der hebräischen Bibel: jenen bemerkenswerten alttestamentlichen Texten von und mit erstaunlichen Gestalten aus den unterschiedlichsten Verhältnissen (Maulbeerfeigenzüchter, Schafhirten, Priester im Tempeldienst), die typischerweise in Krisenzeiten auftreten, um rundheraus und mit aller Eindeutigkeit zu verkünden: »*So* spricht der Herr ...«

Die Krisen, in denen diese Propheten den Ruf des Herrn vernahmen, waren Krisen der Treue. Denn obwohl das auserwählte Volk sich inzwischen im Land der Verheißung niedergelassen hatte, war es keineswegs gegen die Versuchung gefeit, die falschen Götter der benachbarten Völker anzubeten. Prototyp dieses fortwährenden Dramas – auf der einen Seite die Anbetung der falschen Götter und auf der anderen Seite das prophetische Wahrheitszeugnis, das Gott gegen die Untreue ins Feld führt – ist der heldenhafte Kampf zwischen dem Propheten Elija und den Baalspriestern, die den Schutz der Königin Isebel, der Frau Ahabs, des Königs von Israel, genießen: ein Kampf, der schließlich entschieden wird, als Gott, der Herr, der sich Mose mit dem Namen »Ich bin« offenbart hatte, mit Macht eingreift und die Frage »Wer ist Gott?« auf eindrucksvolle Weise beantwortet (vgl. 1 Kön 16,29–22,40; Ex 3,14). Seinen entsetzlichen Höhepunkt sollte der Götzendienst unter den Israeliten, Gottes auserwähltem Volk, in dem grauenhaften Brauch erreichen, zu Ehren des schrecklichen Heidengottes Moloch Kinder zu verbrennen. Diesen Gipfel der Abartigkeit haben zwei der klassischen Propheten, Jeremia und Ezechiel, mit schonungslosen Worten angeprangert und zum Anlass genommen, das gnadenlose Strafgericht des Gottes Abrahams, Isaaks und Jakobs auf ihr Volk herabzurufen:

So spricht der Herr: »Sag ihnen also: Dies ist das Volk, das nicht auf die Stimme des Herrn, seines Gottes, hörte und sich nicht erziehen ließ. Die Treue ist dahin, aus ihrem Mund verschwunden. [...] Ja, die Söhne Judas taten, was mir missfällt – Spruch des Herrn [...] Auch haben sie die

Kulthöhe des Tofet im Tal Ben-Hinnom gebaut, um ihre Söhne und Töchter im Feuer zu verbrennen« (Jer 7,28.30–31).

»Das Wort des Herrn erging an mich: Menschensohn, mach Jerusalem seine Gräueltaten bewusst! [...] Doch dann hast du dich auf deine Schönheit verlassen, du hast deinen Ruhm missbraucht und dich zur Dirne gemacht. Jedem, der vorbeiging, hast du dich angeboten [...] Deinen prächtigen Schmuck aus meinem Gold und Silber, den ich dir geschenkt hatte, hast du genommen und hast dir daraus männliche Figuren gemacht, um mit ihnen Unzucht zu treiben. [...] Du hast deine Söhne und Töchter, die du mir geboren hast, genommen und ihnen als Schlachtopfer zum Essen vorgesetzt. War dir dein unzüchtiges Treiben noch nicht genug? Musstest du auch noch meine Söhne schlachten, um sie ihnen darzubringen und für sie durch das Feuer gehen zu lassen?« (Ez 16,1–2.15.17.20–21).

Auf diese Verderbtheit – eine Folge des mangelnden Glaubens an die Wahrheit dessen, was Gott beim Exodus und am Berg Sinai offenbart hatte – gab es nur eine mögliche Antwort: Die Auserwählten mussten in der Wahrheit neu begründet werden. Es bedurfte einer Reform, einer Rückbesinnung auf die »Form«, die diesem bunt gemischten Haufen aus ehemaligen Sklaven am Sinai verliehen worden war, als sie den Bund mit Gott, dem Befreier, der sie aus Ägypten herausführte, geschlossen hatten. Es galt, sich auf die Wahrheit zu besinnen, die im Gesetz enthalten war: einem Gesetz, das Gott den Israeliten geschenkt hatte, damit das eben erst befreite Volk nicht wieder in sklavische Gewohnheiten zurückfiel. Deshalb beharrten die Propheten mit solcher Entschlossenheit und oft unter Gefährdung ihres eigenen Lebens darauf, dass die Antwort auf eine derartige Treulosigkeit und Verderbtheit, die sogar das Schlachten von Kindern guthieß, kein »Götzendienst light« (eine subtilere, weniger grausige Anbetung falscher Götter) und auch kein »Synkretismus light« (eine geschicktere Verbrämung der eigenen theologischen Überzeugungen) sein konnte, nein: Die einzig wahre Reform innerhalb des auserwählten Volks war, so die Überzeugung der Propheten, die radikale Treue zu dem einen wahren Gott und zu dem, was er seinem Volk am Sinai geboten hatte. Die einzig wahre Reform war die radikale Umkehr zum Herrn, dessen heilige Gegenwart mit dem Volk Israel durch die Wüste gezogen und nun im Allerheiligsten des Jerusalemer Tempels beheimatet war.

Dieses prophetische Muster der echten Reform setzt sich in der Kirche fort, denn die Kirche ist das Israel des Neuen Bundes. Und wenn man schon so weit geht, eine verstörende Analogie zwischen der Treulosigkeit der Israeliten, die den falschen Göttern ihre eigenen Kinder opferten, und dem im 21. Jahrhundert enthüllten Missbrauch junger Menschen durch kirchliche Amtsträger herzustellen, dann sollte man diese Analogie auch zu Ende führen: Auch Letzteres war in erster Linie ein Symptom radikaler Treulosigkeit, das nur durch radikale Treue geheilt werden kann. Die echte katholische Reform ist genau wie die echte israelitische Reform weder »Götzendienst light« (dass wir also neue Bilder und Namen für den Dreieinigen Gott finden, obwohl er selbst und sein Name uns doch im Sohn Gottes ein für alle Mal offenbart worden ist) noch »Synkretismus light« (dass wir die Wahrheit des katholischen Glaubens gegen die »Wahrheiten« der umgebenden öffentlichen Kultur eintauschen). Echte katholische Reform ist, mit anderen Worten, kein »Katholizismus light«.

Die echte katholische Reform vollzieht sich mit der Reifung des evangelikalen Katholizismus: in radikaler Treue zu dem, was Gott in der Schrift und der apostolischen Überlieferung offenbart hat, in der Weitergabe dieser Wahrheit an die Welt und in den kirchlichen Werken der übernatürlichen Nächstenliebe. Was die Kirche *tut,* ist nicht von dem zu trennen, was die Kirche *glaubt.* Oder, mit den entsprechenden theologischen Fachbegriffen ausgedrückt: Es gibt keine Orthopraxie[3] (weder in der Mission noch im Dienst) ohne Orthodoxie[4]. Papst Benedikt XVI. hat dasselbe in eher biblischer Sprache ausgedrückt: Liebe gibt es nur als Liebe in der Wahrheit, als *Caritas in veritate.*[5]

Eckpunkte der Reform

Vor dem Hintergrund dieser biblischen Muster einer echten Reform zeichnen sich die beiden Kriterien einer echten katholischen Reform ab. Im Licht des prophetischen Zeugnisses über diese Kriterien nachzudenken hilft, mehrere andere Eckpunkte festzulegen, anhand derer wir erkennen können, welche Reformen in der Kirche echt sind und welche nicht.

Das Kriterium der Wahrheit – im Grunde nur ein anderer Ausdruck für »das Kriterium Christi« – bedeutet in letzter Konsequenz, dass die Wahrheit, die die Kirche hütet und die gleichwohl gewissen lehrmäßigen Entwicklungen (das heißt einem sich vertiefenden Verständnis unsererseits) offensteht, den Maßstab bildet, anhand dessen wir die »Wahrheiten« der Welt oder die intellektuellen Modeerscheinungen des jeweiligen historischen Augenblicks bewerten – und nicht umgekehrt. So gesehen hätte man den globalen Zusammenbruch des Mainline-Protestantismus eigentlich schon vorhersagen können, als sich der Weltkirchenrat in der zweiten Hälfte des 20. Jahrhunderts das Motto »The world sets the agenda for

149

the Church« zu eigen machte. Denn wenn es »die Welt« ist, die die Tagesordnung der Kirche bestimmt, dann sind die Menschen der Kirche, um noch einmal auf den See von Tiberias zurückzukommen, aus dem Boot in die vom Sturm aufgewühlten Fluten gesprungen, wo sie wahrscheinlich ertrinken werden. (Eine analoge Kritik könnte man gegen manche Formen der katholischen Befreiungstheologie im ausgehenden 20. Jahrhundert vorbringen, in denen die klassischen katholischen Vorstellungen von der Bibel, der Kirche, der Eucharistie, dem Priestertum, der Sendung der Kirche und der kirchlichen Soziallehre durch die typischerweise in marxistische Kategorien gefassten Erfordernisse der Revolution derart verzerrt worden sind, dass die Kirche am Ende nur noch als eine von vielen Einsatztruppen in der Vorhut der Revolution fungierte.)

Das heißt nicht, dass die katholische Kirche nichts von »der Welt« lernen könnte. Es heißt, dass die Art und Weise, wie die katholische Kirche von der Welt lernt, ausgeprägt *kirchlich* sein muss, wenn sie authentisch katholisch sein soll. Das klarste Beispiel aus jüngerer Zeit für eine solche genuin kirchliche Art und Weise des Lernens (und zugleich ein wichtiger Beitrag zur Entwicklung des evangelikalen Katholizismus) war die Ausarbeitung der katholischen Lehre über Kirche und Staat mit ihrer zentralen Frage: der Religionsfreiheit.

Im frühen 19. Jahrhundert galt es im katholischen Selbstverständnis als ausgemacht, dass die katholische Kirche, was ihr Arrangement mit der zivilen Autorität betraf, sich vorzugsweise als »etabliert« positionierte, das heißt, dass die katholische Kirche Staatskirche war und besondere Vergünstigungen genoss, die anderen christlichen Gemeinschaften oder religiösen Körperschaften nicht zugutekamen, deren Mitglieder je nach Härte des betreffenden Regimes unter Umständen sogar Zivilstrafen für ihre abweichende religiöse »Verortung« hinnehmen mussten. Es galt außerdem als ausgemacht, dass die zivile Autorität (also in der Regel der Monarch) innerhalb dieses bevorzugten Arrangements ein besonderes Mitspracherecht bei der Ernennung von Bischöfen hatte. Etwa eineinhalb Jahrhunderte später fasste das Zweite Vatikanische Konzil seine Erklärung zur Religionsfreiheit ab, in der die katholische Kirche die Religionsfreiheit als ein sowohl durch die Offenbarung als auch durch die Vernunft erkennbares, grundlegendes Menschenrecht definierte und lehrte, dass jeder gerechte Staat dazu verpflichtet sei, dieses Recht gesetzlich anzuerkennen und zu schützen.

Die pastorale Konstitution des II. Vaticanums über die Kirche in der Welt von heute folgte diesem von *Dignitatis humanae* eingeschlagenen Kurs: Sie warf einen kritischen Blick auf staatskirchliche Vereinbarungen und schien eine klare katholische Präferenz für die konstitutionelle Demokratie und eine Begrenzung der Regierungsgewalt anzudeuten. Das Konzilsdekret *Christus Dominus* über die Hirtenaufgabe der Bischöfe lehnte es ab, staatlichen Autoritäten irgendwelche Rechte bei der Ernennung der Bischöfe einzuräumen, eine Lehre, die im Codex des kanonischen Rechts von 1983 rechtskräftig wurde. Was war geschehen? Wie war diese Entwicklung möglich geworden? Handelte es sich um eine pragmatische Anpassung an die politische Realität des 20. Jahrhunderts? Oder doch eher um eine genuin *kirchliche* Entwicklung des katholischen Selbstverständnisses?

Natürlich hat die Kirche zwischen, nun, sagen wir dem Pontifikat Pius' VII. (der von Napoleon gefangen gesetzt wurde) und dem Zweiten Vatikanischen Konzil einiges von »der Welt« gelernt. Aus der Erfahrung mit den Vereinigten Staaten hat die katholische Kirche gelernt, dass eine Gesellschaft, in der es keine etablierte Kirche gab, für den Katholizismus und seine evangelikale Mission gut sein konnte. Aus ihrer Erfahrung mit der Französischen Revolution und der Dritten Republik, aus dem deutschen Kulturkampf und dem italienischen *Risorgimento* hat die katholische Kirche vieles über die Versuchung des Totalitarismus – einer innerweltlichen und radikal säkularistischen Variante des königlichen Absolutismus – gelernt, die in der politischen Moderne weit verbreitet war und sich äußerst negativ auf die evangelikale Sendung der Kirche auswirkte. Dank ihrer Erfahrung mit den Missionen, insbesondere in Asien und Afrika, begann die katholische Kirche zu erkennen, dass die Erfüllung ihrer wesentlich evangelikalen Sendung und der lebendige Ausdruck ihres wesentlich kerygmatischen (das heißt auf die Verkündigung der Frohbotschaft ausgerichteten) Charakters kompromittiert werden konnten, wenn die Kirche sich allzu sehr mit der – kolonialen – staatlichen Macht identifizierte. Wissentlich oder unwissentlich (häufiger das Letztere) hat »die Welt« die Kirche also im 19. und beginnenden 20. Jahrhundert so manches gelehrt.

Bei der Umsetzung dessen, was sie in der harten Schule der westlichen Politik des 19. und 20. Jahrhunderts gelernt hatte, brachte die katholische Kirche allerdings eine ausgeprägt kirchliche Methode der Reflexion und Entwicklung zur Anwendung. Diese Entwicklung wurde zu einem nicht geringen Teil durch die intellektuelle Arbeit des amerikanischen Jesuiten und Theologen John Courtney Murray ermöglicht. Auf der Grundlage der Enzykliken Leos XIII. über die politische Moderne vertrat Murray seit den 1950er-Jahren die Auffassung, dass die Abgrenzung der religiösen gegen die politische Autorität immer schon Bestandteil der ältesten, tiefsten und authentischsten katholischen Tradition gewesen sei – und zwar auf der Basis von Mt 22,21, wo Jesus das, was dem Kaiser gehört, und das, was Gott gehört, einander gegenüberstellt. Seine theologische Ausgestaltung erhielt dieses Herrenwort in der Unterscheidung zwischen »königlicher« und »priesterlicher« Macht, die der heilige Papst Gelasius I. im 5. Jahrhundert formulierte, und seine weltliche Wirkung zeigte es im Investiturstreit des 11. Jahrhunderts, als Papst Gregor VII. sich weigerte, Heinrich IV., dem Kaiser des Heiligen Römischen Reichs, wesentliche Bestandteile der kirchlichen Autorität zu überlassen.

Dieser »Dualismus« der Autoritäten, so Murray, war die authentische katholische Tradition, die authentische »Form« der Beziehung zwischen Kirche und weltlicher Macht. Demnach war es eine Abweichung von dieser Tradition, wenn die politische Autorität dazu benutzt wurde, die Wahrheitsansprüche der Kirche zu untermauern (ein Vorgehen, das in der Zeit des königlichen Absolutismus seinen Höhepunkt erreichte, als die etablierte Kirche praktisch eine Art Staatsministerium geworden war). Anders, als man vielfach annahm, war also der etablierte rechtliche Status der Kirche kein fester Bestandteil ihrer Dogmatik, und somit war eine echte doktrinelle Entwicklung – eine Reform der kirchlichen Lehre und Praxis – in Fragen der Kirche und des Staates durchaus möglich: und zwar nicht als Zugeständnis an die Ansprüche der jeweiligen Gegenwartspolitik, sondern als eine echte »Neuformung« der Kirche gemäß der von ihr gehüteten Wahrheit.[6]

Die Wiederentdeckung einer vergessenen, tiefen Wahrheit des katholischen Selbstverständnisses war also für Murray der historische Ansatzpunkt für eine Reform der kirchlichen Auffassung der Religionsfreiheit und eine Korrektur der Beziehungen zwischen Kirche und Staat, die sodann auf dem Zweiten Vatikanischen Konzil ratifiziert wurden. Dieser Prozess wurde ganz sicher durch die historischen Ereignisse im 19. und frühen 20. Jahrhundert und nicht zuletzt durch die brutalen Totalitarismen vor, in und nach dem Zweiten Weltkrieg beeinflusst. Dennoch war dieser Prozess gleichzeitig auch typisch und genuin katholisch, weil die *Reform* nicht darauf beruhte, dass man sich an aktuelle Modeerscheinungen anpasste, sondern darauf, dass man etwas Wichtiges und Wahres – etwas, das von Christus stammte, und etwas, das für die Mission der Kirche wichtig war – *wiederentdeckte*, was der Katholizismus verlegt und vergessen hatte. Die Reform basierte auf einer Wiederentdeckung und brachte eine Erneuerung in Gang.

Hindernisse auf dem Weg zur Reform

Das biblische Muster der prophetischen Reform und die beiden Kriterien der authentischen katholischen Reform, nämlich Wahrheit und Mission, sollten die Kirche des 21. Jahrhunderts außerdem gegen zwei Versuchungen impfen: den katholischen Antiquarismus und die katholische Präsentitis, die beide nichts mit dem evangelikalen Katholizismus und seiner tiefgreifenden Reform der Kirche zu tun haben.

Der katholische Antiquarismus ist die Versuchung, sich ein – in der Regel vorkonziliares – Goldenes Zeitalter auszumalen, zu dem der Katholizismus zurückkehren müsse, wenn er in Zukunft lebensfähig sein wolle. Diese Versuchung lauert oft im Hintergrund der Liturgiedebatte, der Diskussion über das Verhältnis der Kirche zur politischen Moderne (und insbesondere zur Demokratie) und der Kontroverse über die ökumenischen und interreligiösen Beziehungen. In seiner extremsten Form hat der katholische Antiquarismus das einzige formelle Schisma nach dem II. Vaticanum hervorgebracht: die Abspaltung der Anhänger des verstorbenen französischen Erzbischofs Marcel Lefebvre, eines Mannes, dessen Hass auf die Moderne im Moment der Entscheidung stärker gewesen zu sein scheint als seine Liebe zum Gehorsam des Glaubens.[7]

Die Lefebvre-Anhänger sind jedoch nur eine kleine und extreme Randgruppe. Ihre Unfähigkeit, anzuerkennen, dass das Zweite Vatikanische Konzil die Wahrheit über das Verhältnis der Kirche zum Staat, über ihre Beziehung zum lebendigen Judentum und über die Ökumene gelehrt hat, hat dazu geführt, dass auch die Berücksichtigung ihrer liturgischen Anliegen, die von einigen rechtgläubigen Katholiken geteilt werden, letztlich nicht die Versöhnung gebracht hat, die viele (und vielleicht auch Papst Benedikt XVI.) sich erhofft hatten.[8] Das eigentliche Problem aber, das einen ausgereiften evangelikalen Katholizismus verhindert, ist der katholische Antiquarismus im Inneren des Glaubensstandes: ein Antiquarismus, der sich schlichtweg in allem ausdrückt – von den liturgischen Gewändern bis hin zur theologischen Methode. Doch nicht alles, was in der Kirche althergebracht ist, ist automatisch gut oder wahr oder hilfreich im Sinne der Mission.

Es scheint, als hätte der katholische Antiquarismus der westlichen Welt des 21. Jahrhunderts den Blick für die vielen Elemente des Wahren, Guten und Schönen verloren, die in der 1878 unter Leo XIII. begonnenen und bis heute fortdauernden Reform des kirchlichen Lebens enthalten sind.

Der katholische Antiquarismus beklagt zu Recht den katechetischen Schiffbruch in großen Teilen der nachkonziliaren Kirche, doch er meint, das Mittel gegen Chaos und Verwirrung (von Heterodoxie ganz zu schweigen) läge in der Rückkehr zu einer Religionspädagogik im Stil des *Baltimore-Katechismus*. Er will also nicht einsehen, dass eine derart simplifizierte Frage-und-Antwort-Katechese den veränderten kulturellen Verhältnissen unserer Zeit einfach nicht mehr gerecht wird. Und er will nicht einsehen, dass die kerygmatische Theologie aus der Mitte des letzten Jahrhunds und die Wiederentdeckung patristischer Formen einer mystagogischen Katechese echte Errungenschaften sind, die der Kirche bessere Methoden an die Hand geben, Jung und Alt im 21. Jahrhundert zu einer Freundschaft mit Jesus Christus hinzuführen.[9]

Der katholische Antiquarismus beklagt zu Recht, dass der kirchliche Gottesdienst nach dem II. Vaticanum vielerorts an Feierlichkeit verloren hat, und betrachtet dies als einen Verrat an den Einsichten und Absichten des Konzils, doch der katholische Antiquarismus glaubt offenbar, das Mittel gegen diesen Verrat bestünde darin, die Sonntagsliturgie wieder so zu feiern, wie sie vermeintlich Mitte der 1950er-Jahre in vielen katholischen Pfarreien gefeiert worden ist. Das Problem ist nur, dass diese Liturgie großenteils nur in der Fantasie der katholischen Antiquaristen existiert: Jeder, der meint, die feierliche Zelebration der außerordentlichen Form des römischen Ritus nach dem Missale von 1962 sei eine getreue Replik dessen, was, sagen wir, um das Jahr 1955 herum Sonntag für Sonntag um 7:00, 8:00, 9:00, 10:30 und 12:15 Uhr in den katholischen Pfarrkirchen überall in den Vereinigten Staaten stattfand, lebt in einer Traumwelt. In der Mehrheit der Fälle war die Liturgie nur wenig feierlich, das Latein schlecht ausgesprochen und die Musik eher süßlich als gregorianisch.

Es kann sein, dass ebendieser katholische Antiquarismus das intellektuelle Leben der Kirche des 21. Jahrhunderts verteufelt, weil er einen ganz bestimmten Stil des thomistischen Denkens für die einzig mögliche Weise hält, katholische Theologie zu betreiben. Es kann sein, dass er zum Klerikalismus des 21. Jahrhunderts beiträgt, weil sich die Priester, wenn ihnen der Wind der Gegenwartskultur ins Gesicht bläst, vor den daraus erwachsenden pastoralen Problemen in den sicheren Schutzraum einer klerikalen Kaste zurückziehen. Und es kann sein, dass er die Suche nach einer evangelikalen katholischen Ästhetik in Architektur, Kunst und Musik stört, weil er denkt,

»alt« sei immer gleich »schön«, obwohl »alt« tatsächlich auch hässlich sein kann.

Der evangelikale Katholizismus wägt die Theologie, Katechese, Liturgie, Volksfrömmigkeit und Kunst der katholischen Vergangenheit (einschließlich der Theologie, Katechese, Liturgie, Volksfrömmigkeit und Kunst des gegenreformatorischen Katholizismus) sorgfältig ab und nimmt die Aufforderung des Herrn: »Sammelt die übrig gebliebenen Brotstücke, damit nichts verdirbt« (Joh 6,12), dabei sehr ernst. Weil aber der evangelikale Katholizismus nicht glaubt, dass der katechetisch-devotionale Katholizismus der Gegenreformation der abschließende und endgültige Ausdruck der von Christus gegebenen Form der katholischen Kirche gewesen ist, und weil der evangelikale Katholizismus die Erfüllung des Missionsauftrags in der postmodernen Welt als einzigartige Herausforderung erkennt und annimmt, ist er davon überzeugt, dass die Kirche des 21. Jahrhunderts das gesamte Panorama der katholischen Geschichte nach »übrig gebliebenen Stücken« absuchen und sodann die beiden Kriterien der echten katholischen Reform – Wahrheit und Mission – anlegen sollte, um diese Stücke auszusieben. Verweist dieses oder jenes Stück auf eine zentrale Wahrheit in dem »überlieferten Glauben, der den Heiligen ein für alle Mal anvertraut ist« (Jud 1,3)? Wird dieses oder jenes Stück, wenn man es in das Cosmaten-Mosaik des evangelikalen Katholizismus einsetzt, die Mission der Kirche in der Situation des 21. Jahrhunderts voranbringen?

In den ersten vier Jahrzehnten nach dem Zweiten Vatikanischen Konzil war die katholische Präsentitis – das Bedürfnis nach »Relevanz« im kulturellen und intellektuellen Kanon der Postmoderne – allerdings ein sehr viel größeres Hindernis auf dem Weg zu einem ausgereiften evangelikalen Katholizismus und einer echten katholischen Reform als der katholische Antiquarismus. Ihr Urbild – oder ihre Ursünde, wie einige vielleicht sagen würden – war die Vorstellung vom II. Vaticanum als dem Konzil, das »die Fenster der Kirche zur modernen Welt hin aufgestoßen hatte«, um einen »Dialog« mit der weltlichen Moderne zu initiieren: einen Dialog, den die weltliche Moderne, so glaubte man, sehnlichst erwarte und der durch die intellektuelle Unnachgiebigkeit des Katholizismus der Jahrhundertmitte (den man gemeinhin als »Neuscholastik« bezeichnete, ohne allerdings immer zu wissen, was dieses philosophische Kunstwort eigentlich bedeutet) verhindert worden sei. Das war in mehrfacher Hinsicht problematisch.

Zunächst einmal lag die katholische Präsentitis falsch, was die evangelikalen Absichten des Zweiten Vatikanischen Konzils betraf. Selbst das optimistischste aller Konzilsdokumente, die pastorale Konstitution über die Kirche in der Welt von heute, verstand die Kirchenfenster, die das Konzil aufgestoßen hatte, nicht im Sinne eines allgemeinen Gesprächs über das allgemein menschliche Gute. Vielmehr ging es um einen Dialog, der aus kirchlicher Sicht darauf abzielte, der Welt zwei wesentliche Wahrheiten vorzulegen: dass Jesus Christus die volle Wahrheit über die menschliche Person offenbart, und dass die Menschen nur durch aufrichtige Selbsthingabe zur Fülle ihres Menschseins gelangen können.[10] Diese Wahrheiten waren 1965, als das Konzil die Pastoralkonstitution verabschiedete, nicht weniger gegenkulturell, als sie es in den ersten Jahrzehnten des 21. Jahrhunderts sind. Sie waren Eckpunkte für einen Dialog der Reibung, nicht der Anpassung.

Die katholische Präsentitis lag auch falsch, was die Tiefe der kulturellen Krise betraf, die den Westen seit Mitte der 1960er-Jahre erschütterte. Wenn man sich die Fenster, die die Kirche auf dem II. Vaticanum aufgestoßen hat, als Zugfenster vorstellt, dann sind, wie der Philosoph Michael Novak einmal gesagt hat, genau in dem Moment die Rolllläden hochgezogen und die Fenster geöffnet worden, als der Zug gerade durch einen dunklen Tunnel voller giftiger Gase fuhr (Papst Paul VI. hat diese Beobachtung noch schärfer formuliert und in den Jahren nach dem Konzil laut die Frage gestellt, wie denn der »Rauch Satans« in die Kirche habe eindringen können). In den revolutionären Umwälzungen einer Epoche, die man gemeinhin schlicht als »die 68er« bezeichnet, zelebrierte Europa den bewussten Bruch mit der Kultur der Vergangenheit und dieser Bruch ließ keinen Dialog mit dem Katholizismus zu, der in den Augen der 68er-Generation einen wesentlichen Bestandteil jener Geschichte und Kultur darstellte, die über Bord geworfen werden sollte.[11] In den letzten Jahrzehnten des 20. Jahrhunderts wurde aus dem »atheistischen Humanismus«, mit dem sich der französische Jesuit und Theologe Henri de Lubac auseinandergesetzt hatte, die »Christophobie«, die der jüdische Verfassungsrechtler Joseph Weiler diagnostiziert hat: Das heißt, aus der Vorstellung, der Gott der Bibel sei ein Feind der menschlichen Reife und Freiheit, wurde die Vorstellung, die katholische Kirche sei das letzte institutionelle Hindernis auf dem Weg zu einem liebenswert weltmännischen Nihilismus. Diese institutionelle Kirche wollte die weltliche Moderne der Nach-68er nicht zum Dialogpartner haben, sondern in ein privatisiertes Abseits am äußersten Rand des öffentlichen Lebens drängen – notfalls mit staatlicher Gewalt.

Besonders deutlich – und von den Vertretern der katholischen Präsentitis besonders missverstanden – wurde diese Krise im intellektuellen Leben. Die Dialogbegeisterten rechneten in der Zeit unmittelbar nach dem II. Vaticanum nicht mit einer westlichen Welt, die innerhalb weniger Jahrzehnte in allen philosophischen Fragen eine nihilistische, im Hinblick auf die menschliche Fähigkeit, die Wahrheit über irgendetwas zu erkennen, eine radikal skeptische und demzufolge in ihrer Moraltheorie eine durch und durch relativistische Haltung einnehmen sollte. Die Verfasser der pastoralen Konstitution über die Kirche in der Welt von heute dachten vielleicht, dass sie es mit aufrichtigen Agnostikern wie Albert Camus oder poststalinistischen Reformmarxisten wie Ernst Bloch und Roger Garaudy zu tun bekommen würden – in einer Welt, in der ein Spanier namens Juan einfach so in die Meldebehörde gehen, ein Formular unterzeichnen und (ohne jeden chirurgischen Eingriff) erklären kann, er sei ab sofort Juanita – eine solche Welt konnten sie sich einfach nicht vorstellen. Genau das aber ist die Welt, in der das Evangelium im 21. Jahrhundert verkündet werden muss. Und diese Welt wurde zu einem nicht geringen Teil durch das spätmoderne und postmoderne intellektuelle Leben geschaffen, das an Präsentitis erkrankte katholische Intellektuelle für den wesentlichen Bezugspunkt ihrer eigenen Arbeit hielten.[12]

Joh 6,12 – die Aufforderung, die übrig gebliebenen Brotstückchen einzusammeln, damit nichts Wertvolles verloren geht – ist ein Mittel, das gegen beide Versuchungen wirkt: gegen die der katholischen Präsentitis ebenso wie die des katholischen Antiquarismus. Ein ausgereifter evangelikaler Katholizismus setzt voraus, dass alle Häppchen und Stückchen der Moderne und Postmoderne aufgelesen werden, die der Kirche bei ihrer Mission helfen können: von der Kunst eines Georges Rouault und der Musik eines Gabriel Fauré und Maurice Duruflé bis hin zu den Forschungen der historisch-kritischen Bibelstudenten und ausgebildeten modernen Theologen. Die Entwicklung des evangelikalen Katholizismus wurde ja, wie schon erwähnt, durch die intellektuelle Renaissance beschleunigt, die Mitte des 20. Jahrhunderts auf dem Boden der leoninischen Reform des späten 19. Jahrhunderts wuchs und dem Zweiten Vatikanischen Konzil den Weg bereitete. Kein ernsthafter Verfechter der tiefgreifenden evangelikalen katholischen Reform wird sich eine Kirche des 21. oder 22. Jahrhunderts vorstellen, die dieser Renaissance und ihren zentralen Gestalten nicht verpflichtet ist: genialen Männern und Frauen wie Karl Adam, Romano Guardini, Henri de Lubac, Jacques Maritain, Étienne Gilson, Joseph-Marie Lagrange, Augustin Bea, Edith Stein, Hans Urs von Balthasar, Yves Congar und Joseph Ratzinger, deren Wirken in mehrfacher Hinsicht durch den größten der katholischen Denker des 19. Jahrhunderts, John Henry Newman, vorbereitet worden ist. Gleichwohl wird sich der evangelikale Katholizismus der Zukunft nicht nur an die intellektuellen Leistungen dieser unbestreitbar modernen Katholiken erinnern. Er wird sich auch daran erinnern, dass ihr Streben nach einem neuen katholischen Selbstverständnis von ihrem Durst nach Heiligkeit bestimmt war. Denn Heiligkeit ist die wesentliche (und mitreißendste) Ausdrucksform der Wahrheit, die die Kirche hütet, und der Mission, zu der die Kirche berufen ist.

Deshalb ist Heiligkeit diejenige Eigenschaft, die die Zwillingskriterien Wahrheit und Mission im evangelikalen Katholizismus zusammenführt. Heiligkeit ist der Rahmen, der darüber entscheidet, ob etwas Altes oder etwas Neues, das sich unter den eingesammelten Stücken aus längst oder jüngst vergangenen Zeiten oder aus der Gegenwart befindet, sich in das Cosmaten-Mosaik des evangelikalen Katholizismus der Zukunft einfügen lässt.

Heiligkeit ist das ultimative Gegenmittel gegen Untreue, Furcht und die durch Untreue und Furcht verursachte evangelikale Lähmung. Heiligkeit hält eine Kirche zusammen, in der immer zentrifugale Kräfte wirken.

Heiligkeit ist das Geschenk, das Christus, der seine Kirche auffordert, wieder und wieder die übrigen Brotstückchen aufzusammeln, seinen Freunden unablässig und freigiebig schenkt, wenn er sich als das Brot des Lebens selber hingibt (Joh 6,35).

Immer wieder Weizen und Unkraut

Die Furcht, die Petrus in Panik aufschreien ließ, als er in den Wogen des Sees von Tiberias unterzugehen drohte, war aus einer Form der Untreue erwachsen: daraus, dass er sich eher auf sich selbst verließ, als seinen Blick fest auf Christus gerichtet zu halten. Die Untreue des Petrus spiegelt in mancher Hinsicht den Sündenfall im Garten Eden wider, wo Adam und Eva sich auf ihre eigene Schläue verließen, statt dem Gebot Gottes zu gehorchen. Jedenfalls ist die Treue eine immerwährende Herausforderung für das Leben der Kirche diesseits des himmlischen Hochzeitsmahls. Geleitet von den Zwillingskriterien Wahrheit und Mission und ausgerichtet auf die Heiligkeit des Lebens, wird die echte Reform der Kirche, die den ausgereiften evangelikalen Katholizismus hervorbringen wird, sich mit den verschiedenen Erscheinungsformen der Untreue im 21. Jahrhundert auseinandersetzen. Daneben aber wird jede wirklich katholische Reform, die keinen sektiererischen, sondern einen tragfähigen evangelikalen Katholizismus hervorbringen will, einen weiteren Text berücksichtigen, den das Matthäusevangelium kurz vor Jesu Gang auf dem Wasser überliefert:

»Und Jesus erzählte ihnen noch ein anderes Gleichnis: Mit dem Himmelreich ist es wie mit einem Mann, der guten Samen auf seinen Acker säte. Während nun die Leute schliefen, kam sein Feind, säte Unkraut unter den Weizen und ging wieder weg. Als die Saat aufging und sich die Ähren bildeten, kam auch das Unkraut zum Vorschein. Da gingen die Knechte zu dem Gutsherrn und sagten: Herr, hast du nicht guten Samen auf deinen Acker gesät? Woher kommt dann das Unkraut? Er antwortete: Das hat ein Feind von mir getan. Da sagten die Knechte zu ihm: Sollen wir gehen und es ausreißen? Er entgegnete: Nein, sonst reißt ihr zusammen mit dem Unkraut auch den Weizen aus. Lasst beides wachsen bis zur Ernte. Wenn dann die Zeit der Ernte da ist, werde ich den Arbeitern sagen: Sammelt zuerst das Unkraut und bindet es in Bündel, um es zu verbrennen; den Weizen aber bringt in meine Scheune.«[13]

Das Feld in diesem Gleichnis ist, wie das Boot in der Geschichte von Jesu Gang auf dem Wasser des Sees von Tiberias, ein Bild für die Kirche. Die katholische Kirche besteht seit zwei Jahrtausenden aus Weizen und Unkraut, Heiligen und Sündern (Heiligen, die Sünder sind und wissen, dass sie Sünder sind). Die Kirche war in ihrer feurigen Begeisterung gleich nach dem Pfingstereignis Weizen und Unkraut: Man denke nur an Hananias und Saphira, die inmitten der tausendfachen Bekehrung Petrus zu übertölpeln versuchten und tot zu Boden stürzten (vgl. Apg 5,1–11). Die Kirche war Weizen und Unkraut, als sie darum kämpfte, den ottonischen Kaisern des 10. Jahrhunderts das Papsttum zu entwinden; als Katharina von Siena einen schwachen und zögerlichen Papst anflehte, aus seinem Exil in Avignon nach Rom zurückzukehren; als die katholischen Reformer der Renaissancezeit mit korrupten Kirchenmännern um die Seele des Katholizismus rangen; als sich sämtliche Bischöfe Englands bis auf einen dem Willen Heinrichs VIII. unterwarfen und seinen verlogenen Titel »Höchstes Oberhaupt der Kirche in England« anerkannten.

Die katholische Kirche war Weizen und Unkraut, als sie sich dem königlichen Absolutismus beugte; als einzelne Kirchenmänner sich zumindest kurz mit dem Faschismus einließen; als Priester ihre Berufungen verrieten und mit den Agenten der kommunistischen Geheimpolizei kooperierten; als die kultivierten Religionsverächter nach dem Konzil zu Stichwortgebern für die Haltung der katholischen Intellektuellen wurden; als Priester die ihrer Obhut anvertrauten jungen Menschen missbrauchten und ihre Bischöfe auf diese Untreue mit den Parolen der Therapie-Gesellschaft reagierten.

Die katholische Kirche wird während der gesamten Reifezeit des evangelikalen Katholizismus und auch noch darüber hinaus Weizen und Unkraut sein. Bei der tiefgreifenden Kirchenreform, die im Folgenden – anhand gewisser Schlüsselfragen einer tiefgreifenden katholischen Reform – vorgeschlagen werden soll, geht es nicht darum, das Unkraut vorschnell zu verbrennen, wenngleich grundsätzlich zu klären sein wird, bei welchen Pflanzen es sich tatsächlich um Unkraut handelt. Wenn jedoch der Charakter der Kirche in erster Linie evangelikal, das heißt auf die Bekehrung ausgerichtet ist, dann gilt das sowohl innerhalb der Kirche als auch für den Entwurf und das Angebot der Kirche an die Welt.

Durch das Kreuz die Angst überwinden

Die letzte Vollendung der Kirche wird am Ende der Geschichte erfolgen, wenn die Geschichte selbst sich beim Hochzeitsmahl des Lammes im neuen Jerusalem vollenden wird, wo es keinen Tempel gibt, »denn der Herr, ihr Gott, […] ist ihr Tempel, er und das Lamm«, und »er und das Lamm« sind auch die Leuchte und das Licht dieser Stadt (Offb 21,22–23). Zwischen jetzt und dann – wann immer dieses »Dann« sein mag – haben wir die offenbare und vertrauenswürdige Zusicherung, dass »die heilige Stadt, das neue Jerusalem«, die »Wohnung Gottes unter den Menschen« ist. »Er wird in ihrer Mitte wohnen, und sie werden sein Volk sein; und er, Gott, wird bei ihnen sein. Er wird alle Tränen von ihren Augen abwischen: Der Tod wird nicht mehr sein, keine Trauer, keine Klage, keine Mühsal. Denn was früher war, ist vergangen« (Offb 21,2–4).

Für die Zwischenzeit – bis der Herr »alles neu« macht (Offb 21,5) – bleibt der Ruf, mutig zu sein: »Fürchtet euch nicht.« Dieser Ruf ist kein psychologischer Trick. Denn der, der uns diese Worte zuruft, ist der auferstandene Herr, der auf der anderen Seite des Kreuzes steht. Am Kreuz hat der Sohn Gottes, der unsere Menschennatur angenommen hat, die Sünde der ganzen Welt auf sich genommen. Und dadurch, dass er diese Sünde im Feuer der gehorsamen Einwilligung in den Willen des Vaters verbrannt hat, hat der Sohn allen, die die ausgestreckte Hand des auferstandenen Herrn ergreifen, die Chance auf Leben geschenkt – kein Leben *ohne* Angst, sondern *jenseits* der Angst, ein mutiges Leben in der Wahrheit und ein furchtloses Leben für die Mission.

Das Kreuz führt zum Hochzeitsmahl des Lammes. Das ist der Grund dafür, »dass die Leiden der gegenwärtigen Zeit nichts bedeuten im Vergleich zu der Herrlichkeit, die an uns offenbar werden soll« (Röm 8,18). Deshalb schafft uns »die kleine Last unserer gegenwärtigen Not [...] in maßlosem Übermaß ein ewiges Gewicht an Herrlichkeit« (2 Kor 4,17). Deshalb können die Katholiken des 21. Jahrhunderts die Kirche, diesen Schatz »in zerbrechlichen Gefäßen« (2 Kor 4,7), auch und gerade dann in Ehren halten, wenn sie bestrebt sind, den evangelikalen Katholizismus zur Reife zu bringen. Das Kreuz führt zum Hochzeitsmahl des Lammes.

ZWEITER TEIL

Die Reformen des evangelikalen Katholizismus

KAPITEL FÜNF

Die evangelikale katholische Reform des Episkopats

Eigentlich hatte sich das Erste Vatikanische Konzil (1869–1870), nachdem es sich mit dem Papsttum und seinen Vorrechten befasst und die Lehre von der Unfehlbarkeit päpstlicher Lehraussagen in Glaubens- und Sittenfragen formuliert hatte, der Theologie des Episkopats und des bischöflichen Dienstamts in der Kirche zuwenden wollen. Doch dann begann der deutsch-französische Krieg; die Sitzungen des I. Vaticanums wurden unterbrochen und aus vielerlei Gründen nie wieder aufgenommen. So kam es, dass sich das katholische Selbstverständnis, was den Stand der Bischöfe betraf, beinahe einhundert Jahre lang, nämlich in der Zeit zwischen dem Ersten und dem Zweiten Vatikanischen Konzil, in einer gewissen Schieflage befand. Zwar herrschte im Hinblick auf die Stellung und die Vorrechte des Bischofs von Rom, der als Nachfolger Petri der Oberste der Bischöfe war, weitgehende Klarheit. Doch im Hinblick auf die übrigen Bischöfe der Kirche (die ebenfalls Nachfolger der Apostel sind), ihre Beziehung untereinander und ihre Beziehung zum Bischof von Rom war die Situation weit weniger eindeutig.

Das Zweite Vatikanische Konzil war entschlossen, diese Schieflage zu korrigieren. Deshalb stellte es in seiner dogmatischen Konstitution über die Kirche und in seinem Dekret über die Hirtenaufgabe der Bischöfe einige wichtige Punkte klar, die zuvor umstritten gewesen waren.[1] Erstens ist der Episkopat ein *Weihestand*: Er ist der höchste Stand innerhalb des Weihesakraments und macht die Männer, die zu Bischöfen geweiht werden, zu etwas ganz Besonderem, indem er sie auf einzigartige Weise Christus, dem Guten Hirten, anverwandelt. Zweitens bilden die Bischöfe der ganzen Welt ein »Kollegium« mit und unter dem Bischof von Rom, der das Haupt des Kollegiums ist, und als Nachfolgeorganisation der Zwölf, auf die der Heilige Geist zu Pfingsten herabkam (vgl. Apg 2,1–5), hat dieses Kollegium gemeinsam mit und unter seinem Haupt durch den Willen Gottes die oberste Autorität in der Kirche inne. Drittens übernimmt der Bischof bei seiner Weihe einen dreifachen Sendungsauftrag: das Amt des Lehrens (*Munus docendi*), das Amt des Heiligens (*Munus sanctificandi*) und das Amt des Leitens (*Munus regendi*). Diese drei Ämter oder Sendungsaufträge spiegeln die Auffassung der Kirche von Christus, dem Herrn, als Prophet, Priester und König wider. Außerdem betonte das Konzil, dass die prophetische Sendung, das Dienstamt der Verkündigung und Lehre, in der Arbeit eines katholischen Bischofs (wie schon bei den Aposteln, deren Nachfolger die Bischöfe sind) an erster Stelle stehen muss.[2]

Eine unvollständige Erneuerung

In den Jahrzehnten nach dem II. Vaticanum ist oft gesagt worden, die Konzilslehren hätten deutlich gemacht, dass die Bischöfe in ihren jeweiligen Diözesen echte Stellvertreter Christi und keine Filialleiter der *Katholische Kirchen GmbH* seien, deren eigentliche Leitung der Zentrale (d. h. dem Bischof von Rom als einer Art globalem Geschäftsführer) vorbehalten bleibt. Dieses nachkonziliare Klischee traf, wie alle Klischees, für den kleinen Ausschnitt, auf den es sich bezog, durchaus zu. Doch seine Fokussierung auf das Leitungsamt – als wäre das *Munus regendi* die irreduzible Quintessenz des Episkopats – drohte die prophetische Rolle des Bischofs auszublenden, die dem Konzil so wichtig gewesen war: seine Aufgabe, die Wahrheit des katholischen Glaubens zum Besten der kirchlichen Sendung und zum Besten der von ihm gehüteten Herde zu verkündigen, zu lehren und zu garantieren. In Kombination mit der Tatsache, dass die meisten Diözesanbischöfe im späten 20. und frühen 21. Jahrhundert an der Spitze umfangreicher Organisationen stehen, hat diese Fokussierung auf das *Munus regendi* bei der konkreten Umsetzung des Bischofsamts in vielen Fällen zu einem Ungleichgewicht geführt. In der industrialisierten Welt verbringen die meisten Bischöfe ihre meiste Zeit mit Verwaltungsaufgaben. Und obwohl diese mit Verwaltungsaufgaben überlasteten Bischöfe das *Munus docendi* und das *Munus sanctificandi* durchaus in Ehren halten, erinnert ihr von imaginären Stechuhren beherrschtes Leben bisweilen an die Klage der ersten Bischöfe der Kirche, die sich vor zwei Jahrtausenden darüber beschwerten, dass sie sich »dem Dienst an den Tischen widmen« mussten – eine Klage, die nicht etwa einem aufkommenden klerikalen Standesdünkel, sondern der Befürchtung der Apostel geschuldet war, sie könnten darüber »das Wort Gottes vernachlässigen« (Apg 6,2).

Das Konzil lehrte außerdem, dass die Kollegialität des Episkopats sich auf organisatorischer Ebene in nationalen Bischofskonferenzen ausdrücken sollte, denen alle aktiven Bischöfe eines Landes angehören würden. Diese Konferenzen, so dachte man, würden zur Brüderlichkeit unter den Bischöfen beitragen, ihnen die Gelegenheit zum Austausch über die Probleme und Herausforderungen in ihren jeweiligen Bistümern geben und dem Katholizismus in den öffentlichen Angelegenheiten eines Landes eine einige und starke Stimme verleihen. Die Konferenzen wurden gebildet (oder bereits bestehende Gremien umgebildet), doch da man das späte 20. Jahrhundert schrieb, wurden die meisten Bischofskonferenzen in der industrialisierten Welt binnen Kurzem massiv bürokratisiert. Und wie alle Bürokratien begann auch das Personal der Bischofskonferenzen vielfältige Methoden zu ersinnen, um die, für die man ja eigentlich arbeitete – die Bischöfe – auf Kurs zu halten (ein Prozess, auf den sich viele Bischöfe gern einließen, weil sie ihre Mitarbeiter in Belangen, die von der Liturgie über die Katechese bis hin zur Anwendung der katholischen Soziallehre auf das öffentliche Leben reichten, für größere »Experten« hielten als sich selbst). Zudem nahmen viele Bischofskonferenzen nach und nach den Charakter von Männerclubs an, was an und für sich nichts Schlimmes war (denn jeder, auch ein Bischof, braucht Clubfreundschaften), in der Praxis aber dazu führte, dass die Bischöfe einander nicht einmal mehr hinter verschlossenen Türen kritisierten oder für Fehler in Lehre oder Leitung zur Rechenschaft zogen. Obendrein begannen die Bischofskonferenzen, in einer merkwürdigen Variante des von George Orwell entworfenen Szenarios Merkmale auszuprägen, wie sie schon bald nach der Revolution auch unter den Bewohnern der *Animal Farm* zutage traten, will heißen: Es wurde rasch klar, dass einige Bischöfe gleicher waren als andere.[3]

Andere Schwierigkeiten bei der Umsetzung der vom II. Vaticanum angestoßenen evangelikalen Reform des Episkopats hatten mit dem Verfahren zu tun, das die Kirche bei der Bischofswahl anwendet: Die Kandidaten werden vom Vertreter des Vatikans in dem betreffenden Land vorgeschlagen und von der Kongregation für die Bischöfe in Rom geprüft, die sodann dem Papst eine *Terna*, eine Liste mit drei Namen, zur Entscheidung vorlegt. Unter Umständen werden durch ein solches Prozedere Kandidaten bevorzugt, die in erster Linie für ihr administratives Geschick bekannt sind und dieses in verschiedenen Ämtern auf diözesaner, nationaler oder globaler Ebene unter Beweis gestellt haben. Diese Tendenz wird durch die Kriterien, die der Heilige Stuhl seinen Vertretern bei der Prüfung der Kandidaten nahelegt, noch verstärkt, denn hier spielen Zuverlässigkeit, Führungsqualitäten und Geschick im Umgang mit anderen Klerikern eine größere Rolle als andere Begabungen und Leistungen.[4]

Die skandalöse Missbrauchskrise, die gleichzeitig eine schwere Krise der bischöflichen Amtsführung war, richtete jedoch den Fokus, scharf und verstörend, noch auf ein weiteres Problem: Die Kirche hatte keinen festgelegten Mechanismus für den Umgang mit bischöflichem Versagen. Zwei Jahrhunderte lang hatte sich der Heilige Stuhl mit Ausdauer und Geschick Schritt für Schritt die Befugnis zurückerobert, die Bischöfe zu ernennen und so das interne Leben der Kirche ohne Einmischung der Regierungen selbst zu regeln. Als die katholische Kirche an der Schwelle zum dritten Jahrtausend ihrer Geschichte stand, hatte der Papst überall, außer in China und Vietnam, die Freiheit und das Recht, Bischöfe zu ernennen – eine völlig andere Situation als die, in der Pius VII. sich Anfang des 19. Jahrhundert befunden hatte, als der Papst die Bischöfe nur in einer kleinen Minderheit aller Fälle frei ernennen konnte. Doch nun, da die Kirche dieses Recht errungen hat, die Männer zu ernennen, die sie für am besten geeignet hält, den hohen Anforderungen des Bischofsamts zu entsprechen, scheint sie dort, wo definitiv Fehler begangen worden sind (und das gilt keineswegs nur für die Missbrauchskrise) und der Ortsbischof der kirchlichen Sendung im Wege steht, keinerlei Handhabe zu besitzen.

Das Zweite Vatikanische Konzil, das den bischöflichen Stand neu beleben und seine biblische und patristische Würde wiederherstellen wollte, hat dieses Ziel zumindest teilweise erreicht. Viele katholische Bischöfe des frühen 21. Jahrhunderts sind beeindruckende Männer mit großem Engagement und Geschick und haben der Wahrheit, die ihnen anvertraut worden ist, ihr Leben geweiht. Es fällt nicht schwer, sich vorzustellen, dass diese vorbildlichen Bischöfe bereit wären, ihr Leben auch im buchstäblichen Sinne als Märtyrer hinzugeben, wenn die Umstände ihnen dieses letzte Zeichen der Treue zu Christus abverlangten.

Dennoch muss man in den Jahrzehnten nach dem Konzil auch von einer Krise des katholischen Episkopats sprechen. Der zentrale Stellenwert des *Munus docendi* im Zeugnis des Bischofs wurde in großen Teilen der Kirche nicht ernsthaft umgesetzt. Das *Munus regendi* wurde allzu oft nicht als pastorales Hüteamt, sondern als bürokratisches Management ausgeübt. Und obwohl die Liturgiereform vielen Bischöfen die Chance geboten hat, die angehenden Mitglieder ihrer Kirche persönlich kennenzulernen – da der Ortsbischof in der Regel vor ihrer Taufe oder Aufnahme in die volle Gemeinschaft der Kirche in der Osternacht mit den erwachsenen Katechumenen zusammentrifft –, sprechen die harten Fakten eine andere Sprache: Die meisten Katholiken in den meisten Diözesen nehmen ihren Bischof kaum als das eigentliche Oberhaupt ihrer Gebets- und Gottesdienstgemeinschaft und auch nicht direkt als ihren Seelsorger und Hirten wahr.

Hinzu kommt, dass einige der engagiertesten und intelligentesten katholischen Laien keinerlei Verständnis dafür aufbringen, weshalb die Kirche offenbar keine festgelegte und zeitgemäße Methode entwickelt hat, Bischöfe wegen Inkompetenz, Amtsmissbrauch oder zweifelhafter Rechtgläubigkeit aus ihrem Amt zu entfernen – jene Bischöfe also, die ihrer Aufgabe als Wächter, wie sie der Prophet Ezechiel beschreibt (vgl.

Ez 3,17–21), nicht nachkommen; jene Bischöfe, die der heilige
Augustinus in seiner Predigt *De pastoribus* (die die Kirche Jahr
für Jahr in der Stundenliturgie liest) als »schlechte Hirten« bezeichnet hat; jene Bischöfe, mit anderen Worten, die ein Fehlgriff sind und deren Versagen beide Kriterien der authentischen katholischen Reform betreffen, insofern es ihnen nicht
gelingt, ihr Leitungsamt gemäß dem Kriterium der Wahrheit
auszuüben oder sie die Mission der Kirche auf andere Weise
behindern. Die engagiertesten Verfechter einer evangelikalen
Erneuerung der katholischen Kirche richten ihr Augenmerk
oft auf die Unfähigkeit des Katholizismus, von seinen Bischöfen Rechenschaft zu verlangen; sie verweisen zum Vergleich
auf die rigorose Rechenschaftspflicht anderer Führungspersönlichkeiten in ähnlichen Positionen, die, wenn auch in einem
anderen Umfeld, ebenfalls große Verantwortung für das Leben
anderer Menschen tragen; und sie stellen die Frage, ob der
Episkopat, statt als Stand erneuert zu werden, nicht eher zu einer sich selbst schützenden und sich selbst aufrechterhalten-
den Kaste geworden ist.

Ist er nicht. Doch die Tatsache, dass solche Fragen – nicht
etwa von notorischen Nörglern, sondern von loyalen Katholiken mit einem reifen Glauben – aufgeworfen werden, lässt ahnen, wie tief die Krise des katholischen Episkopats tatsächlich
ist. Und wie wichtig es ist, die Ernennung der Bischöfe und die
Ausübung des Bischofsamts einer tiefgreifenden evangelikalen
Reform zu unterziehen – einer Reform, bei der es hilfreich wäre, auf gute Vorbilder zurückgreifen zu können.

Zum Glück gibt es ein solches Vorbild, und zwar aus neues-
ter Zeit.

Ein Vorbild für die Reform des Episkopats

Immer wieder gern erzählte der im Jahr 2000 verstorbene Erzbischof von New York, John J. Kardinal O'Connor, die Geschichte von einem seiner Arbeitstreffen mit Johannes Paul II., dem Bischof von Rom, das, nachdem sie die wichtigsten Punkte besprochen hatten, in einen scherzhaften Schlagabtausch überging: »Sie wissen ja«, sagte O'Connor, »ich werde es in dieser Kirche nie zu etwas bringen. Ich war nie Bischofssekretär.« – »Ich auch nicht«, gab der 263. Nachfolger des heiligen Petrus darauf zurück.

Dennoch wurde Karol Wojtyłas Amtszeit zu einem der folgenschwersten Pontifikate der 2000-jährigen Kirchengeschichte, und ein nicht geringer Teil dieser Leistung war der Tatsache geschuldet, dass er einer der bedeutendsten Diözesanbischöfe der nachkonziliaren Kirche gewesen war. Die Geschichte seiner Zeit als Bischof von Krakau ist es wert, dass wir sie als Vorbild für die authentisch katholische und evangelikale Reform des katholischen Episkopats noch einmal genauer unter die Lupe nehmen.

Von 1964 bis 1978 war Wojtyła Erzbischof in einer Stadt, die er kannte und liebte. Er stand unter ständiger Beobachtung der kommunistischen polnischen Geheimpolizei, die seine Wohn- und Büroräume verwanzte, seine Mitarbeiter zu bestechen versuchte und sie in manchen Fällen bewusstlos schlug. Seine Priester vor den Schikanen der Geheimpolizei zu schützen (oder ihre Freilassung zu erwirken, wenn sie unter falschen Anschuldigungen verhaftet worden waren), war ein Problem, das ihn ständig begleitete. Es war der Kirche verboten, sich in der Krankenhaus- oder Jugendseelsorge zu engagieren. Seminaristen wurden unter Druck gesetzt und mussten unablässig ermutigt werden, damit sie unter den spähenden Augen der

Polizei und den missbilligenden Blicken der Gesellschaft nicht einknickten. Der Erzbischof konnte sich bei seiner Arbeit nur auf sehr knappe finanzielle Ressourcen stützen, denn große Teile des Kirchenbesitzes waren vom Staat enteignet worden.[5] Dennoch führte Wojtyła unter weitaus schwierigeren Bedingungen als jenen, mit denen es die meisten katholischen Bischöfe in der westlichen Welt zu tun hatten, eine der breitesten Umsetzungen des II. Vaticanums in der gesamten Weltkirche durch: Er stärkte eine bereits vorhandene, lebendige Volksfrömmigkeit vor Ort und förderte gleichzeitig neue Strömungen im katholischen Denken und in der geistlichen Praxis, er wurde durch seinen dynamischen Einsatz für die Menschenrechte aller Polen zu einer öffentlichen Symbolgestalt, und er spielte eine bedeutende Rolle sowohl in den intellektuellen Kreisen des Weltkatholizismus als auch in den Überlegungen des Vatikans. Zweifellos ist ein Teil dieses Erfolgs den herausragenden seelischen und geistigen Gaben zu verdanken, mit denen Karol Wojtyła gesegnet war und die er Zeit seines Lebens durch spirituelle und intellektuelle Disziplin gepflegt hat. Und zweifellos boten die kommunistischen Behörden einem Mann mit Wojtyłas christlichen Überzeugungen und eingehenden Kenntnissen der polnischen Literatur und Geschichte die perfekte Bühne: Im kommunistischen Polen war unschwer zu erkennen, wer der echte Hüter der zutiefst katholischen Geschichte und Kultur der Nation war und wer die Usurpatoren und Lügner, wer ein echter Anführer und wer die Scharlatane waren.

Doch auch wenn man diese besonderen persönlichen und historischen Umstände berücksichtigt, war Karol Wojtyłas vierzehnjährige Amtszeit als Bischof von Krakau (der zwei Jahre als Administrator und vier Jahre als Weihbischof der Erzdiözese vorausgingen) ungewöhnlich erfolgreich. Dieser

177

Erfolg hing eng mit seiner Vorstellung vom Amt und von der Berufung des Bischofs und mit den Methoden zusammen, die er anwandte, um diese Vorstellung in die Tat umzusetzen. Aus dieser Vorstellung und diesen Methoden kann man im Hinblick auf die evangelikale Erneuerung des katholischen Episkopats im 21. Jahrhundert einiges lernen.

Wie man seiner scherzhaften Bemerkung gegenüber Kardinal O'Connor entnehmen kann, war die klerikale Laufbahn Johannes Pauls II. nicht in den üblichen Bahnen verlaufen. Er war Pfarrer, Universitätsseelsorger und Professor gewesen; seine Ferien hatte er mit jungen Laien verbracht, die ihn *Wujek* (»Onkel«) nannten und zu seinen engsten Freunden zählten; er schrieb Theaterstücke und Gedichte und verfasste philosophische und theologische Abhandlungen; er war ein anspruchsvoller Prediger und Beichtvater, aber, da er nie dort gearbeitet hatte, mit der Funktionsweise der erzdiözesanen Bürokratie vermutlich nicht sehr vertraut; er war ein begeisterter Sportler und Wanderer und ein echter Mystiker, der Stunden im kontemplativen Gebet verbrachte. Als er im Sommer 1958 von einem Kajakausflug mit nichtgeistlichen Freunden heimgerufen wurde und ihn der Ehrfurcht gebietende polnische Primas Stefan Kardinal Wyszyński über seine Ernennung zum Weihbischof von Krakau in Kenntnis setzte, versuchte er mit der Begründung abzulehnen, er sei mit seinen achtunddreißig Jahren noch zu jung. Das, entgegnete Wyszyński, sei ein Problem, das sich mit der Zeit von selbst erledige. Daraufhin nahm Wojtyła die Ernennung an – ein Akt des Gehorsams und der Beginn eines Episkopats von epischen Dimensionen.

Wojtyłas Vorstellung davon, was es hieß, ein Bischof zu sein, war sicherlich von den Debatten des Zweiten Vatikanischen Konzils geprägt, zu denen er selbst maßgeblich beigetragen hatte. Doch noch bevor das Konzil im Oktober 1962 zusammentrat, hatte Wojtyła seine bischöfliche Berufung bereits definiert: Seine Leitungsfunktion übte er aus, wie es sein Amt von ihm verlangte, doch absoluten Vorrang hatte für ihn der Auftrag des Lehrens und der Heiligung. Dieses Muster hatte auch Bestand, nachdem er im Dezember 1963 zum Erzbischof von Krakau ernannt worden war und am 8. Mai 1964 auf der *Cathedra* des heiligen Stanislaus Platz genommen hatte.

Karol Wojtyłas evangelikaler Ansatz bei der Leitung einer komplexen (und in seinem Fall verfolgten) Ortskirche wird deutlich, wenn man weiß, dass er als Erzbischof bei jedem neuen Problem, jeder neuen Herausforderung und jeder neuen Gelegenheit zwei Fragen stellte: »Welche Glaubenswahrheit wirft Licht auf dieses Problem (diese Herausforderung oder diese Gelegenheit)?« und: »Wen können wir gewinnen – oder schulen –, um hier Abhilfe zu schaffen?«

Die erste Frage (die Johannes Paul II. als Papst auch ohne Zögern auf die globale Ebene anwandte) war ein Ausdruck von Wojtyłas fester Überzeugung, dass die Wahrheit des Glaubens, wie sie die Kirche in der Schrift und in der apostolischen Tradition bewahrt, den Maßstab bildet, anhand dessen alle Entscheidungen getroffen, alle Programme geplant und alle neuen Projektvorschläge angenommen oder abgelehnt werden müssen. Mit anderen Worten, wenn es darum ging, Probleme zu lösen oder pastorale Initiativen zu ergreifen, nahm Wojtyła sich nicht als erstes ein Handbuch der Management-Theorie oder den Haushaltsplan der Erzdiözese vor, sondern griff zum Evangelium.

Die zweite Frage spiegelte Wojtyłas Großzügigkeit, sein Bestreben, das Beste in seinen Mitmenschen zutage zu fördern, und seine Bereitschaft, dabei auch ein Risiko einzugehen. Und sie spiegelte seine aus dem Evangelium gewonnene Überzeugung, dass die Jünger, genau wie auf dem See von Tiberias, alle gemeinsam »im Boot« sitzen und dass sich der Kapitän dieses einen Bootes in der katholischen Flotte die Crew und die Passagierlisten genau ansehen und herausfinden muss, wer ihn in seiner Lehr-, Heiligungs- und Leitungsverantwortung unterstützen kann.

Ergänzt wurde diese ausgeprägt bischöfliche Art des Leitens und der Entscheidungsfindung durch Karol Wojtyłas intensives Gebetsleben. Als Erzbischof verbrachte er die beiden ersten Stunden jedes Tages in der Kapelle seiner Residenz vor dem Allerheiligsten mit Beten, Nachdenken und Schreiben. So gesehen leitete Wojtyła das Erzbistum Krakau nicht von seinem Schreibtischstuhl, sondern von der Kniebank aus: Er führte die 1,5 Millionen Katholiken, für die er verantwortlich war, durch seine unablässige Zwiesprache mit dem Herrn Jesus.

Wenn er nicht gerade in seiner Kapelle betete, nachdachte und seinen Weg in die Zukunft niederschrieb, verbrachte Wojtyła einen beträchtlichen Teil seiner Zeit im Gespräch mit anderen: mit seinen Priestern, mit befreundeten Laien, mit Akademikern und Künstlern und katholischen Journalisten, mit politischen Aktivisten aus dem gesamten Meinungsspektrum der antikommunistischen Opposition (Agnostiker und Atheisten eingeschlossen). Auf diese Weise schöpfte er seine Informationen über die Situation, mit der er es als Bischof und de facto als Oppositionsführer zu tun hatte, aus einer bemerkenswert breiten Palette von Quellen und nicht allein aus der kirchlichen (und klerikalen) Bürokratie.

Noch mehr Zeit verbrachte er jedoch in den Pfarreien, wo er sein Kirchenvolk nicht nur besuchte, sondern mit den Menschen lebte. Wenn Karol Kardinal Wojtyła, Erzbischof von Krakau, einer Pfarrgemeinde einen Pastoralbesuch abstattete, war dies eine Angelegenheit von mehreren Tagen. In Wojtyłas Augen war eine Pfarrgemeinde keine beliebige Ansammlung von

180

Katholiken, die zufällig in demselben Stadtviertel oder Dorf lebten: Eine Pfarrgemeinde war ein Weg, das umzusetzen, was das II. Vaticanum in der dogmatischen Konstitution über die Kirche als die allgemeine Berufung zur Heiligkeit in einer konkreten und einmaligen menschlichen Situation vor Ort beschrieben hatte.[6] Deshalb kam Wojtyła als Hirte, Hohepriester und Lehrer in die Gemeinden seines Erzbistums: Er besuchte die Kranken in ihren Häusern; er spendete das Sakrament der Firmung; er feierte besondere Messen für verheiratete Paare und gab jedem Paar seinen persönlichen Segen; er besuchte den Friedhof, wenn es einen gab, betete mit den Gläubigen den Rosenkranz und segnete neue Gräber. Und natürlich traf er auch mit den Priestern der Gemeinde zusammen, bei denen er während dieser Visitationen wohnte; er traf sich mit Laien, die wichtige Positionen innehatten, mit den Verantwortlichen von Erneuerungsbewegungen und Wohltätigkeitsaktivitäten; er traf sich mit der Jugend und mit den Ordensschwestern am Ort. Bei alledem herrschte die Atmosphäre eines vom Ortsbischof geleiteten Einkehrtags oder Missionsprojekts, an dem die ganze Gemeinde teilnahm: einer Zeit der Erneuerung und besonderen Gnade, in der man ernste Gespräche über ernste Themen führen konnte.

Karol Wojtyła definierte seine Aufgabe als Erzbischof von Krakau oder verstand seine Berufung nicht als die eines Bürokraten oder Managers: Nicht die Verwaltung, sondern die Visitationen in den Gemeinden waren für ihn ein einzigartiger Ausdruck seiner bischöflichen Berufung. Er brauchte Mitarbeiter; deshalb ernannte er Männer, denen er es zutraute, die verschiedenen Ämter der Erzdiözese zu leiten, und ließ sie ihre Arbeit tun. Er selbst investierte unterdessen einen großen Teil seiner Zeit in einen bemerkenswerten Dienst der »Präsenz« bei seinem Volk – und zwar aus tiefster katholischer Überzeugung. Denn für ihn – so hat er es einmal bei einem Einkehrtag formuliert, den er in der Fastenzeit des Jahres 1976 für die Römische Kurie und Papst Paul VI. gehalten hat – war die Gemeindevisitation eine Gelegenheit, an den verschiedensten Orten und unter den verschiedensten Umständen das Siegel der christlichen Treue sichtbar werden zu lassen, das Christus allen Gläubigen seines Erzbistums im Moment der Taufe geschenkt hat.[7]

Aus diesem Vorbild lassen sich für die evangelikale Reform des katholischen Episkopats mehrere Lektionen ableiten. Die vielleicht wichtigste dieser Lektionen ist die, dass es unter sehr schwierigen Umständen und trotz der unvermeidlichen administrativen Aufgaben eines Bischofs durchaus möglich ist, die bischöflichen Aufgaben des Lehrens, Verkündigens und der Heiligung in der nachkonziliaren Kirche zu leben. Ob es gelingt, ist eine Frage der Überzeugung, des Delegierens, der Prioritäten und vor allem des Gebets.

Die Ernennung von Bischöfen

Es wäre ein schwerer Fehler und nahezu eine Häresie, zu glauben, dass Gott in den Gnadengaben, die er der Kirche des 21. Jahrhunderts schenkt, weniger großzügig wäre als in jenen Zeiten, da die Kirche mit so großen Bischöfen wie Ambrosius und Augustinus, Athanasius und Johannes Chrysostomos, Karl Borromäus und John Fisher, Franz von Sales und Alfons Maria von Liguori, Ildefonso Schuster und Clemens von Galen, Stefan Wyszyński, Andrej Scheptyzkyj und Karol Wojtyła gesegnet war. Die Frage ist nur, woran man solche Männer erkennt: kompetente und energische Männer, deren tiefe Überzeugung – eine Überzeugung, die sich auf die katholische Glaubenswahrheit und kirchliche Lehre von der bleibenden

Gegenwart des Heiligen Geistes in ebendieser Kirche stützt – darauf hinweist, dass eine evangelikale Reform des katholischen Episkopats im 21. Jahrhundert nur dann möglich sein wird, wenn bei der Auswahl der Kandidaten für das Bischofsamt neue Kriterien zur Anwendung kommen.

Einige würden an dieser Stelle zweifellos den Standpunkt vertreten, dass der gesamte Prozess der Bischofsernennung so, wie er in den ersten Jahrzehnten des 21. Jahrhunderts vonstattengeht, von Grund auf umgekrempelt werden sollte. Dass dies geschieht, ist jedoch äußerst unwahrscheinlich, und deshalb sollte sich die evangelikale Reform bei der Bischofsernennung auf die Kriterien konzentrieren, deren Anwendung von den Nuntien und apostolischen Gesandten erwartet wird, wenn sie die Nominierungen für die vatikanische Bischofskongregation formulieren, und die mit den Kriterien übereinstimmen sollten, die die Kongregation und ihr Präfekt anwenden, wenn sie ihre Nominierungslisten für den Papst erstellen.

Kriterien, anhand derer sich die richtigen Bischöfe für den evangelikalen Katholizismus des 21. Jahrhunderts ausfindig machen lassen, müssen die Realität der Herausforderungen widerspiegeln, mit denen es die Bischöfe des 21. Jahrhunderts in der industrialisierten Welt zu tun haben werden. Die westliche Kultur des 21. Jahrhunderts krankt daran, dass die Gläubigen fürchten, für »intolerant« oder »unsensibel« gehalten zu werden: Vorwürfe, die die Massenmedien und andere bereitwillig gegen jeden erheben, der bestimmte moralische Wahrheiten vertritt – und mag dieser Anspruch noch so gewinnend oder logisch überzeugend sein. Außerdem sind die Gesellschaften des 21. Jahrhunderts übersättigt mit Bürokratie – angefangen von der örtlichen Pfadfinderinnengruppe bis hin zum Pentagon und zur Ford-Stiftung. Zusammengenommen führen diese Ängste, für »intolerant« oder »unsensibel« gehalten zu werden, und die in der postmodernen Gesellschaft gleichsam endemisch auftretende bürokratische Geistesverfassung dazu, dass Bischöfe sich selbst als Schiedsrichter mit Mitra wahrnehmen: Moderatoren von Diskussionsrunden, deren vorrangige Aufgabe darin besteht, den »Dialog« aufrechtzuerhalten und für allgemeine Zufriedenheit (und eine solvente Diözese) zu sorgen.

In einem solchen Modell des katholischen Episkopats hätten die eben erwähnten großen Bischöfe keinerlei Sinn gesehen. Und es ist auch nicht geeignet, den prophetischen und heiligenden Auftrag des Ortsbischofs, den das Zweite Vatikanische Konzil wiederentdeckt hat, für das 21. Jahrhundert greifbar werden zu lassen. Niemand wird sich vom Moderator einer Diskussionsrunde zur Freundschaft mit Jesus, dem Herrn, bekehren und mit missionarischer Leidenschaft anstecken lassen: kein Priester, kein erwachsener Laie und auch kein Jugendlicher.

Neue Kriterien

Wenn das Ziel der Bischofsernennung darin besteht, Männer ausfindig zu machen, die Apostel des 21. Jahrhunderts sein und die katholische Kirche in den kulturellen Strudeln der Postmoderne aus den Untiefen der institutionellen Instandhaltung heraus in das Fahrwasser der Mission steuern können, dann müssen die Kriterien für eine reformierte Auswahl der Bischöfe die Merkmale jener tiefgreifenden katholischen Reform widerspiegeln, die mit dem evangelikalen Katholizismus einhergeht. Das heißt, zusätzlich zu den selbstverständlichen Aspekten wie Hintergrund, Werdegang, Lebensgewohnheiten und Charakter, die im derzeitigen Fragebogen für die Auswahl möglicher Bischofsamtskandidaten berücksichtigt werden, sollten auch die folgenden Punkte angesprochen werden – und den Ausschlag geben:

1. Zeigt dieser Mann durch seine Lebensweise und seinen priesterlichen Dienst, dass er sich tief und persönlich zur Freundschaft mit Jesus Christus bekehrt hat? Hat er eine überlegte, bewusste und unwiderrufliche Entscheidung getroffen, Christus nachzufolgen? Hat er auf die Frage, die Jesus nach der Rede von dem Brot des Lebens an seine schockierten Jünger richtete: »Wollt auch ihr weggehen?«, mit den Worten des Petrus geantwortet: »Herr, zu wem sollen wir gehen? Du hast Worte des ewigen Lebens. Wir sind zum Glauben gekommen und haben erkannt: Du bist der Heilige Gottes« (Joh 6,67–69).

2. Sieht dieser Priester die Verkündigung und Lehre als seine wichtigsten Aufgaben? Predigt er klar, biblisch und mit Überzeugung? Kann er Nichtglaubenden den evangelikalen Entwurf der Kirche näherbringen? Kann er Katholiken, die sich in ihren Vorstellungen von der Schrift und der apostolischen Tradition abgewandt haben, mit Liebe und Verständnis belehren und nötigenfalls korrigieren? Wie viele Menschen hat dieser Mann bekehrt? Wie viele Angehörige anderer christlicher Gemeinschaften hat er zur vollen Gemeinschaft mit der katholischen Kirche geführt? Wie viele getaufte Heiden hat er zur volleren Gemeinschaft mit der Kirche zurückgeführt?

3. Wenn dieser Priester bisher vor allem in der Gemeindearbeit tätig war: Sind seine Gemeinden durch seinen priesterlichen Dienst gewachsen? Wenn er vor allem am Priesterseminar, an der Schule oder an der Universität gewirkt hat: Haben sich seine Schüler und Studenten unter seiner Anleitung spirituell und intellektuell vorteilhaft entwickelt?

4. Wie feiert dieser Priester, ganz konkret, die heilige Messe? Führt sein liturgischer Dienst die Gläubigen, die seiner pastoralen Verantwortung unterstehen, zu einer tiefen Erfahrung

der österlichen Geheimnisse von Tod, Auferstehung und Himmelfahrt des Herrn? Respektiert er mit seiner Art, das liturgische Gebet der Kirche zu leiten, die Taufwürde seiner Gemeindemitglieder? Hält er regelmäßig gemeinsam mit seinen Gläubigen eucharistische Anbetung?

5. Wie viele Männer sind unter der Leitung dieses Priesters ins Seminar eingetreten? Wie viele Frauen haben unter seinem Einfluss die Ordensgelübde abgelegt? Begünstigt er heilige Ehen und stabile katholische Familien, die selbst »kleine Kirchen« sind? Ermutigt er Erneuerungsbewegungen katholischer Laien? Versteht er es, die Volksfrömmigkeit zu steuern? Fördert er den häufigen Empfang des Bußsakraments und widmet er seinem Dienst als Beichtvater einen beträchtlichen Teil seiner Zeit? Ermutigt er seine Gemeindemitglieder dazu, täglich in der Bibel zu lesen? Ist er, mit anderen Worten, ein Mann, der die allgemeine Berufung zur Heiligkeit unterstützen kann, weil er selbst ein Mann der Heiligkeit ist?

6. Besitzt dieser Mann die Überzeugung und Charakterstärke, Entscheidungen zu treffen, die, obwohl sie der Lehre und Praxis der Kirche entsprechen, bei anderen Klerikern oder den katholischen Laien unpopulär sind?

7. Betrachtet dieser Priester das Studium der Schrift und der Theologie als einen wesentlichen Teil seiner Berufung? Ist er imstande, das Beste, was die theologische Tradition der Kirche über die Jahrhunderte hinweg hervorgebracht hat, an Menschen weiterzugeben, die keine besonderen theologischen Vorkenntnisse besitzen?

8. Hat dieser Mann eine spirituelle Reife erreicht, die es ihm erlaubt, seine Kompetenz als Seelsorger und sein Selbstbewusstsein als Mann und christlicher Jünger in aller Demut geltend zu machen? Sieht er seine Aufgabe darin, in den Menschen, die seiner pastoralen Obhut anvertraut sind, die Gaben

186

zu fördern, die der Heilige Geist ihnen verliehen hat? Behandelt er die, die ihm helfen, seinen pastoralen Dienst zu verrichten, als Mitarbeiter am Werk des Evangeliums oder als seine Untergebenen? Fördert er die Talente anderer und fühlt sich nicht von ihnen bedroht?

Den Kreis der Befragten erweitern

Bei der Suche nach potenziellen Kandidaten, die diesen Kriterien entsprechen, sollte der Nuntius oder apostolische Delegat in dem betreffenden Land vom Papst und von der Bischofskongregation dahingehend instruiert werden, dass er einen größeren Personenkreis zurate zieht, als dies üblicherweise der Fall ist. Der Episkopat ist kein Club, dessen aktuelle Mitglieder alleiniges Mitspracherecht bei der Ernennung der künftigen Clubmitglieder hätten, und er ist auch keine Kaste, in der diejenigen, die einen höheren Kastenstatus erreicht haben, bestimmen, wer diese Auszeichnung ebenfalls verdient hat. Das Bischofsamt ist ein *Weihestand* und darauf ausgerichtet, alle Gläubigen der Kirche bei der Erfüllung ihrer gemeinsamen evangelikalen Aufgabe anzuleiten. Deshalb sollten Nuntien und apostolische Gesandte dahingehend instruiert werden, dass sie sowohl bei der Suche nach Bischofsamtskandidaten als auch bei der Prüfung derselben anhand der oben erwähnten Kriterien einen größeren Personenkreis konsultieren.

Es ist falsch, wenn dieser Prozess ohne eine ernsthafte Beteiligung der Laien stattfindet. Engagierte katholische Laien sehen oft Dinge, die dem Klerus entgehen, und können echte Führungspersönlichkeiten zuweilen besser erkennen als der Klerus oder die Bischöfe. Manche werden an dieser Stelle einwenden, dass eine größere Beteiligung die Vertraulichkeit gefährdet, die für diesen Prozess wesentlich ist. Doch wenn die Kirche die

Indiskretionen des klerikalen Flurfunks (der im Zeitalter des Internets allgemein zugänglich ist) überlebt hat, sollten diejenigen, denen die Bischofssuche nach dem soeben beschriebenen Modell obliegt, sich keine allzu großen Sorgen über die Fähigkeit loyaler und reifer katholischer Männer und Frauen machen, vertrauliche Informationen für sich zu behalten.

Die Frage des Alters

Die evangelikale Reform des katholischen Episkopats würde auch beschleunigt, wenn man jüngere Männer für das Bischofsamt in Betracht zöge, als dies im 21. Jahrhundert häufig der Fall ist. Zwar trifft es zu, dass die Kirche aus Gründen der Vorsicht die pastoralen Führungsqualitäten eines Mannes über einen längeren Zeitraum hinweg beobachten muss. Doch es trifft ebenso zu, dass der pastorale Führungsstil, der für eine Umsetzung des evangelikalen Katholizismus in den ersten Jahrzehnten des 21. Jahrhunderts erforderlich ist, am ehesten von Priestern jener Altersklasse verkörpert wird, der auch Johannes Paul II. damals angehörte. Die tiefgreifende Kirchenreform, die mit dem im frühen 21. Jahrhundert heranreifenden evangelikalen Katholizismus einhergeht, wird mit größerer Wahrscheinlichkeit von Männern angeführt werden, die bei ihrer Bischofsweihe zwischen vierzig und fünfzig oder nur wenig älter sind. Wenn ein Nuntius nur Männer über fünfzig als Kandidaten in Betracht zieht, so ist dies eine konstruierte und willkürliche Entscheidung, die revidiert werden muss.[8]

Auch die Geschichte kann uns hier einiges lehren. Ja, es stimmt: Die Menschen im 21. Jahrhundert leben länger und reifen später als in früheren Zeiten. Aber hat es denn wirklich nichts zu bedeuten, dass der heilige Ambrosius mit vierunddreißig Jahren zum Bischof von Mailand und der heilige Augustinus mit einundvierzig Jahren zum Bischof von Hippo gewählt wurde? Zwei große Reformer der Gegenreformation wurden mit Mitte dreißig zu Bischöfen geweiht: Karl Borromäus und Franz von Sales. Als Stefan Wyszyński Primas von Polen und de facto der Oppositionsführer eines von den Kommunisten besetzten Landes wurde, war er siebenundvierzig Jahre alt. Karol Wojtyła war, wie eben erwähnt, achtunddreißig, als er die Bischofsweihe empfing, und wurde vor seinem vierundvierzigsten Geburtstag Erzbischof von Krakau. Sollte es Männer dieses Alters und Kalibers heute wirklich nicht mehr geben? Das ist kaum wahrscheinlich.

Vorausgehende Erfahrungen

Es gibt kein Patentrezept für eine optimale Vorbereitung auf das Bischofsamt. Wenn jemand eine Pfarrei gut geführt hat, kann dies ein Hinweis darauf sein, dass er sich zum Bischof eignet, doch die Erfahrung zeigt, dass ein Priester, der als Seelsorger und Leiter einer großen Gemeinde wunderbare Arbeit geleistet hat, als Bischof zuweilen zögerlich und unentschlossen agiert. Gute Gemeindeleitung ist im Hinblick auf die oben genannten Kriterien sicherlich ein wichtiger Indikator und sollte bei der Auswahl der Kandidaten für das Bischofsamt stärker berücksichtigt werden, als dies zurzeit der Fall ist. Ein untrügliches Anzeichen ist sie aber nicht, und das ist ein weiteres Argument dafür, dass der Konsultationsprozess erweitert werden und auch diejenigen mit einschließen sollte, die womöglich ein Gespür dafür haben, dass ein Mann ein hervorragender Seelsorger und dennoch für eine größere Amtsverantwortung ungeeignet sein kann.

Auch die erfolgreiche Leitung eines Priesterseminars hat sich in einigen Fällen als Indikator bischöflicher Qualitäten bewährt, doch wenn der evangelikale Katholizismus die Bischöfe bekommen soll, die er braucht, um die tiefgreifende katholische Reform schneller voranzubringen, dann sollte diese allgemeine Kategorie möglicher Kandidaten auch auf Priester mit anderen akademischen Tätigkeitsprofilen ausgedehnt werden. An den höheren katholischen Bildungsinstituten des 21. Jahrhunderts arbeiten Theologen, Philosophen und Historiker, die sich als tüchtige Lehrer, fähige Liturgiker, mitreißende Prediger und gute Ratgeber erwiesen haben; ihre akademischen Grade und wissenschaftlichen Karrieren sollten einer möglichen Bischofswahl nicht im Wege stehen.

Die Universitätsseelsorge, insbesondere an weltlichen Universitäten, ist häufig ein ganz entscheidender Ansatzpunkt der evangelikalen katholischen Erneuerung. Priester, die sich als Universitätsseelsorger bewährt haben – Männer also, die dort arbeiten, wo sich das intellektuelle Leben und eine spezifische Form des Gemeindelebens überschneiden –, werden selten für das Bischofsamt in Betracht gezogen. Das sollte sich ändern.

Ein weiterer Punkt ist die Erfahrung im Bereich der kirchlichen Administration. Die evangelikale katholische Reform der Kirche wird sich auch auf die Talente solcher Priester stützen, die den Großteil ihres geistlichen Lebens am Schreibtisch ihres Büros verbracht haben, denn auch sie können gute Bischöfe abgeben. Andererseits müssen sich diejenigen, die damit beauftragt sind, potenzielle Bischöfe für das 21. Jahrhundert ausfindig zu machen und zu prüfen, auch darüber im Klaren sein (und das hundert Jahre nach Max Weber!), dass die klassische bürokratische Denkweise – die effizientes Management und rasche Schadensbegrenzung großschreibt und typischerweise weniger nach Konfrontation als vielmehr nach Verbesserung und Anpassung strebt – in tiefem Widerspruch zum Lehr-,

Heiligungs- und Leitungsauftrag eines katholischen Bischofs stehen kann und dies de facto auch oft tut. Das zumindest sollten wir aus den Fehlern gelernt haben, durch die sich der Klerikerskandal des beginnenden 21. Jahrhunderts zu einer veritablen Kirchenkrise ausgeweitet hat – und die letztlich aus einem allzu bürokratischen bischöflichen Führungsstil erwachsen sind.

Der römische Prozess

Die evangelikale Reform der Bischofsernennung setzt außerdem voraus, dass die evangelikale Reform der Kongregation für die Bischöfe in der Römischen Kurie – ein Prozess, der unter Johannes Paul II. in Gang gesetzt wurde – schneller vonstattengeht. Die Ernennung des Präfekten der Kongregation für die Bischöfe in Rom ist eine der zwei oder drei wichtigsten Entscheidungen, die ein Papst trifft: Zukünftige Päpste werden gut beraten sein, Präfekten auszuwählen, die als Diözesanbischöfe weitreichende Erfahrungen mit der Herausforderung, das Evangelium in der Postmoderne zu verkünden, gemacht haben. Darüber hinaus müssen auch die Kardinäle, die der Kongregation für die Bischöfe angehören (sie erstellen gemeinsam mit dem Präfekten die *Terna* der Kandidaten für das jeweilige Amt, die der Präfekt sodann dem Heiligen Vater vorlegt), sowie ihre übrigen Mitarbeiter sorgfältig ausgewählt werden: Gebraucht werden Priester und Bischöfe, die ihr evangelikales katholisches Engagement und ihre Fähigkeit bewiesen haben, den evangelikalen Katholizismus in einer Pfarrei, einem Seminar oder einer Diözese zum Leben zu erwecken.

Die Bischofskonferenzen

Nationale Bischofskonferenzen sind eine Konstante des nachkonziliaren katholischen Lebens. Allerdings waren diese Konferenzen so, wie sie sich nach dem II. Vaticanum entwickelt haben, typischerweise mehr auf institutionelle Instandhaltung als auf lebendige Evangelisierung bedacht. Deshalb stellt sich nun im Hinblick auf die tiefgreifende Reform der Kirche eine neue Frage: Wie können die nationalen Bischofskonferenzen auf den evangelikalen Katholizismus und seine Ausrichtung auf die Mission als den zentralen Daseinszweck der Kirche abgestimmt werden?

Die Umstände sind von Land zu Land verschieden. Allgemein lässt sich jedoch sagen, dass die nationalen Bischofskonferenzen die tiefgreifende Reform der Kirche, die mit dem evangelikalen Katholizismus einhergeht, dann voranbringen werden, wenn sie echte Instrumente einer herzlichen Kollegialität – einer brüderlichen Bereitschaft, einander zu unterstützen und nötigenfalls auch zu korrigieren – unter ihren Mitgliedern, den Bischöfen, sind. Und umgekehrt werden die nationalen Bischofskonferenzen die tiefgreifende Reform der Kirche behindern, wenn sie personalbetriebene oder personalbeherrschte Bürokratien sind oder werden, die mit der primären Sendung der Kirche, nämlich der Evangelisierung, praktisch nichts zu tun haben und nach und nach jenen Raum in Besitz nehmen, in dem eigentlich die reiche Vielfalt des katholischen Vereinslebens gedeihen sollte.[9] Die nationalen Bischofskonferenzen sollten dieses Vereinsleben stärken und nicht ersticken.

Noch entscheidender für die tiefgreifende Reform der Kirche, die mit dem evangelikalen Katholizismus einhergeht, ist aber vielleicht die Forderung, dass die Bischofskonferenzen zu Foren werden müssen, auf denen die Bischöfe unter vier Augen einen klassischen, aber weitgehend in Vergessenheit geratenen Aspekt der bischöflichen Kollegialität praktizieren können: die brüderliche Infragestellung und Zurechtweisung. Die brüderliche Zurechtweisung hat uns Jesus, der Herr, selbst aufgetragen: »Wenn dein Bruder sündigt, dann geh zu ihm und weise ihn unter vier Augen zurecht. Hört er auf dich, so hast du deinen Bruder zurückgewonnen« (Mt 18,15). Aus diesem biblischen Blickwinkel betrachtet ist die brüderliche Zurechtweisung eine kirchliche Übung der übernatürlichen Nächstenliebe: Wer sieht, dass sein Bruder oder seine Schwester in Christus in Schwierigkeiten ist, ist dazu verpflichtet, diesen Bruder oder diese Schwester zur Wahrheit der kirchlichen Sendung zurückzuführen.

Für christliche Eheleute gehört das zum Alltagsgeschäft. Katholische Bischöfe sind jedoch nicht verheiratet und ein Priester kann seinen Bischof nicht einfach so hinterfragen, denn der Bischof ist für seine Priester eine väterliche Figur. Wenn also ein Bischof in einem Aspekt der Lehre oder ihrer Anwendung irrt oder sich in dieser oder jener Situation falsch verhält oder ein wichtiges Amt in der Diözese mit einer nicht vertrauenswürdigen Person von fragwürdiger Rechtgläubigkeit besetzt hat oder die Liturgie ungebührlich feiert oder auf irgendeine andere Weise den allumfassenden Auftrag der Kirche behindert – wer sollte ihn dann darauf hinweisen, wenn nicht ein Bruder oder mehrere Brüder im Bischofsamt? Diese Art der brüderlichen Infragestellung und Zurechtweisung wurde schon von den großen Männern der frühen Kirche praktiziert: Paulus selbst berichtet im Galaterbrief, dass er Petrus »offen entgegengetreten« sei, weil er »von der Wahrheit des Evangeliums« abgewichen war, und dass er zu ihm gesagt habe: »Wenn du als Jude nach Art der Heiden und nicht nach Art der Juden lebst, wie kannst du dann die Heiden zwingen, wie Juden zu leben?« (Gal 2,11.14). Auch in der patristischen Zeit, die, was die Bedeutung ihrer Bischöfe betrifft, generell als eine der Vorzeigeepochen der katholischen Geschichte gilt, hatte die brüderliche Infragestellung und Zurechtweisung im Miteinander der Bischöfe ihren festen Platz. Heute aber ist die brüderliche Zurechtweisung unter Bischöfen praktisch unbekannt. Solange die Bischöfe nicht bereit sind, ihre Mitbrüder im Bischofsamt zu hinterfragen und nötigenfalls zu tadeln, werden die Wunden des bischöflichen Scheiterns weiterschwären.

Es empfiehlt sich jedoch nicht nur in den nationalen Bischofskonferenzen, die Praxis der brüderlichen Infragestellung und Zurechtweisung wiederzubeleben. Auch die Bischöfe innerhalb einer Kirchenprovinz sollten, wenn nötig, diesen Dienst der Nächstenliebe leisten, und ebenso sollten es die Erzbischöfe eines Metropolitansitzes mit den Suffraganbischöfen [als Suffraganbistum wird ein Bistum bezeichnet, das zwar selbstständig von einem Bischof verwaltet und betreut wird, aber als Teil der Kirchenprovinz der Aufsicht eines Erzbischofs untersteht, z. B. ist das Bistum Trier Suffraganbistum des Erzbistums Köln, Anm. d. V.] ihrer Provinz halten. Angesichts all der anderen Schwierigkeiten, die einen Bischof plagen und die den anderen Bischöfen bekannt sind, kann die Versuchung – gar nicht unbedingt aus Schwäche, sondern aus (allerdings falsch verstandener) Klugheit –, dem Mitbruder mit Verständnis und Entgegenkommen zu begegnen und ihn nicht zu verärgern, in der Tat groß sein. Wenn daher das Boot in den stürmischen Wassern der Postmoderne nicht für Aufruhr sorgt, ist dies ein sicheres Zeichen dafür, dass es kentern und die gesamte Besatzung Schaden nehmen wird.

Treue zum II. Vaticanum?

Bei der Lehre des Zweiten Vatikanischen Konzils über die Erneuerung des katholischen Episkopats ging es nicht nur darum, gewisse strittige Fragen zum Wesen der Bischofsweihe, zur bischöflichen Kollegialität und zum Zusammenhang zwischen der Weihe und der Ausübung der bischöflichen Jurisdiktion zu lösen. Das Konzil wollte diese Fragen lösen, um die tiefgreifende Reform des Episkopats als eines sakramentalen »Weihestands« zu begünstigen: einer Ordination, die nach dem Willen Christi auf die Aufgaben der Verkündigung, der Lehre, der Heiligung und der Leitung ausgerichtet ist. Gewisse nachkonziliare Praktiken scheinen jedoch mit dieser Absicht und daher auch mit dem evangelikalen Katholizismus unvereinbar.

Dazu gehört die Praxis, Priester als Belohnung für geleistete Dienste zu Bischöfen zu weihen. Das vielleicht bekannteste Beispiel für ein derartiges Vorgehen ist die Bischofsernennung von Piero Marini, der von 1987 bis 2007 päpstlicher Zeremonienmeister war. Seine Amtsführung war umstritten. Selbst diejenigen, die ihn dafür lobten, dass er die Totenwache und Beisetzung Johannes Pauls II. mit seiner meisterhaften Neugestaltung der betreffenden liturgischen Feiern zu einer weltweiten Katechese von nie dagewesener Reichweite und Wirkung gemacht hatte, waren über einige andere Neuerungen in der päpstlichen Liturgie (das *Nonplusultra* waren vielleicht die kohlenpfannenartigen Objekte bei der Seligsprechung von Mutter Teresa) eher unglücklich. Doch auch wenn man liturgische Geschmacks- und Schicklichkeitsfragen beiseitelässt, muss eine Frage dennoch gestellt werden: Entsprach es der Lehre des II. Vaticanums über die Natur des Episkopats, dass ein päpstlicher Zeremonienmeister – der, wenn dieser Vergleich erlaubt ist, bei allem außergewöhnlichen Feinsinn und

195

Geschick, letztlich doch nicht mehr ist als ein besserer Ministrant – diese Funktion als ein Bischof ausübte? Es wirkte irgendwie unpassend, wenn Marini in den letzten sieben Jahren des Pontifikats Johannes Pauls II. und in den ersten Jahren unter Benedikt XVI. über die zeremoniellen Abläufe wachte, dieses oder jenes hin oder her schob und dabei die Gewänder, das Brustkreuz und den Ring eines Bischofs trug. Sollten die Väter des Zweiten Vatikanischen Konzils, als sie die Reform des Bischofsamts auf den Weg brachten, wirklich ein solches Bild vor Augen gehabt haben?

Fragen wirft auch das Überhandnehmen von Bischöfen auf, die nicht der Ordinarius ihres Bistums, sondern Weihbischöfe oder Leiter bestimmter Abteilungen in der Diözesanverwaltung sind. Die Vorstellung, wonach ein Weihbischof gleichsam als »Bischof im Praktikum« auf die Pflichten eines Diözesanbischofs vorbereitet wird, entspricht womöglich nicht ganz dem, was das Konzil im Sinn gehabt hat, als es das kirchliche Verständnis von Wesen und Wirkung der Bischofsweihe reformierte. Ähnliches könnte man im Hinblick auf die Anfang des 21. Jahrhunderts offenbar fest etablierte Praxis zu bedenken geben, die stellvertretenden Leiter zahlreicher Abteilungen der Römischen Kurie zu Bischöfen (genauer gesagt Erzbischöfen) zu ernennen, wobei diese Frage allerdings dadurch verkompliziert wird, dass diese Männer (genau wie die päpstlichen Nuntien, die ebenfalls Erzbischöfe sind) in der Ausübung ihrer Pflichten oft mit Bischöfen verhandeln müssen und der bischöfliche »Rang« – das zumindest scheint der Grundgedanke zu sein – ihnen dabei von Nutzen ist. Doch spiegelt das wirklich die Absichten des Konzils und seine Vorstellung vom Wesen des Episkopats in der katholischen Kirche wider?

Und schließlich ist da noch die Frage der Bischofsversetzungen: wenn also der Bischof von X zu einem gegebenen Zeitpunkt Bischof oder Erzbischof von Y wird. Hier sollte man nicht vorschnell urteilen: Es mag durchaus sein, dass die Anforderungen an den (Erz)Bischof von Y am besten von einem Mann erfüllt werden, der bereits Bischof oder Erzbischof von X ist. Doch wenn die Beziehung des Bischofs zu seiner Diözese dem tiefen Geheimnis der bräutlichen Beziehung Christi zu seiner Kirche entspricht (vgl. Eph 5,32), was sagt dann die Versetzung eines Bischofs in eine andere Diözese über diese bräutliche Beziehung aus? (»Ich bitte Sie, die Frau ist doch dieselbe, nur die Adresse hat sich geändert«, hat ein Nuntius einmal auf diesen Einwand entgegnet – das ist clever, aber nicht ganz zutreffend.) Wenn ein Mann auf der »Karriereleiter« aufsteigt und zuerst Weihbischof, dann Diözesanbischof und schließlich Erzbischof in einem anderen Bistum wird, verstärkt dies außerdem den unangemessenen Eindruck, die katholischen Episkopate seien im Grunde nichts anderes als bürokratische Verbände von Zweigstellenleitern, die, wenn der Geschäftsführer des Mutterkonzerns dies anordnet, innerhalb des Unternehmens problemlos von einer Position zur anderen geschoben werden können. Und es verstärkt die Tendenz, bei der Auswahl der Bischöfe nicht zu berücksichtigen, dass auch ein fähiger Priester aus der Seelsorge oder der Wissenschaft, der noch kein Bischof ist, auf einen übergeordneten Bischofssitz berufen werden kann.

Auch hier besteht eine Diskrepanz zwischen der herrschenden Praxis (die gleichwohl in bestimmten Fällen ratsam sein kann) und der Theologie des reformierten Episkopats, wie sie auf dem II. Vaticanum gelehrt worden ist.

Mit Fehlern umgehen

Der Bischof ist in seiner Diözese der oberste Wächter der Wahrheit des katholischen Glaubens. In einer Predigt aus dem 6. Jahrhundert vergleicht der heilige Papst Gregor der Große die, die der Herr in das Bischofsamt beruft, mit dem Propheten Ezechiel, zu dem Gott sagte: »Menschensohn, ich habe dich zum Wächter bestellt über das Haus Israel« (Ez 3,17). »Ein Wächter«, so fährt Gregor fort, »steht stets auf einer Anhöhe, damit er schon von Weitem voraussieht, was immer kommen wird. Und wer zum Wächter des Volkes bestellt ist, soll in seinem Lebenswandel auf der Höhe feststehen, damit er durch seine Voraussicht zu nützen vermag.«[10] Die »Höhe«, auf der die Bischöfe stehen, ist die Wahrheit des Evangeliums, wie sie durch die Heilige Schrift und die apostolische Überlieferung übermittelt wird, und zu der sich ein Mann vor seiner Bischofsweihe feierlich bekennt. Ein Bischof, der nicht auf dieser Höhe steht, ein Bischof, der meint, »loyaler Dissens« sei kein Riss in der Gemeinschaft der Kirche, der in Liebe aufgezeigt und ausgebessert werden, sondern eher ein Problem, mit dem man umgehen müsse – ein solcher Bischof kann kein Wächter des neuen Israel, der Kirche, sein. Und er muss ersetzt werden.

Die Bischöfe sind »Diener Christi« und »Verwalter von Geheimnissen Gottes« und müssen sich ihrer Verantwortung »treu erweisen« (1 Kor 4,1–2). Als Verwalter der »Geheimnisse«, nämlich der Sakramente, ist ein Bischof durch seinen Treueeid verpflichtet, darüber zu wachen, dass die Geheimnisse oder Sakramente in seiner Diözese in Übereinstimmung mit der katholischen Wahrheit gefeiert werden. »Wer also«, so lehrt uns diese Wahrheit, »unwürdig von dem Brot isst und aus dem Kelch des Herrn trinkt, macht sich schuldig am Leib und am Blut des Herrn« und »zieht sich das Gericht zu, indem er isst und trinkt« (1 Kor 11,27.29). Bischöfe, die ihre grundlegende Pflicht vernachlässigen, die Integrität der Sakramente in ihrem Bistum zu wahren, müssen ersetzt werden.[11]

Der Bischof ist der oberste Hirte seines Volkes nach dem Beispiel des Guten Hirten im Evangelium. Ein guter Hirte steht Wache und beschützt die Herde vor dem einen, der »in den Schafstall nicht durch die Tür hineingeht, sondern anderswo einsteigt« und der »ein Dieb und ein Räuber« ist (Joh 10,1). Wenn der Bischof dieser Verantwortung nicht gerecht wird und an der Aufgabe scheitert, seine Herde vor den Dieben und Räubern seiner Zeit zu beschützen – wie so viele irische Bischöfe, denen es nicht gelungen ist, ihre Herde vor dem sexuellen Missbrauch durch ihre eigenen Priester zu beschützen –, dann muss ein anderer gefunden werden, der die Leitung der Diözese übernimmt.

In den letzten Jahrzehnten hat die Kirche eine geradezu eilfertige Bereitschaft an den Tag gelegt, wenn es darum ging, Bischöfe abzusetzen, die in ihren Diözesen ein finanzielles Chaos angerichtet hatten. Doch wie verhält es sich mit dem doktrinellen Chaos? Oder dem disziplinären Chaos? In den meisten Fällen wartet man ab, bis der Betreffende sich mit Würde in den Ruhestand verabschiedet und versucht sodann, den angerichteten Schaden durch die Ernennung eines durchsetzungsfähigen Nachfolgers wiedergutzumachen. Selbst in extremen Fällen von doktrineller oder disziplinärer Unordnung kann es Jahre dauern, bis sich ein Wechsel in der Bistumsleitung vollzieht – mehr als zehn Jahre zum Beispiel im australischen Bistum Toowoomba. Und selbst nachdem der Heilige Stuhl endlich die nötigen Maßnahmen eingeleitet hatte, leisteten einige Mitglieder des australischen Episkopats bis zum bitteren Ende Widerstand.[12]

Diese Unfähigkeit, gerecht, entschlossen und innerhalb eines angemessenen Zeitraums auf bischöfliches Versagen zu reagieren, ist ein erhebliches Hindernis auf dem Weg zu einer tiefgreifenden Reform der katholischen Kirche im Sinne eines ausgereiften evangelikalen Katholizismus. Manche haben diese Situation mit der des US-Militärs nach dem Vietnamkrieg verglichen, das in eine Krise stürzte, weil die Führungsriege (das heißt hochrangige Offiziere) sowohl ihrem Dienst als auch ihrem Land nicht gerecht geworden war. Infolgedessen war das US-Militär nach dem Vietnamkrieg ein disziplinarisches Wrack, der Verhaltenskodex war jäh in sich zusammengestürzt und die Wirksamkeit der jeweiligen Mission war erheblich beeinträchtigt. Dass diese Krise gelöst und diese Entwicklung umgekehrt werden konnte, ist den Nachwuchsoffizieren zu verdanken: jener Generation, die noch während der Vietnamzeit ihren Dienst angetreten hatte und nun entschlossen war, niemanden sinnlos in Gefahr zu bringen, ihre Berufsehre wiederherzustellen und für tiefgreifende Reformen auch auf die eigene Karriere zu verzichten. Nach zwei Jahrzehnten intensiver und nicht selten schmerzhafter Infragestellungen und Korrekturen hatten die Reformer gewonnen und das Ergebnis war eine der funktionstüchtigsten Institutionen der amerikanischen Gesellschaft des 21. Jahrhunderts.[13]

Der Sieg der Reformer in der Schlacht um die Zukunft der amerikanischen Streitkräfte wurde durch eine Weiterentwicklung der Doktrin und durch die Bereitschaft ermöglicht, leitende Amtsträger, die ihren Führungsstil nicht an diese weiterentwickelte Doktrin anpassen konnten, zu ersetzen. Die Analogie zur Situation der katholischen Kirche im 21. Jahrhundert ist nicht perfekt, aber Analogien sind nie perfekt. Gleichwohl regt sie zum Nachdenken an.

Die tiefe Reform der katholischen Kirche, die mit dem evangelikalen Katholizismus einhergeht, fußt auf einer Entwicklung der Lehre, einer Entwicklung des katholischen Selbstverständnisses, die unter Leo XIII. begann. Mitte des 21. Jahrhunderts wird diese tiefgreifende Reform hauptsächlich von jenen Bischöfen, Priestern, Gottgeweihten, Ordensleuten und katholischen Laien vorangetrieben werden, die die Vision des evangelikalen Katholizismus empfangen und verinnerlicht haben und sie nun in Kirche und Welt in die Tat umsetzen wollen. Ihre Bemühungen sollten nicht durch gescheiterte Bischöfe behindert werden – Pendants zu jenen hochrangigen Offizieren, die Vietnam mit dem Zweiten Weltkrieg verwechselt haben.

Es ist nicht einfach, Mittel und Wege für einen entschlossenen und gerechten Umgang mit gescheiterten Bischöfen zu finden. Die Frage ist, wie solche Mittel entwickelt werden können, ohne die Integrität und evangelikale Mission der Kirche noch mehr zu beschädigen. Doch der Versuch muss gemacht werden: zum einen, um die tiefgreifende Reform der Kirche zu vollenden, und zum anderen, um den gerechten Anspruch der Kirche hochzuhalten, in ihren internen Angelegenheiten ihr eigener Schiedsrichter zu sein. Wie schon erwähnt, wollte die Kirche des 19. und 20. Jahrhunderts sich das Recht zurückerobern, ihre Bischöfe nach ihren eigenen Kriterien selbst auszuwählen – und hatte damit weitestgehend Erfolg. Nachdem sie dieses Recht also erfolgreich für sich in Anspruch genommen hat, muss die Kirche im 21. Jahrhundert nun auch die Verantwortung aufbringen, auf das Scheitern ihrer Bischöfe zu reagieren. Das schuldet sie ihrer eigenen Integrität. Und das schuldet sie der Notwendigkeit, neue Formen des staatlichen Eingreifens in das Leben der Kirche zu unterbinden (über die man im Zusammenhang mit den Missbrauchsskandalen häufig laut nachgedacht hat), die die Kirche in ihrer evangelikalen Handlungsfreiheit beschneiden würden. Gleichzeitig darf die Kirche nun, da sie sich in der Frage der Bischofsernennungen aus der Umklammerung der staatlichen Macht befreit hat, diese hart erkämpfte Autorität nicht dadurch wieder verspielen, dass sie sich allzu sehr von einer öffentlichen Meinung beeinflussen lässt, die dem emotionalen 24/7-Dauerbeschuss der Fernsehnachrichten und der Blogosphäre ausgesetzt ist.

Um die evangelikale Mission der Kirche voranzubringen und die *Libertas Ecclesiae*, die Freiheit der Kirche, zu bewahren, müssen Kriterien und Verfahrensweisen entwickelt werden, anhand derer sich zügig und gerecht darüber befinden lässt, ob ein Ortsbischof existenziell die Fähigkeit verloren hat, seine Diözese zu leiten, und folglich das Amt des Guten Hirten, zu dem er geweiht worden ist, nicht länger ausüben kann. In Fällen des Amtsmissbrauchs, der Inkompetenz oder der mangelnden Rechtgläubigkeit ist die Kirche in ihrem eigenen evangelikalen Interesse gut beraten, die fraglichen Bischöfe abzusetzen.

Die Kongregation für die Bischöfe hat bereits eine immense Aufgabe zu bewältigen, wenn sie herausfinden will, welche Männer das Potenzial haben, die Art von Bischof zu werden, die die Kirche braucht, um die tiefgreifende Reform der katholischen Kirche voranzutreiben. Wenn der Reifeprozess des evangelikalen Katholizismus im 21. Jahrhundert beschleunigt werden soll, muss die Kongregation darüber hinaus jedoch auch Standards und Methoden entwickeln, um bischöfliches Scheitern zu diagnostizieren und zu behandeln – und sie muss sich dabei auf die gesamte Erfahrungspalette der Weltkirche stützen.

Des Weiteren sollte es Bischöfen, die unverkennbar amtsmüde sind, erleichtert werden, ihre Verantwortung abzugeben, damit die Leitung einer örtlichen katholischen Gemeinschaft in energischere Hände gelegt werden kann. Ein Bistum nimmt oft ernsthaft Schaden, wenn ein Bischof bis zum Ruhestand im Amt belassen wird, obwohl nicht nur dem Klerus, sondern auch den nichtgeistlichen Verantwortlichen längst klar geworden ist, dass er das Bistum aus Alters- oder gesundheitlichen oder aus beiden genannten Gründen nicht mehr effektiv leiten kann. Es ist für einen Bischof keine Schande, vor seinem 75. Lebensjahr – dem Zeitpunkt also, da jeder Bischof dem Papst seinen Rücktritt anbieten muss – emeritiert zu werden und den Rest seines Lebens im Gebet und mit Werken der Nächstenliebe zu verbringen. Wenn das allen Betroffenen bewusst wäre, dann hätten die Bistümer seltener, als es zurzeit geschieht, darunter zu leiden, dass ein Mann in seinen letzten Amtsjahren als Bischof die Zügel schleifen lässt.

Eine Frage der Sakramentalität

Nach fester kirchlicher Überzeugung ist die bischöfliche Verfasstheit oder Struktur der Kirche von Christus selbst gewollt. Die episkopale Struktur der Kirche ist also, mit anderen Worten, kein historischer Zufall und auch nicht durch bestimmte soziale Organisationsmuster im Mittelmeerraum des ersten und zweiten nachchristlichen Jahrhunderts bedingt. Vielmehr wird die Wahrheit der katholischen Überzeugung von der zentralen Bedeutung des Episkopats als eines von Gott gewollten Gerüsts der genuin kirchlichen Struktur dadurch bestätigt, dass es so etwas wie einen »Bischof« – also einen Mann, der die Funktionen des Lehrens, Heiligens und Leitens in sich vereinte – im religiösen Leben des klassischen Altertums schlichtweg nicht gab.[14]

In ihrer gesamten bisherigen Geschichte war die katholische Kirche mit großen Bischöfen gesegnet. Viele dieser großen Bischöfe sind sogar noch im 20. und 21. Jahrhundert den Märtyrertod gestorben: Man denke nur an die Märtyrerbischöfe aus der Ukraine und die anderen Bischöfe, die aus Treue zu ihrer Berufung unter der kommunistischen Verfolgung ihr Leben hingaben. Und auch die Untreue der abtrünnigen und kriminellen Bischöfe, die es in der katholischen Kirche natürlich ebenso gegeben hat, vermag nichts an der Tatsache zu ändern, dass das Bischofsamt und seine einmalige Bedeutung für die Sendung der Kirche dem entsprechen, was Christus für seinen Leib, die Kirche, gewollt hat.

Wenn die Reformen des II. Vaticanums, in denen das Muster der unter Leo XIII. begonnenen katholischen Reform erkennbar wird, im Zuge einer tiefgreifenden Reform des katholischen Episkopats so umgesetzt werden sollen, dass die Bischöfe den evangelikalen Katholizismus bejahen und die Kirche »hinaus auf den See« der Evangelisierung des 21. Jahrhunderts führen, dann ist die sakramentale Identität des Bischofs dabei vielleicht der wichtigste Punkt. Das Bischofsamt ist ein Amt, aber in erster Linie ist es ein *Weihestand*: die höchste Form des Sakraments der Priesterweihe, die einen Mann auf einzigartige Weise Christus, dem Guten Hirten und Bräutigam der Kirche, anverwandelt.

Wenn sowohl die, die die Bischöfe auswählen, als auch die, die als Bischöfe ausgewählt werden, diese sakramentale Identität in ihrer ganzen, unermesslichen Bedeutung verstehen, dann ist der Erfolg der Reform des Episkopats gesichert, und dann werden die Bischöfe im evangelikalen Katholizismus die Leitungsverantwortung übernehmen, zu der sie berufen sind.

KAPITEL SECHS

Die evangelikale katholische Reform des Priestertums

Es gibt Hunderttausende treuer katholischer Priester in der gesamten Weltkirche. Diejenigen von ihnen, die sich am Vorbild des heiligen Johannes Paul II. orientieren, leben ihr Priestertum als ein evangelikales Abenteuer. Sie begreifen es als ihre Aufgabe, Männer und Frauen durch Wort und Sakrament zu einer tiefen und persönlichen Freundschaft mit Jesus, dem Herrn, einzuladen, und sehen in dieser Aufgabe gleichzeitig eine Weiterführung des Priestertums Jesu Christi selbst. Diese Priester werden bei der evangelikalen katholischen Reform des Priestertums im 21. Jahrhundert die Rollenvorbilder für alle sein, die in die Priesterseminare und sonstigen Stätten der Priesterausbildung eintreten.

Doch obwohl diese Saat der Priesterreform in der gesamten Kirche aufgeht, war das letzte halbe Jahrhundert für das Priestertum – und für die Priester – eine überaus schwierige Zeit. In den Jahren gleich nach dem Zweiten Vatikanischen Konzil sind mehr Männer aus dem aktiven Priesterdienst ausgeschieden als in jeder vergleichbaren Epoche seit der Reformation. Und dieser Blutfluss war gerade erst gestillt, als in den Zeitungen bereits die ersten Meldungen über den sexuellen Missbrauch Jugendlicher durch katholische Priester Schlagzeilen machten. In einigen Fällen, vor allem in Irland und in Kanada, hatten diese Straftaten und Sünden eine feste Norm angenommen – dort, wo Ordenskongregationen und Diözesen den Missbrauch bemäntelten, die Opfer zu falschen und entlastenden Aussagen verleiteten und die Täter deckten. Angesichts dieser korrupten Strukturen fühlte man sich an die harten Worte erinnert, mit denen der Herr all jene verurteilt, die die Lämmer des Guten Hirten verderben: »Wer einen von diesen Kleinen, die an mich glauben, zum Bösen verführt, für den wäre es besser, wenn er mit einem Mühlstein um den Hals im tiefen Meer versenkt würde« (Mt 18,6).

Gewiss waren in der Missbrauchskrise auch andere Faktoren am Werk. In einigen Fällen waren Männer, die niemals zu Priestern hätten geweiht werden dürfen, durch die weiten Maschen eines Ausbildungssystems geschlüpft, das sich im Umgang mit Persönlichkeitsabweichungen und schweren Sünden seit Ende der 1960er- und bis in die späten 1980er-Jahre hinein mehr an den Vorgaben der Psychologie und Psychiatrie als an der Moral- und Sakramententheologie orientiert hatte. Und auch die Bischöfe, die in den Missbrauchsfällen die Entscheidungen treffen mussten, vertrauten oft allzu sehr auf die Kunst der Therapeuten. Das alles ändert aber nichts an der einen und grundlegenden Wahrheit über katholische Priester, die sich des sexuellen Missbrauchs schuldig gemacht haben: Sie waren und sind Männer, die die Wahrhaftigkeit ihrer priesterlichen Berufung verraten haben.

Untreue und Sünde sind die Wurzeln des sexuellen Missbrauchs durch Priester. Daher beruht jede echte Reform des katholischen Priestertums auf einer noch radikaleren Treue und Umkehr zu Christus, dem Hohepriester, der sein Leben für seine Herde hingibt – und nicht auf sogenannten »Reformen«, die das katholische Priestertum nach dem Muster des protestantischen Gemeindepfarrers umgestalten wollen.[1]

Dennoch ist die Geschichte des priesterlichen Missbrauchs – auch wenn die Verzerrungen und Übertreibungen der Medien uns das glauben machen wollen – nicht die ganze Geschichte des katholischen Priestertums. Der evangelikale Katholizismus erkennt an, dass die Treue der überwältigenden Mehrheit der katholischen Priester selbst eine Ressource zukünftiger Reformen sein kann. In den ersten Jahrzehnten des 21. Jahrhunderts orientieren sich viele, vielleicht sogar die meisten katholischen Priester in der industrialisierten Welt noch immer an einem gegenreformatorischen Modell der Kirche und einem gegenreformatorischen Modell des priesterlichen Dienstes, das das Priestertum als eine Art religiöse Gewerkschaft begreift. Diese Priester glauben mit fester Überzeugung an die Wahrheit des Glaubensbekenntnisses, das sie Sonntag für Sonntag mit ihren Pfarrangehörigen beten, gleichen jedoch, was ihren Lebensstil betrifft, eher Managern als Boten des Evangeliums. Es fällt ihnen leichter, von »der Kirche« als von »Jesus, dem Herrn« zu sprechen, und bei all ihrer Frömmigkeit – und diese Frömmigkeit ist echt! – sind es doch eher die Aufstiegsmöglichkeiten als die Berufungsaspekte ihres Dienstamts, die den Horizont ihrer Erwartungen (und, vor allem, wenn sie unter sich sind, auch ihre Gesprächsthemen) bestimmen.

Und doch ist die Treue dieser Priester, um es noch einmal zu sagen, die Ressource einer echten evangelikalen katholischen Reform. Diese Priester haben vieles gelernt: über Geduld; über die Leitung von Gemeinden aus Teilbekehrten; über die zentrale Bedeutung von Abenteuer und Kühnheit, aber auch von Regelmäßigkeit und Beständigkeit im geistlichen Leben ... Und von all diesen Dingen, die sie gelernt haben, können auch diejenigen ihrer Mitbrüder profitieren, die ihr Leben bereits nach dem evangelikalen katholischen Modell gestalten. Deshalb sollte man solchen Priestern, die offenbar einem gegenreformatorischen Modell des Priestertums und des klerikalen Lebens folgen, nicht mit Geringschätzung, sondern im Gegenteil mit Wertschätzung begegnen. Andererseits aber sollte sich niemand darüber im Unklaren sein, dass dieses Modell im Aussterben begriffen ist und dass es, in seiner verfälschten Form, mit dazu beigetragen hat, dass die Kirche nicht in der Lage war, angemessen auf den durch ihre Priester begangenen sexuellen Missbrauch zu reagieren. Die Reform ist wesentlich, denn das auslaufende gegenreformatorische Modell eignet sich nicht für die Aufgaben der Neuevangelisierung: Hier sind Priester nötig, die mehr sind als nur Männer mit der Lizenz, gewisse Abläufe im kirchlichen Business zu regeln.

Dem *Katechismus der Katholischen Kirche* zufolge ist der Priester kein Religionsfunktionär, sondern ein Mann, der zu einer einzigartigen, priesterlichen Teilhabe am ewigen Priestertum Jesu Christi geweiht worden ist, des einzig wahren Mittlers, der uns das Antlitz des Vaters und die Wahrheit über unser Menschsein zeigt.[2] Wenn die Priester der Kirche im evangelikalen Katholizismus des 21. Jahrhunderts dieser Wahrheit gemäß leben sollen, ist jedoch eine weitere Reform vonnöten: die Reform der Priesterausbildung, des priesterlichen Selbstverständnisses und des priesterlichen Lebens.

Radikale Nachfolge

Als irdenes Gefäß, das ein großartiges übernatürliches Geheimnis hütet, ist der katholische Priester, so die feste Überzeugung der katholischen Kirche, ein *Alter Christus* (»ein zweiter Christus«). Die Priesterweihe verändert einen Mann nicht nur im Hinblick auf das, was er *tun* kann, sondern im Hinblick auf das, was er *ist*. Genauer gesagt hängt das, was katholische

Priester *tun*, voll und ganz davon ab, was sie *sind*. Der katholische Priester bringt Christus in die Welt und führt die Männer und Frauen der Welt zur Freundschaft mit Jesus, dem Herrn, und das mit einzigartigen Mitteln: mit der Feier der Sakramente, mit seiner Predigt- und Lehrtätigkeit und der Ausübung der pastoralen Nächstenliebe und Leitung. Diese einzigartigen priesterlichen Dinge können katholische Priester ausüben, weil die Weihe einen Mann auf einzigartige Weise Christus anverwandelt. Deshalb ist die grundlegende Realität des Priestertums nicht klerikal, sondern sakramental.

Mithilfe dieser Wahrheit des katholischen Glaubens lässt sich übrigens eine der Wurzeln der kriminellen Missbrauchsfälle aufdecken, und im Licht dieser Wahrheit wird auch das eigentliche Problem des Klerikalismus klarer erkennbar – jener Einstellung also, die die Priesterweihe als Zulassung zu einer Kaste betrachtet und ein Amt, das eigentlich von übernatürlicher Nächstenliebe und Dienstbereitschaft geprägt sein sollte, als Machtausübung begreift. Wenn ein Priester *nicht* glaubt, dass durch sein Priestertum das ewige und heilbringende Mittlertum und Priestertum Jesu Christi in der Welt gegenwärtig wird, dann kann es unter gewissen kulturellen und/oder institutionellen Umständen geschehen, dass seine Begehrlichkeiten die Oberhand über seine guten Absichten gewinnen und dass eine Berufung, die einmal auf die Selbsthingabe an Christus und die Kirche ausgerichtet war, sich in eine amtliche Funktion und Position verkehrt, die missbraucht wird, um andere zu verführen und zu kontrollieren.

Deshalb muss jeder katholische Priester – und das ist eine elementare Forderung – ein von Grund auf bekehrter Jünger des Herrn Jesus Christus sein. Und diese Bekehrung und Umkehr muss im Laufe seines Lebens immer tiefer werden – das versteht sich von selbst. Keineswegs selbstverständlich aber war für den gegenreformatorischen Katholizismus, dass ein solcher Mann sich durch und durch zu Christus bekehrt haben, ein Leben der Freundschaft mit Jesus, dem Herrn, führen und zumindest eine gewisse Fähigkeit bewiesen haben muss, andere zur Begegnung mit dem Herrn einzuladen, *bevor* er ernsthaft als Kandidat für das Diözesanpriestertum in Erwägung gezogen werden kann.[3] Selbst im aufkommenden evangelikalen Katholizismus des 21. Jahrhunderts wird das nicht immer verstanden – das zeigt sich daran, dass ein Priesteramtskandidat selbst in den besten Seminaren des 21. Jahrhunderts im Allgemeinen weit mehr über die Kirche als über die Freundschaft mit Jesus erfährt; und dass sich die Zulassungsprüfung der Anwärter selbst in den besten Diözesen weit mehr auf psychologische Tests als auf die missionarische Lebensführung und Nachfolge des Betreffenden konzentriert. Hier sind Veränderungen im Gange, die jedoch beschleunigt werden müssen. Denn solange sich ein Mann nicht von Grund auf zu einem Leben als christlicher Jünger bekehrt hat – als ein Jünger, der auf das Kreuz blickt und weiß, dass dieses Kreuz die große Wahrheit im Zentrum der Menschheitsgeschichte ist –, wird er nicht imstande sein, der Welt durch seinen Dienst die Wahrheit zu verkünden, auf die es ankommt: »Gott hat die Welt so sehr geliebt, dass er seinen einzigen Sohn hingab, damit jeder, der an ihn glaubt, nicht zugrunde geht, sondern das ewige Leben hat« (Joh 3,16).

Diese erwiesene Fähigkeit der Priesteramtsanwärter, die Freundschaft mit Jesus, dem Herrn, für andere attraktiv zu machen, muss auf der Kraft ihrer eigenen Umkehr zu Christus beruhen und daraus entspringen. Im gegenreformatorischen Katholizismus waren »Missionspriester« Männer, die man an die Enden der Erde sandte, um die Heiden zu bekehren. Im evangelikalen Katholizismus der industrialisierten Welt des

210

21. Jahrhunderts und darüber hinaus muss *jeder* katholische Priester ein Missionspriester sein. Denn jedes Gebiet ist Missionsgebiet, und sowohl die nichtgetauften als auch die getauften Heiden müssen zu einem Leben der radikalen Umkehr aufgerufen werden. Wenn ein Mann, der Priester werden will, das nicht versteht – wenn er sich das Priestertum als bloße Karriereoption vorstellt, wenn auch mit einigen anspruchsvollen Voraussetzungen wie etwa dem Zölibat –, dann sollte man ihn auffordern, noch einmal darüber nachzudenken, und man sollte ihn ermutigen, eine evangelikalere Form der Nachfolge zu leben, ehe er noch einmal als Kandidat für das diözesane Priestertum vorstellig wird.

Zölibat und Gehorsam

Radikale Umkehr ist auch deshalb die Voraussetzung für den priesterlichen Dienst im evangelikalen Katholizismus, weil die radikale Umkehr den katholischen Priester befähigt, sein Leben und seinen Zölibat als ein Zeichen des Widerspruchs zu leben, das heißt, sich durch seine Lebensweise zum Heil der Welt gegen die Welt abzugrenzen. In dieser Hinsicht unterscheiden sich evangelikale katholische Priester tatsächlich von den übrigen evangelikalen Katholiken (und erst recht von ihren Mitbürgern in der Welt der Postmoderne). Doch dieser Unterschied ist kein Selbstzweck und keine Frage der persönlichen Vorlieben oder gar einer streng geregelten Kastenzugehörigkeit. Es ist ein Unterschied im Dienst der Bekehrung, damit die Welt die Wahrheit über sich selbst erfährt und das Evangelium annimmt.

Deshalb wird die grundlegende Reform des katholischen Priestertums die Verbindung zwischen priesterlichem Zölibat und priesterlichem Dienst nicht etwa schwächen, sondern vertiefen.

Die Forderung, den Zölibat als Voraussetzung für die Priesterweihe im Katholizismus der lateinischen Kirche abzuschaffen, war im erschlaffenden gegenreformatorischen Katholizismus der nachkonziliaren Zeit allerorten zu hören. Der evangelikale Katholizismus dagegen begreift den priesterlichen Zölibat als wesentlichen Teil der gegenkulturellen Herausforderung der Kirche an die postmoderne Welt, in der sich die Verkündigung des Evangeliums im 21. Jahrhundert zwangsläufig vollzieht.[4] Die radikale Bereitschaft, sich ausschließlich von Gott abhängig zu machen, die zu den Markenzeichen des zölibatären Lebens gehört; die radikale Selbsthingabe als Zeugnis für die Wahrheit, dass nicht Geltungsdrang, sondern Hingabe der Schlüssel zu einem geglückten Menschsein ist – das sind die wesentlichen Botschaften, mit denen der evangelikale Katholizismus die Selbstverliebtheit der Postmoderne herausfordert. Und obwohl auch gottgeweihte Männer und Frauen und Ordensleute die umgebende öffentliche Kultur in dieser Weise herausfordern können, ist es doch für die meisten Katholiken – und für die meisten Menschen, die zu evangelisieren alle Katholiken berufen sind – der priesterliche Zölibat, der die besagte Herausforderung am wirkungsvollsten und unmittelbarsten zum Ausdruck bringt. Mit Integrität und Freude gelebt, ist der Priesterzölibat ein machtvolles Signal an die Kultur des alles beherrschenden autonomen Selbst, dass es sich für manche Dinge lohnt, zu sterben – oder auch *sich selbst* zu sterben.

Diese auf das Evangelium zentrierte Dynamik sollte den priesterlichen Gehorsam im evangelikalen Katholizismus des 21. Jahrhunderts und darüber hinaus prägen. Da das klerikale System der Gegenreformation den Zölibat tendenziell als Voraussetzung für die Zulassung zu einer Kaste ansah, betrachtete dasselbe System auch den priesterlichen Gehorsam gegenüber der Wahrheit des Glaubens und dem Willen seines Bischofs als einen Teil der Regeln und des Ethos der besagten Kaste. Im evangelikalen Katholizismus dagegen ist das vorrangige Kriterium echter katholischer Reform das Kriterium der Wahrheit. Deshalb ist in einer postmodernen Kultur, die die Wahrheit für eine Chimäre und den Gehorsam für eine Form der Unfreiheit hält, der Gehorsam des katholischen Priesters gegenüber der Wahrheit des Glaubens und der Disziplin der Kirche (die sich im Willen des Ortsbischofs konkretisiert) ein machtvolles Bekenntnis zur gegenkulturellen Botschaft der Kirche von der Wahrheit, die uns zugleich bindet und frei macht. Weil er der Wahrheit gehorsam ist und durch diesen Gehorsam befreit wird, kann der katholische Priester andere auf einzigartige Weise zur befreienden Macht der Wahrheit einladen.

Seminarausbildung, Theologie und Apologetik

Wenn die künftigen Priester darauf vorbereitet werden sollen, in der Neuevangelisierung eine führende Rolle zu übernehmen, dann muss die Seminarausbildung und insbesondere die theologische Schulung eines ganz deutlich herausstellen: dass die Geschichte, die das Christentum der Welt anbietet – die Geschichte Gottes, der durch Israel und durch die Kirche in die Dimension der historischen Zeit eintritt –, nicht irgendeine Option in einem Supermarkt der religiösen Möglichkeiten, sondern *die* Wahrheit über das Menschsein ist.[5] Es ist eine Wahrheit, die nicht allein den Katholiken oder den Christen vorbehalten, sondern wesentlich darauf ausgerichtet ist, mit allen Menschen geteilt zu werden. Wenn diese Überzeugung sich in der angemessenen Weise entwickelt und herausgebildet hat, schottet sie den Priester nicht etwa gegen andere Wahrheiten aus allen nur denkbaren Quellen der Literatur, der Naturwissenschaften, der Philosophie, der Musik, der Kunst oder der Überlieferung anderer Religionen ab, sondern befähigt ihn als einen durch und durch bekehrten christlichen Jünger zu der Einsicht – die er sodann auch vor der Welt vertreten wird –, dass alle Wahrheiten, aus welcher Quelle sie auch stammen mögen, in letzter Konsequenz immer auf die eine Wahrheit verweisen: Gott, den Vater Jesu, des Herrn, der sich als Sohn des Vaters, mit dem er »eins« ist, selbst als den »Weg und die Wahrheit und das Leben« bezeichnet (Joh 10,30; 14,6).

Deshalb wird die theologische Schulung im evangelikalen katholischen Seminar des 21. Jahrhunderts sich, was ihre intellektuelle Textur betrifft, von den Theologiestudiengängen an anderen höheren Bildungseinrichtungen unterscheiden. Letztere praktizieren in der Regel eine kritische und zuweilen dekonstruktive Herangehensweise an die große Tradition des christlichen Glaubens. Evangelikale katholische Priester müssen den Glauben kennen, ehe sie ihn den Verfahren der kritischen Analyse unterziehen. Deshalb sehen die theologischen Vorbereitungskurse an vielen Seminaren des 21. Jahrhunderts zu Recht eine gründliche Beschäftigung mit dem *Katechismus der Katholischen Kirche* vor, damit die Seminaristen eine eingehende Kenntnis der Symphonie des katholischen Glaubens erwerben, ehe sie sich mit den Stimmen der einzelnen Instrumente befassen. In den ersten Ausbildungsjahren im Priesterseminar sollten die theologischen und biblischen Studien sodann auf dieser soliden Grundlage aufbauen, sodass jeder Anwärter zu einem tieferen Verständnis dessen gelangt, was die Kirche lehrt – und warum sie es lehrt. Das Theologiestudium an den evangelikalen katholischen Priesterseminaren des

21. Jahrhunderts wird den Seminaristen also Gelegenheit geben, sich in der Praxis des *Sentire cum ecclesia*, der zutiefst kirchlichen Gesinnung, zu üben, damit sie auf dieser Grundlage kritisch darüber nachdenken können, wie sie die Tradition verstehen, predigen und lehren sollen.

Die intellektuelle Ausbildung an evangelikalen katholischen Seminaren wird auch die Bedeutung der Apologetik hervorheben: der Fähigkeit, die Wahrheit des Evangeliums auf überzeugende Weise gegen die Ansprüche der Umgebungskultur zu vertreten. In der evangelikalen katholischen Apologetik geht es weniger darum, eine Debatte für sich zu entscheiden, als darum, Seelen zu bekehren. Erfolgreiches Debattieren kann wichtig sein, wenn man Seelen bekehren und Männer und Frauen zu einer tiefen Freundschaft mit Jesus, dem Herrn, führen will, doch das eigentliche Angebot eines Apologeten des 21. Jahrhunderts ist die Begegnung mit Christus, und die Mittel, die er einsetzt, sind vielfältig. Ein gutes Beispiel für diese Art der Apologetik ist die zehnteilige Serie *Catholicism* (»Katholizismus«) mit Pater Robert Barron. Barrons apologetische Fähigkeiten beruhen auf einem soliden theologischen Grundlagenwissen.[6] Deshalb müssen beide – die ernsthafte Auseinandersetzung mit der Theologie und die Apologetik – in der evangelikalen katholischen Seminarausbildung im 21. Jahrhundert und darüber hinaus Hand in Hand gehen.

Eine katholische theologische Fakultät hat ihre Aufgabe dann erfüllt, wenn die Männer, die sie für die Priesterweihe empfiehlt, die Theologie (einschließlich der Bibelwissenschaften) von Berufs wegen als ihre intellektuelle Disziplin betrachten und die nötigen Fähigkeiten entwickelt haben, um auf der Grundlage dieser Theologie Apologetik und Evangelisierung zu betreiben, anspruchsvoll zu predigen – und mit alledem die Menschen zur Freundschaft mit Jesus, dem Herrn, einzuladen.

Von der Notwendigkeit, gut zu predigen

In einem Moment bemerkenswerter Offenheit, die ohne Zweifel von Kummer durchsetzt war, hat Papst Benedikt einmal zu Amtsbrüdern gesagt, es sei ein Beweis für den göttlichen Ursprung der Kirche, dass die Menschen der Kirche treu blieben, obwohl sie sich Sonntag für Sonntag miserable Predigten anhören müssten. Dieser meisterhafte Prediger stand mit seiner Sorge um die Predigtqualität in der katholischen Kirche nicht allein. Einer seiner herausragendsten Vorgänger, Papst Gregor der Große, schrieb im 6. Jahrhundert in seiner *Pastoralregel*: »Denn wer in das Priestertum eintritt, übernimmt das Amt eines Herolds, um laut rufend der Ankunft des Richters voranzugehen, der Schrecken verbreitend ihm nachfolgt. Wenn der Priester aber nicht predigen kann, wie soll er, ein stummer Herold, nun rufen?« Und nicht nur die Experten äußern sich kritisch – viele engagierte katholische Laien würden ihnen sofort zustimmen. Für diese Männer und Frauen – und ihre Zahl ist Legion – sind die sonntäglichen Predigten eine Last, die man eben ertragen muss, aber kein wesentlicher Bestandteil ihrer tieferen Bekehrung zu Christus, und auch keine Einladung, ihre eigene evangelikale Verantwortung intensiver zu leben.

Da der gegenreformatorische Katholizismus langsam wich und dem evangelikalen Katholizismus im späten 20. und frühen 21. Jahrhundert Platz machte, scheint es nun drei Gründe für diesen traurigen Zustand zu geben – und einen klaren Weg für die evangelikale Reform der katholischen Predigttätigkeit.

Der erste Grund für das Misslingen so vieler katholischer Predigten liegt darin, dass an den theologischen Fakultäten und Priesterseminaren allzu oft eine Herangehensweise des kritischen Hinterfragens und Auflösens eines Textes der Bibel gelehrt und großer Wert auf die historisch-kritische Methode der Bibelexegese gelegt wird: eine Methode, die häufig zu einer weitgehenden Zerstückelung der biblischen Texte führt – mit dem Ergebnis, dass die Häppchen und Stückchen der Bibel nicht wie das lebendige Wort Gottes, sondern wie Abfälle aus einem Labor oder Sezierraum wirken. Wenn eine Predigttätigkeit sich nur auf die historisch-kritische Methode stützt, sind zwei Folgen denkbar: Entweder wird der Prediger gar nicht mehr über die Bibel sprechen (weil dieses Artefakt für den gewöhnlichen Verstand der Nichteingeweihten viel zu komplex ist) und die Wahrheit der Heiligen Schrift durch verschiedene therapeutische Tipps für ein glückliches Leben ersetzen oder er wird die historisch-kritische Methode anpreisen und so seine Zuhörer zu Kollegen machen, die gemeinsam mit ihm am Seziertisch stehen und einen toten Text auseinandernehmen.

All das kann natürlich nicht bedeuten, dass wir zu einer Art katholischem Bibelfundamentalismus zurückkehren müssen. Wie Papst Benedikt in der Einleitung zum zweiten Band seines christologischen Triptychons *Jesus von Nazareth* angedeutet hat, wird der katholische Exeget und Priester des 21. Jahrhunderts die realen Errungenschaften der historisch-kritischen Bibelforschung aus den vergangenen zwei Jahrhunderten dankbar zur Kenntnis nehmen und auf dieser Grundlage eine Methode der Bibelauslegung und einen biblischen Predigtstil entwickeln, der die Bibel als ein zusammengehörendes Ganzes wiederentdeckt: als das Buch der Kirche, das die Kirche täglich mit dem Wort Gottes speist.[7] Das heißt, der evangelikale katholische Priester wird seine Predigten mit dem anreichern, was die historisch-kritische Bibelforschung über die Zeit Jesu und die Orte, an denen er gelebt hat, über die Menschen, mit denen er zu tun hatte, herausgefunden hat, welche Auseinandersetzungen und Sorgen die verschiedenen Evangelisten dazu bewogen haben, das *Kerygma*, die Frohe Botschaft Jesu Christi, auf diese je besondere Weise darzustellen. All das aber wird er mit dem Ziel tun, Ansprachen und Predigten zu halten, die die Bibel als das Wort Gottes verkünden, die Menschen der Kirche durch Gottes heiliges Wort zur Begegnung mit dem Herrn einladen und katholische Männer und Frauen ermächtigen, der Welt die Frohe Botschaft und den Menschen Christus näherzubringen. Benedikt XVI. ist selbst eines der besten Beispiele für eine kritische und theologisch fundierte Predigttätigkeit, die die Wahrheit des Glaubens »auslegt« und sie im Kontext des 21. Jahrhunderts lebendig werden lässt; seine gesammelten Predigten sind ein guter Leitstern, an dem sich katholische Priester in ihrer Predigttätigkeit orientieren können.

Das zweite Problem bei der Ausbildung katholischer Prediger für die Kirche des 21. Jahrhunderts besteht darin, dass die homiletischen Kurse für Seminaristen und Priester allzu großes Gewicht auf Anekdoten, Aufhänger aus der Populärkultur, Witze und andere »Tricks« legen, die eine Predigt vermeintlich relevant und spannend machen. Meistens tun sie genau das nicht. Der evangelikale katholische Priester der Zukunft muss wieder neu lernen, dass die erklärende Schriftauslegung ein ganz wesentlicher Bestandteil der Predigt ist. Hierzu wird er sich intensiv mit den in der Liturgie enthaltenen biblischen Texten befassen und dabei gute Bibelkommentare verwenden müssen, die oft von protestantischen Wissenschaftlern verfasst sein werden. (Die Wiederbelebung der theologischen Bibelinterpretation ist eines der großen ökumenischen Projekte des 21. Jahrhunderts.)[8] Auch im Stundengebet werden evangelikale katholische Prediger einen großen Reichtum an Materialien für einen auslegenden Predigtstil finden; die Lesehoren bieten viele Auszüge aus den Auslegungspredigten der Kirchenväter, die sich ihrerseits an den Erklärungen biblischer Texte in der Verkündigung und Lehre des Herrn selbst orientierten. Evangelikale katholische Seelsorger, die in diesem Stil predigen, berichten von guten Resultaten in ihren Gemeinden, wo viele Mitglieder die Versuche ihrer Priester, im postmodernen Wortsinn »benutzerfreundlich« zu predigen, schon lange mit Unbehagen oder sogar mit einer gewissen Verzweiflung beobachtet hatten.

Der dritte Grund für schlechte Predigten ist schließlich der, dass nur wenige katholische Priesterseminare (und wenige Weiterbildungsangebote für die bereits Geweihten) der Predigtausbildung die gebührende Aufmerksamkeit widmen. Papst Benedikt und andere große Prediger der christlichen Geschichte sind nicht einfach vom Himmel gefallen. Predigen ist eine Fähigkeit und eine Kunstfertigkeit. Die Fähigkeit muss bei der Seminarausbildung entwickelt und verfeinert und die Kunstfertigkeit bei der Weiterbildung der Priester vervollkommnet werden – und zwar intensiver, als dies in den ersten Jahrzehnten des 21. Jahrhunderts oft der Fall ist. Ein Mann, der nicht gut predigen kann, wird im evangelikalen Katholizismus der Zukunft nicht imstande sein, das Priestertum Jesu Christi, des fleischgewordenen Wortes, zu verkörpern. Deshalb muss diesem oft unterschätzten Aspekt der priesterlichen Aus- und Weiterbildung größere Aufmerksamkeit gewidmet werden. Die Homiletik ist kein Optionalbereich an evangelikalen katholischen Priesterseminaren; sie steht im Zentrum der Priesterausbildung und bildet eine der Facetten, in denen Theorie (Theologie und Bibelforschung) und Praxis (Verkündigung) aufeinandertreffen. Und für die priesterliche Weiterbildung gilt exakt dasselbe.

Liturgische Präsenz

Ein weiterer Punkt der Seminarausbildung, an dem sich die Betrachtung der theologischen Wahrheit mit der priesterlichen Tätigkeit überschneidet, ist die Ausbildung der Priester als Zelebranten der heiligen Liturgie. Auch hier wird das, was der Priester als liturgischer Zelebrant *tut*, von dem geprägt sein, was die Liturgie seiner Vorstellung nach *ist*.

Wenn er die Liturgie in erster Linie als das Handeln der Kirche und damit als etwas von Menschen Gemachtes versteht, wird der Priester als »Vorsteher« in einer »Versammlung« agieren, in der seine Person womöglich den wichtigsten Einzelbestandteil der Handlung darstellt. Wenn er aber die Liturgie im evangelikalen katholischen Sinne in erster Linie als das Handeln Christi versteht, dessen ewiges Priestertum durch den liturgischen Dienst von Bischöfen und Priestern verkörpert wird, dann wird der Priester als *Zelebrant* der *heiligen Geheimnisse* agieren und das *Volk Gottes* zu einer Erfahrung der Liturgie der Engel und Heiligen am Thron der Gnade hinführen. Dementsprechend wird seine Person – außer bei der Predigt, und auch hier wird er seine rhetorischen Fähigkeiten in den Dienst der Verkündigung und Auslegung des Wortes Gottes stellen – kein wesentlicher Bestandteil der Gottesdienstfeier sein.

Die dritte Ausgabe des Römischen Missale, die in der neuen englischen Übersetzungen 2011 eingeführt wurde, wird bei der evangelikalen Reform des liturgischen Dienstes der katholischen Priester im englischsprachigen Raum eine große Hilfe sein. Die komplexere Struktur der Gebete zwingt den Zelebranten, genauer auf den Text zu achten, damit er die Gebete klar und deutlich vortragen kann. Doch die tiefere Reform der liturgischen Präsenz katholischer Priester muss aus der inneren Überzeugung erwachsen – einer Überzeugung, die in den Priesterseminaren gesät und von den Bischöfen weiter gehegt wird –, dass der Priester nicht der Herr, sondern der Diener der Liturgie ist und die heilige Liturgie niemals als eine Gelegenheit betrachten darf, seine charmante (oder einnehmende oder leidenschaftliche) Persönlichkeit zur Schau zu stellen. In der heiligen Liturgie hat der Priester den Auftrag, seine Gemeinde zu einer tiefen Erfahrung der Gegenwart Christi und durch Christus in das Geheimnis der Heiligsten Dreifaltigkeit zu führen und nicht zu sich selbst. Der Priester führt seine Gemeinde durch sein eigenes, würdiges Verhalten als Zelebrant zu einer würdigen Feier der heiligen Geheimnisse und ermächtigt sie auf diese Weise, ihr eigenes priesterliches Vorrecht wahrzunehmen, Gott auf gottgefällige Weise anzubeten.

Priesterliche Brüderlichkeit und Klerikalismus

Katholische Priester verbindet eine einzigartige Berufung, aus der im Laufe der Zeit eine einzigartige Form der Brüderlichkeit entstanden ist. Dieser brüderliche Sinn, dieses Bewusstsein, einem sakramentalen »Weihestand« anzugehören, ist nicht dasselbe wie die Freundschaft und Kollegialität in anderen Berufskreisen. Allenfalls ähnelt sie noch der Brüderlichkeit unter Angehörigen des Militärs. Doch auch dieser Vergleich hinkt, da die Priester der lateinischen Kirche zölibatär leben.

Das brüderliche Verhältnis wird gestört, wenn ein Priester zum Objekt der sexuellen Begierde eines Mitbruders wird. Das ist einer der Gründe dafür, dass eine tief sitzende homosexuelle »Identität« mit dem katholischen Priestertum unvereinbar ist. Dass homosexuelle Verirrungen das priesterliche Leben sowohl im Diözesanklerus als auch in Ordensgemeinschaften wie den Jesuiten und den Karmeliten in den letzten Jahrzehnten belastet haben, lässt sich nicht leugnen. Deshalb ist es für die tiefgreifende Reform des katholischen Priestertums im evangelikalen Katholizismus der Zukunft von existenzieller Bedeutung, die bestehenden Probleme sowohl homo- als auch heterosexueller Verirrungen anzugehen. Das Zeugnis des Zölibats um des Himmelreichs willen wird durch solche Verirrungen erheblich beeinträchtigt, ganz gleich, ob es dabei um Homosexualität oder um heterosexuelle Priester geht, die mit einer Frau zusammenleben (Letzteres stellt in der Kirche der Dritten Welt ein verbreitetes Problem dar).

Die größere Herausforderung für die evangelikale Reform des Priestertums in der industrialisierten Welt ist aber vermutlich der Klerikalismus: die Vorstellung, das Priestertum sei eine Kaste oder, weltlicher gesprochen, eine religiöse Gewerkschaft, der man beitritt, indem man an bestimmten Initiationsriten teilnimmt, die dem Initiierten einen neuen und höheren Status verleihen. In diesem Fall identifizieren sich die Initiierten mit »der Kirche«, statt sich als geweihte Diener einer Gemeinschaft zu begreifen, in der alle ohne Ausnahme zu Heiligkeit und Mission berufen sind.

Ein klassisches Beispiel für diese Art von Klerikalismus ist die Frage, die Bischof William Ullathorne im 19. Jahrhundert dem seligen John Henry Newman gestellt hat: Wer sind denn schon die Laien? Nun, gab der große Theologe zur Antwort, ohne sie stünde die Kirche ziemlich dumm da. Newmans Gesprächspartner mag ein Extremfall gewesen sein, doch das Problem des Klerikalismus – zu dem auch das Problem des klerikalen Karrierismus gehört – ist schon sehr alt. Es muss gelöst werden, wenn der evangelikale Katholizismus die Kirche sein soll, die das Zweite Vatikanische Konzil verkündet hat: die Kirche der allgemeinen Berufung zur Heiligkeit.

Das ist natürlich auch eine Frage der Theologie. Wie ein Mann sein eigenes Priestersein versteht, hängt in vielerlei Hinsicht davon ab, ob er den schlimmsten Versuchungen des Klerikalismus erliegt: Anmaßung, Ehrgeiz, Eifersucht auf andere, die schneller »Karriere machen«, und die Unfähigkeit, für die, die seiner pastoralen Sorge anvertraut sind, gleichzeitig Anführer und Bruder zu sein. Für die Bildung einer richtig verstandenen priesterlichen Brüderlichkeit – dafür also, dass die Priester einer Diözese einander als Mitglieder eines Priesterkollegiums in Gemeinschaft mit und in Gehorsam gegenüber dem Ortsbischof betrachten – wird es daher entscheidend sein, wie die Theologie des Priestertums an den Priesterseminaren gelehrt wird.

Klerikalismus als eine Sichtweise, die eine Kaste von Priestern mit »der Kirche« identifiziert, verhindert die Entfaltung und Blüte des evangelikalen Katholizismus. Ein Gegenmittel könnte im Vorbild des heiligen Johannes Paul II. gefunden werden. Karol Wojtyła, Papst Johannes Paul II., war ein mustergültiger Priester und eine Inspiration für unzählige Priester und Seminaristen. Dennoch waren viele seiner Freunde Laien – Männer und Frauen, die er als Universitätsseelsorger kennengelernt hatte und die sein Leben lang zu seinen engsten Freunden zählten. In diesem Freundeskreis herrschte, was die Rollen oder Identitäten betraf, keinerlei Unklarheit: Er war ein Priester und sie nicht. Doch auf einer noch tieferen Ebene waren sie alle Jünger, die wussten, dass die Gaben, die ihnen unverdient geschenkt worden waren – Gaben des Intellekts, des sportlichen oder des künstlerischen Geschicks oder des persönlichen Charakters –, freigebig mit anderen geteilt werden mussten. Und dieser allseitige Austausch von Gaben zwischen einem Priester und seinen nichtgeistlichen Freunden ließ alle Beteiligten kontinuierlich in ihrer Jüngerschaft wachsen.[9]

223

Dieses Muster könnte man der gesamten Weltkirche zur Nachahmung empfehlen.

Krisen bewältigen

Wie jeder andere Christ wird auch der evangelikale katholische Priester zuweilen geistliche Notzeiten oder sogar Krisen erleben. Eine solche Krise kann so dramatisch werden, dass der Betreffende sich fragt, ob er überhaupt Priester bleiben soll. Wenn ein Mann in eine so tiefe Krise gerät, sollte er sich jedoch nicht als Erstes fragen: »Warum bin ich Priester geworden?«, sondern: »Warum bin ich ein Christ, ein Jünger Jesu, des Herrn? Warum bin ich Katholik?«

Wenn Berater, Mitbrüder und Bischöfe, einem Priester, der eine Krise durchlebt, diese Fragen stellen – und zwar ganz einfach, unumwunden und liebevoll –, dann hebt sich oft der Nebel, der in der Seele eines Priesters herrschen kann. Und dann kann man die Krise als das erkennen und bewältigen, was sie ist: eine Krise des Glaubens. Auch wenn die unmittelbare Ursache einer »Berufungskrise« oft eine moralische Verfehlung ist, ist jede Krise im Priestertum eines Mannes zuerst und vor allem eine Krise der Nachfolge und christlichen Identität. Sie ist in vielen Fällen zudem eine spezifisch katholische Identitätsfrage. Diese Fragen anzusprechen, ist der erste Schritt zu geistlichem Wachstum und geistlicher Heilung – ein Schritt, der dort ansetzt, wo es nötig ist, wenn die Fruchtbarkeit der Nachfolge und des Dienstes wieder hergestellt werden soll.

Zeichen des Widerspruchs und der Heiligkeit

Evangelikale katholische Priester in der industrialisierten Welt des 21. Jahrhunderts werden zwangsläufig Zeichen des Widerspruchs sein. Priester sind durch das Gelübde des Zölibats von der Welt »herausgehoben«, aber sie sind zum Besten der Welt von der Welt »herausgehoben«: Sie leben die Wirklichkeit des Evangeliums in gesteigertem Maß als eine gegenweltliche Wahrheit zum Besten der Welt. Dieser Widerspruchscharakter des Priesterlebens ist weder eigen noch verschroben, sondern in das Wesen des katholischen Priestertums eingebaut, und die Widersprüche und Spannungen, die das Priestertum hervorruft, werden in einer Zeit und Kultur, die von Christophobie und zugleich von tiefem spirituellem Überdruss gekennzeichnet ist, verschärft zutage treten. Die postmoderne Welt glaubt, der Königsweg zum Glück bestehe darin, sich durchzusetzen; der katholische Priester hingegen ist eine besondere Verkörperung jener Wahrheit des Evangeliums, wonach Selbstverwirklichung eben nicht in Selbstdurchsetzung, sondern in Selbsthingabe besteht. Die postmoderne Welt feiert das alles beherrschende autonome Selbst; der evangelikale katholische Priester lebt den Gehorsam und die zutiefst kirchliche Gesinnung eines Mannes, der für die anderen da ist.

Ein Zeichen des Widerspruchs zu sein, hat auch etwas Paradoxes an sich, doch diese Paradoxie ist evangelikal und heilbringend. Dadurch, dass der Priester auf etwas verzichtet, was an und für sich gut ist – die eheliche Gemeinschaft und die physische Vaterschaft –, ist sein Leben für eine verwirrte, nicht geschlechtsspezifische Welt eine paradoxe Erinnerung daran, dass diese Dinge tatsächlich gut sind; und ebenso ist seine geistliche Vaterschaft ein Zeichen, das dem Materialismus der industrialisierten Welt widerspricht.

Evangelikale katholische Priester wissen, dass sie durch die Lehre der Glaubenswahrheiten, die würdige Feier der Sakramente und die gerechte Führung und Leitung des ihrer Obhut anvertrauten Teils des Gottesvolkes diese Männer und Frauen der Kirche in die Lage versetzen, Heilige zu werden – und damit nicht nur ihre christliche, sondern ihre menschliche Bestimmung zu erfüllen. Heilige sind, wie C. S. Lewis gesagt hat, Menschen, die getrost für immer bei Gott leben können. Das hat Gott von Anfang an für die Menschheit gewollt. Deshalb ist der Sohn Gottes als die vollständige Selbstoffenbarung des Gottes, der durch das Gesetz und die Propheten gesprochen hat, in die Geschichte eingetreten, und deshalb ist der Sohn dem Willen des Vaters bis in den Tod gehorsam gewesen. Deshalb ist der Heilige Geist auf die Apostel herabgekommen, hat sie für die Mission ausgerüstet und sie – und die Kirche zu allen Zeiten – bis an die Enden der Erde begleitet. Bei alledem geht es immer nur um Heiligkeit; es geht immer nur um die Gnade und die Gnade macht aus Menschen Heilige.

Genau dazu sind die katholischen Priester da, um Werkzeuge der Gnade Gottes – des einzig wahren Urhebers der Heiligkeit – zu sein und andere zur Heiligkeit zu führen. Ein lebendiges Abbild des ewigen Priestertums Jesu Christi zu sein heißt, innerhalb der kirchlichen Gemeinschaft eine besondere Berufung zu leben. Priester, die diese Berufung auf eine explizit evangelikale und heiligmachende Weise verstehen, werden die Ehrfurcht gebietende Wahrheit dessen, was ihnen bei der Priesterweihe verliehen worden ist, in ihrem Leben auf eine Weise konkretisieren, die die tiefgreifende Reform der Kirche im evangelikalen Katholizismus der Zukunft voranbringt.

KAPITEL SIEBEN

Die evangelikale katholische Liturgiereform

Die Erneuerung der kirchlichen Liturgie steht im Zentrum des historischen Bogens einer tiefgreifenden katholischen Reform, der sich von der Wahl Papst Leos XIII. bis zum Pontifikat Benedikts XVI. zieht. Diese Erneuerung ist sowohl in chronologischer als auch in theologischer Hinsicht der Eckstein des gesamten Gebäudes.

Die Liturgische Bewegung war nicht nur – neben der Erneuerung der katholischen Bibelwissenschaft, Theologie, Philosophie und der katholischen Aktion für soziale Gerechtigkeit – ein wichtiger Teil der katholischen Renaissance Mitte des 20. Jahrhunderts: Sie war die geistliche Radnabe, von der aus all die anderen Speichen der katholischen Reform auf das Leben der Kirche ausgreifen konnten, und sie war das lebendige, sakramentale Zentrum, auf das sich die Reform der Kirche immer wieder zurückbeziehen sollte.

Die Liturgische Bewegung war eng mit der kerygmatischen Theologie, der Vorläuferin der Neuevangelisierung, verbunden. Das hatte unter anderem mit der Arbeit von Pater Joseph Jungmann SJ von der theologischen Fakultät Innsbruck zu tun, der sowohl in der Liturgik als auch bei der Entwicklung der kerygmatischen Theologie eine bedeutende Rolle spielte. Auf der anderen Seite des Atlantiks wurden die engen Beziehungen zwischen der Liturgischen Bewegung und den Anfängen der katholischen Soziallehre durch Pater Virgil Michel OSB von der St. John's Abbey in Minnesota, einem führenden Vertreter der liturgischen Reformbewegung und der katholischen Aktion, verkörpert. So, wie man die Reform und Erneuerung des liturgischen Lebens der Kirche als wesentliche Voraussetzung für die Entwicklung einer katholischen Theologie betrachtete, auf deren Grundlage sich die moderne Welt evangelisieren ließe, galt die Liturgie auch als geistliche Quelle, aus der das katholische Gerechtigkeitshandeln in der Welt entspringen sollte. Die Liturgie sollte also das Handeln inspirieren und nähren.

Der evangelikale Katholizismus des 21. Jahrhunderts wird diese Verbindung, die in den Jahrzehnten nach dem Zweiten Vatikanischen Konzil ausgefranst oder sogar ganz gerissen ist, wieder neu knüpfen.

Das Konzil wollte der Liturgischen Bewegung (die in jenen Tagen immer großgeschrieben wurde) durch eine Reform gerecht werden, die die Liturgie wieder in das Zentrum aller Dimensionen des katholischen Lebens stellen sollte, und es hatte keineswegs die Absicht, die Liturgie von der Verkündigung des Wortes Gottes oder von den Werken der Nächstenliebe oder von der Soziallehre und dem öffentlichen Zeugnis der Kirche abzukoppeln. Genau das aber ist im Großen und Ganzen geschehen.

Warum es geschehen ist, mag anderswo diskutiert werden. Das, worauf es in unserem Zusammenhang ankommt, ist, dass die »Reform der Liturgiereform« – also im Grunde die Vollendung der Mitte des 20. Jahrhunderts begonnenen liturgischen Reform – keine Frage des Geschmacks, sondern der Theologie ist. Die Kirche ist dann am meisten sie selbst, wenn sie die Liturgie und insbesondere die Eucharistie feiert, denn bei der heiligen Messe kommt die Kirche in der Welt auf einzigartige Weise mit der Kirche der Heiligen in Berührung. Die eucharistische Liturgie lässt den eschatologischen Christus gegenwärtig werden – den Christus, der, wenn er in seiner Herrlichkeit kommt, alle Menschen zu sich ziehen wird (vgl. Joh 12,32). In dieser heiligen Gegenwart erfährt sich die Kirche als die Braut des eschatologischen Bräutigams Christus, der kommen wird, um das Reich des Vaters zu errichten: »Der Bräutigam kommt! Geht ihm entgegen!« (Mt 25,6).

Deshalb empfängt die Kirche in ihrem Gottesdienst eine übernatürliche Gabe: einen Vorgeschmack auf das, was Joseph Ratzinger einmal »Vergöttlichung – eine Welt der Freiheit und der Liebe« genannt hat.[1] In der Liturgie kommt es zur Berührung zwischen der Welt der Geschichte – wo wir, die Kirche, »seufzen in unserem Herzen« und darauf warten, »dass wir mit der Erlösung unseres Leibes als Söhne offenbar werden« (Röm 8,23) – und der Zukunft eines erlösten Kosmos – wo der Bräutigam der Kirche, Christus, der Herr, »jede Macht, Gewalt und Kraft vernichtet hat und seine Herrschaft Gott, dem Vater, übergibt« und wo »der letzte Feind, der entmachtet wird«, der Tod ist (1 Kor 15,24.26). Diese kraftvolle Sicht auf den Gottesdienst der Kirche als Erfahrung des künftigen Königreichs stand im Zentrum der Lehre des Zweiten Vatikanischen Konzils, wie die Konzilsväter sie in der Konstitution über die heilige Liturgie formuliert haben:

»In der irdischen Liturgie nehmen wir vorauskostend an jener himmlischen Liturgie teil, die in der heiligen Stadt Jerusalem gefeiert wird, zu der wir pilgernd unterwegs sind, wo Christus sitzt zur Rechten Gottes, der Diener des Heiligtums und des wahren Zeltes. In der irdischen Liturgie singen wir dem Herrn mit der ganzen Schar des himmlischen Heeres den Lobgesang der Herrlichkeit. In ihr verehren wir das Gedächtnis der Heiligen und erhoffen Anteil und Gemeinschaft mit ihnen. In ihr erwarten wir den Erlöser, unseren Herrn Jesus Christus, bis er erscheint als unser Leben und wir mit ihm erscheinen in Herrlichkeit.«[2]

Mithin ist der evangelikale katholische Gottesdienst gerade dies: Gottesdienst oder, fachsprachlich, *Latrie*, das heißt, die gemeinschaftliche Feier der Anbetung, die Gott allein gebührt. In der zutiefst reformierten katholischen Liturgie des 21. Jahrhunderts ist alles, was bei der heiligen Messe oder bei der Feier der anderen Sakramente getan wird, auf diesen Zweck ausgerichtet: die Anbetung Gottes »durch unseren Herrn Jesus Christus«, den Einen und Heiligen. Er ist der, den wir empfangen, und zugleich auch der, der da kommt in Herrlichkeit. Die Gottesdienstgemeinde ist nicht auf sich selbst fokussiert. Als ein Leib mit vielen Gliedern und vielen Geistesgaben ist sie auf den Einen fokussiert und ausgerichtet, der da kommen soll und der uns sogar jetzt durch die Macht des Heiligen Geistes zum Vater bringt.

Das ist die Wahrheit, auf die die evangelikale Liturgiereform immer wieder zurückkommt und die sie zum Ausdruck bringen will. Das ist die eucharistische Ordnung, die zu Recht all unsere irdische Liebe und Loyalität auf das kommende Reich und das Hochzeitsmahl des Lammes ausrichtet.

Die Frage der Richtung

Aus diesem Grund nimmt der evangelikale Katholizismus die Möglichkeit ernst, während der Eucharistiefeier bei der Messe zur alten liturgischen Gebetsrichtung der Kirche zurückzukehren, sodass Zelebrant und Gemeinde in dieselbe Richtung beten: zu Christus gewandt, der in seiner Herrlichkeit wiederkommen und seinen Leib, die Kirche, zu sich ziehen, das heißt ins himmlische Jerusalem heimholen wird.

Es geht hier weniger um die Frage, ob der Priester die Messe »mit dem Gesicht zum Volk« oder »mit dem Gesicht zum Altar« zelebriert, als vielmehr um die Frage, welche Richtung beim liturgischen Gebet der Kirche, biblisch und theologisch betrachtet, korrekt ist – und zwar *für jedermann*. Deshalb sollten Versuche, vom eigentlichen Kern der Diskussion abzulenken und die Frage der Gebetsrichtung als Steckenpferd reaktionärer Konzilsgegner abzutun, die ganz erpicht darauf seien, die Priester wieder »mit dem Rücken zum Volk« zelebrieren zu sehen, als das betrachtet werden, was sie tatsächlich sind: eben ein Ablenkungsmanöver. Entscheidend ist, wie Uwe Michael Lang geschrieben hat, dass »die Messe ein gemeinschaftlicher Akt der Anbetung [ist], bei dem sich Priester und Volk, die liturgische Versammlung, als pilgernde Kirche dem transzendenten Gott entgegenstrecken«.

Wie wir gesehen haben, ist dies tatsächlich eines der vorrangigen Ziele der eucharistischen Liturgie: dass sie »der christlichen Existenz ihre Ausrichtung auf den kommenden Christus vorgibt«. Wird dieses Ziel verfehlt, wenn Priester und Gläubige einander bei der Gottesdienstfeier an einem freistehenden Altar in einer Art »geschlossenem Kreis« gegenüberstehen? Manche würden diese Frage mit Ja beantworten. Und wenn dieses Ziel verfehlt wird, kann dies, wie Pater Lang es formuliert, in der Liturgie zu einem »eschatologischen Defizit« führen: zu einem mangelnden Bewusstsein der Tatsache, dass wir durch das liturgische Gebet in Vorwegnahme der Wiederkunft Christi in Herrlichkeit auf bevorzugte Weise an der himmlischen Liturgie teilnehmen. Das »eschatologische Defizit« bei der Feier der heiligen Liturgie führt seinerseits wiederum zu einem kerygmatischen Defizit (also dazu, dass die Liturgie nicht in dem Maß Begegnung mit der *Wahrheit* Christi, des Herrn, ist, wie sie es eigentlich sein sollte) und das kerygmatische Defizit führt zu einem evangelikalen Defizit (also dazu, dass die Liturgie die Gemeindemitglieder nicht in dem Maß zur Übernahme der ihnen bei ihrer Taufe anvertrauten kirchlichen *Mission* inspiriert, wie sie es eigentlich tun sollte). Folglich ist das »eschatologische Defizit« ein Anzeichen dafür, dass die übliche Richtung der eucharistischen Liturgie seit dem II. Vaticanum den beiden Kriterien der authentisch katholischen Reform – dem Kriterium der Wahrheit und dem Kriterium der Mission – nicht entspricht.

Wie Pater Lang aufzeigt, wurzelt die gemeinsame Ausrichtung von Priester und Volk auf den in seiner Herrlichkeit wiederkehrenden Christus tief in den Ursprüngen des Christentums. Damals war es für die Christen »eine Selbstverständlichkeit«, sich beim Gebet der aufgehenden Sonne zuzuwenden. Diese Ausrichtung lenkte die Aufmerksamkeit der Kirche auf Christus, das Licht der Welt; und sie brachte die Hoffnung der Kirche zum Ausdruck, dass der Herr wiederkehren und das Reich Gottes in seiner Fülle errichten würde.[3] Neben dieser eschatologischen oder auf das Himmelreich bezogenen Bedeutung der gemeinsamen Ausrichtung von Priester und Volk auf den wiederkehrenden Herrn symbolisierte die einheitliche Blickrichtung der gesamten Gottesdienstgemeinschaft auch »die Bewegung des pilgernden Gottesvolkes hin auf die künftige Herrlichkeit«. Daraus ergeben sich zwei weitere Fragen: Trägt die inzwischen übliche, aber schwerlich traditionelle Ausrichtung, bei der der Priester das Volk über den Altar hinweg ansieht, unabsichtlich dazu bei, dass die Gemeinde das Bewusstsein ihrer Identität – als Gottes Volk, das durch die Geschichte hindurch der Erfüllung der göttlichen Verheißungen entgegenpilgert – verliert? Hat die typische nachkonziliare Ausrichtung der eucharistischen Liturgie das kirchliche Gespür ernsthaft beeinträchtigt, wonach der zelebrierende Priester das Volk Gottes in einer gemeinsamen Bewegung »hin zum Herrn« führt, der »die aufgehende Sonne der Geschichte« ist?[4]

Deshalb wird eine evangelikale katholische Liturgiereform die Wiedereinführung der klassischen christlichen Gebetsrichtung während der Eucharistiefeier ernsthaft in Erwägung ziehen. Auch in Zukunft würden Priester und Gemeinde einander während des Wortgottesdiensts gegenüberstehen, denn diese Blickrichtung ist dort, wo es darum geht, zu verkündigen und zuzuhören, durchaus angemessen. In der Eucharistiefeier aber würde sich die gesamte Gemeinde einschließlich des Zelebranten dem Herrn zuwenden, das heißt, beide, Priester und Volk, würden sich, wenn der Zelebrant das eucharistische Hochgebet spricht, als eine Einheit zum Altar hin ausrichten und alle gemeinsam auf Christus blicken, dessen Wiederkunft in Herrlichkeit durch seine eucharistische Gegenwart vorweggenommen wird und den die Gottesdienstgemeinschaft im gewandelten Brot und Wein der heiligen Kommunion empfängt.

Natürlich kann die Liturgie auch dann ehrfürchtig gefeiert werden, wenn Priester und Volk einander während der Eucharistiefeier ansehen, das steht außer Zweifel. Doch der evangelikale Katholizismus spricht eine Frage an, die tiefer reicht: Würde eine solche ehrfürchtige Feier durch die Wiedereinführung der alten kirchlichen Praxis einer gemeinsamen Gebetsrichtung von Priester und Volk während der eucharistischen Liturgie begünstigt werden? Würde die gemeinsame Gebetsrichtung der Kirche helfen, ihr eucharistisches Leben wieder unter dem Aspekt des Himmelreichs zu sehen, und so die Eucharistie wieder neu mit der christlichen Wahrheit, Verkündigung und Zeugenschaft in Verbindung bringen?

Ein Wechsel der Gebetsrichtung kann (und darf) nicht einfach verfügt werden, denn den meisten Katholiken sind die Gründe, die hinter der früheren Ausrichtung des kirchlichen Gebets während der eucharistischen Liturgie standen, nie erklärt worden und daher gar nicht bewusst. Deshalb sollten die Priester ihre Gemeinden durch eine ausgiebige Katechese – am besten über einen längeren Zeitraum hinweg im Rahmen der Sonntagspredigten – sorgfältig auf diesen Wechsel einstimmen. Nach einer angemessenen Vorbereitungsphase wird die Rückkehr zur alten Gebetsrichtung während der Eucharistiefeier erfahrungsgemäß fast durchgängig gut aufgenommen.

Heiliger Raum

Die nachkonziliare katholische Architektur hat das Gespür für die Heiligkeit des Raums, das erforderlich ist, damit der theologische Reichtum der Liturgiefeier auch ästhetisch zur Geltung gebracht werden kann, ernsthaft beeinträchtigt. In vielen katholischen Gemeinden des 21. Jahrhunderts hat man für die Heiligkeit des Raums nur wenig Sinn. Die ehrfürchtige Stille, die früher in katholischen Kirchen herrschte, findet man heute nur noch selten; das gilt auch für Kirchen mit einem großen Vorraum, wo die Gemeindemitglieder einander begrüßen können, ehe sie die eigentliche Kirche betreten. Wenn aber die eigentliche Kirche die *Porta Coeli*, die Himmelspforte und das Portal des Himmelreichs ist, dann sollte man sich in diesem Raum doch sicherlich anders verhalten als im örtlichen Einkaufszentrum oder Supermarkt.

Deshalb wird die evangelikale katholische Kirchengestaltung deutlich machen, dass es eine Grenze zwischen dem sakralen und dem profanen Bereich gibt, und evangelikale katholische Seelsorger werden ihre Gemeindemitglieder auf dem Wege der Katechese wieder neu in der Wahrheit unterweisen, dass das Kirchengebäude ein geheiligter Raum ist, der ein verändertes Verhalten erfordert. Diese Aufgabe wird natürlich in solchen Kirchen einfacher zu bewältigen sein, die auf architektonischen Modernismus verzichten und die Ausrichtung der Gottesdienstgemeinde auf das Neue Jerusalem allein schon durch ihre Bauweise anschaulich werden lassen.[5]

Der eschatologische oder auf das Himmelreich ausgerichtete Charakter der Liturgie erfordert ferner, dass die feierlichsten Formen des kirchlichen Gottesdiensts in einer Kirche gefeiert werden.

Deshalb wird der evangelikale Katholizismus des 21. Jahrhunderts darauf verzichten, wichtige kirchliche Feiern in großen profanen Gebäuden abzuhalten. Die Weihe oder Einführung eines Bischofs im Ballsaal eines Hotels oder in einer Freizeitanlage, zu der auch Casinos, Bars und Bowlingbahnen gehören, ist in sakramentaler Hinsicht gültig. Doch es scheint sehr schwierig, wenn nicht gar unmöglich, die Wahrhaftigkeit und Majestät des Bischofsamts durch die Liturgie der Weihe und Einführung zum Ausdruck zu bringen, wenn der Geweihte bei der Zeremonie ausgestreckt auf einem Orientteppich liegt und die Vorhänge im Hintergrund an die Kongresshalle erinnern, in der der Rotary-Club üblicherweise seine Versammlungen abhält. Die Kathedrale ist die Mutterkirche des Bistums. Wenn die Kathedrale den Bedürfnissen einer wachsenden Ortskirche nicht genügt, dann muss man eine neue Kathedrale bauen.

Das Kirchenjahr als gegenkulturelle Zeitrechnung

Die Postmoderne verflacht und verweltlicht die Zeit: Der Sabbat wird zum »Wochenende«, Advent und Weihnachten sind »Ferien«, Ostern das »Fest des Frühlings« und so weiter. Der evangelikale Katholizismus dagegen lebt *in* der Zeit, um das Volk der Kirche auf die Zeit *jenseits* der Zeit, nämlich das Hochzeitsmahl des Lammes im Reich Gottes vorzubereiten.

Statt sich den Gepflogenheiten der weltlichen Zeit anzupassen, indem man einige Feiertage auf Sonntage legt und andere gebotene Feiertage gar nicht begeht, wenn sie in die Nähe des Sonntags fallen, sollte der liturgische Kalender des evangelikalen Katholizismus im 21. Jahrhundert bewusst gegenkulturell sein und einen bestimmten Lebensweg verkörpern, der über das verflachte »Jetzt« einer transzendenzlosen Welt hinaus auf den eschatologischen Horizont einer Zukunft weist, in der Gott »über alles und in allem« ist (1 Kor 15,28).

Deshalb sollte die Reform der Reform des liturgischen Kalenders mit der Wiedereinführung der Sonntage nach der »Erscheinung des Herrn« und der Sonntage nach Pfingsten und mit der Abschaffung der Sonntage »im Jahreskreis« beginnen. [Im englischsprachigen Raum nennt man diese Sonntage *Sundays of Ordinary Time*, »Sonntage der gewöhnlichen Zeit«, Anm. d. Ü.]. Doch nichts ist weniger gewöhnlich als der Sonntag, die wöchentliche Feier der Auferstehung, der achte Tag der neuen Schöpfung und der Sabbat des Neuen Bundes! Nichts ist weniger gewöhnlich als die Sonntage nach der »Erscheinung des Herrn« (Epiphanie) – dem großen Fest, da der Herr sich vor den Augen der Welt und der Geschichte kundtut – und nach Pfingsten – dem Geburtstag der Kirche und dem Anfang der Aussendung zu den Heiden! Katholiken, die in der »Zeit der Kirche« leben, werden im Schatten dieser beiden großen Feste leben und wissen, dass ein solches Leben keineswegs »gewöhnlich« ist.

Die Wiedereinführung der Sonntage nach der »Erscheinung des Herrn« wird zudem im Festverlauf der Weihnachtszeit wieder für größere biblische und liturgische Klarheit sorgen. Dadurch, dass das Fest der »Erscheinung des Herrn« auf einen Sonntag gelegt wurde und die Sonntage »im Jahreskreis« nun unmittelbar nach dem Fest der »Taufe des Herrn« beginnen müssen, ist der weihnachtliche Festkreis heillos durcheinandergeraten. Sehen Sie sich nur einmal die vollkommen unsinnige Abfolge der Sonntagsevangelien an, die 2010 durch den damals geltenden liturgischen Kalender entstanden ist:

Am 25. Dezember: Jesus wird geboren.

Am 26. Dezember: Die Heilige Familie flieht nach Ägypten und die Sterndeuter machen sich wieder auf den Heimweg.

Am 2. Januar: Die Sterndeuter kommen an (die doch gerade abgereist sind).

Am 3. Januar: Jesus erfährt, dass Johannes, der Täufer, verhaftet worden ist;
Jesus verlässt Nazareth und zieht durch Galiläa.

Am 4. Januar: Jesus speist die Fünftausend.

Am 5. Januar: Jesus geht über das Wasser.

Am 6. Januar: Jesus geht zurück nach Galiläa (Wann war er von dort weggegangen?) und liest in der Synagoge von Nazareth aus der Schrift vor.

Am 7. Januar: Jesus heilt einen Aussätzigen.

Am 8. Januar: Jesus geht nach Judäa, wo Johannes, der Täufer, der am Montag verhaftet worden war, noch gar nicht verhaftet worden ist.

Am 9. Januar: Jesus wird von Johannes getauft.

Das ist biblischer Unsinn. Und dieser Unsinn wird dadurch verursacht, dass das Fest der Erscheinung des Herrn auf einen Sonntag und das Fest der Heiligen Familie auf den Sonntag nach Weihnachten verlegt worden ist und man überdies anstelle des festen Lesezyklus während der Weihnachtszeit einen Dreijahreszyklus in Anwendung bringt. All das kann und muss dergestalt reformiert werden, dass der liturgische Kalender die biblische Wahrheit und nicht die saisonalen Freizeitgewohnheiten der Postmoderne widerspiegelt. Abgesehen davon, dass er das Fest der Erscheinung des Herrn wieder auf seinen gewohnten Platz am 6. Januar zurückverlegt und zu einem gebotenen Feiertag erklärt, an dem alle zur Mitfeier der Eucharistie aufgefordert sind, sollte der evangelikale Katholizismus des 21. Jahrhunderts den Besuch der heiligen Messe nicht etwa seltener, sondern wieder häufiger auch an Wochentagen obligatorisch machen und auf diese Weise durch die lebendige Praxis der Kirche demonstrieren, dass die Eucharistiefeier nicht nur eine unter vielen möglichen Optionen der Wochenendgestaltung ist. Das Himmelfahrtsfest sollte wieder an seinem klassischen Termin, dem vierzigsten Tag nach Ostern, einem Donnerstag, gefeiert und nicht auf einen Sonntag verlegt werden. Fronleichnam, die Feier des Leibes und Blutes Christi, sollte wieder am Donnerstag nach dem Dreifaltigkeitssonntag begangen und überall zu einem gebotenen Feiertag erklärt werden. Die Feier dieser festlichen Anlässe unter der Woche hat dem zeitlichen Leben der gegenreformatorischen Kirche einst sein besonderes Gepräge gegeben und kann dies auch im evangelikalen Katholizismus des 21. Jahrhunderts und darüber hinaus wieder tun.

Dass evangelikale Katholiken sozusagen in einer anderen Zeitzone leben, lässt sich auch dadurch geltend machen, dass die Zahl der gebotenen Feiertage nicht verringert, sondern wieder vergrößert wird; dies muss in der praktischen Seelsorge allerdings so gehandhabt werden, dass der Besuch der heiligen Messe in Härtefällen nicht obligatorisch ist. Angesichts der Vielfalt historischer und spiritueller Erfahrungen in der Weltkirche könnten die katholischen Ortskirchen dort, wo besondere Bedürfnisse bestehen, zusätzlich zu den bestimmten gebotenen Feiertagen wie dem Hochfest der Gottesmutter Maria (am 1. Januar), dem Fest der Erscheinung des Herrn (am 6. Januar) und den Festen Christi Himmelfahrt und Fronleichnam (deren Datum vom Ostertermin des betreffenden Jahres abhängt) eigene gebotene Feiertage einführen. In den Vereinigten Staaten würde eine evangelikale katholische Sicht auf die Kultur beispielsweise nahelegen, das Fest Mariä Verkündigung (25. März), den Gedenktag der Menschwerdung, als gebotenen Feiertag und besonderen Gebetstag für die Entwicklung einer Kultur des Lebens zu begehen.[6] Johannes Paul II. hat Unsere Liebe Frau von Guadalupe als besonderes marianisches Geschenk für Amerika beschrieben; ihr liturgischer Gedenktag am 12. Dezember könnte als gebotener Feiertag Maria, dem Stern der Neuevangelisierung, gewidmet werden. Und da der Katholizismus des 21. Jahrhunderts gemäß der Wahrheit lebt, dass das Blut der Märtyrer die Saat der Kirche ist, könnte auch das liturgische Gedenken der nordamerikanischen Märtyrer am 19. Oktober durchaus zu einem neuen gebotenen Feiertag werden. Zusätzlich zu diesen Feiertagen würde man natürlich das Fest Mariä Himmelfahrt (15. August) als Erinnerung an die bevorstehende Herrlichkeit, die alle Heiligen bei der Wiederkunft des Herrn erwartet, und das Fest der Unbefleckten Empfängnis (8. Dezember) begehen, welches das Patronatsfest der Vereinigten Staaten ist.

Die Heiligung der Zeit ist für die Kirche eine altbekannte Herausforderung: Schon der heilige Paulus musste eine der ersten Gemeinden neu bekehrter Christen ermahnen, weil sie so rasch wieder dazu übergegangen waren, »auf [weltliche] Tage, Monate, bestimmte Zeiten und Jahre« zu achten (Gal 4,10) – eine Gewohnheit, die noch aus den Zeiten ihrer sklavischen Verehrung falscher Götter stammte. Deshalb sollten die Rhythmen des kirchlichen Lebens in allen Epochen deutlich machen, wie sehr die Fülle des katholischen Glaubens unsere Wahrnehmung der Zeit – und unser Gespür für das »Ziel« der Zeit – verändert. Eine Kirche, die ihren liturgischen Kalender (oft aus einem fehlgeleiteten Verständnis pastoraler Sensibilität heraus) dem Imperialismus der weltlichen Postmoderne unterwirft, ist eine Kirche, die auch zu anderen Zugeständnissen an die Ansprüche ihrer Umgebungskultur bereit ist. Eine Kirche, die gegenkulturell und in ihren eigenen zeitlichen Rhythmen lebt, ist eine Kirche, die zu dieser Umgebungskultur dasselbe sagen kann, was der Apostel zu den Heiden gesagt hat: »Ich zeige euch jetzt noch einen anderen Weg, einen, der alles übersteigt« (1 Kor 12,31b).

Die Selbstdisziplin des Zelebranten

In der Liturgie, wie sie von evangelikalen katholischen Priestern und Bischöfen gefeiert wird, ist die Persönlichkeit des Zelebranten kein wesentliches und schon gar nicht *das* wesentliche Element des Gottesdiensts. Vielmehr wird ein evangelikaler katholischer Zelebrant, außer während der Predigt oder Ansprache, darauf bedacht sein, der Liturgie nicht mit seiner eigenen Persönlichkeit im Weg zu stehen, das heißt, er wird unter anderem gewisse Begrüßungsformeln oder Kommentare vermeiden, die in der offiziellen Liturgie der Kirche nicht zu finden sind und die, so gut sie auch immer gemeint sein mögen, die Liturgie lediglich zu einer weiteren Plattform für die Selbstbeweihräucherung der Gemeinde und die Selbstdarstellung des Priesters werden lassen.

Wie bereits erwähnt, hat das II. Vaticanum sein Dokument über die Liturgiereform die Konstitution über die *heilige* Liturgie genannt. Zelebranten sollten wissen, dass sie die Aufgabe haben, eine Gemeinde zur wahren Anbetung des lebendigen Gottes und nicht etwa zur Bewunderung des charmanten Zelebranten hinzuführen. In der Übersetzung der King-James-Bibel ruft Psalm 96,9 uns dazu auf,»den Herrn in der Schönheit der Heiligkeit anzubeten«. Das ist die Aufgabe, zu deren Erfüllung der Zelebrant der heiligen Liturgie seine Gemeinde anleiten muss, die durch die liturgische Anbetung an die Schwelle des Himmels und zum Hochzeitsmahl des Lammes gelangt.

Der Psychologe Paul Vitz hat einige der schlimmsten Verstöße gegen die liturgische Korrektheit vonseiten der Zelebranten analysiert und als Fälle von »klerikalem Narzissmus« diagnostiziert. Das tiefere Problem ist jedoch wie immer theologischer Natur. Denn – und das schreibt sogar Vitz in einer scharfen Kritik der Priester und Bischöfe, die entschlossen sind, der Liturgie ihren persönlichen Stempel aufzudrücken – durch ein derartiges Verhalten (das oft von der Sorge um die »Relevanz« bestimmt ist) wird der »jetztzeitige« Aspekt des liturgischen Ritus betont und die Zukunftsausrichtung der Liturgie – als Vorwegnahme der Wiederkunft des Herrn, der als Richter in seiner Herrlichkeit kommt – abgeschwächt oder sogar ganz verdeckt.[7]

Die Kultur der postmodernen westlichen Welt ist fokussiert auf die Unmittelbarkeit der Möglichkeiten. Die kirchliche Liturgie dagegen soll uns über die Gegenwart hinausheben, damit wir unser Leben an einem weiteren Erwartungshorizont ausrichten können. Die Postmoderne feiert die Arroganz des alles beherrschenden autonomen Selbst, die Liturgie dagegen lehrt uns Demut angesichts eines »so großen Geschenks« wie des eucharistischen Leibes und Blutes des auferstandenen Herrn. Zelebrierende Priester und Bischöfe, die sich selbst und ihre Persönlichkeiten in den Blickpunkt des kirchlichen Gottesdienstes rücken, sollten über die mahnenden Worte nachdenken, die der heilige Paulus an die selbstverliebten und ungehobelten Christen von Korinth geschrieben hat: »Wir aber haben nicht den Geist der Welt empfangen, sondern den Geist, der aus Gott stammt, damit wir das erkennen, was uns von Gott geschenkt worden ist. Davon reden wir auch, nicht mit Worten, wie menschliche Weisheit sie lehrt, sondern wie der Geist sie lehrt, indem wir den Geisterfüllten das Wirken des Geistes deuten« (1 Kor 2,12–13).

Mit Liebe doppelt beten

»Wer gut singt, betet doppelt« (*Qui bene cantat, bis orat*) – das hat der heilige Augustinus zwar nicht wirklich gesagt, was er aber gesagt hat, und zwar in einem Kommentar zu Psalm 72, ist, dass die, die singen, Lob singen. Sie tun es voller Freude und aus Liebe zu dem, über den sie singen. Das Lied der Christen soll also, mit anderen Worten, ein Liebeslied sein. Und Liebe ist, wie der heilige Paulus lehrt, der Weg, »der alles übersteigt«.

Deshalb kann die Musik in der heiligen Liturgie niemals nur als eine Einlage betrachtet werden: als etwas, womit man sich beschäftigt, während etwas anderes, vergleichsweise Unwichtiges, im Gange ist; das heißt, als etwas Nebensächliches. Richtig verstanden, vorbereitet und ausgeführt, ist die Kirchenmusik eine wesentliche und keineswegs beliebige Facette des Gottesdiensts. Leider wird jedoch der Eindruck, dass die Musik eine »Extrazutat« ist, noch dadurch verstärkt, dass die nachkonziliare katholische Liturgie tendenziell sehr großen Wert auf das legt, was einige scherzhaft das »Liedersandwich« nennen: die Gesänge zum Ein- und Auszug.

In der gesamten Weltkirche wird die evangelikale katholische Reform der Kirchenmusik mit einer Bekräftigung der Lehre des Zweiten Vatikanischen Konzils beginnen, das »den gregorianischen Choral als den der römischen Liturgie eigenen Gesang« definiert und festlegt, dass er in den liturgischen Handlungen der Kirche »den ersten Platz einnehmen« soll.[8] Andere musikalische Formen werden demnach in der Liturgie so zum Einsatz kommen, wie es den örtlichen Gepflogenheiten und einer umsichtigen liturgischen Planung entspricht. Im angelsächsischen Raum wird der hohe Stellenwert des gregorianischen Chorals in der evangelikalen katholischen Liturgie durch die Wertschätzung ergänzt werden, mit der die englischsprachigen Völker ihr einzigartiges Erbe an kirchlichen Gesängen pflegen. Zu einer guten Liturgie in den Vereinigten Staaten gehört es beispielsweise, diese beiden buchstäblich miteinander in »Einklang« zu bringen.

Das ist keineswegs so schwierig oder mühsam, als es denjenigen erscheinen könnte, die das »Liedersandwich« für das einzig vorstellbare musikalische Paradigma halten. Bei jeder Messe, in der Gesänge vorgesehen sind, kann während des Einzugs ein Lied gesungen werden, das etwa zeitgleich mit der Altarverehrung durch den Zelebranten endet; wenn dann der Zelebrant den Altar inzensiert (oder sich, bei einer weniger feierlichen Zelebration, nach der Altarverehrung an seinen Sitzplatz begibt), singt der Chor die Choralantiphon zum Einzug (Introitus). Zieht der Chor zu Beginn der Messfeier in die Kirche ein, werden Antiphon und Vers im hinteren Teil der Kirche als Einladung zum Gottesdienst gesungen, woraufhin die Gemeinde sich erhebt; das Prozessionslied wird sodann von allen gesungen, während der Zelebrant, die Ministranten und der Chor in die Kirche einziehen, den Altar verehren und ihre Plätze einnehmen.

Ein ähnlicher Sowohl-als-auch-Ansatz während des Kommunionritus beherzigt nicht nur das, was das Konzil über den Choralgesang sagt, sondern auch die Tatsache, dass es nach beinahe fünfzig Jahren noch immer nicht gelungen ist, die Gemeinden während der Kommunion zum Singen zu bringen. Also singt der Chor während der Austeilung der Kommunion an die Gemeinde die *Communio*, also den aus Antiphon und einem passenden Psalm oder Lobpreis bestehenden Begleitgesang zur Kommunion, und erst nachdem die heilige Kommunion ausgeteilt und die liturgischen Gefäße gereinigt worden sind, singt die ganze Gemeinde ein Lied zur Danksagung nach der Kommunion.

Einfache Formen des Chorals, dieser Hinweis sei hier erlaubt, sind bei den Gemeinden beliebt, ganz gleich, ob es sich nun um den klassischen gregorianischen Choral oder um moderne Adaptionen desselben handelt. Die verschiedenen, oft lateinischen Choräle sind aus internationalen katholischen Ereignissen wie den Weltjugendtagen oder den Jahrestreffen der verschiedenen Erneuerungsbewegungen inzwischen gar nicht mehr wegzudenken. Der Choral ist für die Kirche eine Gelegenheit, ihre gemeinsame Sprache und ihre gemeinsame musikalische Sprache (wenn auch oft in zeitgenössischer Form wie beispielsweise in den einfachen Taizé-Gesängen) wiederzuentdecken.

Auch die Kirchenlieder haben ihren berechtigten Platz in der Liturgie des evangelikalen Katholizismus im angelsächsischen Raum (und natürlich auch andernorts). Damit sind wir bei der nächsten Frage: Warum Kirchenlieder?

In den Jahren nach dem Zweiten Vatikanischen Konzil ist auf dem Gebiet der Kirchenlieder außerordentlich viel Schund produziert worden: Lieder, deren Texte die süßliche Pseudotheologie einer oft unverhohlen pelagianischen Selbstbestätigung widerspiegeln; Lieder, die eher an die Musicals von Andrew Lloyd Webber als an die Melodien von Isaac Watts, Thomas Tallis oder Ralph Vaughan Williams erinnern – von klassischen Sammlungen wie den *Geistlichen Kirchengesängen* von 1623, dem *Katholischen Gesangbuch* von 1828 oder dem 1940 erschienenen *Hymnal* der Episkopalkirche der Vereinigten Staaten von Amerika ganz zu schweigen. Die evangelikale katholische Reform der heiligen Liturgie wird unter den verfügbaren Liedern, sowohl was die textliche Angemessenheit (nach dem Kriterium der Wahrheit) als auch was die musikalische Würde (einschließlich der Singbarkeit für ungeschulte Stimmen) betrifft, eine sorgfältige Auswahl treffen.

Kirchenlieder mit häretischen Inhalten – deren Aussage der christlichen Wahrheit widerspricht – haben in der Liturgie keinen Platz. Ein prominentes Beispiel für ein solches Lied ist »Ashes«, das am Aschermittwoch in ganz Nordamerika gern gesungen wird: *We rise again from ashes to create ourselves anew,* heißt es da: (»Wir erheben uns aus der Asche, um uns neu zu erschaffen.«) Nein. Das tun wir nicht. Und wenn wir daran glauben, verurteilen wir uns selbst. Christus erschafft uns neu, denn Christus allein hat die Macht, die Sünden zu vergeben, für die wir – daran erinnert uns die Asche – in der Fastenzeit Buße tun sollen. Es ist unzumutbar, dass ein solches pelagianisches Geschwafel, bei dem der heilige Augustinus üble Kopfschmerzen bekommen hätte, Teil der katholischen Liturgie ist; und es ist noch unzumutbarer, dass »Ashes« in Gesangbüchern und Gebetbüchern erscheint, die mit dem bischöflichen *Imprimatur*, der offiziellen Garantie, versehen sind, dass der darin enthaltene Text frei von doktrinellen Irrtümern ist.

In einem anderen zeitgenössischen Kirchenlied, *For the Healing oft the Nations* (»Für die Heilung der Nationen«), beklagt die singende Gemeinde, an Gott gewandt, »Dogmen, die deinen Plan verdunkeln«. Was aber wird damit propagiert, wenn nicht ein anti-intellektuelles, selbst gestricktes Billigchristentum für Tölpel? Dogmen erhellen den göttlichen Plan und machen uns auf diese Weise frei für die Wahrheit. Das ist die Lehre der katholischen Kirche und der Grund, weshalb Lieder wie *For the Healing of the Nations* in einem katholischen Gottesdienst auf keinen Fall gesungen werden dürfen.

Weniger gefährlich, aber in theologischer Hinsicht gleichwohl beunruhigend, sind solche Lieder, in denen die Gemeinde in der Ich-Form spricht, als wäre sie Christus selbst. Ein bekanntes Beispiel ist *Love One Another*: »Liebt einander, wie ich euch geliebt habe. / Sorgt für einander, wie ich für euch gesorgt habe. / Tragt des anderen Last, verbindet des anderen Wunden. / Dann werdet ihr meine Wiederkunft erkennen.« Die Verwirrung ist augenfällig. Wer betet hier zu wem? Wird der Herr nur dann wiederkehren, wenn wir seinen Willen tun? Oder können wir seine Wiederkunft dadurch, dass wir seinen Willen tun, irgendwie beschleunigen? Das alles scheint reichlich weit entfernt von dem, was die Heilige Schrift sagt: »Doch jenen Tag und jene Stunde kennt niemand, auch nicht die Engel im Himmel, nicht einmal der Sohn, sondern nur der Vater« (Mt 24,36). *Be Not Afraid*, *You Are Mine* und *I Am the Bread of Life* (»Hab keine Angst«, »Du bist mein«, und »Ich bin das Brot des Lebens«) sind drei weitere häufig gesungene Kirchenlieder, die sich nahtlos in dieses »Wir-sind-Jesus-Paradigma« einfügen – Verstärkung für die in der heutigen Kultur ohnehin höchst gefährliche Versuchung, sich als Gemeinde selbst zu feiern und in geschlossener Gesellschaft die eigene Rechtschaffenheit und Nettigkeit zu beweihräuchern. Wenn *I Am the Bread of Life* (»Ich bin das Brot des Lebens«), was nicht selten vorkommt, an Fronleichnam gesungen wird, konterkariert es jedwede liturgische Lektion, die dieser Festtag lehrt: Denn wir sind keine Gemeinschaft von Selbsternährern, die das »Brot des Lebens« an ihre Mitglieder austeilt, sondern eine eucharistische Gemeinschaft, die durch die freie Selbsthingabe ihres Herrn gespeist wird. Die Wahrheit, die das Fronleichnamsfest verkündet, wird in *I Am the Bread of Life* verkehrt oder sogar verfälscht. Warum also wird es in den Gemeinden gesungen? Wahrscheinlich, weil diese Gemeinden nicht gründlich darüber nachgedacht haben und weil sie die Musik als ein Füllsel und nicht als wesentlichen Bestandteil der kerygmatischen Dimension der Liturgie betrachten.

Deshalb wird ein bedeutender Teil der evangelikalen katholischen Liturgiereform in einer umfassenden Bereinigung der Gesang- und Gebetbücher bestehen, und gleichzeitig wird die Kirche im angelsächsischen Raum die Schönheit des englischsprachigen kirchlichen Liedguts wiederentdecken und dieses Liedgut gemeinsam mit der großen lateinischen Choraltradition in die Feier der Eucharistie und der anderen Sakramente integrieren.[9]

Liturgie, Kerygma, Gerechtigkeit

Die liturgische Feier der heiligen Geheimnisse ist kein Mittel zum Zweck; wir beten Gott an, weil Gott angebetet werden muss. Dennoch wird die Reform der Liturgiereform im evangelikalen Katholizismus des 21. Jahrhunderts und darüber hinaus die Liturgie wieder mit der kerygmatischen und karitativen Arbeit der Kirche verbinden. Das heißt, dass die Beziehung zwischen dem kirchlichen *Munus sanctificandi* (dem Heiligungsauftrag), dem kirchlichen *Munus docendi* (dem Lehrauftrag) und dem kirchlichen *Munus regendi* (dem auf die Werke der Gerechtigkeit und der Nächstenliebe bezogenen Leitungsauftrag, mit dem die Kirche der Welt dient), wie sie die Liturgische Bewegung Mitte des 20. Jahrhunderts angestrebt hatte, voll und ganz wiederhergestellt werden wird.

Der dreijährige sonntägliche Lesezyklus und der zweijährige Zyklus der Bibellesungen für die heiligen Messen an den Werktagen zählen (trotz des Durcheinanders in der Weihnachtszeit) zu den besseren Errungenschaften der nachkonziliaren Liturgiereform. Sie bieten dem Kirchenvolk und den Predigern einen großen Reichtum an biblischen Texten, der die Kirchgänger nach und nach dazu befähigen sollte, sich in die Tiefen der biblischen Weisheit zu versenken.[10] Diese Tiefen werden während der Feier der Liturgie durch kerygmatische und auslegende Predigten ausgelotet, die den Zusammenhang zwischen dem biblischen Zeugnis und der kirchlichen Lehre verdeutlichen. Deshalb werden evangelikale katholische Prediger bei der Vorbereitung ihrer Ansprachen und Predigten sowohl einen guten Bibelkommentar als auch den ausführlichen Index der Bibelstellen des *Katechismus der Katholischen Kirche* zur Hand haben. Auf diese Weise wird der katholische Glaube durch eine Kombination aus biblischer und katechetischer Predigttätigkeit vertieft und so ein wirkungsvolles katholisches Zeugnis in der Welt und ein wirkungsvoller Dienst an den Bedürftigen gewährleistet.

In der Liturgie tritt die Kirche aus den Rhythmen und Leidenschaften ihrer Umgebungskultur heraus und ein in die eigentliche »Realität«: das Leben im Licht und in der Liebe der Heiligsten Dreifaltigkeit. In dieser vorweggenommenen Teilhabe am trinitarischen Leben, die durch die Liturgie ermöglicht wird, erfährt die Kirche die Bedeutung der Verheißung Christi: »Ich bin gekommen, damit sie das Leben haben und es in Fülle haben« (Joh 10,10). Das heißt, dass die evangelikalen Katholiken des 21. Jahrhunderts in dieser einzigartigen Mikrokultur einer würdig und im Sinne der Kirche gefeierten Liturgie lernen werden, die Würde der menschlichen Person zu verstehen, der es gegeben ist, den einen, wahren Gott im

Geist und in der Wahrheit anzubeten; sie werden lernen, den unveräußerlichen Wert jedes menschlichen Lebens von der Empfängnis bis zum Tod zu schätzen; sie werden lernen, dass Religionsfreiheit das erste aller Menschenrechte ist; und sie werden die übernatürliche Liebe kennenlernen, die, auch wenn sie die Welt übersteigt, die wesentlichen Werke der Gerechtigkeit in der Welt und für die Welt vervollkommnet. All das lernen wir nicht so sehr auf didaktischem Wege – wir werden vielmehr davon durchdrungen: Die Liturgie lädt uns zu einer reicheren, vornehmeren Erfahrung des Menschseins ein, als die Welt sie uns bieten kann; und von dieser liturgischen Erfahrung und der besonderen Art des darin vermittelten Wissens geprägt, werden evangelikale Katholiken zu Dienern der Gerechtigkeit und Boten des Heils in einer zerrütteten und zersplitterten Welt.

Reform statt Nostalgie

Die Reform der kirchlichen Liturgie im evangelikalen Katholizismus ist ganz ausdrücklich keine nostalgische Übung, und sie geht auch nicht von der Voraussetzung aus, dass der *Novus Ordo* Papst Pauls VI. – die Form des römischen Ritus, die das II. Vaticanum in Umsetzung der Konzilskonstitution über die heilige Liturgie entwickelt hat – ein schwerer Fehler war. Schwere Fehler sind allerdings bei der Einführung der Liturgie des *Novus Ordo* begangen worden. Deshalb begrüßt der evangelikale Katholizismus das Wiederaufleben der außerordentlichen Form des römischen Ritus aus dem Missale von 1962, weil diese zu einer würdigeren Feier des *Novus Ordo* inspirieren kann. Doch die evangelikale katholische liturgische Erneuerung des 21. Jahrhunderts wird auf dem *Novus Ordo* – genauer, auf dem *Novus Ordo*, wie ihn die dritte Ausgabe des Römischen Messbuchs vorsieht – und nicht auf einer Rückkehr zum vorkonziliaren Ritus aufbauen.

Für eine kleine Minderheit von Katholiken stellt das Missale von 1962 die Liturgie dar, die am ehesten geeignet ist, sie zu der von ihnen angestrebten Form der Anbetung hinzuführen. Für die überwältigende Mehrheit der Katholiken wird die Reform der Reform jedoch eine Fortsetzung der Reform des *Novus Ordo* im oben skizzierten Sinne sein. Liturgie-nostalgische Bestrebungen, die eine vermeintliche Vergangenheit wieder aufleben lassen wollen (eine Vergangenheit überdies, die ganz anders ist, als Katholiken, die in den 1950ern gelebt haben, sie in Erinnerung haben), stellen keinen geeigneten Kurs für die Zukunft dar und werden diese Reformen eher verzögern als voranbringen. Eine solche missverstandene Nostalgie kann nicht zur Entwicklung des evangelikalen Katholizismus im 21. Jahrhundert beitragen; die Reform der Liturgiereform wird nicht durch die Wiedereinführung des Manipels [am linken Unterarm getragenes gesticktes Band des katholischen Messgewandes, Anm. d. V.], die flächendeckende Verwendung der Bassgeigenkasel [besondere Form eines liturgischen Gewandes, Anm. d. V.], den überreichlichen Einsatz spitzenbesetzter Chorhemden und Alben oder durch andere liturgische Retro-Elemente vorangebracht werden.[11]

An den üblichen nachkonziliaren Standards gemessen ist die evangelikale katholische Liturgie sicherlich »hochfestlich«. Doch sie ist nicht affektiert und ganz bestimmt nicht weichlich.

Mehr als eine sakramentale Tankstelle

Obwohl die katholische Praxis in den Jahrzehnten nach dem II. Vaticanum rückläufig ist, nehmen doch viele katholische Gemeinden ihr sakramentales Leben – und das liturgische Leben, das damit in Zusammenhang steht – noch immer sehr ernst. Die tiefgreifende Reform, die aus dem evangelikalen Katholizismus erwächst, wird diesen Ernst noch steigern und auf eine ernsthafte sakramentale Vorbereitung ausdehnen.

In einer (blühenden) amerikanischen Gemeinde, wo die Vision des evangelikalen Katholizismus radikal gelebt wird, müssen die Mitglieder der Gemeinde oder die, die gern Mitglied werden möchten, beweisen, dass es ihnen ernst ist mit ihrem Entschluss, ein Leben zu führen, das durch die Sakramente der Kirche auf das Sakrament schlechthin, Jesus Christus, ausgerichtet ist. Deshalb wird von Eltern, die ihre Kinder taufen lassen wollen, aber keine Gemeindemitglieder oder nur gelegentliche Kirchgänger sind, erwartet, dass sie vor der Taufe ihres Kindes ein halbes Jahr lang jeden Sonntag die Messe besuchen; außerdem werden die Eltern während dieser sechs Monate von den Diakonen und Katecheten der Gemeinde in den katholischen Glauben eingeführt (oder wieder eingeführt – aber diesmal richtig).

Paare, die in dieser Gemeinde getraut werden wollen, sind ebenfalls dazu aufgerufen, ihre sakramentale Ernsthaftigkeit unter Beweis zu stellen: nicht allein dadurch, dass sie ins Pfarrbüro kommen, Formulare ausfüllen und ihre Hochzeit planen, sondern dadurch, dass sie in einer sechsmonatigen Zeit der Ehevorbereitung gemeinsam die Sonntagsmesse besuchen. Paare, die bereits zusammenwohnen, werden aufgefordert, die sechs Monate vor ihrer Trauung im Einklang mit dem kirchlichen Verständnis der Ethik der Liebe zu leben, damit sie bei ihrer Trauung das Sakrament der heiligen Ehe in seiner ganzen Fülle feiern und erfahren und so das Fundament für eine wahrhaft christliche Ehe legen können.

Diese Praxis der ernsthaften sakramentalen Vorbereitung ist eine Möglichkeit, die Vision des evangelikalen Katholizismus in den Gemeinden umzusetzen, und kann durch die Zusammenarbeit der Priester eines Dekanats, Vikariats oder Bistums begünstigt werden. Sie kann aber auch behindert werden – von solchen Priestern, die nach wie vor eine Art sakramentale Tankstelle betreiben und von Paaren, die kirchlich heiraten oder ihre Kinder taufen lassen wollen, wenig oder gar nichts verlangen. Wenn eine Gemeinde – *nicht* aus Prinzipienreiterei, sondern im Interesse einer tieferen Christusbegegnung – eine ernsthafte sakramentale Vorbereitung fordert, die Nachbargemeinde dagegen weit weniger energisch darauf pocht, die Taufe und die kirchliche Trauung ernst zu nehmen, dann verringert das die Chancen auf eine tiefgreifende evangelikale katholische Reform.

Deshalb setzt die tiefgreifende Reform der Kirche voraus, dass die Bischöfe der Kirche – denn nur sie sind in der Lage, die evangelikale und sakramentale Ordnung in ihrer Diözese herzustellen – es nicht als ihre vorrangige Aufgabe betrachten, Diskussionsgruppen aus Klerikern oder Laien zu moderieren. Die vorrangige Aufgabe des Bischofs besteht darin, der Hüter der Wahrheit des Evangeliums in der Ortskirche zu sein, und dieses Hüteamt bezieht sich auf die Unversehrtheit von Wort *und* Sakrament.

Hüter der heiligen Geheimnisse

Die evangelikale katholische Reform der Liturgie hängt hauptsächlich von den Priestern der Kirche sowie von nichtgeistlichen Experten ab, die in den Bereichen Musik, dekorative und angewandte Kunst und Architektur über die entsprechenden Qualifikationen verfügen. Unterstützt wird ihre Arbeit durch ein erneuertes Bewusstsein für die Aufgabe des Ortsbischofs, der der oberste Hüter der liturgischen Integrität in seiner Diözese ist, behindert wird ihre Arbeit dagegen von Bischöfen, die ihrer Verantwortung als Hirten und Hüter des kirchlichen Gottesdiensts nicht gerecht werden. Bischöfe, die liturgische Verirrungen nicht korrigieren, schaden dem Gottesdienst, der kerygmatischen Sendung und dem Dienstamt der Kirche; Bischöfe dagegen, die ihre Priester und ihre Gläubigen zu einer würdigen Feier der heiligen Geheimnisse anleiten, erfüllen dadurch auch jede andere Facette des katholischen Lebens in ihren Diözesen mit Kraft und Energie. Deshalb sind die Liturgiefeiern in der Kathedrale so wichtig: Als Mutterkirche eines Bistums sollte die Kathedrale mit der Würde und Schönheit ihrer liturgischen Feiern und mit anspruchsvollen, mitreißenden Predigten Maßstäbe setzen und ein Vorbild sein, dem jede Gemeinde nacheifert.

Und deshalb müssen die Bischöfe ihre Verantwortung, bei den Gläubigen für einen würdigen Sakramentenempfang zu sorgen, ernster nehmen. Wenn Priester Maßstäbe für die Spendung der Taufe oder die kirchliche Eheschließung aufstellen, die die Integrität der Sakramente gewährleisten sollen – indem sie zum Beispiel darauf bestehen, dass die Eltern vor einer Kindstaufe mehrere Monate lang die Messe besuchen, oder indem sie die Überzeugung vertreten, dass das voreheliche Zusammenleben keine angemessene Vorbereitung auf die kirchliche Trauung ist –, müssen sie darin von ihren Bischöfen unterstützt werden. Wenn ein Bischof nach eingehenden Beratungsgesprächen zu dem Schluss kommt, dass das Verhalten eines öffentlichen Amtsträgers bei der Wahrnehmung seiner legislativen oder exekutiven Verantwortlichkeiten in krassem Widerspruch zum Sittengesetz und zu den Erfordernissen der Gerechtigkeit steht und der oder die Betreffende daher nicht zum Kommunionempfang zugelassen werden sollte, dann muss dieser Bischof sich auf die Unterstützung seiner Priester verlassen können.

Die Feier der heiligen Liturgie ist keine Freizeitaktivität, an der jeder nach Belieben teilnehmen kann. Die eucharistische Liturgie ist ein Akt der Anbetung: Alle sind zur Teilnahme gerufen, doch die vollumfängliche Teilnahme setzt voraus, dass man sich im Stand der Gnade befindet. Dass hierüber Klarheit herrscht oder mit den geeigneten disziplinären Maßnahmen Klarheit hergestellt wird, ist wesentlich für die Integrität des evangelikalen katholischen sakramentalen Lebens, das die Voraussetzung für alles andere ist.

KAPITEL ACHT

Die evangelikale katholische Reform des geweihten Lebens

Gottgeweihte Katholiken und katholische Ordensleute – Männer und Frauen, die öffentlich das Gelübde der immerwährenden Armut und Keuschheit und des immerwährenden Gehorsams abgelegt haben – machen im 21. Jahrhundert etwa ein Prozent der Weltkirche aus. Doch immer wieder in der Geschichte war diese kleine Minderheit doch auch ein wesentlicher Teil der Kirche und ein Schlüssel zu ihrer Erneuerung. Und das wird auch im evangelikalen Katholizismus der Zukunft so sein: Männer und Frauen, die die Gelübde ablegen und ein geweihtes Leben führen, werden das Vitalzentrum des kirchlichen Wachstums und eine Art spiritueller Reaktorkern sein, von dem aus allen Gliedern des Leibes neue Gnadenkraft zufließt. Das geweihte Leben ist nicht etwa nebensächlich, sondern wesentlich für die evangelikale Mission der Kirche des 21. Jahrhunderts. Seine tiefgreifende Reform ist ein entscheidender Bestandteil der tiefgreifenden Reform der gesamten Kirche.

Die Charta dieser Reform des 21. Jahrhunderts wird das apostolische Schreiben *Vita consecrata* über »Das geweihte Leben« sein, das Papst Johannes Paul II. 1996 verfasst hat, um einen Schlussstrich unter die Arbeit der Bischofssynode zu ziehen. Die Synode war 1994 zusammengekommen, um sich ein

Bild vom Zustand des Ordenslebens in der nachkonziliaren Kirche zu verschaffen, und hatte schon sehr bald feststellen müssen, dass die vielfältigen Erfahrungen der Männer- und Frauenorden seit dem Konzil schwerlich unter einen Hut zu bekommen waren. In Afrika und Asien waren die Ordensgemeinschaften und insbesondere die Frauenorden in raschem Wachstum begriffen, während in Westeuropa und Nordamerika meist das genaue Gegenteil geschah. Dort waren die Ordensberufungen seit Mitte der 1960er-Jahre deutlich zurückgegangen, während die Ordensaustritte spürbar zunahmen – ein Exodus, der tiefgreifende Auswirkungen auf die katholischen Bildungs-, Wohltätigkeits- und Gesundheitseinrichtungen hatte, deren Personal früher zu einem großen Teil aus Ordensmännern und -frauen bestand.

Gleichzeitig begannen Männer- und Frauenorden in der westlichen Welt Berufungstheorien zu entwickeln, die mit dem traditionellen kirchlichen Verständnis der »evangelischen Räte« Armut, Keuschheit und Gehorsam nur wenig zu tun hatten. Diese Theorien spiegelten und beschleunigten einen dramatischen Wandel in der Lebensführung der betreffenden Ordensgemeinschaften. Die maßvolle Modernisierung der Ordenstracht, die das II. Vaticanum empfohlen hatte, führte in der Praxis dazu, dass viele Ordensfrauen gar nicht mehr an ihrer Kleidung zu erkennen waren. Der Appell des Konzils an die Ordensoberen, ihre Autorität auf dem Wege der Beratung auszuüben – ein Appell, der eigentlich auf eine Bewusstmachung der mit dem Ordensleben verbundenen Pflichten abgezielt hatte –, führte de facto dazu, dass die Autorität (auch die des Heiligen Stuhls) im Namen der »Reife« und der »Befähigung« ganz aufgegeben wurde. Die Erneuerung des Keuschheitsgelübdes wurde durch die sexuelle Revolution des späten 20. Jahrhunderts erschwert, und in Männerorden, die sich einst einer robusten, soldatischen Männlichkeit gerühmt hatten, hielten sowohl unter den Novizen als auch unter denen, die ihre Gelübde bereits abgelegt hatten, homosexuelle Praktiken Einzug.

In alledem lag eine große Ironie. In der gesamten Zeit ihres Bestehens waren gerade die Ordensgemeinschaften immer wieder mit besonderer Hartnäckigkeit von den verschiedenen autoritären Systemen verfolgt worden – der Kommunismus des 20. Jahrhunderts, der größte Verfolger der Kirche in ihrer 2000-jährigen Geschichte, bildete da keine Ausnahme. Doch just in dem Moment, als der Kommunismus in der westlichen Welt an Bedeutung verlor, setzten die Ordensgemeinschaften einen Prozess der Selbstdemontage in Gang, wie ihn sich der eifrigste Kommissar für Religionsfragen oder der ehrgeizigste kommunistische Geheimpolizist nicht einmal in seinen kühnsten Träumen vorgestellt hätte. Was der Verfolgung im revolutionären Frankreich, antiklerikalen Mexiko und Portugal, im republikanischen Spanien, im nationalsozialistischen Deutschland und in den kommunistischen Ländern Mittel- und Osteuropas nicht gelungen war, das brachte nun in großen Teilen des nachchristlichen Westens eine falsche Theologie zustande: dass das Ordensleben im katholischen Kernland weitgehend auf ein bizarres und zuweilen unheimliches Scheinbild seiner selbst reduziert wurde.

Veränderung durch Verklärung

Johannes Paul II. war entschlossen, diese Probleme anzupacken, und lud die Bischofssynode 1994 ein, sich ein Bild von der Situation zu machen und Lösungen vorzuschlagen. Wahrscheinlich war der Papst jedoch enttäuscht über die Qualität, mit der die Synode über das geweihte Leben diskutierte. Einen unverhältnismäßig großen Teil der Zeit brachten die Bischöfe damit zu, über die Frage zu debattieren, ob das Ordensleben sich in einer Krise befinde – was eindeutig der Fall war. Nach beinahe dreißig Jahren der Erneuerung-durch-Dekonstruktion weigerten sich die Oberen vieler Männer- und Frauenorden (und, aus Überzeugung oder Schwäche, auch die Bischöfe, die für sie sprachen) einzusehen, dass der Ansatz, den sie nach dem II. Vaticanum verfolgt hatten, fehlgeschlagen war. Statt über das offensichtliche weitere Vorgehen zu debattieren, richtete Johannes Paul den Fokus seines umfangreichen apostolischen Schreibens *Vita consecrata* auf die evangelikale Erneuerung des Ordenslebens. Dieses Projekt bot seiner Ansicht nach unbegrenzte Möglichkeiten – vorausgesetzt, es stand auf einem gut gebauten biblischen und theologischen Fundament.

Als primären bildhaften Schlüssel zu den Fakten einer echten und tiefgreifenden Reform des geweihten Lebens schlug der Papst die biblische Szene von der Verklärung Christi vor. Wie Petrus, Jakobus und Johannes, die die majestätische Schönheit des Herrn mit ehrfürchtigem Staunen erfüllte – »sein Gesicht leuchtete wie die Sonne und seine Kleider wurden blendend weiß wie das Licht« (Mt 17,2) –, sollten auch Männer und Frauen des geweihten Standes, ganz gleich, ob sie einem aktiven Dienst nachgehen oder in der Klausur ein Leben der Kontemplation und Fürbitte führen, ganz und gar darauf ausgerichtet sein, die Herrlichkeit des Herrn zu betrachten, zu lieben und zu verkündigen.[1] Auf diese Weise würden die gottgeweihten Männer und Frauen des 21. Jahrhunderts lernen, jenem geistlichen Pfad zu folgen, den die griechischen Kirchenväter die *Philokalie* nannten: die »Liebe zur göttlichen Schönheit«, die der Papst im weiteren Verlauf seines Schreibens mit der beständigen Ausgießung des Heiligen Geistes auf die Kirche und mit dem Sendungsauftrag des gesamten Kirchenvolks in Zusammenhang bringt:

»Wie die ganze christliche Existenz, so steht auch die Berufung zum geweihten Leben in enger Beziehung zum Wirken des Heiligen Geistes. Er ist es, der im Laufe der Jahrtausende immer aufs Neue Menschen dafür empfänglich macht, das Faszinierende einer derart verpflichtenden Entscheidung wahrzunehmen. Unter seinem Wirken erleben sie gewissermaßen wieder die Erfahrung des Propheten Jeremia: ›Du hast mich betört, o Herr, und ich ließ mich betören‹ (20,7). Der Geist ist es, der das Verlangen nach einer vollkommenen Antwort weckt; er leitet das Wachstum dieses Verlangens, indem er die positive Antwort heranreifen lässt und dann ihre getreue Ausführung unterstützt; er formt und bildet die Seele der Berufenen, indem er sie nach dem keuschen, armen und gehorsamen Christus gestaltet und sie anspornt, sich seine Sendung zu eigen zu machen. Während sie sich auf einem Weg unablässiger Läuterung vom Geist leiten lassen, werden sie immer mehr *zu Personen, die mit Christus gleichförmig sind*, zur Verlängerung einer besonderen Gegenwart des auferstandenen Herrn in die Geschichte hinein. [...]
Weit davon entfernt, diejenigen, die der Vater berufen hat, der Menschheitsgeschichte vorzuenthalten, stellt sie derselbe Geist sodann, je nach den Bestimmungen ihres Lebensstandes, in den Dienst der Brüder und Schwestern und leitet sie an, in Bezug auf die Bedürfnisse von Kirche und Welt durch die den verschiedenen Instituten eigenen Charismen besondere Aufgaben zu erfüllen. Daraus erklärt sich das Entstehen so vielfältiger Formen geweihten Lebens, durch die die Kirche ›mit den mannigfachen Gnadengaben ihrer

Kinder wie eine Braut für ihren Mann geschmückt dasteht (vgl. Offb 21,2)‹ und durch jedes Mittel bereichert wird, um ihre Sendung in der Welt zu erfüllen.«[2]

Der Papst verwendet auch noch andere biblische Bilder, um zentrale Aspekte des geweihten Lebens zu beschreiben: eines Lebens, das in der Macht des Geistes durch eine fortwährende Begegnung mit dem verklärten Herrn und seiner Herrlichkeit verändert wird. Jesu Salbung durch Maria in dem Haus, in dem sie gemeinsam mit Marta und Lazarus lebte, spricht vom »Übermaß an Unentgeltlichkeit«, das das geweihte Leben von denen fordert, die es praktizieren wollen. Und da Marias Salbung in Joh 12,1–7 auf Jesu Tod und Begräbnis vorverweist, ist die radikale Offenheit für andere, wie sie das geweihte Leben zum Ausdruck bringt, für die Kirche und für die Welt ein Zeichen der Fülle des Lebens im Reich Gottes.[3] Die Wache der Jungfrau Maria und des Apostels Johannes zu Füßen des Kreuzes ist ein biblisches Bild der Jüngerschaft, die dem geweihten Leben zugrunde liegt. Die Wache der Gottesmutter und der Apostel im Abendmahlssaal, wo sie die Ausgießung des Geistes nach der Auferstehung des Herrn erwarten, ist eine immerwährende Erinnerung daran, dass die »bräutliche Aufnahme« der Gnade Gottes – eine empfangende Haltung, die aus einer tiefen und hingebungsvollen Liebe erwächst – unbeirrbar im beharrlichen Gebet auf weitere Ausgießungen des Heiligen Geistes warten muss.[4]

All diese biblischen Bilder, so Johannes Paul II., veranschaulichen den entscheidenden Punkt in der Reform des geweihten Lebens im 21. Jahrhundert: Ein Leben nach den evangelischen Räten ist kein Leben des Sich-Durchsetzens, sondern des radikalen Sich-Hingebens. Die Heiligkeit, die die Erfahrung des geweihten Lebens über die Jahrtausende hinweg – von den Ere-

miten in der ägyptischen Wüste und den ersten Benediktiner-
mönchen und -nonnen bis hin zur völlig unerwarteten Blüte
des geweihten Lebens im 19. und 20. Jahrhundert – geprägt
hat, beweist, dass es ein Gesetz der Gabe gibt: ein Sittengesetz
der Selbsthingabe, das gleichsam in das Menschsein »einge-
senkt« ist. Und aufgrund dieser tiefen Wahrheit gelangen Männer und Frauen nicht dadurch, dass sie sich gegen andere
durchsetzen, sondern dadurch, dass sie sich für andere hingeben, zur Fülle des Lebens.[5] Dieses Gesetz der Gabe wiederum
wird durch die Gelübde der Armut, der Keuschheit und des
Gehorsams auf einzigartige Weise und als ein Zeugnis gelebt,
das, davon war der Papst überzeugt, die Kirche und die Welt
an der Schwelle des dritten Jahrtausends dringend nötig hatten.

Somit fordert der Gehorsam des geweihten Lebens die
Welt heraus, die es für erniedrigend hält, irgendeiner »äußeren« Autorität zu gehorchen, und beweist gleichzeitig, dass
echte menschliche Freiheit erst durch den Gehorsam gegenüber der Wahrheit möglich wird.[6] Das Gelübde der Armut
fordert den Materialismus der Welt und die Ethik des zur
Schau gestellten Konsums heraus und beweist gleichzeitig,
dass die Schöpfung gut ist und dass ein einfaches Leben be-
freiend sein kann.[7] Und über das für viele spätmoderne und
postmoderne Menschen unwahrscheinlichste aller Gelübde,
die Keuschheit, schreibt Johannes Paul, dass die Keuschheit
des geweihten Lebens nicht nur *ex negativo*, als Abgrenzung
gegen den Hedonismus, sondern als etwas von Grund auf Po-
sitives verstanden werden muss. Denn eine trotz aller Kämpfe
unversehrt bewahrte Keuschheit ist ein »Zeugnis für die
Macht der Liebe Gottes in der Schwachheit des menschlichen
Zustandes«.[8]

Mit alledem, so Johannes Paul, praktiziert der oder die
Gottgeweihte oder das Ordensmitglied eine moderne Form

dessen, was die Christen lange Zeit als »Nachfolge Christi« bezeichnet haben:

> »Denn die geweihte Person macht durch das Bekenntnis zu
> den Räten nicht nur Christus zum Sinn ihres Lebens, son-
> dern bemüht sich, [...] jene Lebensform, die der Sohn Gottes
> annahm, als er in die Welt eintrat, in sich wiederzugeben.
> Mit dem Entschluss zur *Keuschheit* macht sie sich die jung-
> fräuliche Liebe Christi zu eigen und bekennt ihn vor der
> Welt als eingeborenen Sohn, der eins ist mit dem Vater (vgl.
> Joh 10,30; 14,11); durch Nachahmung seiner Armut bekennt
> sie ihn als den Sohn, der alles vom Vater empfängt und in
> der Liebe ihm alles zurückgibt (vgl. Joh 17,7.10). Mit dem
> Opfer der eigenen Freiheit bekennt sie ihn durch die Ver-
> pflichtung zum Geheimnis ihres kindlichen *Gehorsams*, als
> den unendlich Geliebten und Liebenden, als den, der allein
> Wohlgefallen daran findet, den Willen des Vaters zu tun
> (vgl. Joh 4,34), mit dem sie vollkommen verbunden ist und
> von dem sie in allem abhängt.«[9]

Diese Themen aus Johannes Pauls von der Verklärung inspi-
riertem Entwurf für eine tiefgreifende Reform des geweihten
Lebens hat ein Team aus amerikanischen Ordensfrauen aufgegriffen und 2009 eine Studie herausgegeben. Sie trägt den
Titel *The Foundations of Religious Life: Revisiting the Vision* und
wurde vom *Council of Major Superiors of Women Religious*
(CMSWR) gesponsert, einer neu gegründeten Gemeinschaft
von Ordensschwestern, die zu dem Schluss gekommen waren,
dass die *Leadership Conference of Women Religious* (LCWR) –
eine Art Interessenverband, der die Mehrheit der amerikanischen Ordensfrauen vertritt – in theologischer Hinsicht auf extreme Abwege geraten war.[10] In *Foundations* erklärten theo-

logisch geschulte Ordensfrauen, die die *Vita consecrata* ernst genommen hatten, dass de facto alle Christen durch ihre Taufe in die Verantwortung gerufen seien, ein Leben der Armut, der Keuschheit und des Gehorsams im Sinne des Evangeliums zu führen. Folglich sei das geweihte Leben eine einzigartige Demonstration dessen, was die am Anfang des christlichen Lebens über den Christen ausgegossene Gnade zu wirken imstande sei. Manche Menschen seien jedoch dazu berufen, diese Taufverantwortung auf eine noch radikalere Weise zu leben, und indem sie dieser Berufung zum aktiven oder kontemplativen geweihten Leben großzügig Folge leisteten, erschlössen die Gottgeweihten und Ordensleute Gnadenquellen, die die gesamte Kirche in ihrem Streben nach Heiligkeit und in ihrer missionarischen Arbeit unterstützen würden.

Das Leben nach den evangelischen Räten, so das CMSWR-Team, ist ein Leben in der Kirche und für die Kirche, das die persönliche Verantwortung vertieft, indem es den oder die Betreffende auf noch radikalere Weise der Kirche und ihrem Bräutigam angleicht. Wer ein geweihtes Leben führt, wird durch die Gelübde nicht nur zum Mitglied einer Ordensgemeinschaft; er oder sie wird gleichzeitig im Rahmen einer ganz besonderen Berufung in das Leben und die Mission der Kirche eingegliedert.

Damit forderten die Verfasserinnen der Schrift *Foundations* alle heraus, die die Gelübde und insbesondere das Gehorsamsgelübde dahingehend umgedeutet hatten, dass sich darin eher der Solipsismus des alles beherrschenden autonomen Selbst als der Gehorsam des Gottessohnes auszudrücken schien (was beispielsweise für die in der *LCWR* vorherrschende Sichtweise zutraf):

»In den vergangenen Jahren haben manche die Frage aufgeworfen, ob die Oberen tatsächlich ›Gottes Platz einnehmen‹ [...] Sie fordern eine ›Theologie der Unterscheidung‹
und eine ›Theologie der Vermittlung‹ und behaupten, dass
jedes Ordensmitglied selbst am besten vermitteln und über
sein Leben bestimmen kann, weil ›eine Person sich entscheidet, ihre oder seine christliche Jüngerschaft im Rahmen eines
bestimmten Lebensstandes zu gestalten‹. An dieser Stelle
kommt einem die unverblümte Frage in den Sinn, die der heilige Basilius der Große im 4. Jahrhundert gestellt hat: ›Wenn
[der Mönch] [...] tun möchte, was er will, warum hat er sich
dann dem Gehorsam eines Oberen unterstellt?‹ Tatsächlich
wurzelt das Gehorsamsgelübde in der Willensentscheidung
eines Einzelnen, das heißt in seinem oder ihrem Intellekt
und Willen. Gehorsam ist keine Anpassung. Er wird willent-
lich und verantwortlich geübt. Ein Ordensmitglied, das in
wahrem Gehorsam handelt, wird nicht etwa unterdrückt
und entmenschlicht, sondern beweist die größte Reife, zu
der der Wille fähig ist [...] Deshalb zählt [das Zweite Vatikanische Konzil] die ›durch den Gehorsam gefestigte Freiheit‹
zu den besonderen Errungenschaften des Ordensstandes
und betont, dass dieser Gehorsam, ›weit entfernt, die Würde
der menschlichen Person zu mindern, diese durch die größer
gewordene Freiheit der Kinder Gottes zu ihrer Reife‹ führt.«[11]

All das, so betonte das *Foundations*-Team, geht letztlich auf die
zentrale Wahrheit des katholischen Glaubens zurück: Denn die
Bemühungen des Konzils waren darauf ausgerichtet, »den Ordensgehorsam noch tiefer im österlichen Geheimnis zu verankern, wo Christus, indem er ›wie ein Sklave‹ wurde, ›durch
Leiden den Gehorsam gelernt‹ hat. Der Ordensgehorsam ahmt
den Gehorsam Christi nach.«[12]

Ausgesprochen uneinheitliche Resultate

Johannes Pauls Vision von einem zutiefst reformierten Ordensleben im evangelikalen Katholizismus der Zukunft, die die
vom II. Vaticanum vorgelegte Sicht des geweihten Lebens ver-
tiefte und erweiterte, wurde weltweit von einigen Provinzen
einiger Männerorden ernst genommen, von anderen dagegen
weitgehend ignoriert.

Was die Frauenorden betrifft, so wurde die Vision von *Vita
consecrata* im frühen 21. Jahrhundert von den rasch wachsenden Kongregationen in Afrika und in Teilen Asiens (einschließlich der zuweilen hart bedrängten Kirche in Vietnam)
und auf der nördlichen Hemisphäre von denjenigen Gemeinschaften umgesetzt, die dem *Council of Major Superiors of Women Religious* angehören. Letztere sind übrigens die einzigen
Ordensgemeinschaften in den USA und Kanada, die steigende
Mitgliederzahlen zu verzeichnen haben. Eine dieser Kongregationen, die Dominikanerinnen von St. Cecilia, deren Mutterhaus sich in der Stadt Nashville in Tennessee befindet, hat so
viele junge Frauen angezogen, dass ein neues Noviziat gebaut
werden musste; Bischöfe und Pfarrer überall in den Vereinigten Staaten reißen sich um die Dominikanerinnen aus Nashville und wollen sie in ihren Gemeinden einsetzen, damit sie dort
den evangelikalen Katholizismus der Zukunft aufbauen. Die
Ordenskongregationen des *CMSWR* haben in Rom *Domus
Guadalupe* eröffnet, ein Wohnheim für Schwestern, die an einer
der päpstlichen Universitäten ein postgraduales Studium ab-
solvieren wollen, ehe sie zu ihren vielfältigen Apostolaten zurückkehren. Ebenfalls an diesem Projekt beteiligt waren die
Schwestern der Barmherzigkeit aus Alma in Michigan, eine
Gemeinschaft, die, was die Gelübde betrifft, einen klassischen
Ansatz vertritt und gleichzeitig ihre Mitglieder zu Studien-

abschlüssen in Fächern wie Philosophie, Theologie, Kirchenrecht oder Medizin ermutigt. Eine weitere Gruppierung, die die Gelübde so lebt, wie es in *Vita consecrata* vorgesehen ist, sind die *Sisters of Life*, deren Mutterhaus in New York steht und die von John Kardinal O'Connor und Mutter Agnes Mary Donovan (einer ehemaligen Psychologieprofessorin und Klinikärztin an der Columbia University) gegründet worden sind, um im abtreibungsgeplagten Amerika eine Kultur des Lebens aufzubauen und gleichzeitig Frauen in Krisensituationen während der Schwangerschaft und bei der Geburt mit konkreten Dienstleistungen zur Seite zu stehen.

Dagegen setzten die Frauenorden, die die *Leadership Conference of Women Religious* maßgeblich geprägt hatten, ihren Weg in eine andere Richtung fort – jene Richtung, die eigentlich mit der Synode von 1994 und dem Schreiben *Vita consecrata* eine deutliche Kurskorrektur hatte erfahren sollen. Beispielhaft zum Ausdruck gebracht wurde die Auffassung der *LCWR* von einer der wichtigsten theologischen Vertreterinnen der nachkonziliaren Revolution des Ordenslebens, Schwester Sandra Schneiders I. H. M., die lange Jahre als Professorin an der Jesuitischen Hochschule für Theologie in Berkeley tätig war. Schneiders war durchaus ehrlich, was die Kluft zwischen ihrer eigenen Vorstellung vom Ordensleben und der Sichtweise derer betraf, die offiziell mit der Umsetzung des II. Vaticanums betraut waren, und sie führte diese Kluft auf »einander widerstreitende Ekklesiologien« zurück:

»Die führenden Vertreterinnen der Frauenorden (in den Vereinigten Staaten) sind zu der klaren Erkenntnis gelangt [...], dass der grundlegende Konflikt zwischen der vatikanischen Bürokratie, die die Parameter des Ordenslebens zu diktieren und seine Praxis zu kontrollieren versucht, und den Ordensfrauen, die ein selbstbestimmtes Leben als verantwortungsbewusste Erwachsene führen wollen, nicht nur ein Zusammenstoß zwischen mittelalterlichen Patriarchen und modernen Demokraten, sondern auf einer tieferen Ebene außerdem ein Zusammenstoß zweier nicht miteinander zu vereinbarender Ekklesiologien ist.«[13]

Das traf zu. Doch es blieb die Frage, ob die von Dr. Schneiders und ihren Kolleginnen von der *LCWR* vertretene Ekklesiologie, also ihre Vorstellung von der Kirche, nicht womöglich in einem ernsten und vielleicht sogar finalen Gegensatz zur rechtgläubigen katholischen Lehre stand. Und es blieb die Frage, ob diese fehlende Verbindung zwischen der von der *LCWR* vertretenen Auffassung und Umsetzung der Gelübde einerseits und der kirchlichen Lehre andererseits nicht vielleicht einer der Hauptgründe dafür war, dass die Ordensgemeinschaften, die sich nach dem II. Vaticanum Stück für Stück selbst auseinandergenommen hatten, nun im Sterben lagen, während diejenigen, die die Lehre des Konzils und des apostolischen Schreibens *Vita consecrata* akzeptiert hatten, steigende Mitgliederzahlen vorweisen konnten. Doch als diese Frage im Raum stand, weigerten sich die führenden Vertreterinnen der *LCWR*, sich damit zu befassen und sagten, sie wollten nicht *wachsen*, sondern *sein*. Wie allerdings ein »Sein« ohne »Wachstum« möglich sein soll, dazu äußerten sie sich nicht.[14]

Die Schwierigkeiten der Reform

Die Schwierigkeiten bei der Durchführung einer tiefgreifenden Reform des geweihten Lebens, die in den Jahrzehnten nach dem II. Vaticanum zutage traten, spiegelten verschiedene Faktoren im Leben der Kirche wider und veranschaulichten einige der institutionellen Spannungen, die durch den Übergang vom gegenreformatorischen Katholizismus zum evangelikalen Katholizismus bedingt waren. Zu diesen Schwierigkeiten zählten: die recht weitgehende Autonomie der Ordensgemeinschaften innerhalb der Kirche (die gut ist, solange aus der Autonomie keine faktische Abspaltung wird); die mangelnde Bereitschaft des Heiligen Stuhls, ein Schisma zu riskieren (eine Maßnahme der pastoralen Vorsicht, die in der Kirchenleitung jedoch bisweilen an Verantwortungslosigkeit grenzt); und das Widerstreben vieler nachkonziliarer Bischöfe, sich selbst als Garanten der katholischen Identität in ihren Diözesen (und nicht etwa als Moderatoren einer Diskussionsgruppe) zu betrachten. All diese Schwierigkeiten müssen überwunden werden, wenn die evangelikale Reform des geweihten Lebens ihren angemessenen Beitrag zu einer tiefgreifenden Reform der ganzen Kirche leisten will. Drei missglückte Versuche, die gravierenden Probleme einiger Männer- und Frauenorden nach dem Konzil zu lösen, sollen im Folgenden veranschaulichen, wie die Dinge künftig möglichst *nicht* ablaufen sollten.

Johannes Paul II. und die Jesuiten

Bei einer Begegnung mit den internationalen Jesuitenoberen im September 1979 in Rom nahm Johannes Paul II. gegenüber den Mitgliedern dieser ausdrücklich dem Dienst am Papsttum gewidmeten Ordensgemeinschaft kein Blatt vor den Mund: »Ihr habt meinen Vorgängern Sorgen bereitet und ihr bereitet auch dem Papst Sorgen, der jetzt zu euch spricht.« Die damaligen Sorgen betrafen unter anderem die Verstrickung zahlreicher Jesuiten in revolutionäre Bewegungen in der Dritten Welt, hätten sich aber genauso gut auch auf die neuartigen Auslegungen des Armuts-, Keuschheits- und Gehorsamsgelübdes beziehen können, die in diesem Elitekorps von Ordensmännern – dem größten Männerorden der Kirche – grassierten.[15] Die Gesellschaft Jesu, seit Langem für ihre hervorragenden Intellektuellen bekannt, hatte sich seit dem II. Vaticanum überdies einen wohlverdienten Ruf des theologischen Abweichlertums erworben, der zum vorkonziliaren Erscheinungsbild der Jesuiten in einem krassen Gegensatz stand. Zwei Jahre später, im Oktober 1981, unterstellte Johannes Paul II. die *Societas* einer päpstlichen kommissarischen Verwaltung, indem er seinen eigenen Delegaten, Pater Paolo Dezza SJ, und einen Koadjutor (oder Stellvertreter), Pater Giuseppe Pittau SJ, an die Spitze der Ordensleitung platzierte – eine »Schocktherapie«, die die tiefe Besorgnis des Heiligen Stuhls angesichts der theologischen und pastoralen Richtung zum Ausdruck brachte, die die Jesuiten seit dem Konzil eingeschlagen hatten.

Diese Besorgnis wurde von der großen Masse der Jesuiten nicht geteilt. Und deshalb muss dieses drastische päpstliche Eingreifen insofern als ein Fehlgriff des Pontifikats Johannes Pauls II. gewertet werden, als es keine substanzielle theologische Reform zur Folge hatte: eine Reform der Art und Weise, wie die Gelübde des geweihten Lebens innerhalb der Gesellschaft Jesu gelebt wurden.[16] Das Ausmaß des Scheiterns lässt sich an den Äußerungen erkennen, die prominente Jesuiten 2002 in einem Buch veröffentlichten, dessen Titel allein schon Bände spricht: *Passionate Uncertainty: Inside the American Jesuits* (»Leidenschaftliche Ungewissheit: eine Innenansicht der amerikanischen Jesuiten«). Wie Paul Shaughnessy, selbst Jesuit, in seiner Rezension anmerkt, gab es nur eines, worüber die nachkonziliaren Jesuiten nicht im Ungewissen waren – ihre eigene Rechtschaffenheit:

Passionate Uncertainty erweist sich als Weckruf, indem es uns die Äußerungen einflussreicher Jesuiten zu Gehör bringt. Hier sagen Jesuiten, solche, die die Richtung bestimmen, offen ihre Meinung, hier sprechen sie sie in einer Weise aus, die nicht von den PR-Leuten ihrer Spendenbüros abgeschwächt wurde. »Ich bin entsetzt über die Richtung, die das Papsttum gegenwärtig [d. h. das Pontifikat Johannes Pauls II.] nimmt«, sagt der Verwaltungsrat einer Universität. »Mich empört Roms kompromisslose Weigerung, seine Lehren über Geschlecht und Sexualität zu überdenken [...]. Offen gesagt habe ich das Gefühl, die katholische Kirche wird von Strolchen geführt.« – »Die Kirche, so wie wir sie kannten, liegt im Sterben«, meint der Leiter eines Exerzitienhauses. »Ich hoffe und bete, die Gesellschaft Jesu darf ihr bei Tod und Auferstehung Beistand leisten.« Ein Akademiker brüstet sich: »Die Gesellschaft hat ihre Seele nicht an die ›Wiederherstellung‹ von Johannes Paul II. verkauft.« Ein weiterer jesuitischer Gelehrter, ein Kirchenhistoriker, nennt Johannes Paul II. den »wahrscheinlich schlechtesten Papst aller Zeiten« und fügt hinzu: »Er ist nicht einer der schlechtesten Päpste. Er ist der schlechteste. Zitieren Sie mich bitte nicht falsch.« Alle Befragten stellten klar, dass ihre Verachtung für den Papst fast ausschließlich darauf beruhte, dass er in dogmatischen Fragen nicht dieselbe Großzügigkeit wie sie an den Tag legte.[17]

Diese Einstellungen, die in der gesamten *Societas* weitverbreitet waren (allerdings in der Öffentlichkeit nur selten so unverblümt geäußert wurden), ließen auf einen schweren Fall von kognitiver Dissonanz schließen.[18] Denn, so Pater Shaughnessy weiter, wie alle Priester haben auch die oben zitierten ein feierliches Versprechen gegeben: »Mit Festigkeit erkenne ich auch an und halte an allem und jedem fest, was bezüglich der Lehre des Glaubens und der Sitten von der Kirche endgültig vorgelegt wird.« Shaughnessy kam jedoch zu der Schlussfolgerung, dass nicht davon auszugehen ist, dass diese Männer die Diskrepanz zwischen dem, was sie versprochen haben, und dem, was sie glauben und leben, nicht bemerkt hätten.»Ihre gewollte Beschränktheit ist keine Folge mangelnder Intelligenz oder mangelnden Scharfsinns, sondern beruht auf der bewussten Entscheidung, die Kollision der Pflichten zu ignorieren und alles zu unterdrücken, was rebellisch ans Licht drängt, aber aus taktischen Gründen besser im Dunkeln bleiben soll.«[19]

Die Situation der Jesuiten wurde auf dem Konklave des Jahres 2005 diskutiert. Einer der damals geäußerten Vorschläge drängte auf ein noch drastischeres päpstliches Eingreifen: Ein künftiger Papst sollte alle Jesuiten von dem für sie typischen vierten Gelübde entbinden, das alle Mitglieder der *Societas* bei ihrer ewigen Profess ablegen – was de facto einer Auflösung der Gesellschaft Jesu gleichgekommen wäre. Sodann sollte eine päpstliche Kommission (bestehend unter anderem aus Jesuiten, besser gesagt: ehemaligen Jesuiten, die für ihr heiligmäßiges Leben und ihre Rechtgläubigkeit bekannt seien) die Bewerbungen um die Zugehörigkeit zu einer neu gegründeten Ordensgemeinschaft prüfen, deren Mitglieder sich ausdrücklich zu einem geweihten Leben nach den Vorstellungen des heiligen Ignatius von Loyola und in uneingeschränkter Treue zur Lehrautorität der Kirche zu verpflichten hätten.

Vielleicht wird ein künftiger Papst, der entschlossen ist, der Kirche wieder ein Elitekorps aus sehr gut ausgebildeten Ordensmännern zur Verfügung und dieses in den Dienst der Neuevangelisierung zu stellen, etwas Derartiges tun. Bis dahin ist – trotz der jüngeren Jesuiten, die der *Societas* seither beigetreten sind und die Vision, die Johannes Paul II. von der Zukunft der Kirche gehabt hat, voll und ganz teilen – nicht ohne Weiteres zu erkennen, wie die Gesellschaft Jesu, einst der ganze Stolz des katholischen Ordenslebens, irgendeinen nennenswerten Beitrag zum Aufbau des evangelikalen Katholizismus der Zukunft leisten sollte.

Die Visitationen amerikanischer Frauenorden

In den Jahrzehnten nach dem II. Vaticanum hat der Heilige Stuhl mehrere Versuche unternommen, eine wahrhaft evangelikale Reform der Frauenorden in den Vereinigten Staaten durchzuführen; all diese Versuche sind gescheitert, wenn auch aus unterschiedlichen Gründen. 1983 gab eine US-amerikanische Bischofskommission unter Vorsitz von John R. Quinn, Erzbischof von San Francisco, ein wenig aussagekräftiges Dokument über die wesentlichen Elemente des Ordenslebens heraus – doch selbst das ging vielen Mitgliedern der *Leadership Conference of Women Religious* noch zu weit, und sie verwarfen das Dokument einer Kommission, die weitgehend mit ihren eigenen Ansichten übereinstimmte. Die Kongregation für die Glaubenslehre richtete 2001 eine Warnung an die *LCWR* und wies darauf hin, dass ihre Mitglieder in einer Reihe von abweichenden theologischen Positionen nicht mit der Kirche übereinstimmten; die *LCWR*-Führung beharrte jedoch auf ihrer Auffassung vom Ordensleben als »loyalem Dissens«. Auf der *LCWR*-Versammlung 2007 bemerkte Schwester Laurie Brink OP mit unverkennbarer Genugtuung, dass einige religiöse Frauenorden im Zuge ihres »Verweilens […] über die Grenzen der institutionellen Religion hinausgewachsen sind […]. Religiöse Titel, institutionelle Beschränkungen, kirchliche Autoritäten passen nicht mehr zu einer Kongregation, die unter den meisten Gesichtspunkten postchristlich ist.« Und »Wie kann man denn sagen, dass die Bewegung über Christus hinaus nicht eine Bewegung mitten in das Herz Gottes hinein ist?«[20]

Als Reaktion auf diese und andere Ausdrucksformen einer tiefgreifenden, ja grotesken Unstimmigkeit innerhalb des Ordenslebens wurde eine weitere Visitation der amerikanischen Frauengemeinschaften eingeleitet, und wieder verweigerten die meisten *LCWR*-Kongregationen die Zusammenarbeit. Die *LCWR* selbst verfolgte eine maßvolle (wenngleich unaufrichtige) Linie und gab sich überrascht über die im Januar 2009 angekündigte Visitation. Wieder war es die fragwürdige Schwester Sandra Schneiders I. H. M., die eine ehrliche, aber völlig unbotmäßige Antwort formulierte:

»Ich habe nicht vor, mich von dieser Untersuchung in allzu große Panik versetzen zu lassen, die eben ist, was sie ist. Wir haben eine solche Untersuchung gerade an den Priesterseminaren erlebt, sie war ebenso aggressiv wie unehrlich. Dass diese hier nun freundlich sein soll, transparent, dass man nur helfen wolle usw., kann ich einfach nicht glauben. Es ist ein feindseliges Vorgehen und das Ergebnis steht bereits fest. Wir sollen eingeschüchtert werden. Doch ich denke, wenn wir an das glauben, was wir tun (und ich glaube definitiv daran), dann müssen wir einfach nur weiter in aller Ruhe unserer Arbeit nachgehen. [...]
Natürlich können wir sie nicht an ihren Nachforschungen hindern. Aber wir können sie höflich und freundlich als das empfangen, was sie sind: ungebetene Gäste, die man im Salon empfängt, aber nicht im ganzen Haus herumlaufen lässt. Wenn Leute Fragen stellen, die sie nicht stellen sollten, dann sollten diese Fragen entsprechend beantwortet werden. Ich hoffe nur, dass wir nicht [...] meinen, dass wir durch völlige ›Offenheit‹ und ›Gesprächsbereitschaft‹ Ver-

ständnis und Akzeptanz auf beiden Seiten erreichen. Die Visitatoren kommen nicht, um zu verstehen, glauben Sie mir, diese Erfahrung haben wir bei der Visitation der Priesterseminare gemacht. Also: Seien wir ehrlich, aber zurückhaltend, liefern wir ihnen keine Munition, die sie gegen uns verwenden können, seien wir gewaltlos selbst angesichts der Gewalt, aber seien wir nicht naiv. Gewaltloser Widerstand ist das, was letztlich funktioniert. Das haben wir in vielen Bereichen festgestellt.«[21]

Sandra Schneiders hätte sich keine Sorgen darüber machen müssen, dass es womöglich nötig werden würde, eine Kampagne des gewaltlosen Widerstands von gandhischen Dimensionen zu organisieren, denn der Vatikan blies, ehe die Visitation überhaupt abgeschlossen war, an allen Fronten zum Rückzug. 2010 stellte der neue Sekretär der Kongregation für die Ordensleute des Heiligen Stuhls, Erzbischof Joseph Tobin, ein amerikanischer Redemptorist, den gesamten Prozess infrage. Im Gespräch mit dem *National Catholic Reporter* sagte Tobin, der Heilige Stuhl habe die »Tiefe der Verletzung und Verärgerung« unter den LCWR-Angehörigen erkannt, und versprach eine »Strategie der Versöhnung«, die »Strafmaßnahmen oder übermäßig präskriptive Normen« vermeiden werde.[22] Acht Monate später sagte Tobin, die Kongregation für die Ordensleute müsse ein neues »Vertrauensverhältnis« zu den LCWR-Ordensgemeinschaften aufbauen: »Ich bin Optimist, aber ich versuche auch, realistisch zu sein: Das Vertrauen, das die Töchter und Söhne Gottes und die Jünger Jesu kennzeichnen sollte, lässt sich nicht über Nacht wiederherstellen. Ich denke, die Ordensfrauen haben ein Recht darauf, zu sagen: ›Nun gut, warten wir's ab.‹«[23]

Mit anderen Worten: *Business as usual* in den Frauenkongregationen der LCWR. Der Heilige Stuhl hatte kapituliert; die gravierenden Fragen der Orthodoxie und Orthopraxie, die die *LCWR*-Kongregationen ganz offensichtlich umtrieben, würden auch weiterhin ignoriert werden. Eine tiefgreifende katholische Reform war, zumindest was die Ordenskongregationen betraf, von der Tagesordnung gestrichen worden.[24]

Damit würde in Zukunft, soweit dies 2011 absehbar war, jedwede ernsthafte Reform der Frauenorden im Sinne des Zweiten Vatikanischen Konzils und des Schreibens *Vita consecrata* innerhalb der jeweiligen Gemeinschaften durchgeführt werden müssen: das heißt innerhalb derjenigen Gemeinschaften, die – zum Glück für alle, die sich wirklich einer tiefgreifenden Reform verpflichtet fühlen – auch Mitte des 21. Jahrhunderts, wenn die *LCWR*-Kongregationen sich durch ihre eigene innere Unstimmigkeit selbst zugrunde gerichtet haben werden, noch Mitglieder haben werden. Was mit den Milliarden von Dollar geschehen wird, die sich noch im Besitz dieser aussterbenden Kongregationen befinden, ist eine andere Frage; doch nach dem Debakel der jüngsten Visitation steht nicht zu erwarten, dass diese Ressourcen bei der katholischen Familie verbleiben, für die sie ursprünglich bestimmt waren.

Die Legionäre Christi

2006 wurde unmissverständlich klar, dass Pater Marcial Maciel, der Gründer der Legionäre Christi, einer vergleichsweise neuen und wachsenden religiösen Männerkongregation, eine pathologische Persönlichkeit gewesen war, reihenweise Seminaristen missbraucht, illegitime Kinder gezeugt und Spendengelder der Legionäre dazu benutzt hatte, sein zügelloses Leben zu finanzieren. Die Kongregation wurde daraufhin einer anderen Art von vatikanischer Zwangsverwaltung unterstellt und Kardinal Velasio de Paolis CS, ein anerkannter Kirchenrechtler und Experte für die kanonischen Normen und Regeln zum Ordensleben, als päpstlicher Delegat damit beauftragt, die Reformen zu überwachen. De Paolis, so hofften viele, würde einen Reformprozess in Gang bringen, der die Geschichte, die Leitung und die internen Ausbildungspraktiken der Legionäre auf Herz und Nieren prüfen und damit die Grundlagen für einen neuen künftigen Weg legen würde.

Doch Kardinal de Paolis weigerte sich, die allerdringlichste Frage zu stellen, die Maciels Sünden und Verbrechen aufgeworfen hatten: War die Kongregation der Legionäre Christi ein Werk Gottes? Niemand bezweifelte, dass die einzelnen Berufungen göttlichen Ursprungs waren, denn viele Legionäre waren wirklich gute Priester. Die Frage, die eine Antwort verlangte und die de Paolis nicht zu stellen wagte, war die, ob und wie eine Kongregation, die ein Soziopath gegründet und deren interne Praktiken und Kultur er so gestaltet hatte, dass sie einen Schutzraum für seine niederträchtigen Taten bildeten, das Werk Gottes sein konnte. Kardinal de Paolis deutete an, dass die Antwort auf das »Ob« bereits gegeben worden sei, als der Heilige Stuhl die Statuten der Legionäre genehmigt habe. Damit verwechselte er jedoch die Frage der Legalität mit der tiefer reichenden theologischen Frage, die nur theologisch beantwortet werden konnte.[25] Durch seine Nicht-Auseinandersetzung mit dem harten, theologischen Kern des Problems verhinderte de Paolis einen Ausweg aus der Krise der Legionäre, wie er im Umgang mit den Jesuiten bereits vorgeschlagen worden ist: Auflösung und Neugründung. Doch es war kaum zu sehen, wie die Kongregation der Legionäre Christi auch nur einen letzten Rest ihrer öffentlichen Glaubwürdigkeit würde bewahren können, ohne jenen umfassenden Bruch mit Maciel zu vollziehen, der durch eine Auflösung und Neugründung signalisiert worden wäre.

Dieser Fehlschlag weist bedeutende Parallelen zum kirchlichen Unvermögen auf, die Krise der *LCWR*-Kongregationen zu bewältigen. In beiden Fällen scheuten hohe Kirchenvertreter vor der einen naheliegenden, dringenden und schonungslosen Frage zurück: Waren diese Gemeinschaften, ungeachtet ihres kirchenrechtlichen Status, in irgendeiner theologisch relevanten Hinsicht katholisch? Einige ihrer Mitglieder standen zweifellos trotz der oft schwierigen institutionellen Umstände in voller Gemeinschaft mit der Kirche. Was aber war mit den Institutionen, den Kongregationen selbst? In welchem Sinne befanden sie sich, wenn denn überhaupt, in voller Gemeinschaft mit der katholischen Kirche?

Und wieder: Wahrheit und Mission

Krisen des geweihten Ordenslebens sind in der Kirchengeschichte nichts Neues, die Missstände in einigen Kongregationen waren einer der Auslöser der Reformation. Dass die Probleme von Ordensgemeinschaften, die an inneren theologischen Widersprüchen kranken, so dramatische Dimensionen annehmen, liegt oft an den Ansprüchen des geweihten Lebens selbst: Hier wird durch den Zerfall von Gemeinschaften, die gegründet worden sind, um den vornehmsten und schwierigsten Weg der Jüngerschaft zu verkörpern, Zwietracht und Verwirrung enthüllt und gestiftet. Mit dem Ergebnis, dass der gesamte Leib der Kirche Verletzungen davonträgt.

Die Reform dieser Gemeinschaften in der Zeit nach dem II. Vaticanum hat die Kirchenleitung vor nie dagewesene Probleme gestellt. In der Vergangenheit waren einzelne Ordensmitglieder auf häretische Abwege geraten und hatten die Kirche verlassen. In den Wirren nach dem II. Vaticanum geriet jedoch die Rechtgläubigkeit ganzer Gemeinschaften ins Wanken, die obendrein fest davon überzeugt waren, *sie* seien die Kirche der Zukunft, und demzufolge in eine Art psychologisches Schisma verfielen: Sie traten nicht im kirchenrechtlichen Sinne aus der Kirche aus, fühlten sich der Amtskirche und ihrer obersten Autorität aber auch nicht verbunden und betrachteten andere Ordensmänner und -frauen in ähnlichen Situationen, die einen anderen Weg eingeschlagen hatten, mit unverhohlener Verachtung. Zumindest das ist durch Bücher wie *Passionate Uncertainty* und die Schriften von Sandra Schneiders ein für alle Mal deutlich geworden.[26]

Im evangelikalen Katholizismus der Zukunft wird die tiefgreifende Reform des geweihten Lebens wie jede andere Facette authentischer katholischer Reform am doppelten Kriterium der Wahrheit und Mission gemessen werden. Ordenskongregationen, die die wesentlichen Elemente der katholischen Symphonie der Wahrheit leugnen, werden nicht zur Heiligung der Kirche oder zur Bekehrung der Welt beitragen. Im fünften Jahrzehnt nach dem II. Vaticanum haben sich die höchsten Autoritäten der Kirche angesichts dieser faktischen Schismatiker offenbar auf die Strategie verlegt, sie eines natürlichen Todes sterben zu lassen – eine Strategie, die zugegebenermaßen den Vorteil hat, dass man auf diese Weise eine Art Burgfrieden wahren kann.

Inwiefern aber eine derart defizitäre Ausübung der pastoralen Autorität zu einer tiefgreifenden Reform der Kirche, zu einem »Weg unablässiger Läuterung«, wie Johannes Paul II. in *Vita consecrata* schreibt, und zum Prozess der Neuevangelisierung beitragen soll, ist eine weitere, schonungslose Frage, die bis jetzt einer Antwort harrt.

KAPITEL NEUN

Die evangelikale katholische Reform der Laienberufung

Gleich zu Beginn ihres Dekrets über das Laienapostolat beschrieben die Väter des Zweiten Vatikanischen Konzils die Sendung der Laien in der Kirche und in der Welt als eine »apostolische« Berufung und als »in jeder Hinsicht notwendig« für das evangelisierende, heiligende und wohltätige Wirken der Kirche.

Der Sendungsauftrag der Laien hat, so die Konzilsväter, »in deren christlicher Berufung selbst seinen Ursprung«. Und obwohl die Sendung der Laien schon in den frühesten Anfängen der Kirche offensichtlich war (vgl. Apg 11,19–12,18.26; Röm 16,1–16; Phil 4,3), »verlangen« die modernen Verhältnisse von den katholischen Laien »ein durchaus intensiveres und weiteres« Engagement in den verschiedenen Bereichen des apostolischen Wirkens. Denn alle Glieder des Leibes Christi haben Anteil am evangelikalen Sendungsauftrag der Kirche, die »zur Ehre Gottes, des Vaters, die Herrschaft Christi über die ganze Erde ausbreiten und so alle Menschen der heilbringenden Erlösung teilhaftig machen« soll.[1]

Es war eine kühne Vision. Weltkirchlich betrachtet wurde in den Jahren nach dem Konzil – etwa in den aufkommenden laikalen Erneuerungsbewegungen oder in sich ausbreitenden Ausdrucksformen des Laienapostolats, wie sie etwa das *Opus*

Dei verkörpert – manches davon verwirklicht. Doch in der Hauptsache ist diese konziliare Bedingung eines reformierten evangelikalen Katholizismus nicht erfüllt worden. Statt die Laien zu ermutigen, sich auf den Missionsfeldern der Familie, Kultur, Politik, Geschäfts- und Medienwelt zu betätigen, legte der nachkonziliare Katholizismus in der industrialisierten Welt häufig die Neigung an den Tag, den Laienstand zu klerikalisieren – und gleichzeitig in manchen Bereichen den Klerus zu laikalisieren. Das führte dazu, dass der Sendungsauftrag der Laien oft als kirchliche Arbeit verstanden wurde, die Laien, sowohl Männer wie auch Frauen, *in* der Kirche verrichteten, und nicht als apostolische Arbeit, die sie *von* der Kirche *aus in der Welt* ausführten.

Einiges an dieser Ausweitung der Rolle der Laien innerhalb der Kirche war durchaus begrüßenswert. Die verstärkte Beteiligung der Laien an der Liturgie war für viele katholische Laien eine Quelle des geistlichen Wachstums und der evangelikalen Begeisterung. Die Situation der nachkonziliaren Kirche machte es außerdem erforderlich, dass katholische Laien wichtige Funktionen in katholischen Institutionen ausfüllten, die zuvor Priestern und Ordensleuten vorbehalten gewesen waren. Da die Zahlen der Ordensmänner und -frauen in der westlichen Welt einbrachen, übernahmen katholische Laien verantwortungsvolle Positionen im katholischen Bildungs-, Gesundheits- und Sozialwesen, die zuvor Patres und Ordensleute innegehabt hatten – und nahmen die katholische Identität dieser Einrichtungen in manchen Fällen ernster als die verbleibenden Ordensmitglieder. Doch auch in anderen Bereichen spielen die katholischen Laien bei der Neuevangelisierung des 21. Jahrhunderts eine Hauptrolle: in den Erneuerungsbewegungen, die sich für die Bekehrung getaufter Heiden engagieren und neue Christen in die Kirche einladen; in neuen Initiativen der Universitätsseelsorge und an-

deren Formen der evangelikalen Mission; und als Lebensschutz-
aktivisten und ehrenamtliche Helfer, die Frauen in Krisen-
schwangerschaften zur Seite stehen. Viele andere Felder des vom Konzil so genannten »Laienapostolats« sind jedoch – das scheint im frühen 21. Jahrhun-
dert offensichtlich – nicht gut bestellt worden, und in manchen
Fällen hat die katholische Präsenz in den betreffenden Wir-
kungsbereichen seit Ende des Konzils Mitte der 1960er-Jahre
zwar zahlenmäßig zugenommen, aber ihre »Dichte« einge-
büßt. Das lässt sich am Beispiel der Vereinigten Staaten veranschaulichen: Die Zahl der Katholiken im öffentlichen Leben
ist deutlich gestiegen, doch wird man schwerlich behaupten
können, dass dort in den vergangenen vier Jahrzehnten eine
keimfähige Saat eines auf der kirchlichen Soziallehre fußenden
moralischen Denkens ausgebracht worden wäre.[2] Dasselbe gilt
für die Medien, wo die Katholiken zahlenmäßig gut vertreten,
aber kaum ernsthafte und nachhaltige katholische Einflüsse zu
verzeichnen sind. Und obwohl viele neue Laieninitiativen direkt auf die Evangelisierung der Geschäftswelt ausgerichtet
sind, sind sie den Beweis, dass sie die Funktionsweise der
amerikanischen Wirtschaft tatsächlich spürbar beeinflussen
können, bisher schuldig geblieben.

Unterdessen greift die Verwirrung darüber, worin die »Sendung der Laien« besteht, weiter um sich. Manche beharren darauf, dass die Laien in ihrer Würde und Gleichheit als getaufte
Christen erst dann voll und ganz anerkannt wären, wenn sie
auf allen Ebenen an der Leitung der Kirche beteiligt würden –
eine Sichtweise, an der manche Kreise hartnäckig festhalten,
obwohl sie das exakte Spiegelbild des Klerikalismus darstellt,
den dieselben Kreise typischerweise verurteilen. Doch dieser
sonderbare progressiv-katholische Klerikalismus ist nicht einmal die größte Herausforderung. In jeder Osternachtsfeier

nimmt die Kirche Hunderttausende von Erwachsenen in ihren
Reihen auf: Erwachsene, die monatelang nach dem Ritus der
christlichen Einführung katechisiert worden sind – doch wie
viele dieser Neukatholiken betrachten sich selbst als Missionare mit einer ausgeprägt evangelikalen Berufung?
Die tiefgreifende Reform der Kirche im evangelikalen Katholizismus des 21. Jahrhunderts setzt voraus, dass die Laien
sich ihrer einzigartigen Verantwortung als *nichtgeistliche* Vertreter der kirchlichen Sendung in der Welt bewusst werden
und zu dieser Verantwortung stehen. Manche dieser Laien
werden ihre Berufungsverantwortung gewissermaßen innerhalb der Kirchenmauern leben: Sie werden ihre dringend be-
nötigten Führungsqualitäten und intellektuellen, finanziellen
oder kommunikativen Fähigkeiten in die Zusammenarbeit
mit den Hirten der Kirche einbringen oder im katholischen Bil-
dungs-, Gesundheits- und Sozialwesen administrative Verantwortung übernehmen. Doch für die große Mehrheit der Katholiken wird das Laienapostolat des Konzils in apostolischen
Aktivitäten »extra muros« bestehen: in ihrem Einsatz für die
Evangelisierung der Welt außerhalb der Kirchenmauern und
inmitten der kulturellen Wirren der Postmoderne. Ihre
Arbeit – die richtig verstandene »Laienmission« – ist der Dreh-
und Angelpunkt dieses Kapitels.

Der radikale Entwurf Johannes Pauls II.

Obwohl das Dekret des Zweiten Vatikanischen Konzils über
das Laienapostolat für den evangelikalen Katholizismus des
21. Jahrhunderts ein wichtiger Bezugspunkt bleibt, ist die
Magna Charta für eine tiefgreifende Reform des Sendungsauftrags der Laien das nachsynodale apostolische Schreiben *Chris-*

tifideles laici aus dem Jahr 1988 – eine kühne Sondierung der vielfältigen evangelikalen Rollen der »christgläubigen Laien« aus der Feder eines Mannes, Papst Johannes Pauls II., der noch als junger Erwachsener entschlossen war, sein Leben als christlicher Laie zu verbringen und der als Priester und Bischof über eine größere seelsorgliche Erfahrung in Sachen Laienapostolat verfügte als jeder andere Papst seit frühchristlicher Zeit. Gleich in seiner allerersten Predigt als Bischof von Rom am 22. Oktober 1978 machte Johannes Paul II. seine Entschlossenheit deutlich, die Vision des Konzils von einem engagierten Laienstand in der Kirche umzusetzen:

»Unsere Zeit lädt uns dazu ein, drängt und verpflichtet uns, auf den Herrn zu schauen und uns in eine demütige und ehrfürchtige Betrachtung des Geheimnisses der höchsten Gewalt Jesu Christi selbst zu vertiefen.

Er, der aus der Jungfrau Maria geboren wurde, der Sohn des Zimmermanns – wie man glaubte –, der Sohn des lebendigen Gottes – wie Petrus bekannte –, ist gekommen, um uns alle zu einem ›königlichen Priestertum‹ zu machen.

Das Zweite Vatikanische Konzil hat uns das Geheimnis dieser Herrschergewalt wiederum in Erinnerung gebracht und auch die Tatsache, dass die Sendung Christi als Priester, prophetischer Lehrer und König in der Kirche fortdauert. Alle, das ganze Volk Gottes, haben Anteil an dieser dreifachen Sendung. In der Vergangenheit hat man vielleicht dem Papst die Tiara, die dreifache Krone, aufs Haupt gesetzt, um durch diese symbolische Geste den Heilsplan Gottes für seine Kirche zum Ausdruck zu bringen, dass nämlich die ganze hierarchische Ordnung der Kirche Christi, die ganze in ihr ausgeübte ›heilige Gewalt‹ nichts anderes ist als Dienst, ein Dienst, der nur das eine Ziel hat: dass das ganze Volk

Gottes an dieser dreifachen Sendung Christi Anteil habe und immer unter der Herrschaft des Herrn bleibe, die ihre Ursprünge nicht in den Mächten dieser Welt, sondern im Geheimnis des Todes und der Auferstehung hat.«[3]

Zehn Jahre später legte derselbe Johannes Paul, der gemeinsam mit Laien schwere körperliche Arbeit verrichtet und bis zu seiner Wahl auf den Stuhl Petri seine Urlaube mit befreundeten Laien verbracht hatte, eine radikale Vision von einem durch und durch katechisierten und sakramental vorbereiteten Laienstand vor, der die Gesellschaft und Kultur durchwirkt und den Sauerteig des Evangeliums in die Bereiche menschlichen Strebens und in Situationen hineinknetet, zu denen nur Laien Zugang haben.

Die grundlegende Herausforderung ist deutlich, ja schonungslos formuliert: »Niemandem ist es erlaubt, untätig zu bleiben.«[4] Für die christlichen Laien ist die allgemeine Berufung zur Heiligkeit, von der das II. Vaticanum gesprochen hat, »mit der Sendung [...] aufs Engste verknüpft«, denn dem gläubigen Laien ist die Verantwortung übertragen, die heilbringende Sendung Christi in »der Welt« fortzusetzen; »die Welt« nämlich, so der Papst, wird »zum Bereich und zum Mittel der Erfüllung der christlichen Berufung der Laien«. Was aber ist diese typisch laikale (oder, wenn man so will, »weltliche«) Berufung? Es ist nichts Geringeres als die Heiligung »der Welt« – der Gesellschaft, der Kultur, der Politik, der Wirtschaft – durch das Zeugnis, die Evangelisierung und das Vorbild der Laien, die eine menschlichere und vornehmere Lebensweise vorleben.[5] Die geweihten Diener der Kirche können im evangelikalen Katholizismus der Zukunft in diesen Bereichen hilfreiche ergänzende Funktionen ausüben. Die Führung aber müssen katholische Laien übernehmen, die durch Wort und Sakrament ermächtigt sind, die Evangelisierungsmission zu erfüllen, die ihnen bei ihrer Taufe anvertraut worden ist.

Ein Christ – ein evangelikaler Katholik – zu sein, ist laut Johannes Paul II. eine Vollzeitbeschäftigung. Die Kirche kann die Welt nicht evangelisieren oder heiligen, wenn man sich die Kirche als eine Art klerikales Wildreservat vorstellt, zu dem die Laien hin und wieder Zugang erhalten, damit sie sehen, was geschieht. Nein, *die Kirche*, das ist jeder getaufte Christ, und jeder dieser getauften Christen ist sowohl zur Heiligkeit als auch zur Mission berufen. Diese Heiligkeit unter den Laien zu fördern und sie in ihrem Sendungsauftrag zu unterstützen und zu ermächtigen, ist Aufgabe des geistlichen Standes. Der Auftrag aber richtet sich an alle.

Das starke Vorbild der Laien in der Evangelisierung

Jene Hunderttausende erwachsener Männer und Frauen, die Jahr für Jahr in der Osternacht getauft oder in die volle Gemeinschaft der katholischen Kirche aufgenommen werden, »konvertieren« aus vielerlei Gründen. Für manche – wie zum Beispiel John Henry Newman im 19. und Evelyn Waugh im 20. Jahrhundert – ist die Konversion eine intellektuelle Angelegenheit: Das ist die Wahrheit, dazu sollte man sich bekennen. Andere sehen den Katholizismus als Ausweg aus der doktrinellen und ethischen Verwirrung des liberalen Protestantismus, wo die Verbindung zur großen christlichen Tradition recht fadenscheinig geworden und *Political Correctness* oft wichtiger ist als theologische Überzeugung. Einige evangelikale Protestanten sehnen sich nach einem reicheren liturgischen Leben und werden von der Sehnsucht ihres Herzens und ihrer Seele zum Katholizismus geführt. Andere, getauft oder nicht getauft, finden durch die Lebensgeschichten alter und neuer Heiliger und Märtyrer zum Katholizismus. Das alles sind gute Gründe. Katholische Laien, die ihre evangelikale Verantwortung ernst nehmen, wissen um die Vielzahl der Wege, die in die volle Gemeinschaft mit der katholischen Kirche führen, und werden sich auf dieses Wissen stützen, wenn sie andere einladen, sich ihnen anzuschließen und später selbst missionarisch zu wirken.

Da der evangelikale Katholizismus sich mit der ureigenen Berufung der Laien zu Beginn des dritten Jahrtausends befasst, lohnt es sich, der Frage nachzugehen, weshalb das Christentum in den ersten Jahrhunderten des ersten Jahrtausends »den Sieg davongetragen« hat. In den ersten Jahrhunderten der christlichen Zeitrechnung war der Mittelmeerraum ein riesiger Supermarkt der Spiritualitäten. Warum hat sich gerade *dieser* Entwurf, dieser Weg (Apg 22,4) durchgesetzt? Entscheidend waren – auch wenn manche Theologen und andere christliche Intellektuelle dies vielleicht nur ungern zugeben – nicht die Argumente. Entscheidend war das Vorbild.

Wie Rodney Stark in mehreren Büchern gezeigt hat, in denen er sich aus soziologischer Sicht mit der Frage beschäftigt, »warum das Christentum gewonnen hat«, ist der Triumph des christlichen »Weges« darauf zurückzuführen, dass er eine Möglichkeit vorgab, inmitten einer brutalen Welt menschlicher zu leben. Die auf Frauen, Sklaven, Fremde und Kranke ausgedehnte übernatürliche Nächstenliebe und sakramentale Teilhabe erwiesen sich als attraktiver Anreiz, sich einer Bewegung anzuschließen, die als winzige messianische Religionsgemeinschaft am äußeren Rand des Römischen Imperiums begonnen hatte. Besonders wichtig war dabei, so Stark, der christliche Respekt vor den Frauen, denn er führte dazu, dass zahlreiche Frauen den christlichen Glauben annahmen: Diese Frauen heirateten heidnische Männer, die sie sodann bekehrten und mit denen sie große Familien gründeten. Die christliche Selbstlosigkeit angesichts von Seuchen und anderen Wechselfällen eines Lebens vor der modernen Medizin war ebenso wie die christliche Nichtbeachtung der ethnischen oder sozialen Herkunft ein weiterer Grund für die Anziehungskraft dieses christlichen »Weges«.

Natürlich ergab die christliche Lehre weitaus mehr Sinn als der Mithraskult oder die römische Götterverehrung, die zusehends aus der Mode geriet.[6] Doch Starks Urteil zufolge war es das christliche Vorbild – auch, aber nicht nur das Vorbild der Märtyrer –, das dazu führte, dass die Christen den kulturellen Punkt der kritischen Masse erreichten, von den Rändern ins Zentrum der römischen Kultur und Gesellschaft drängten und schließlich von Konstantin als Religionsgemeinschaft anerkannt wurden.[7]

Was hat das mit dem evangelikalen Katholizismus des 21. Jahrhunderts und der Laienberufung »in der Welt« zu tun? Alles. Denn das beste Werkzeug der Evangelisierung, das ledigen oder verheirateten evangelikalen Katholiken zur Verfügung steht, ist das menschliche und integre Leben, das sie führen. Im 21. Jahrhundert ist diese Lebensweise natürlich gegenkulturell. Evangelikale Katholiken leben nicht nach dem Diktat des alles beherrschenden autonomen Selbst: Sie leben in dem Einen und für den Einen, der sie nicht zur obsessiven Selbstdurchsetzung, sondern zur radikalen Selbsthingabe ruft. Wer an einer Jobbeschreibung für den katholischen Laien des 21. Jahrhunderts interessiert ist, der seine Umgebung in erster Linie durch sein gegenkulturelles Vorbild evangelisiert, findet sie in einem Text aus dem 2. Jahrhundert, dem *Brief an Diognet*:

»Denn die Christen sind weder durch Heimat noch durch
Sprache und Sitten von den übrigen Menschen verschieden.
Sie bewohnen nirgendwo eigene Städte, bedienen sich keiner abweichenden Sprache und führen auch kein absonder-
liches Leben [...]. Sie bewohnen Städte von Griechen und
Nichtgriechen, wie es einem jeden das Schicksal beschieden
hat, und fügen sich der Landessitte in Kleidung, Nahrung
und in der sonstigen Lebensart, legen aber dabei einen
wunderbaren und anerkanntermaßen überraschenden
Wandel in ihrem bürgerlichen Leben an den Tag. Sie bewohnen jeder sein Vaterland, aber nur wie Beisassen; sie be-
teiligen sich an allem wie Bürger und lassen sich alles gefallen wie Fremde; jede Fremde ist ihnen Vaterland und jedes
Vaterland eine Fremde. Sie heiraten wie alle andern und
zeugen Kinder, setzen aber die geborenen nicht aus. Sie haben gemeinsamen Tisch, aber kein gemeinsames Lager. Sie
sind im Fleische, leben aber nicht nach dem Fleische. Sie
weilen auf Erden, aber ihr Wandel ist im Himmel. Sie
gehorchen den bestehenden Gesetzen und überbieten in
ihrem Lebenswandel die Gesetze. [...]
Sie sind arm und machen viele reich; sie leiden Mangel an
allem und haben doch auch wieder an allem Überfluss; sie
werden missachtet und in der Missachtung verherrlicht; sie
werden geschmäht und doch als gerecht befunden. Sie werden gekränkt und segnen, werden verspottet und erweisen
Ehre, [...] mit dem Tode bestraft, freuen sie sich, als würden
sie zum Leben erweckt, [...] aber einen Grund für ihre
Feindschaft vermögen die Hasser nicht anzugeben.«[8]

In der Laienberufung, wie sie von evangelikalen Katholiken
des 21. Jahrhunderts gelebt wird, drängt Heiligkeit nicht zur
Mission, sondern wirkt selbst missionarisch. Deshalb besteht

die missionarische Verantwortung des evangelikalen katholischen Laien in erster Linie darin, in jedem Aspekt seines Lebens – beginnend bei der eigenen Familie – ein evangelikaler Katholik zu sein. In unserer Epoche, die in der gesamten westlichen Welt von einem schwerwiegenden Zerfall der Familie geprägt ist, ist das Beispiel evangelikaler katholischer Familien, die Freud und Leid miteinander teilen und dies mit Verstand und Gnade tun, eines der machtvollsten Bekehrungswerkzeuge, die der katholischen Kirche zur Verfügung stehen.

Dasselbe gilt natürlich auch für die örtliche Gemeinde, wenn sie das evangelikale katholische Zeugnis voll und ganz umsetzt: in ihren Gottesdiensten, in ihren katechetischen Angeboten für Jugendliche und Erwachsene und in ihrem Dienst an den Menschen vor Ort. Daher ist die Erneuerung des Gemeindelebens ein wesentlicher Bestandteil der tiefgreifenden evangelikalen katholischen Reform. Die Evangelisierung ist nicht nur Aufgabe der Erneuerungsbewegungen und neuen christlichen Gemeinschaften. Jede Gemeinde in der postmodernen westlichen Welt lebt im Missionsgebiet und jede Pfarrei sendet ihre Mitglieder von der sonntäglichen oder täglichen Eucharistiefeier zur Mission aus. Also ist jede Pfarrgemeinde ein missionarisches Unternehmen.

Deshalb sind die lebendigsten, frömmsten und großzügigsten katholischen Gemeinden in der Regel diejenigen, die ihre evangelikale Verantwortung ernst nehmen: Gemeinden, die durchdachte (und ernsthafte) christliche Einführungskurse für Erwachsene anbieten und bei der Osternachtsfeier in der Kirche eine große Zahl neuer erwachsener Konvertiten vorweisen können. Dutzende von Aufnahmen und Erwachsenentaufen in einer Gemeinde geschehen nicht einfach so, sie geschehen, weil ein kritischer Teil der Gläubigen innerhalb der Gemeinde denkt, dass ihre katholische Verantwortung nicht zuletzt darin besteht, denen, die außerhalb der Kirchenfamilie stehen, die Zugehörigkeit zu dieser Familie anzubieten. Seelsorger und Diakone werden natürlich bei der Katechese und christlichen Bildung derer, die in die Kirche eintreten wollen, eine entscheidende Rolle spielen. Doch in vielen, wenn nicht gar den meisten Fällen kommt das erste »Angebot« explizit oder durch das Vorbild eines katholischen Laien, durch das Beispiel des persönlichen oder des Lebens der Familie.

Die Reform der katholischen Ehe

Die Ehe ist das Fundament der Familie, und die Familie ist die Grundeinheit der Gesellschaft und, aus katholischer Perspektive, die *Ecclesia domestica*, die »Hauskirche«.[9] Nach dem Verständnis der katholischen Kirche ist die Ehe zwischen zwei Getauften eine sakramentale Realität: ein Bund, der die gesetzliche, vertragliche Beziehung des zivilen Eherechts umfasst und zugleich übersteigt. Doch ob man es nun sakramental oder legal betrachtet: Die Ehe steht in den ersten Jahrzehnten des 21. Jahrhunderts in der gesamten westlichen Welt unter Beschuss.

Der Sturm hat im 20. Jahrhundert mit dem Abbau der kulturellen, sozialen und rechtlichen Scheidungshindernisse begonnen. Das Nettoergebnis dieser fehlgeleiteten Bemühungen war, dass eine seltsame neue Form der Polygamie – der in diesem Fall allerdings nacheinander geschlossenen Ehe mit mehreren Partnern – in den Demokratien der industrialisierten Welt so etwas wie die Norm wurde. Die nun praktisch auf Nachfrage durchführbare Scheidung, die eigentlich das Los von Paaren, die in gescheiterten Ehen gefangen waren, und das Leben ihrer Kinder hätte erleichtern sollen, schuf stattdessen Anreize, beschädigte Beziehungen rasch aufzugeben, und machte die Kinder mehr denn je zuvor zu Geiseln in den Konflikten ihrer Eltern.[10]

Der Sturm auf die Ehe setzt sich in den Bestrebungen fort, jedwede Verbindung zwischen zwei Erwachsenen, gleich welchen Geschlechts, als Ehe zu definieren. Der Schaden, den das grundlegende Selbstverständnis der Demokratien überall auf der Welt hierdurch erlitten hat, wird in einem anderen Kapitel thematisiert werden. Für den Moment soll der Hinweis genügen, dass diese Bestrebungen nur noch mehr dazu beigetragen haben, die Ehe auf eine zivilrechtliche Vertragsangelegenheit zu reduzieren und dem ehelichen Band seinen Bedeutungsreichtum und seine Bundesdimension zu nehmen.

Angesichts dieser Situation steht der Laie mit seiner Berufung und Sendung im 21. Jahrhundert vor der gigantischen Herausforderung, die Ehe zu retten, das heißt, den Bundescharakter dieser ersten aller menschlichen Verbindungen wiederherzustellen, die »im Anfang« (Gen 1,1.27–28) als Quelle der fruchtbaren Liebe gedacht war – einem Anfang, der für jede »Gegenwart« und für jede mögliche menschliche Zukunft einen Maßstab gesetzt hat.

Um diese Herausforderung zu bewältigen, bedarf es einer tiefgreifenden Reform des pastoralen Umgangs mit dem Sakrament der Ehe. Bei dieser Reform geht es weniger um legale als vielmehr um theologische, evangelikale und pastorale Fragen. Die Praxis der katholischen Ehe und der pastoralen Ehevorbereitung muss tiefgreifend reformiert werden, damit dieses große Geschenk der Liebe, das die Welt zunehmend als bloßes vertragliches Engagement zum beiderseitigen Nutzen behandelt, im evangelikalen Katholizismus des 21. Jahrhunderts und darüber hinaus die bräutliche oder hochzeitliche Beziehung Christi, des Herrn, zu seiner Braut, der Kirche, wirksam vergegenwärtigt. Der *Katechismus der Katholischen Kirche* fasst diese Dimension der christlichen Ehe treffend zusammen:

»Das ganze christliche Leben trägt die Handschrift der bräutlichen Liebe Christi und der Kirche. Schon die Taufe, der Eintritt in das Volk Gottes, ist ein bräutliches Mysterium; sie ist sozusagen das ›Hochzeitsbad‹ (vgl. Eph 5,26–27), das dem Hochzeitsmahl, der Eucharistie, vorausgeht. Die christliche Ehe wird wirksames Zeichen, Sakrament des Bundes zwischen Christus und der Kirche. Weil sie dessen Gnade bezeichnet und mitteilt, ist die Ehe zwischen Getauften ein wahres Sakrament des Neuen Bundes.«[11]

Die Aufgabe, die katholische Ehe so zu reformieren, dass sie ein wesentlicher Bestandteil des evangelikalen Katholizismus des 21. Jahrhunderts wird, fällt Seelsorgern und verheirateten Paaren gleichermaßen zu.

Die Seelsorger müssen einsehen, dass Paare, die ihre Hochzeit »in der Kirche feiern« wollen, oft nur wenig oder gar nichts darüber wissen, was die Kirche unter »Ehe« versteht und inwiefern sich dieses sakramentale Verständnis eines Liebesbundes von dem unterscheidet, was der Staat als »Ehe« bezeichnet. Der erste Schritt der evangelikalen katholischen Reform der ehelichen Praxis in der Kirche wird also darin bestehen, dass Seelsorger und Gemeinden lernen, die Zeit vor der Ehe, das heißt die Monate der Ehevorbereitung, als entscheidenden katechetischen Moment zu betrachten. Die Ehekatechese muss mit einer grundlegenden Katechese (oder katechetischen Wiederholung) des Glaubensbekenntnisses beginnen und um die Wahrheit herum aufgebaut sein, dass das christliche Leben in der durch seine Kirche vermittelten Freundschaft mit Jesus, dem Herrn, besteht. Die Bibel ist voll von Bildern, die dem Eheleben entlehnt sind, das gilt sowohl für das Alte Testament mit seinem Zeugnis von Gottes bräutlicher Beziehung zu seinem Volk Israel als auch für das Neue Testament, das die bräutliche Beziehung Christi zu seiner Kirche bezeugt. Diese biblischen Themen und Bilder bieten eine einzigartige Gelegenheit, Paaren mit dürftigen (aber auch mit guten) katechetischen Vorkenntnissen in einem entscheidenden Moment ihres Lebens das gesamte christliche Kerygma auf erfrischende und mitreißende Weise neu zu erschließen. Solche Ehevorbereitungskurse, die idealerweise von Teams aus Priestern und verheirateten Paaren durchgeführt werden, werden sehr viel mehr Zeit auf die Bibel und den *Katechismus* als auf den Myers-Briggs-Typenindikator und andere diagnostische Spielereien verwenden, wie sie in vielen nachkonziliaren Ehevorbereitungskursen zum Einsatz kommen. Das Paradigma der kirchlichen Ehevorbereitung sollte die Katechese sein – und keine Populärpsychologie.

Auch die Bischofskonferenzen könnten dazu beitragen, die Kirche auf der Basis dieses »ältesten Sakraments«, wie Johannes Paul II. es genannt hat, neu zu katechisieren,[12] indem sie den Ortskirchen die erforderlichen Materialien zur Verfügung stellen. Hierzu müssten die Konferenzen der Ortsbischöfe einen kompletten evangelikalen katholischen Ehevorbereitungskurs in Auftrag geben und diesen Kurs sodann im Internet und in Buchform zugänglich machen. Des Weiteren müsste die Bischofskonferenz darauf drängen oder vielleicht sogar verlangen, dass dieser Kurs in einer der jeweiligen Situation angemessenen Form an allen katholischen höheren Schulen, in der Universitätsseelsorge und in den Ehevorbereitungsseminaren der Diözese erteilt wird.

Zu den Dingen, die die Seelsorger tun können, um die Ehe inmitten einer verpesteten kulturellen Umwelt zu retten, gehört zwangsläufig ein gewisses Maß an pastoraler Disziplin.

Wenn Paare, die vor der Ehe zusammenleben, oder Männer und Frauen, die (unabhängig von ihren häuslichen Verhältnissen) nicht regelmäßig die Sonntagsmesse besuchen, im Rahmen einer öffentlichen Liturgiefeier in der Pfarrkirche getraut werden, dann untergräbt die Kirche ihre eigene Lehre über den sakramentalen Bund der Ehe und seinen Bezug zur Wahrheit des katholischen Glaubens. Um die Integrität des Sakraments zu wahren und die Paare – die sich in der Regel nicht in böser Absicht, sondern nur aus Unwissenheit so verhalten – zu einer tieferen Beziehung mit Christus, dem Herrn, einzuladen, muss deshalb von jedem Paar, das in der Pfarrkirche getraut werden will, in den Monaten vor der Ehe ein keusches Leben und die regelmäßige Teilnahme am sakramentalen Leben der Kirche gefordert werden.

Paare, die in die Pfarrgemeinde kommen, aber noch nicht wissen, was es heißt, ein Jünger und Freund Jesu, des Herrn, zu sein, können nicht verstehen, was den kirchlichen und den staatlichen Begriff der »Ehe« voneinander unterscheidet.[13] Deshalb betrachtet der evangelikale Katholizismus die enorme Verwirrung, die sowohl in der westlichen Kultur des 21. Jahrhunderts als auch in den Köpfen vieler schlecht informierter Katholiken hinsichtlich der Ehe herrscht, als einen riesigen Missionsauftrag: den Auftrag, dürftig katechisierte Katholiken zu einem tieferen Verständnis ihrer Jüngerschaft zu bekehren; und den Auftrag, die Ehe in einer weltlichen Gesellschaft zu retten, die so sehr auf die vertragliche Dimension der Beziehung fixiert ist, dass es ihr schwerfällt, sich die Bundesdimension und das bessere, menschlichere Leben, das durch eine solche Bundesbeziehung ermöglicht wird, überhaupt nur vorzustellen. Wenn diese gewaltige missionarische Herausforderung bewältigt werden soll, braucht es Bischöfe und Seelsorger, die führen können. Und es braucht das entschlossene

Engagement katholischer Ehepaare, die einen Teil ihrer Berufung als Laien dadurch verwirklichen, dass sie jungen Menschen die Frohe Botschaft der Ehe verkünden.

Laien in Führungspositionen in der Wirtschaft, in Politik und Kultur

In der Lehre des Zweiten Vatikanischen Konzils über das »Laienapostolat« spiegelte sich eine Facette jener Renaissance des katholischen Lebens, die sich Mitte des 20. Jahrhunderts vollzogen und das II. Vaticanum überhaupt erst ermöglicht hatte, nämlich die Blüte des katholischen Vereinslebens, die in ganz unterschiedlichen Gruppierungen Gestalt annahm: der katholischen Arbeiterjugend, der Vinzenzgemeinschaft, der *Holy Name Society*, dem *Catholic Family Movement*, der *Catholic Youth Organization*, den katholischen Gewerkschaften, der Katholischen Landvolkbewegung, der *Legion of Decency*, verschiedensten katholischen Studenten- und Berufsverbänden und einer Vielzahl katholischer Bruderschaften, unter denen die *Knights of Columbus* die prominenteste war. Es gehört zu den Tragödien der Zeit unmittelbar nach dem Konzil, dass dieses blühende katholische Vereinswesen schon bald verkümmerte und schließlich erstarb, als praktisch die gesamte organisatorische Energie des Katholizismus in die neu geschaffenen oder innerhalb kürzester Zeit drastisch vergrößerten Bischofskonferenzen und ihre vielfältigen »Büros« floss, die das katholische Leben »koordinieren« sollten, es de facto jedoch in nahezu all seinen Aspekten vereinnahmten.

Die verschiedenen katholischen Erneuerungsbewegungen und neuen katholischen Gemeinschaften haben diese Lücke, die die Vereine hinterlassen hatten, in Teilen wieder aufgefüllt und werden dies im evangelikalen Katholizismus des 21. Jahrhunderts und darüber hinaus auch weiterhin tun. Diese Bewegungen und Gemeinschaften stehen vor der Herausforderung, sich in das normale pastorale Leben der Kirche zu integrieren, wobei sie ihr besonderes Charisma nicht verlieren, aber auch nicht zu Sekten innerhalb der Kirche werden dürfen.[14]

Andere Teile dieser Lücke wurden durch neue katholische Organisationen gestopft, deren Gründung nicht selten eine bewusste Reaktion auf den Aufruf Johannes Pauls II. zur Neuevangelisierung gewesen war. *Legatus*, eine Vereinigung katholischer Führungskräfte, Unternehmer und Fachkräfte, ist ein Beispiel für diese Dynamik im katholischen Leben des späten 20. und frühen 21. Jahrhunderts. Ein anderes ist die Organisation FOCUS (*Fellowship of Catholic University Students*), die katholische Schul- und Universitätsabsolventen ausbildet und sie mehrere Jahre lang als Missionare an die Universitäten der Vereinigten Staaten schickt. Die Thomas-Morus-Gesellschaften in verschiedenen US-amerikanischen Diözesen sind Treffpunkte für katholische Richter und Beamte, die ihr Verständnis des Glaubens vertiefen und sich für die Evangelisierung ihres eigenen Arbeitsbereichs einsetzen wollen.

Und schließlich sind da die *Knights of Columbus* (die »Kolumbus-Ritter«), die sich im 21. Jahrhundert zu einem internationalen Netzwerk katholischer Laien entwickelt haben und auf der Grundlage einer tragfähigen und dynamischen Rechtgläubigkeit vielfältige Wohltätigkeits- und Bildungsaktivitäten durchführen. Die *Knights* sind in der gesamten Weltkirche zudem ein wichtiges Aushängeschild der katholischen Philanthropie.

Der evangelikale Katholizismus des 21. Jahrhunderts wird diese Organisationen, Vereine, Erneuerungsbewegungen und neuen katholischen Gemeinschaften ermutigen und stärken. Gleichzeitig wird der evangelikale Katholizismus nach Möglichkeit auch die einzelnen katholischen Laien, Männer und Frauen, darauf vorbereiten, die Soziallehre der Kirche in die Wirtschaft, Politik und Kultur hineinzutragen, indem sie sie mit dem intellektuellen Rüstzeug ausstattet, das notwendig ist, um die evangelikale Reform in diesen Bereichen der Gesellschaft voranzutreiben.

Die katholische Soziallehre war seit den Zeiten Papst Leos XIII. im Großen und Ganzen eine Domäne des Klerus: Sie war von katholischen Professoren (einige davon Priester und Bischöfe) entwickelt und in Ausübung ihres Lehramts von den Päpsten formuliert worden. Dennoch ist die Soziallehre der Kirche ganz klar darauf ausgerichtet, die katholischen Laien auszubilden und zu ermutigen, die im Unterschied zu den Klerikern in der Lage sind, die Soziallehre in die politische Welt der Gesetzgebung, Entscheidung und Exekutive, in die Gerichtshöfe, in Wirtschaft und Berufspraxis und in die Welt der Kunst und der Medien hineinzutragen. Deshalb wird der evangelikale Katholizismus die Laienberufung in der Welt fördern und Kader katholischer Männer und Frauen ausrüsten und schulen, denen bewusst ist, dass Jüngerschaft eine Vollzeitbeschäftigung ist, und die die Soziallehre der Kirche kennen: gut ausgebildete Christen – erfolgreiche Politiker, Manager großer Firmen und mittelständischer Betriebe, Juristen und Anwälte, Unternehmer, Mediziner, Schriftsteller, Komponisten, Bildhauer und einflussreiche Medienvertreter –, die ihr Christentum nicht an der Garderobe abgeben (oder die kirchliche Soziallehre im Regal stehen lassen), sondern die facettenreiche Wahrheit des katholischen Glaubens in der Welt auf mitreißende Weise leben.

So gesehen wird der evangelikale Katholizismus die Soziallehre und ihre Schnittstelle mit der Gesellschaft entklerikalisieren – und überdies die Energien der Bischöfe und ihrer

297

Mitarbeiter wieder für den öffentlichen politischen Bereich freisetzen, wie in Kapitel elf gezeigt werden soll.

Die marianische Symphonie der evangelikalen Mission

Wenn es, wie Johannes Paul II. in der Einleitung zum *Katechismus der Katholischen Kirche* gelehrt hat, eine »Symphonie des Glaubens« gibt, in der verschiedene Instrumente ein harmonisches doktrinelles und katechetisches Ganzes bilden, dann sollte es auch eine »Symphonie der Mission« in der Kirche geben: eine harmonische Komposition aufeinander abgestimmter und einander stärkender Gaben und Talente als dynamische Antwort auf den Missionsauftrag.

Katholische Laien brauchen die Erlaubnis von niemandem, um evangelikale Zeugen zu sein, wie es ihrer Berufung entspricht: Evangelisierung ist eine Taufverpflichtung und kein von irgendeiner kirchlichen Behörde verliehenes Privileg. Gleichwohl wird der evangelikale katholische Laienstand die sakramentale, homiletische und katechetische Unterstützung seiner Priester gern annehmen und die einzigartigen Formen der Mission in angemessenem Gehorsam gegenüber denjenigen ausüben, denen der Herr das Hirtenamt anvertraut hat. Umgekehrt sollten die Angehörigen des geistlichen Standes die Aktivitäten der Laien auf den vielfältigen und weiten Feldern des Apostolats weder als Bedrohung ihrer Autorität noch als Übergriff auf ihre Vorrechte wahrnehmen.

In der frühen Kirche bezog man die Begriffe »Mission« und »Missionar« typischerweise auf die Zwölf und die anderen ersten Jünger, die von Galiläa aus *ad gentes*, »zu den Völkern« aufbrachen. Doch in gewissem Sinne ist Maria, die Mutter Gottes und die Mutter der Kirche, die erste Christin »in der Mission«.

Marias ausgesprochenes *Fiat* (»Mir geschehe, wie du es gesagt hast«, Lk 1,38) war die essenzielle menschliche Glaubensantwort auf die göttliche Initiative der Menschwerdung – und durch dieses *Fiat* wurde Maria die erste Jüngerin. Und Marias stillschweigendes *Fiat* zu Füßen des Kreuzes, das Michelangelo in seiner *Pietà* in Stein gemeißelt hat, hat die Konturen ihrer Jüngerschaft noch schärfer zutage treten lassen: Jüngerschaft ist immer eine Frage der Unterwerfung unter den göttliche Willen, so unbegreiflich er für den Moment auch sein mag.

Mit ihrem ausgesprochenen *Fiat*, ihrem beständigen Verweis über sich selbst hinaus auf ihren Sohn (»Was er euch sagt, das tut«, Joh 2,5), und mit ihrem stillschweigenden *Fiat* setzt Maria Maßstäbe für alle christlichen Jüngerinnen und Jünger, die nach ihr kommen: Die Jüngerschaft beginnt in Akten des Gehorsams gegenüber dem Willen Gottes, die immer zu Gottes Sohn und durch ihn ins Innerste der Dreifaltigkeit selbst führen werden. Nach evangelikalem katholischem Verständnis ist dieses grundlegende Muster der Jüngerschaft den Laienchristen und den Angehörigen des geistlichen Standes gemeinsam. Denn, wie Johannes Paul II. 1987 in der Weihnachtsansprache an die Mitarbeiter der Römischen Kurie aufgezeigt hat, existiert die Amts- und Jurisdiktionsgewalt in der Kirche nur, um die Jüngerschaft aller Glieder des Leibes Christi zu stärken: die mit der Priester- und Bischofsweihe verliehenen Vollmachten haben keinen Sinn außer dem, »die Kirche nach jenem Ideal der Heiligkeit zu formen, das in Maria bereits vorgeformt und vorgestaltet ist« – in Maria, der ersten Jüngerin und damit der ersten Christin »in der Mission«.[15]

In dieser marianischen Symphonie der evangelikalen Mission gibt es für jeden mehr als genug zu tun. Alle, die das erkennen, werden sich über die Gaben, die die anderen mitbringen, freuen und darin eine Ergänzung ihres eigenen Beitrags sehen.

KAPITEL ZEHN

Die evangelikale katholische Reform des intellektuellen Lebens der Kirche

Im nachchristlichen Westen des dritten Jahrtausends muss die Kirche der Neuevangelisierung das Evangelium vor gebildeten Männern und Frauen verkünden, die entweder im zähen Schlamm der spirituellen Langeweile oder in der Angst vor der Christophobie oder in beidem gefangen sind. Und obwohl die Menschlichkeit, die Würde und das Mitgefühl, das evangelikale katholische Gemeinden an den Tag legen, wahrscheinlich der stärkste Magnet sind, wenn es darum geht, die Neugierigen, die Interessierten und die Verzweifelten anzuziehen und ihnen die Möglichkeit des Glaubens an Gott und der Freundschaft mit Jesus, dem Herrn, vor Augen zu stellen, muss der evangelikale Katholizismus dennoch bereit sein, nicht nur die Herzen, sondern auch den Verstand anzusprechen. Deshalb muss die Reform der Theologie – der geistigen Wissenschaft des Glaubens – ein wesentlicher Bestandteil der tiefgreifenden Reform der Kirche sein. Gute Theologie ist eine entscheidende Voraussetzung, um andere zu evangelisieren und zu katechisieren – ganz gleich, ob diese anderen Kinder, Jugendliche oder Erwachsene sind.

Die Theologie besteht aus vielen Unterdisziplinen. Die Fundamentaltheologie befasst sich mit der Begründung des Glaubens; die Systematische Theologie erläutert die Lehren des

Glaubens und erweitert die Grenzen des katholischen Selbstverständnisses; die Moraltheologie erklärt die Antwort der Kirche auf die Frage, wie wir tugendhaft und glücklich leben können. Ein besonderer Bereich der Moraltheologie, die katholische Soziallehre, geht der Frage nach, wie aus katholischer Sicht die menschliche Person und die menschlichen Gemeinschaften dazu beitragen können, auf tragfähigen kulturellen Grundmauern freie Gesellschaften zu errichten. All diese theologischen Disziplinen werden von der Bibelforschung der Kirche und vom Dialog der Theologie mit der Philosophie geformt.

Natürlich gehört zum intellektuellen und kulturellen Leben der Kirche mehr als nur die Theologie. Gleichwohl waren die Meisterwerke der christlichen Kunst, der Architektur, Bildhauerei, Literatur und Musik immer auch theologisch fundiert: Denken Sie nur an Dante, Michelangelo und Palestrina, die zu den bedeutendsten Künstlern ihrer jeweiligen Epoche zählten, oder, in der modernen englischen Literatur, an die theologisch ausgefeilten Romane von Evelyn Waugh oder Graham Greene. Die entscheidende Bezugsgröße einer kulturformenden Theologie war immer die Kirche, denn eine solche Theologie wird von der Kirche aus und für die Kirche – und zuweilen auch als Herausforderung an die Kirche – betrieben. Mithin ist die Theologie nicht nur ein akademisches Fach unter vielen, sie ist keine »Religionswissenschaft«, und sie ist ganz sicher kein intellektuelles Spiel. Theologie ist eine kirchliche Tätigkeit, und im evangelikalen Katholizismus der Zukunft werden die Theologen ihre Berufungen vor einem explizit kirchlichen und explizit evangelikalen Hintergrund verstehen. Wie Pater Thomas Weinandy es formuliert hat, fühlen sich Theologen durch ihre Berufung »gedrängt, in jeder Situation und vor jedem Publikum zu evangelisieren. Die Evangelisierung ist nicht unter der Würde der Theologen; es ist ihnen eine Ehre, dass sie von Gott dazu berufen sind.«[1]

Wenn die katholischen Theologen diesen kirchlichen und evangelikalen Auftrag übernehmen und danach leben, dann wird der evangelikale Katholizismus der Zukunft wissen, dass ein weiterer Schritt in Richtung einer tiefgreifenden Reform der Kirche getan ist. Unglücklicherweise ist der Haltegurt zwischen den Theologen und der Kirche, zwischen dem katholischen intellektuellen Leben und der katholischen Mission in den Jahrzehnten nach dem II. Vaticanum so schwach geworden, dass er an einigen Stellen zu reißen droht. Die landläufige Deutung beschreibt diese Spannungen als das Unbehagen einer »autoritären Kirche« angesichts der »akademischen Freiheit«. In Wirklichkeit handelt es sich um die Folgen einiger gravierender intellektueller Probleme innerhalb der Theologie selbst.

Theologie in Bedrängnis

Im Jahr 2009 warf Dr. Terrence Tilley, Laie und Leiter des Theologischen Instituts der New Yorker Fordham Universität, in seiner Präsidialansprache vor der Katholischen Theologischen Gesellschaft Amerikas (*Catholic Theological Society of America*, CTSA) die Frage auf, ob die Christologie des Konzils von Chalcedon, die seit 451 n. Chr. als Grundlage der Orthodoxie gegolten hatte, tatsächlich den normativen Rahmen für das Verständnis der Beziehung zwischen Gottheit und Menschheit in der einen Person Jesu Christi darstellte – eine Frage, die man bei der Gründung der CTSA 1946 als völlig absurd abgetan hatte.[2] Ganz offensichtlich war im Laufe von sechs Jahrzehnten in den höheren Etagen des katholischen intellektuellen Lebens in den Vereinigten Staaten und andernorts einiges geschehen.

Das, was geschehen war, stellt die tiefgreifende Reform der Kirche vor ernst zu nehmende Schwierigkeiten.

Das Problem ist nicht die theologische Kontroverse an sich. Theologische Kontroversen gehören seit den frühesten Tagen der Kirche zum christlichen Alltag: Schon Paulus ist Petrus »offen entgegengetreten« (Gal 2,11). Theologische Kontroversen und Debatten unter kompetenten Theologen können eine Quelle echter Einsicht in die Symphonie der katholischen Wahrheit sein. Die theologische Debatte ist ein wesentlicher Teil dessen, was die Kirche »Entwicklung der Lehre« nennt. Ernsthafte Probleme treten jedoch dann auf, wenn die theologische Kontroverse ohne tragfähige Bezugspunkte in der Schrift und in der apostolischen Überlieferung geführt wird – und die neuen Bezugspunkte stattdessen dem akademischen Diskurs der Postmoderne entnommen werden. Wenn das geschieht – und genau das ist in den Jahrzehnten nach dem II. Vaticanum geschehen –, dann löst sich die Theologie aus der doktrinellen Verankerung der Kirche, dann wird die Spekulation widersprüchlich und sickert (da Gedanken niemals ohne Folgen bleiben) in die katholische Gemeinschaft ein, und dann verliert das evangelikale Zeugnis der Kirche seine Kraft: Denn wer kann die Verkündigung und das Bekenntnis auf eine Reihe von Fragezeichen stützen?

Und so war eines der auffälligsten Merkmale des katholischen Lebens in den ersten vier Jahrzehnten nach dem Zweiten Vatikanischen Konzil die Umwandlung der nachkonziliaren katholischen Theologie von einer Disziplin, die ihrem eigenen Selbstverständnis nach im Dienst der Kirche und der kirchlichen Sendung stand, in eine Disziplin, der es vor allem anderen um den Beifall der an den Universitäten beheimateten akademischen Zünfte der späten Moderne und der Postmoderne ging. Das war ein dramatischer Umschwung und er vollzog sich mit verblüffender Geschwindigkeit. Die Erneuerung der katholischen Theologie unmittelbar vor dem Konzil, durch die das II. Vaticanum überhaupt erst möglich geworden war, hatte sich bewusst in den Dienst der Kirche und ihres Sendungsauftrages gestellt – was auch die im Abschnitt über die heilige Liturgie bereits erwähnten Beziehungen erklärt, die die kerygmatische Theologie der 1930er- und 1940er-Jahre und die Liturgische Bewegung mit der katholischen Bewegung für soziale Gerechtigkeit verbanden. Doch schon eineinhalb Jahrzehnte nach Abschluss des Konzils konnte Pater David Tracy, ein brillanter amerikanischer Theologe, der an das Zunftwesen an seiner Wirkungsstätte, der Universität Chicago, gewöhnt war, da er dort lehrte, die These vertreten, dass die Theologie drei »Öffentlichkeiten« habe – die Gesellschaft, die Hochschule und die Kirche.[3] Und schon bald dachte und handelte die Generation von Theologen, die nach Tracy kamen, so, als wäre die zweite – die akademische – Öffentlichkeit diejenige, auf die es eigentlich ankäme, und als wäre die Kirche und insbesondere ihre Lehrautorität für die Theologie ohne Bedeutung.

Die Befürworter dieses Umschwungs in der nachkonziliaren katholischen Theologie verglichen deren Adaption zahlreicher Phrasen des spät- und postmodernen intellektuellen Lebens mit der Adaption der aristotelischen Philosophie im 13. Jahrhundert durch Thomas von Aquin, die ja unter ihren Zeitgenossen ebenfalls umstritten gewesen sei. Was der Aquinate mit Aristoteles gemacht habe, so ihre Darstellung, das machten nun die katholischen Theologen des späten 20. und frühen 21. Jahrhunderts mit Karl Marx oder mit den Philosophen und Literaturkritikern der Postmoderne. Das Problem an dieser Analogie ist unschwer zu erkennen: Aristoteles, um es einmal ganz einfach auszudrücken, hatte in vielen Dingen recht, und Marx und die Postmoderne hatten unrecht. Als das marxistische und das postmoderne Denken im theologischen Diskurs Einzug hielten, versorgten sie diesen nicht etwa mit neuem Material, das zum Aufbau eines in evangelikaler Hinsicht eindrucksvolleren theologischen Gebäudes hätte beitragen können, sondern entpuppten sich als ätzende Substanz, die den Mörtel des katholischen Glaubens wegfraß.

So kam es, dass die Vorstellung von einer katholischen Symphonie der Wahrheit (und überhaupt jeder »symphonische« oder in sich stimmige Wahrheitsbegriff) in den Akademikerkreisen des nachkonziliaren Katholizismus der westlichen Welt verloren ging. Dekonstruktion, nicht Harmonisierung, war die neue methodologische Passion und diese Dekonstruktion führte unweigerlich zu einer Verpuffung der evangelikalen Energien. Denn wenn es so etwas wie »die Wahrheit« gar nicht gibt, wenn es nur »deine Wahrheit« und »meine Wahrheit« gibt – warum sollte man dann evangelisieren? Warum Zeugnis geben? Hieße das dann nicht, anderen sektiererische Sichtweisen aufzuzwingen oder sogar ihre Seelen und ihre Gewissen zu manipulieren?

Die innere Widersprüchlichkeit einer katholischen Theologie, die den Kontakt zu Wahrheit und Mission verloren hatte (und sowohl die »Wahrheit« als auch die »Mission« als hoffnungslos veraltete Konzepte betrachtete), führte innerhalb von zwei Generationen zu einer Revolte – oder zumindest zu einer ersten Kurskorrektur. Die Pontifikate Johannes Pauls II. und Benedikts XVI., die die Lehre der Kirche entwickelten, indem sie die Schrift und die Tradition mit den besten Ansätzen des modernen Denkens anreicherten, wirkten anziehend auf jüngere Wissenschaftler. Und nachdem diese dritte nachkonziliare Generation die Vorstellung von einer Symphonie der

Wahrheit wiederentdeckt hatte und sie durchaus faszinierend fand, kamen ihr die dekonstruktiven und abweichlerischen Tendenzen der Älteren mit einem Mal uninteressant oder sogar langweilig vor. Diese jungen Theologen schöpften aus dem Werk einiger großer Gestalten der intellektuellen katholischen Renaissance der letzten Jahrhundertmitte wie Henri de Lubac SJ und Hans Urs von Balthasar, besannen sich zugleich auf die patristischen und mittelalterlichen Klassiker des katholischen Denkens und gestalteten so eine neue Art, in der nachkonziliaren Kirche Theologie zu betreiben. Das Charakteristische dieser neuen Herangehensweise ist im Namen einer der wichtigsten internationalen Theologie-Zeitschriften dieser Generation treffend zusammengefasst: *Nova et Vetera* (»Neues und Altes«).[4]

Obwohl die dritte Generation der katholischen Theologen nach dem Zweiten Vatikanischen Konzil sich in eine entschieden andere Richtung bewegte, eifrig darauf bedacht war, die Fülle des katholischen Glaubens auszuloten, und nach Wegen suchte, ihre Erkenntnisse in den Dienst der evangelikalen Sendung der Kirche zu stellen, war der Schaden, den die beiden ersten Generationen dem intellektuellen und kulturellen Leben der Kirche zugefügt hatten, beträchtlich. Die dekonstruktive Theologie mag ihren intellektuellen Schwung verloren haben, doch mithilfe der reaktionären Einrichtung, die im angelsächsischen Raum als *Academic Tenure System* bekannt ist, konnte sie das Leben vieler katholischer höherer Bildungseinrichtungen überall in der Welt auch weiterhin formen (und verformen) und gleichzeitig die Katechese schwächen, die Evangelisierung bremsen, den interreligiösen Dialog verzerren und das ökumenische theologische Gespräch auf ein Nullsummenspiel reduzieren, das an Tarifverhandlungen erinnert.

Gnostizismus und Sakramentalität – die nächste Runde

Katholiken, die für die fortdauernden und zuweilen skandalösen Auswirkungen der theologischen Dekonstruktion und Abweichung auf das intellektuelle Leben an ihren Hochschulen und Universitäten sensibilisiert sind, könnten auf eine nahezu beliebige Anzahl von Vorfällen verweisen, die sich in den Monaten des Jahres 2011 in rascher Folge ereignet haben.

Im Mai feierte die Georgetown University, die bedeutendste katholische höhere Bildungseinrichtung in den USA, eine »Lavender Graduation« (eine jährliche Zeremonie auf dem Campus, um LGBT-Schüler zu ehren und ihre Leistungen und Beiträge an den Universitäten zu bestätigen, Anm. d. V.], an der der Universitätspräsident und der Universitätsgeistliche teilnahmen. Vortragender auf dieser »Rosa-Abschlussfeier« war das Mitglied des Repräsentantenhauses David Cicilline, ein Befürworter der »Homo-Ehe« und der »vollen Fortpflanzungsfreiheit« einschließlich des Rechts auf Abtreibung »on demand«.[5] Im selben Monat verteidigte der Leiter der Universitätsseelsorge an der Universität von Seattle, Pater Mike Bayard SJ, eine Travestieshow, die auf dem Campus abgehalten worden war: »Mein Verständnis von einer Travestieshow ist, dass Männer sich als Frauen verkleiden; was sollte daran falsch sein? [...] An der Seattle University katholisch zu sein heißt, in jeder Hinsicht offen zu sein.«[6] Im Juni stimmte die *Catholic Theological Society of America* mit 147:1 Stimmen gegen die Vorbehalte, die das Komitee für Lehrfragen der US-amerikanischen Bischofskonferenz gegen die Theologie geäußert hatte, die Elizabeth Johnson CSJ von der Fordham University in ihrem Buch *The Quest for the Living God* vorlegt.[7] Im September war die Fordham-Universität Gastgeberin einer Konferenz zum Thema »Sexuelle Diversität«, die sich vor allem durch den Mangel an jedweder ernsthaften Auseinandersetzung mit der katholischen Sexualethik (von einer Erläuterung derselben ganz zu schweigen) auszeichnete. Während der Konferenz riet ein Priester aus New York einem jungen Schwulen, den Verantwortlichen für Berufungen in seinem Erzbistum im Hinblick auf seine sexuelle Orientierung anzulügen, weil das »System« der katholischen Kirche zerrüttet sei.[8] Im Oktober lud das Amt für studentische Diversität und multikulturelle Angelegenheiten der Chicagoer Loyola-Universität auf seiner Homepage zur »Advocate Annual Drag Show« der Hochschule ein, die drei Jahre zuvor, 2008, erstmalig stattgefunden hatte und von der »Offiziellen GLBTQ-Organisation« der Universität gesponsert worden war.[9] Und das ganze Jahr hindurch weigerte sich der Kuratoriumsvorsitzende der University of Notre Dame, Richard Notebaert, anzuerkennen, dass die Unterstützung von Organisationen, die die Abtreibung befürworten, sich nicht mit der Arbeit im Leitungsgremium dieser Einrichtung vereinbaren lässt.[10]

Diese Liste ließe sich beliebig verlängern. Aus historischer Sicht fällt an diesen Beispielen auf, dass in vielen dieser Verirrungen der katholischen Intelligenz – insbesondere jenen, die gegen die Sexuallehre der Kirche gerichtet sind – der älteste intellektuelle Gegner des Christentums zu neuem Leben erwacht ist: die vielgestaltige Irrlehre des Gnostizismus, dessen Beitrag zur Entstehung jener Kultur, mit der der evangelikale Katholizismus es heute zu tun hat, bereits erwähnt worden ist.

Der Gnostizismus ist im Lauf der Geschichte in vielerlei Verkleidungen aufgetreten: vom Manichäismus, der einst den großen Augustinus von Hippo verführt hat, bis hin zur mittelalterlichen Kuriosität der Albigenser und Katharer. Die Formen, unter denen er im 21. Jahrhundert erscheint, haben mit diesen Vorbildern aus früheren Zeiten einige zentrale Merkmale gemeinsam: die radikale Leugnung der *Gegebenheit* der Dinge einschließlich der physischen Gegebenheit des Menschseins, die Geringschätzung der materiellen Welt, und die Begeisterung für ein esoterisches Wissen, das den Eingeweihten über die Widrigkeiten der Welt emporhebt. Im 20. und 21. Jahrhundert ist die gnostische Häresie überaus schlau geworden und hat ihre Geringschätzung der materiellen Welt hinter der Maske einer Einstellung verborgen, die bei oberflächlicher Betrachtung wie blanker Materialismus wirkt. Das bekannteste Beispiel für diese Erscheinungsform des Neugnostizismus ist natürlich die sexuelle Revolution, die alles sexualisiert und gleichzeitig behauptet, Männlichkeit und Weiblichkeit seien soziale Konstrukte – und keine Gegebenheiten, die, sowohl für sich als auch in ihrer Komplementarität betrachtet, tiefe Grundwahrheiten über das Menschsein offenbaren. Auf diese Weise setzt die gnostische sexuelle Revolution das, was sie vermeintlich hochhält, de facto herab.

Aus der Sicht der christlichen Rechtgläubigkeit ist der Gnostizismus hauptsächlich deshalb theologisch problematisch, weil er die Gutheit der Schöpfung und die verändernde Macht der Menschwerdung leugnet. Der Gnostizismus lehnt die Inkarnation entschieden ab. Der evangelikale Katholizismus hält wie die gesamte christliche Orthodoxie ebenso entschieden, ja geradezu hartnäckig, an der Inkarnation fest. Denn Gott ist, wie wir im Credo bekennen, in der Person seines Sohnes, der zweiten Person der Heiligsten Dreifaltigkeit, voll und ganz in die Geschichte eingetreten, sodass wir *in* unserer menschlichen Natur erlöst und geheiligt werden können und nicht erst durch eine Art gnostischer Einsicht von unserer Menschennatur befreit werden müssen. Und Gott tut das, weil Gott die Welt, die er geschaffen hatte, im Anfang für gut, ja sogar sehr gut befunden hat (Gen 1,31). Deshalb wird, wie der heilige Paulus lehrt, in der Erlösung der gesamte Kosmos wieder auf den Weg zurückgeführt, den Gott ursprünglich für ihn bestimmt hatte: den Weg zum Licht und zur Liebe der Dreifaltigkeit selbst (vgl. Kol 1,13–29; Eph 1,3–10; Phil 2,9–11).

Das sakramentale System der katholischen Kirche ist, wie schon erwähnt, eine siebenfache Absage an den Gnostizismus. Wasser und Öl sind die Substanzen, durch die die rettende Gnade des Sakraments der Taufe gespendet wird. Brot und Wein sind die Gaben, durch die Jesus, der Herr, sich selbst, seinen Leib und sein Blut, im Sakrament der heiligen Eucharistie für sein Volk hingibt. Im Sakrament der Ehe vervollständigt und bekräftigt der Vollzug der ehelichen Liebe das Versprechen, das die Brautleute sich bei der Trauung gegeben haben. Im Sakrament der Krankensalbung schenken die heiligen Öle geistliche und zuweilen auch körperliche Heilung, und das Öl ist auch ein wesentlicher Bestandteil der Priesterweihe. Die Worte der Absolution und die Akte der Reue und Buße sind die Mittel, durch die sich die Sündenvergebung im Sakrament der Buße vollzieht. Nichts von alledem ist Magie; nichts von alledem ist Hexerei. Weil die Welt »im Anfang« (Gen 1,1) sakramental gebildet worden ist – weil also die Materie der Schöpfung der Stoff ist, durch den wir jenseits des Gewöhnlichen das Außergewöhnliche wahrnehmen –, ist das, was die Welt die »wirkliche Welt« nennt, in Wirklichkeit ein Fenster zur Welt der trinitarischen Liebe, die sie durchdringt. Gott benutzt den gewöhnlichen Stoff der Welt, um uns in die Gemeinschaft mit dem Außergewöhnlichen zu bringen: mit Gott selbst im trinitarischen Leben der überfließenden Gnade.

Zu große Bereiche des katholischen intellektuellen Lebens haben seit dem II. Vaticanum den Kontakt zur sakramentalen Vorstellungswelt verloren und sind deshalb schlecht darauf vorbereitet, ihre vom Gnostizismus gesättigte öffentliche Umgebungskultur herauszufordern (geschweige denn zu bekehren). Diese sakramentale Vorstellungswelt ist eine der Verbindungen zur Kirche, die die Theologen der Kirche wiederherstellen müssen, wenn ihre Arbeit den katholischen Sendungsauftrag unterstützen soll, der darin besteht, die westliche Welt des 21. Jahrhunderts zu evangelisieren oder wieder zu evangelisieren.

Interessanterweise ist einiges von dem, was für eine »Re-Sakramentalisierung« des katholischen intellektuellen Lebens erforderlich ist, bereits in der Theologie des Leibes enthalten, die Johannes Paul II. Ende des 20. Jahrhunderts als Erwiderung auf den Gnostizismus der sexuellen Revolution und die vermeintliche Unfähigkeit der katholischen Kirche verfasst hat, in irgendeiner angemessenen Weise darauf zu reagieren. Diese verblüffende Wiedervorlage der katholischen Sexualethik auf der Grundlage einer tiefschürfenden Bibelauslegung und eines profunden Nachdenkens über den Vers »Als Mann und Frau schuf er sie« (Gen 1,27) ist jedoch mehr als das. Johannes Paul II. hat die Schöpfung und die Menschwerdung mit äußerster Konsequenz durchdacht und damit die gesamte Welt der katholischen Theologie herausgefordert, sich – mithilfe des reichen Personbegriffs, der die Theologie des Leibes trägt und prägt – noch einmal ganz neu mit Gott, Christus, der Heiligsten Dreifaltigkeit, der Gnade, der Kirche, dem Gebet, den Sakramenten und dem kirchlichen Gottesdienst auseinanderzusetzen.

Wenn sie diese Herausforderung annehmen, werden die Theologen des evangelikalen Katholizismus die Wahrheit wiederentdecken, dass Christus, der Herr – in seiner Menschwerdung und in der durch sein Leiden, seinen Tod und seine Auferstehung gewirkten Erlösung – der letztgültige Maßstab all unseres Wissens ist: »Denn in ihm allein wohnt wirklich die ganze Fülle Gottes. Durch ihn seid auch ihr davon erfüllt; denn er ist das Haupt aller Mächte und Gewalten« (Kol 2,9–10).

Die evangelikale katholische Universität

Die evangelikale katholische Hochschule oder Universität des 21. Jahrhunderts wird sich selbst und ihre Zielsetzungen an anderen Kriterien messen, als sie für höhere Bildungseinrichtungen der westlichen Welt gemeinhin typisch sind. Das bedeutet mitnichten, dass sie der intellektuellen Exzellenz weniger verpflichtet wäre. Doch es bedeutet, dass diese intellektuelle Exzellenz innerhalb des kirchlichen Sendungsauftrags verortet ist, das Volk Gottes zu heiligen und die Welt zu bekehren. Papst Benedikt XVI. hat bei seinem Treffen mit führenden Vertretern des höheren katholischen Bildungswesens in den USA an der *Catholic University of America* im April 2008 darauf hingewiesen, dass »die Förderung der persönlichen Vertrautheit mit Jesus Christus und das gemeinschaftliche Zeugnis für seine liebevolle Wahrheit für katholische Bildungseinrichtungen unverzichtbar ist«. Man könnte dies für eine Selbstverständlichkeit, ja für eine Binsenweisheit halten. Doch das Selbstverständnis, das viele katholische Hochschulen und Universitäten seit dem II. Vaticanum entwickelt haben, spricht eine andere Sprache und muss erst wieder mit dieser »Binsenweisheit« in Einklang gebracht werden, ehe diese Einrichtungen an der tiefgreifenden Reform der Kirche mitwirken können, die sich an den Zwillingskriterien der Wahrheit und der Mission misst.

Oder, um es noch direkter zu sagen: Katholische Universitäten, die Aufführungen des Stücks *Die Vagina-Monologe* sponsern und deren Ämter für studentisches Leben die Einrichtung von GLBTQ-Clubs fördern, die aber von ihren Studierenden nicht erwarten, dass sie Kurse über Augustinus und Thomas von Aquin belegen oder so zentrale Dokumente des II. Vaticanums wie die dogmatische Konstitution über die Kirche (*Lumen gentium*) und über die göttliche Offenbarung (*Dei verbum*) lesen und verinnerlichen, haben die einzigartige Bedeutung und Sendung einer katholischen höheren Bildungseinrichtung nicht einmal ansatzweise begriffen.

In derselben Ansprache an der *Catholic University of America* hat Benedikt XVI. die katholische Hochschule oder Universität fest innerhalb des evangelikalen Sendungsauftrags der Kirche verortet:

>»Sämtliche Aktivitäten der Kirche entspringen ihrem Bewusstsein, dass sie Trägerin einer Botschaft ist, die ihren Ursprung in Gott selbst hat: In seiner Güte und Weisheit beschloss Gott, sich selbst zu offenbaren und das Geheimnis seines Willens kundzutun. Gottes Wunsch, sich zu offenbaren, und der allen Menschen angeborene Wunsch, die Wahrheit zu erkennen, bilden den Kontext für die menschliche Erkundung über den Sinn des Lebens. Diese einzigartige Begegnung wird in unserer christlichen Gemeinschaft aufrechterhalten: Wer nach der Wahrheit sucht, ist auch derjenige, der vom Glauben lebt. Es lässt sich beschreiben als ein Schritt vom ›Ich‹ zum ›Wir‹, der dazu führt, dass der Einzelne in das Volk Gottes eingegliedert wird.«[11]

Mit anderen Worten, die katholische höhere Bildung muss den postmodernen Subjektivismus zurückweisen, der nur von »deiner Wahrheit« und »meiner Wahrheit« spricht, und auf die Überzeugung vertrauen, dass jede echte Suche nach der Wahrheit letztlich zu *der* Wahrheit führt, die der dreieine Gott ist. Und deshalb ist das menschliche Suchen keine Plackerei, sondern eine Übung der Liebe, denn die tiefere Durchdringung der Wahrheit führt uns tiefer hinein in das göttliche Mysterium der Liebe. Der evangelikale Katholik an einer katholischen höheren Bildungseinrichtung sucht nach der Wahrheit, weil er weiß, dass die Wahrheit uns in Christus bereits gegeben worden ist, ehe wir überhaupt begonnen haben, in den vielen Wahrheiten der Welt nach ihr zu suchen. Auf diese Weise kann die katholische höhere Bildung dazu beitragen, die postmoderne Kultur aus dem Sandkasten des Subjektivismus in die Erwachsenenwelt des echten Suchens und Lernens zu führen.

Die evangelikale katholische höhere Bildung im 21. Jahrhundert kann der westlichen Welt außerdem helfen, ihr kulturelles Gedächtnis zu bewahren, das unter dem Druck der »Relevanz« und der geradezu panischen Sorge um die Entwicklung marktfähiger Qualifikationen verloren zu gehen droht. Natürlich sind solche Qualifikationen wichtig, wichtiger aber (und das sollten die ökonomischen Katastrophen des frühen 21. Jahrhunderts der Welt inzwischen bewusst gemacht haben) ist der Charakter der Menschen, die diese Qualifikationen in der Arbeitswelt entfalten. Und der Westen kennt keinen besseren Weg, den Charakter der Jugend zu formen, als junge Männer und Frauen in die Klassiker der westlichen Zivilisation eintauchen zu lassen, damit sie in ihrem Leben die Ökumene der Zeit praktizieren – und damit ihre Lebensreise durch Reisegefährten wie Homer, Platon, Aristoteles und Vergil, Augustinus und Thomas von Aquin, Dante, Milton, Shakespeare und Cervantes und diejenigen Vertreter der Moderne bereichert wird, die selbst von der klassischen liberalen Bildung des Westens geprägt sind. Das Curriculum evangelikaler katholischer Hochschulen und Universitäten wird daher großen (und nötigen) Wert auf eine Begegnung mit den Klassikern legen, zu denen auch der Klassiker der biblischen Religion schlechthin gehört: die Bibel.

Doch das Curriculum wird nicht das einzige Merkmal sein, wodurch sich eine evangelikale katholische Hochschule oder Universität im 21. Jahrhundert und darüber hinaus auszeichnet.

Die Lebensweise auf dem Campus, die Möglichkeit zum regelmäßigen Empfang der Sakramente, eine aktive, katechetisch engagierte Campus-Seelsorge, und ein breites Angebot für alle, die der Gesellschaft dienen wollen, werden die katholische höhere Bildungseinrichtung von den (keineswegs übertrieben dargestellten) Ausschweifungen unterscheiden, die der Schriftsteller Tom Wolfe in seinem Roman *I Am Charlotte Simmons* beschreibt.[12] Evangelikale katholische Hochschulen und Universitäten werden Auslandsstudienprogramme finanzieren, die speziell darauf ausgerichtet sind, die Studierenden zu einer vertieften Wertschätzung der katholischen Kultur und insbesondere der christlichen Kultur des europäischen Kontinents – Schauplatz der ersten Inkulturation des Evangeliums – hinzuführen. Außerdem wird das studentische Leben im evangelikalen Katholizismus Zeugnis von der Wahrheit ablegen, die Hans Urs von Balthasar und Benedikt XVI. so wichtig war und ist: dass die Schönheit in der postmodernen Welt ein bevorzugter Weg zum Glauben und eine Möglichkeit ist, Perspektiven eines tieferen Nachdenkens über das Wahre und das Gute – und letztlich über die Herrlichkeit des Herrn – aufzuzeigen.

Sich abgrenzen

In den Vereinigten Staaten hat die evangelikale katholische Reform der katholischen höheren Bildung in den ersten Jahrzehnten des 21. Jahrhunderts beträchtliche Fortschritte gemacht und vielfältige Modelle hervorgebracht: Zwei Beispiele sind der *Great-Books-Approach* am Thomas Aquinas College im kalifornischen Santa Paula und der *Great-Books-Plus-Approach* der Universität Dallas. Variationen dieser Modelle finden sich an Hochschulen mit unterschiedlichen Standorten wie dem

Christendom College in Front Royal, Virginia, dem Benedictine College in Atchison, Kansas, und dem Thomas More College in Merrimack, New Hampshire. Als ein weiterer Ansatz der evangelikalen Wiederbelebung der katholischen höheren Bildung wäre die Ausarbeitung katholischer Studienprogramme an den großen katholischen Universitäten zu nennen. Wegbereiter war hier das katholische Studienprogramm der University of St. Thomas in St. Paul, Minnesota. Alle diese Einrichtungen und Programme sind ganz bewusst auf ein »Denken mit der Kirche« ausgelegt, und etliche davon sind, was die Anforderungen an die Studierenden betrifft, so anspruchsvoll wie nur irgendwo sonst an den höheren Bildungsinstituten der Vereinigten Staaten.

Einige katholische Universitäten, die sich nach dem II. Vaticanum de facto von der Kirche getrennt hatten, haben sich mit einigem Erfolg bemüht, wieder zu einer ausgeprägteren katholischen Identität zurückzufinden. Auch die University of Notre Dame, die zumindest in emotionaler Hinsicht gerne als das Flaggschiff der katholischen höheren Bildung in den Vereinigten Staaten betrachtet wird, war Schauplatz eines beständigen Ringens um das, was die »katholische Identität« ausmacht und das, was im Namen dieser Identität an einer katholischen Hochschule nicht geduldet werden darf. Nicht selten war es im Zuge dieses Ringens auch erforderlich, die Beziehung einer Universität zum zuständigen Ortsbischof zu definieren, das heißt – wie ein prominenter Bischof es Ende des 20. Jahrhunderts einer katholischen Universität gegenüber formuliert hat –, eine Antwort auf die folgende Frage zu finden: »Sie sagen, Sie seien ein Teil der Ortskirche. Nun gut, ich bin der Bischof dieser Ortskirche: Wo komme ich bei Ihnen vor?« Kluge Bischöfe hatten kein Interesse daran, sich im Klein-Klein einer komplexen Bildungseinrichtung mit ihrer je einzigartigen

Geschichte und Sendung zu verzetteln. Gleichzeitig aber sind sich verantwortungsbewusste Bischöfe darüber im Klaren, dass es im Rahmen ihrer Aufgabe, in ihren Diözesen über die Symphonie der katholischen Wahrheit zu wachen, zuweilen auch notwendig ist, mit Universitätskanzlern und Leitungsgremien Tacheles zu reden – nötigenfalls auch öffentlich.

Im evangelikalen Katholizismus des 21. Jahrhunderts und darüber hinaus wird jedoch ein Bischof bei der vollumfänglichen Ausübung der bischöflichen Aufsicht über die Wahrheit des Glaubens und die Identität der katholischen Einrichtungen in seiner Diözese unter Umständen noch einen Schritt weitergehen müssen: Zuweilen wird ein Bischof zu dem Schluss kommen, dass eine Einrichtung jedweden sinnvollen Anspruch auf die Bezeichnung »katholisch« verloren hat, und dann wird er diese traurige Tatsache öffentlich feststellen müssen. Denn auch wenn es zutrifft, dass einige Universitäten sich in den ersten Jahrzehnten des 21. Jahrhunderts auf ihre katholische Identität besonnen und sich eine erfreuliche Anzahl neuer Initiativen im höheren katholischen Bildungswesen dem nachkonziliaren Zusammenbruch entgegengestemmt hat, so trifft es doch ebenso zu, dass einige Hochschulen allem Anschein nach unrettbar verloren sind und der Neuevangelisierung in den Diözesen, in denen sie ansässig sind, de facto im Wege stehen.

Ein bezeichnendes Beispiel hierfür ist die von Jesuiten geführte Seattle University. Bei einem Treffen im Jahr 1999 mit der Redaktionsleitung der *Seattle Times* erklärte Universitätspräsident Pater Stephen Sundborg SJ, dass nur vierzig Prozent seiner Studierenden Katholiken seien. Auf die Frage, wie er seine Universität potenziellen neuen Studenten gegenüber vermarkten wolle, antwortete Sundborg, dass seine Schule – ähnlich wie Radiosender, die ihren Stil als »Country light« verkaufen –

sich der katholischen höheren Bildung über einen Ansatz nähere, den man vielleicht als »Catholic light« bezeichnen könne.[13]

Sundborgs jesuitischer Mitbruder Pater Ryan Maher SJ, stellvertretender Dekan und Rektor des Instituts für katholische Theologie in Georgetown, ging einige Jahre später sogar noch weiter, als er den Auftrag seiner Universität wie folgt beschrieb: »Unsere Aufgabe als Pädagogen und Priester besteht nicht darin, Gott zu den Menschen oder gar die Menschen zu Gott zu bringen. Gott ist schon da und die Menschen sind auch schon da. Unsere Aufgabe, unsere Art, unsere pädagogische Berufung umzusetzen, besteht darin, die richtigen Fragen zu stellen und jungen Menschen beim Stellen dieser Fragen zu helfen.«[14]

Man kann getrost davon ausgehen, dass diese Belanglosigkeit nicht dem entspricht, was Johannes Paul II. im Sinn hatte, als er die einzigartige Mission einer katholischen höheren Bildungseinrichtung in seiner apostolischen Konstitution *Ex corde Ecclesiae* (»Aus dem Herzen der Kirche«) wie folgt zusammenfasste: »Aufgrund einer gewissen Art von universalem Humanismus widmet sich die katholische Universität voll und ganz der Erforschung aller Aspekte der Wahrheit in ihrer wesentlichen Verbindung mit der höchsten Wahrheit, die Gott ist.«[15] Und sie entspricht auch ganz sicher nicht dem, was Erzbischof John Carroll, der Gründer der Georgetown University, und die jesuitischen Gründer der Universität Seattle im Sinn hatten. Man könnte sogar mutmaßen, dass sie nicht dem entspricht, was Alumni und Alumnae und bedeutende Geldgeber im Sinn haben, wenn sie das höhere katholische Bildungswesen unterstützen, oder was verantwortungsbewusste katholische Eltern im Sinn haben, wenn sie sich entschließen, ihre Kinder katholischen Hochschulen und Universitäten anzuvertrauen.

Was also soll der Ortsbischof tun, wenn sich zeigt, dass eine katholische Hochschule oder Universität ihre katholische Identität verloren hat und die Leitungsstrukturen dieser Einrichtung es praktisch unmöglich machen, diese Identität etwa durch die Stellenvergabepraxis an den Fakultäten, den Studienplan und den Stil des studentischen Lebens wiederherzustellen? Wenn sich herausstellt, dass dies tatsächlich die traurige Wahrheit ist, dann wird ein Bischof, der seine Verantwortung als Hüter der katholischen Identität in seiner Diözese ernst nimmt, öffentlich erklären, dass die betreffende Einrichtung nicht länger als eine katholische Einrichtung betrachtet werden und sich gegenüber potenziellen Studenten, potenziellen Dozenten und potenziellen Geldgebern auch nicht als solche vermarkten darf. Dies ist, so muss betont werden, keine Frage der Vergeltung, sondern eine Frage der Ehrlichkeit und der Selbstachtung.[16] Der evangelikale Katholizismus wird nicht die lebensstrotzende Missionsbewegung sein, die er sein sollte, wenn sein Selbstverständnis so fadenscheinig und sein Zugriff auf die Wahrheit seiner eigenen Identität so kraftlos ist, dass er nicht in aller Ruhe und Vernunft die Diagnose stellen kann, dass eine Einrichtung ihre katholische Identität vollständig verloren hat und aller Wahrscheinlichkeit nach außerstande ist, sie wiederherzustellen.

Beide Kriterien einer tiefgreifenden katholischen Reform, das Kriterium der Wahrheit und das Kriterium der Mission, setzen voraus, dass diese Abgrenzung dort vollzogen wird, wo sie notwendig ist.

Die evangelikale katholische Reform der öffentlichen Interessenvertretung der Kirche

Das Zeugnis des evangelikalen Katholizismus im öffentlichen Leben ist *anders* – und zwar sowohl, was das zugrunde liegende Konzept, als auch, was die Vorgehensweise betrifft. Es erwächst aus einem Dasein als Jünger *und* Bürger. Es spiegelt die Soziallehre der katholischen Kirche: eine reiche Tradition des Nachdenkens über öffentliche Angelegenheiten, die päpstlicherseits auf Leo XIII. zurückgeht. Wie jeder andere Aspekt des katholischen Lebens muss die öffentliche Interessenvertretung im evangelikalen Katholizismus der Zukunft ein zutiefst reformiertes Zeugnis sein, das im Herzen einer zutiefst reformierten Kirche wurzelt. In Teilen war diese Facette einer tiefgreifenden katholischen Reform sowohl unter Papst Johannes Paul II. als auch unter Papst Benedikt XVI. zu beobachten.

Dass die katholische Soziallehre der Geschichte eine menschlichere Richtung zu geben vermag, zeigte sich im Pontifikat Johannes Pauls II. an dem maßgeblichen Beitrag, den der polnische Papst zum Zusammenbruch des europäischen Kommunismus geleistet hat. Außerdem hat Johannes Paul II. die kirchliche Soziallehre mit seiner grandiosen Sozialenzyklika *Centesimus annus* (1991) ganz klar auf das 21. Jahrhundert ausgerichtet. In dieser Enzyklika, die vom hundertjährigen Jubiläum der Enzyklika *Rerum novarum* Papst Leos XIII. inspiriert und auch danach benannt war, legte er eine brillante Analyse der Dynamik einer freien und tugendhaften Gesellschaft vor, die aus drei Teilen – einer demokratischen politischen Gemeinschaft, einer freien Wirtschaft und einer kraftvollen öffentlichen Moralkultur – besteht, und lehrte gleichzeitig, dass die moralische Gesundheit einer Kultur der Schlüssel zu einer würdevoll gelebten Freiheit ist.[1]

Der Beitrag Benedikts XVI. zum öffentlichen Zeugnis der Kirche wurde in der Öffentlichkeit weniger deutlich wahrgenommen, war aber gleichwohl substanziell. Die Darstellung der »Humanökologie« in seiner dritten Enzyklika *Caritas in veritate* ist gleichsam ein Kristallisationspunkt der Entwicklungslinie, die vom II. Vaticanum über das Soziallehramt Johannes Pauls II. verläuft. So verankerte Benedikt XVI. die Themen des Lebensschutzes als Themen der sozialen Gerechtigkeit im Denken der katholischen Kirche und machte deutlich, dass es keine »Sozialgerechtigkeitskatholiken« auf der *einen* und »Lebensschutzkatholiken« auf der *anderen* Seite geben kann.[2] Überdies unterstrich und entwickelte die Erörterung der »Humanökologie« in *Caritas in veritate* die Lehre Johannes Pauls II. in *Centesimus annus*, wonach die sittliche Wahrheit fest in den Einzelpersonen, in den Wirtschaftsunternehmen und im Gesetz verwurzelt sein muss, wenn die freie Wirtschaft richtig funktionieren soll: daher auch der Titel der Enzyklika, der übersetzt »Liebe in der Wahrheit« lautet. Des Weiteren wies Benedikt XVI. mehrfach auf die Bedrohungen der Religionsfreiheit hin, die in den demokratischen Gesellschaften des 21. Jahrhunderts auf schmerzliche Weise zutage treten, und erinnerte die Welt daran, dass die Bestrebungen, die Religionsfreiheit auf die private Ausübung der Religion zu beschränken, die gesamte Struktur der Menschenrechte gefährden.[3] Auf seinen apostolischen Pilgerreisen in der westlichen Welt lehrte Benedikt XVI. außerdem mit Geduld, aber auch mit Nachdruck, dass Nihilismus, Skeptizismus und moralischer Relativismus das Projekt Demokratie in seinen Grundfesten erschüttern.[4]

Trotz dieser Errungenschaften hält die öffentliche Interessenvertretung der katholischen Kirche – von den Kommentaren des Heiligen Stuhls zur Weltpolitik über die Aktivitäten der kontinentalen und nationalen Bischofskonferenzen bis hin zu der Arbeit vieler bundesstaatlicher katholischer Konferenzen in den USA – in großen Teilen an einem Paradigma fest, das aus jenen längst vergangenen Tagen stammt, als die Kirche noch ein politischer Akteur im altmodischen Sinne des Wortes war: einer von vielen Spielern in einem politischen Machtspiel. Dieses Paradigma ist ein Überbleibsel aus einer Zeit, als der Pontifex der Weltkirche auch das Staatsoberhaupt einer eher kleinen europäischen Macht, nämlich des Kirchenstaats, war. Diese Sicht auf das öffentliche Bekenntnis und Zeugnis der Kirche blieb auch nach der Auflösung des Kirchenstaates 1870 weiter bestehen und Spuren davon sind auch noch im frühen 21. Jahrhundert in der öffentlichen Interessenvertretung der länderübergreifenden, nationalen und regionalen Bischofskonferenzen sowie in den Stellungnahmen des Vatikans zu politischen Vorgängen und in der vatikanischen Diplomatie zu finden. Im evangelikalen Katholizismus der Zukunft muss ein neues Paradigma der öffentlichen Politik der Kirche Fuß fassen, ein Paradigma, das die nachkonziliare Entwicklung der katholischen Soziallehre besser zur Geltung bringt, der grundlegenden evangelikalen Mission der Kirche eher gerecht wird, die Lehre des Zweiten Vatikanischen Konzils über die Berufung der Laien in der Welt stärker berücksichtigt und genauer auf die Gegebenheiten des öffentlichen Lebens in den westlichen Demokratien des 21. Jahrhunderts abgestimmt ist.

Im Folgenden soll anhand des Umschwungs, der sich im zweiten Jahrzehnt des neuen Jahrhunderts in der politischen Interessenvertretung der US-amerikanischen katholischen Bischofskonferenz – die anderen Bischofskonferenzen überall auf der Welt oft als Vorbild dient – vollzogen hat, veranschaulicht werden, welche Art von tiefgreifender Reform in der gesamten Weltkirche vonnöten ist.

Die grundlegenden Lebensschutzthemen

In *Evangelium vitae*, seiner 1995 promulgierten Enzyklika über das »Evangelium vom Leben« und die Lebensschutzfragen, die damals alle postmodernen Gesellschaften bedrängten, hat der heilige Johannes Paul II. die Auswirkungen einer Legalisierung von Abtreibung und Euthanasie auf die Demokratien analysiert und vielleicht so deutlich wie in keinem anderen Dokument seines päpstlichen Lehramts erklärt, dass Demokratien, die klares moralisches Unrecht in »Recht« verwandeln, Gefahr laufen, »tyrannische Staaten« zu werden.[5] In der 2009 erschienenen Enzyklika *Caritas in veritate* führte Benedikt XVI. diese Analyse weiter aus und lehrte, dass die »Humanökologie«, die für die Aufrechterhaltung ordentlicher, selbstverwalteter, rechtsstaatlicher Gesellschaften notwendig ist, durch eine Einstellung zum Leben, die den Wert der menschlichen Personen eher nach ihrer Nützlichkeit als nach ihrer Würde bemisst, erheblich beschädigt wird. In Gesetzesform gegossen, so Benedikt, drohe diese Einstellung das moralische Gewebe der Gesellschaft zu zerreißen und so das menschliche Ökosystem zu zerstören.[6] Deshalb muss in der gegenwärtigen historischen Phase des öffentlichen Engagements der katholischen Kirche außer Frage stehen, dass die Themen des Lebensschutzes nicht nur angestammte Themen der sozialen Gerechtigkeit sind: Die Themen des Lebensschutzes haben unter allen Themen der sozialen Gerechtigkeit sogar *oberste Priorität*. Sie rühren an die moralischen Grundfesten der kirchlichen Soziallehre, die Ausdruck des Evangeliums ist. Und sie betreffen das elementarste Thema, das in der westlichen Welt des frühen 21. Jahrhunderts zur Debatte steht: die Verteidigung der Würde der menschlichen Person, die von vielfältigen utilitaristischen Vorstellungen darüber, was den Wert eines Menschen ausmacht, bedroht wird.

Die Bischöfe der Vereinigten Staaten haben dies 1998 in ihrem landesweiten Hirtenbrief *Living the Gospel of Life* anerkannt, der – als US-katholisches Paradigma eines Nachdenkens, das die Themen des Lebensschutzes mit etlichen anderen Fragen der öffentlichen Politik in Zusammenhang bringt – die Metapher der »stimmigen Lebensethik« durch das Bild der »Fundamente des Hauses der Freiheit« ersetzte. Jedes Haus braucht ein festes Fundament, lehrt Jesus, der Herr, im Evangelium (vgl. Mt 7,24). Die US-amerikanischen Bischöfe lehrten 1998 – und halten bis heute an dieser Lehre fest –, dass die Vereinigten Staaten und alle anderen freien Gesellschaften ein Haus der Freiheit sind, das auf dem festen Fundament einer sowohl kulturell als auch gesetzlich verankerten Achtung vor dem Leben errichtet werden muss. Deshalb sind die Themen des Lebensschutzes aus theologischer Sicht wie auch unter dem Blickwinkel der moralischen Vernunft und der demokratischen politischen Theorie vorrangige Themen der sozialen Gerechtigkeit.

Die evangelikale katholische öffentliche Interessenvertretung muss erkennen, dass die Lebensschutzfragen *die* zivilrechtlichen Themen des frühen 21. Jahrhunderts sind. Der evangelikale Katholizismus verteidigt das Recht auf Leben von der Empfängnis bis zum Augenblick des natürlichen Todes, errichtet eine Kultur des Lebens und unterstützt den Entwurf einer gesetzlichen Architektur, die das menschliche Leben in allen Stadien und unter allen Umständen rechtlich schützt. Damit steht er in der Tradition der US-amerikanischen Bürgerrechtsbewegung in ihrer klassischen Phase, der Anti-Apartheids-Kampagne in Südafrika und des Zeugnisses jener Menschenrechtler, die die scheinbar undurchdringlichen Mauern zum Einsturz brachten, hinter denen der Kommunismus ganze Gesellschaften unter Kontrolle hielt. Eine zutiefst reformierte katholische öffentliche Interessenvertretung wird die Lebensschutzthemen in den folgenden, ganz präzisen Kontext stellen: Der Schutz des Rechts auf Leben fußt auf den ersten Prinzipien der Gerechtigkeit, die mit der Vernunft erkannt werden können. Jeder, der behauptet, dies sei ein Beispiel für katholisches Sektierertum, das einer pluralistischen Gesellschaft »aufgezwungen« werden solle – und insbesondere jeder katholische Politiker und öffentliche Funktionär, der diese falsche Behauptung aufstellt – sollte höflich, aber bestimmt, öffentlich und unermüdlich darauf hingewiesen werden, dass er sich irrt und dass dieser Irrtum auf Unwissenheit oder böswilliger Absicht oder beidem beruht. Das hat nichts mit Parteiengezänk zu tun. Das, worüber wir hier sprechen, ist die brüderliche Zurechtweisung in Liebe und Wahrheit und zum Wohl der Allgemeinheit.

Der totalitären Versuchung widerstehen

Die Politiktheoretiker des späten 20. Jahrhunderts – unter ihnen so bedeutende Persönlichkeiten wie Hannah Arendt und Leszek Kołakowski – stimmten über die gesamte Breite des ideologischen Spektrums hinweg in einem entscheidenden Punkt überein: Das Wesentliche an den beiden totalitären Systemen, die Europa Mitte des 20. Jahrhunderts in ein Schlachthaus verwandelten, war der Versuch, die menschliche Natur neu zu erschaffen und die Menschheit durch den ruchlosen Einsatz zwangsstaatlicher Gewalt auf schnellstem Wege in eine innerweltliche und hyperweltliche Utopie zu führen.[7] Die Brutalitäten und Utopien des deutschen Nationalsozialismus wurden durch absurde Rassentheorien, die des Marxismus-Leninismus durch nicht minder absurde Wirtschafts- und Geschichtstheorien legitimiert. Die totalitäre Gemeinsamkeit unter diesen beiden menschenverachtenden Systemen besteht darin, dass beide fest entschlossen waren, eine weltliche Utopie zu verwirklichen, und dass sie zu diesem Zweck mit Zwang und staatlicher Gewalt die menschliche Natur so neu erschaffen wollten, dass sie den Erfordernissen der Theorie entsprach.

Diese Versuchung scheint der modernen Politik gewissermaßen angeboren zu sein. Was geschieht, wenn man ihr nachgibt, hat gleich die erste der utopischen Revolutionen der modernen Politik anschaulich gezeigt: die Französische Revolution. Und auf Robespierre folgten eine ganze Reihe weiterer politischer Monster: Lenin, Dserschinski und Stalin; Hitler, Himmler und Heydrich; Mao Zedong, Hô Chí Minh und Pol Pot. Ein Gruselkabinett, das Amerikanern und allen anderen Nationen, die nie unter einem totalitären Regime zu leiden hatten, einen Schauder über den Rücken jagt, während sie sich gleichzeitig mit dem Gedanken beruhigen, dass »so etwas bei uns nie passiert wäre«.

Doch es ist illusorisch zu glauben, dass die Demokratien des Westens gegen die totalitäre Versuchung gefeit seien, die menschliche Natur mit den Mitteln staatlicher Gewalt zu verändern. Diese Dynamik ist in den ersten Jahrzehnten des 21. Jahrhunderts in der gesamten westlichen Zivilisation unverkennbar präsent. Sie äußert sich in den Angriffen auf die biblische Moral und die moralische Vernunft, die im europäischen Parlament und anderen EU-Gremien an der Tagesordnung sind. Sie äußert sich in den hohen Geldstrafen, mit denen die *Star Chambers*, die in Kanada »Menschenrechtskommissionen« oder »Menschenrechtstribunale« heißen, evangelikal-protestantische Pfarrer belegen, nur weil sie es gewagt haben, für das biblische Verständnis der Ehe einzutreten. Und sie äußert sich ganz unverkennbar in der Debatte über den Staat und die Ehe, denn die ganze Aufregung um die »Homo-Ehe« ist nichts anderes als der Versuch, die menschliche Natur mit den Mitteln staatlicher Gewalt und wenn nötig auch mit Zwang neu zu definieren.

Was bei diesen und ähnlichen Auseinandersetzungen auf dem Spiel steht, ist letztlich die Demokratie selbst: die Demokratie im Sinne einer durch eine Verfassung geregelten Regierungsform auf der Grundlage der Wahrheit, dass der Staat im Dienst der Zivilgesellschaft steht. Die derzeitigen Bestrebungen, die Ehe als etwas zu definieren, das sie ganz eindeutig nicht ist, sind der Versuch, die menschliche Natur mit gesetzlichen Mitteln umzuerschaffen und diese Umschöpfung mit staatlicher Gewalt zu erzwingen. Ein Staat, der Gesetze zur »Homo-Ehe« erlässt, überschreitet seine Kompetenz und fügt damit der Zivilgesellschaft, der er doch dienen soll, schweren Schaden zu. Denn wenn der Staat die Ehe neu definieren und diese Neudefinition durchsetzen kann, dann kann er auch die Beziehung zwischen Arzt und Patient, zwischen Anwalt und Klient, zwischen Eltern und Kind, zwischen Beichtvater und Pönitent und praktisch jedwede andere Beziehung neu definieren, die in die Textur der Zivilgesellschaft hineingewoben ist.[8] Jeder Staat, der versucht, diese grundlegenden zivilgesellschaftlichen Beziehungen dahingehend umzudefinieren, dass sie keine staatlich anerkannten und geschützten Sozialformen, sondern nur noch Ableger des Staates sind, untergräbt die sozialen und kulturellen Grundlagen der Demokratie, fügt einzelnen (und nicht selten den schwächsten) Menschen Schaden zu und reduziert im Fall der Neudefinition der Ehe das, was er als Realitätsersatz anbieten will, de facto auf eine Farce.[9] Gleichzeitig begünstigt und verstärkt der Staat auf diese Weise das, was Papst Benedikt XVI. so treffend als die »Diktatur des Relativismus« bezeichnet hat.

Die evangelikale katholische öffentliche Interessenvertretung muss diesen weichen Totalitarismus beim Namen nennen.

Katholische Amtsträger, die nicht davon überzeugt werden können, diese Form der totalitären Versuchung als das anzuerkennen, was sie ist – und, schlimmer noch, katholische Amtsträger, die den Einfluss dieses weichen Totalitarismus sogar zu verstärken suchen –, sollten von ihren Bischöfen darüber informiert werden, dass sie nicht mehr in voller Gemeinschaft mit der katholischen Kirche stehen, und sie sollten weiterhin darüber informiert werden, welche Konsequenzen von ihnen erwartet werden, wenn sie so ehrlich sind, diese Tatsache anzuerkennen. Bischöfe, die in dieser Hinsicht ihre evangelikale Pflicht tun, müssen sich auf die volle und uneingeschränkte Unterstützung derer verlassen können, die in ihrem Namen in den Bereichen der öffentlichen Politik tätig sind.

Diese Unterstützung ist dann nicht gegeben, wenn katholische öffentliche Interessenvertreter nach einer Niederlage in einer so grundlegenden Frage wie der Definition der Ehe ihre Wunden lecken und verkünden, es gebe ja noch genügend andere Fragen, in denen die Kirche konstruktiv mit den öffentlichen Behörden zusammenarbeiten könne – jenen Behörden, die gerade der totalitären Versuchung erlegen sind. Wenn Politiker den ursprünglichen Prinzipien der Gerechtigkeit den Rücken kehren, muss man ihnen zu verstehen geben, dass ein solches Verhalten seinen Preis hat. Wenn das katholische öffentliche Zeugnis die Öffentlichkeit in diesen fundamentalen Fragen nicht zu überzeugen vermag, kann dieses Scheitern – dessen müssen sich evangelikale Katholiken bewusst sein – auch nicht durch kleine Siege an anderen Fronten kompensiert werden.

Zurückhaltung – aus Prinzip

Der heilige Johannes Paul II. lehrte in *Centesimus annus*, dass der Beitrag, den die Kirche zur politischen Ordnung anbietet, in der »Sicht von der Würde der Person« besteht, »die sich im Geheimnis des Mensch gewordenen Wortes in ihrer ganzen Fülle offenbart«. Aufgrund dieses einzigartigen Beitrags der Kirche zum öffentlichen Bereich hat sie in Wirtschaft oder Politik »keine eigenen Modelle vorzulegen«, sondern bietet »als unerlässliche geistige Orientierung ihre Soziallehre an«.[10] In zwei früheren Enzykliken – über »Die soziale Sorge der Kirche«, *Sollicitudo rei socialis*, veröffentlicht 1987, und über die evangelikale Mission als Fortführung der »Sendung Christi, des Erlösers«, *Redemptoris missio*, unterzeichnet 1990, lehrte Johannes Paul II. Ähnliches: dass die Kirche im Bereich der öffentlichen Politik »keine technischen Lösungen anzubieten« hat.[11]

Diese Bescheidenheit im Hinblick auf die öffentliche Zuständigkeit der Kirche *als Kirche* beruht auf grundlegenden doktrinellen Überzeugungen vom Wesen der Kirche. Und sie erwächst aus einer Wertschätzung des einzigartigen Wissens der Kirche über das öffentliche Leben und den einzigartigen Beitrag der Kirche zum öffentlichen politischen Prozess.

Zum *Wissen* der Kirche ist zu sagen, dass die katholische Kirche dank ihrer Arbeit unter den Armen und Wehrlosen und dank ihrer genauen Kenntnis der sozialen Gegebenheiten des heutigen Lebens (einer Kenntnis, die vermutlich tiefer und umfassender ist als die vieler anderer zivilgesellschaftlicher Institutionen) ganz eigene Einblicke gewonnen hat und demzufolge weiß, was in kulturellen, wirtschaftlichen, sozialen und politischen Systemen funktioniert und was nicht. Aufgrund dieses Basiswissens ist die Kirche durchaus qualifiziert, Alarm zu schlagen und aufzuzeigen, was falsch ist und was vereinbart werden muss, und an das Gewissen sowohl der Bürger als auch der politischen Führung zu appellieren, damit sie die eigentlichen Probleme anpacken. Genau so hat die Kirche beispielsweise die amerikanische Bürgerrechtsrevolution in ihrer klassischen Periode mitgeprägt.

Der *Beitrag* der Kirche zum öffentlichen politischen Prozess ist ihre klare Vorstellung von den »wichtigsten Punkten« des öffentlichen Lebens in einer freien und tugendhaften Gesellschaft – den »wichtigsten Punkten«, die im öffentlichen politischen Prozess durch die vier Kernprinzipien der katholischen Soziallehre verkörpert werden: Personalismus, Gemeinwohl, Subsidiarität und Solidarität.[12] Genau das haben das II. Vaticanum, Johannes Paul II. und Benedikt XVI. gemeint, als sie lehrten, dass die Soziallehre der Kirche dem Nachdenken über die Erfordernisse der freien und tugendhaften Gesellschaft einen prinzipiengestützten Rahmen zur Verfügung stellt *und* dass es nicht in die Zuständigkeit der Kirche *als Kirche* fällt, denen, die für das Gemeinwohl verantwortlich sind, »technische Lösungen« anzubieten.

Dieses Gespür für die Grenzen der kirchlichen Zuständigkeit bei der Befürwortung bestimmter Strategien, Lösungen und Programme im öffentlichen Bereich haben, um es vorsichtig zu formulieren, die kontinentalen, nationalen oder bundesstaatlichen Bischofskonferenzen und ihre öffentlichen Interessenvertretungen nicht voll und ganz verinnerlicht.[13] Diese Gremien legten nach dem Zweiten Vatikanischen Konzil eine gewisse Tendenz an den Tag, sich den Färbungen des sie umgebenden politischen Laubwerks anzupassen – das heißt sie funktionieren oft genauso wie die anderen politischen Allzwecklobbys auch.

Die selbstauferlegte Disziplin des Lehramts, wonach es schlechterdings nicht in die Zuständigkeit der Kirche *als Kirche* fällt, sich in die technischen Niederungen der politischen Öffentlichkeitsarbeit zu begeben, spiegelt keine Scheu oder gar mangelnde Leidenschaft für die betreffenden Themen wider. Vielmehr drückt sich darin ein klares Verständnis dessen aus, was die Kirche ist, wo die Grenzen der kirchlichen Soziallehre verlaufen, inwiefern die Soziallehre ein Ausdruck der Neuevangelisierung ist und was das Zweite Vatikanische Konzil über die Berufung der Laien in der Welt gelehrt hat.

Um mit dem letzten Punkt zu beginnen: Das Zweite Vatikanische Konzil, die Enzyklika *Redemptoris missio* Johannes Pauls II. und sein apostolisches Schreiben *Christifideles laici* lehren alle unmissverständlich, dass es in erster Linie den Laien obliegt, das Evangelium und die Soziallehre der Kirche in die Kultur, die Wirtschaft und die politische Gemeinschaft hineinzutragen.[14] Die Bischöfe und mithin auch die, die im Namen der Bischöfe arbeiten, müssen über die ursprünglichen Prinzipien sprechen und mit ihren öffentlichen Stellungnahmen die Konturen der öffentlichen Debatte formen, indem sie das, was andernfalls womöglich auf eine rein utilitaristische Analyse reduziert würde, mit dem Sauerteig der moralischen Vernunft anreichern. Doch der Prozess der Gesetzgebung selbst ist dort, wo es nicht um die ursprünglichen Prinzipien geht, nicht das vorrangige Tätigkeitsfeld der Hirten der Kirche und ihrer direkten Mitarbeiter.

331

Gut katechisierte, geschulte und ausgebildete Laien – Männer und Frauen, die ihre Identität als Katholiken und als Bürger ernst nehmen – sind die eigentlichen Vertreter der Kirche im Gesetzgebungsprozess. Katholische Laien, die katholischen Konferenzen auf nationaler oder bundesstaatlicher Ebene angehören, sind zwar Mitglieder des Laienstandes, aber nicht »der Laienstand« selbst, der nach den Vorstellungen des II. Vaticanums und der authentischen päpstlichen Auslegung der Konzilstexte in »der Welt« wirken soll. Sie sind die Vertreter der Oberhirten der Kirche, und die Einschränkungen, die die Soziallehre den Hirten auferlegt, gelten gleichermaßen für ihre öffentlichen Interessenvertreter. Katholische öffentliche Interessenvertretungen handeln nicht im Sinne des geltenden kirchlichen Selbstverständnisses, wenn sie die Rolle übernehmen, die das Konzil für die Laien vorgesehen hat, und zu Imitationen oder Abziehbildern anderer politischer Allzwecklobbys werden.

Diese Tendenz ist auch im Hinblick auf die »Reichweite« der katholischen Soziallehre problematisch. Es ist eine Verzerrung der Soziallehre der Kirche und es ist eine Verzerrung der eigentlichen Rolle der gläubigen Laien, wenn durch die Mitwirkung einer katholischen öffentlichen Interessenvertretung an einer länderübergreifenden, nationalen oder bundesstaatlichen Gesetzgebung der Eindruck entsteht, die katholische Kirche hätte aufgrund ihrer spezifischen Zuständigkeit zu einer breiten Palette von Fragen, die den betreffenden politischen Gremien vorgelegt werden, einen festen Standpunkt. Den hat die Kirche nicht.

Es fällt nicht in die Zuständigkeit der Kirche, zu beurteilen, ob das amerikanische Präsidialsystem dem parlamentarischen System im britischen Stil vorzuziehen ist. Es fällt nicht in die Zuständigkeit der Kirche, zu beurteilen, ob eine Zweikammerlegislative besser ist als eine Einkammerlegislative. Es fällt nicht in die Zuständigkeit der Kirche, zu beurteilen, ob das gesetzgeberische Handeln juristisch überprüft werden sollte oder ob es in jeder exekutiven Behörde »stillschweigende Kompetenzen« gibt.

In vielen Fragen wie etwa der Steuer- und Sozialpolitik sind die Grenzen der kirchlichen Zuständigkeit ohne Weiteres erkennbar. Es steht der Kirche zu, zu lehren, dass die Besteuerung gerecht ist, denn indem er Steuern zahlt, nimmt der Bürger seine Verantwortung für das Gemeinwohl wahr. Es steht der Kirche jedoch nicht zu, anzudeuten, dass ihre Soziallehre klare Anweisungen darüber enthielte, wie gerechte Steuersätze auszusehen hätten, und wenn sie dies durch die öffentlichen Interessenvertretungen ihrer Bischöfe dennoch tut, dann entwürdigt sie ihr soziales Zeugnis (und wendet ihre eigene Soziallehre falsch an). Die Kirche hat das Recht und die Pflicht, zu lehren, dass eine gerechte Gesellschaft sich um die Alten, die Kranken und die Schwerbehinderten kümmern muss, die aus Gründen, die sie nicht beeinflussen können, nicht imstande sind, für sich selbst zu sorgen. Die Kirche hat auch das Recht und die Pflicht, zu lehren, dass eine gerechte Gesellschaft sich um eine gesellschaftliche Teilhabe der Armen, die Bildung der Jugend und die allgemeine medizinische Versorgung kümmern muss. Es steht der Kirche jedoch nicht zu, sich darüber zu äußern, ob man diesen sozialen Verpflichtungen am besten durch staatliche, steuerfinanzierte Programme, durch private, von der Politik unabhängige Programme, oder durch eine Mischung aus beidem nachkommt.[15] Steuersätze und Sozialpolitik sind das Ergebnis umsichtiger Entscheidungsfindungsprozesse und diese sind im öffentlichen Bereich nicht Aufgabe des Klerus, sondern der Laien.

Hinzu kommt die Frage der Prioritäten. Wenn die Bischöfe der Kirche oder ihre öffentlichen Interessenvertretungen in einer Reihe von Fragen, die nicht oder allenfalls entfernt an die ursprünglichen Prinzipien oder an spezifische Kompetenzbereiche der Kirche rühren, in die politischen Prozesse eingreifen, dann erwecken sie damit unweigerlich den Eindruck, dass in den Augen der katholischen Kirche alle Fragen gleichrangig sind. Dass dies nicht der Fall ist, liegt in der Natur der Fragen selbst und ist zudem auch durch die Grenzen der Soziallehre bedingt. Durch diesen Mangel an Disziplin bei der Benennung und unermüdlichen Verfolgung derjenigen Themen, die an die ursprünglichen Prinzipien der Gerechtigkeit rühren und daher in die Zuständigkeit der Kirche fallen, werden Energien verschwendet, die, wenn man sie gezielt und gebündelt einsetzen würde, sehr viel besser genutzt werden könnten.

Außerdem entsteht so ein falscher Eindruck von der Wirksamkeit der Kirche im öffentlichen politischen Raum. Es trifft einfach nicht zu, dass die Kirche der gesamten Bandbreite politischer Fragen dasselbe Gewicht beimisst, und wenn katholische Bischöfe und ihre öffentlichen Interessenvertretungen das meinen und sich dementsprechend verhalten, dann ist das nicht nur Selbstbetrug, sondern zudem kontraproduktiv. Die Kirche tritt dann im öffentlichen politischen Raum am wirkungsvollsten für die Wahrheit ein, wenn sie die Würde der menschlichen Person, die Religionsfreiheit und die Integrität der Zivilgesellschaft verteidigt und fördert. Sie setzt diese Wirkung aufs Spiel, wenn sie ihren Sinn für die politischen Prioritäten verliert, die auf diesen theologisch wie politisch absolut grundlegenden Themen basieren.

Die tiefgreifende Reform der öffentlichen Interessenvertretung der Kirche wird also, was die »Reichweite« der kirchlichen Soziallehre betrifft, jene Selbstdisziplin üben, die der Lehre des Konzils und der Päpste entspricht. Sie wird dies deshalb tun, weil es aus der Perspektive der Neuevangelisierung das Richtige ist, denn es schadet der Neuevangelisierung, wenn die Kirche sich selbst als Lobby unter anderen Lobbys präsentiert. Und sie wird es tun, weil es politisch sinnvoll ist. In der Kakofonie der demokratischen Politik des 21. Jahrhunderts ist weniger zuweilen mehr, wie es jede beliebige wirkungsvolle Maßnahme beweist, um die Herzen, die Köpfe und die Gesetze zu verändern. Eine solche Weniger-ist-mehr-Strategie wird die Bischöfe zu glaubwürdigeren Lehrern machen und dem moralischen Gerüst der katholischen Soziallehre eine Chance geben: die Chance, bei den Menschen in der Kirche, bei der allgemeinen Öffentlichkeit und bei den Amtsträgern Gehör und Akzeptanz zu finden.

Bildung und Organisation

Selbst in den Fragen der ursprünglichen Prinzipien ist die kirchliche Interessenvertretung im öffentlichen Raum geschwächt worden: durch den Aufschwung des Säkularismus in der westlichen Welt, durch zwei Generationen wirkungsloser Katechese, die viele katholische Politiker hervorgebracht hat, die de facto getaufte Heiden sind, und durch die katholischen Skandale in den ersten Jahrzehnten des 21. Jahrhunderts. Es wäre daher Selbstbetrug, zu glauben, dass die Bischöfe der Kirche in der Realpolitik dieselbe Autorität besäßen wie in der Vergangenheit (so gut oder schlecht diese Autorität auch immer ausgeübt worden sein mag). Dasselbe gilt im weiteren Sinne auch für die, die die Bischöfe in der nationalen und bundesstaatlichen Gesetzgebung vertreten. Die Frage lautet also, um eine an dieser Stelle wohl denkbar unerwartete Quelle, nämlich Lenin, zu zitieren: »Was tun?«

Die Antwort ist, dass wir einen Paradigmenwechsel brauchen. Einen Wechsel der Perspektive und der Handlungsweise, den die politische Realität verlangt und der auch deshalb geboten ist, weil die Kirche lehrt, dass die Soziallehre ein wesentlicher Bestandteil der Neuevangelisierung ist.[16] Dieser strategische Wechsel besteht in einer Abkehr von der – mit vielfältigen Themen und der gesamten Bandbreite der öffentlichen Politik befassten – konventionellen politischen Interessenvertretung und, damit einhergehend, in einer Hinwendung zu ernsthafter politischer Bildung und Organisation in bestimmten Themenfeldern mit hoher Priorität.

Wenn die Kirche und ihre Bischöfe nicht mehr dieselbe Autorität genießen wie einst und wenn die Kirche nicht über dieselben finanziellen Ressourcen verfügt wie viele andere Interessenvertretungen, dann verliert die konventionelle Lobbyarbeit für die öffentliche Interessenvertretung der Kirche zunehmend an Sinn. Wenn die öffentlichen Funktionäre der moralischen Logik, die die kirchliche Lehre über den Lebensschutz und über die Ehe prägt, nicht ohnehin schon etwas abgewinnen können, dann werden sie den Bischöfen und ihren öffentlichen Vertretern wahrscheinlich nicht zuhören, denn sie werden zu dem Schluss gekommen sein, dass ihnen das Zuhören keine Vorteile und das Weghören keine Nachteile bringt. Überdies spricht vieles in der umgebenden Kultur dafür, *nicht* zuzuhören, und wer es dennoch tut, dem droht Vergeltung.

Wenn die Wahrheit des Evangeliums und die moralischen Argumente, auf die sich die Soziallehre der Kirche gründet, den Gesetzgebungsprozess auf lokaler und nationaler Ebene in den Fragen der ursprünglichen Prinzipien beeinflussen sollen, dann müssen die, die für das öffentliche Zeugnis der Kirche verantwortlich sind, in ihrer Arbeit neue Strategien verfolgen und ihre Ressourcen anders einsetzen. Wenn Macht und Geld die einzige Sprache sind, die von vielen Amtsträgern verstanden wird, dann müssen die katholischen öffentlichen

Interessenvertreter – ebenso wie die Bischöfe, Priester, Diakone und Laienkatecheten – ihre Energie verstärkt darauf verwenden, die katholische Bevölkerung auszubilden, damit das Kirchenvolk, wenn die ursprünglichen Prinzipien auf dem Spiel stehen, imstande ist, echten Druck – politischen Druck und finanziellen Druck – auf die politische Führung auszuüben. Der evangelikale Katholizismus des 21. Jahrhunderts muss zudem effizientere Wege finden, den Gläubigen einer Diözese die Anliegen ihres Bischofs näherzubringen und ihnen zu erklären, warum diese Anliegen Priorität haben: Er muss den Menschen zeigen, dass diese Anliegen die demokratischen Grundprinzipien betreffen; und er muss Katholiken das Rüstzeug an die Hand geben, damit sie diese Anliegen direkt bei denjenigen Politikern vorbringen können, die die Stimmen der katholischen Wähler benötigen, um im Amt zu bleiben.

Das öffentliche Zeugnis des evangelikalen Katholizismus erfordert, mit anderen Worten, politische Stärke. Diese Kraft ist notwendig, um weitere Übergriffe der Kultur des Todes zu verhindern und darüber hinaus freie Gesellschaften zu errichten, in denen jedes Kind im Leben willkommen geheißen und vom Gesetz geschützt wird. Diese Kraft ist notwendig, um freie Gesellschaften zu errichten, in denen alte und schwerbehinderte Menschen als Männer und Frauen von unschätzbarer Würde und unschätzbarem Wert und nicht als »Probleme« betrachtet werden, die einer technischen »Lösung« bedürfen. Diese Kraft ist notwendig, um freie Gesellschaften zu errichten, die Fremden gegenüber gastfreundlich und der Rechtsstaatlichkeit verpflichtet sind, die nicht über ihre Verhältnisse leben, die den zukünftigen Generationen keine untilgbare Staatsverschuldung aufbürden – freie Gesellschaften, in denen der öffentliche und der private Sektor, wie es die Soziallehre vorschlägt, Hand in Hand arbeiten, um die Qualität des Bildungs- und Gesundheitswesens und die Absicherung im Alter zu gewährleisten.

Politische Stärke ist auch erforderlich, um in den demokratischen Staaten, aber auch weltweit für die Religionsfreiheit einzutreten. Der Druck, der auf die katholischen Einrichtungen ausgeübt wird, damit sie sich den Regeln der Kultur des Todes anpassen, wird so lange zunehmen, bis die katholische öffentliche Interessenvertretung genauso stark ist wie unsere Überzeugungen von der Kultur des Lebens. Diese Bedrohungen der Religionsfreiheit in den Demokratien der industrialisierten Welt sind in den Diskussionen um den Lebensschutz und um die Ehe deutlich zutage getreten und niemand sollte sich darüber hinwegtäuschen, dass uns eine Zeit der Verfolgung bevorstehen könnte. Das Klima ist im beginnenden 21. Jahrhundert bereits spürbar rauer geworden: wenn die Wahrheit, die die Kirche verkündet, in den Mainstream-Medien straflos als irrational und bigott dargestellt werden; wenn katholische Ärzte und Therapeuten, die ihre Heilkunst mit reinem Gewissen ausüben wollen, um ihre Lizenzen fürchten müssen; wenn Bischöfe verspottet werden, weil sie den Mut haben, nicht der *Political Correctness*, sondern der Wahrheit die Ehre zu geben; wenn örtliche Steuerbehörden von gesetzgebenden Organen dazu benutzt werden, die Kirche unter Druck zu setzen; wenn Gesetze zur Wahlkampffinanzierung so abgefasst werden, dass sie die Stimme des religiös gebildeten Gewissens zum Schweigen bringen; und wenn die Kirche durch Gesetze, Vorschriften oder Gerichtsurteile, die bei der Berücksichtigung homosexueller Elternpaare eine »Nichtdiskriminierung« fordern, aus der Vermittlung von Pflege- und Adoptionskindern hinausgedrängt wird.[17]

Einige werden hier eine gewisse Ironie am Werk sehen: Die katholische Kirche, Zielscheibe der Menschenrechtstheorie der europäischen Aufklärung – und jetzt Verteidigerin der Menschenrechte? Die katholische Kirche, lange Zeit Inbegriff des *Ancien Régime* und des kirchlichen Establishments – und jetzt Vorkämpferin der Religionsfreiheit? Die Geschichte – und das Ringen des Menschen um echte Freiheit – ist nicht zu Ende, doch die Kultur – und damit auch die Geschichte – hat sich verändert, und so ist die katholische Kirche heute weltweit die führende institutionelle Verfechterin der Menschenrechte und der Demokratie. Der evangelikale Katholizismus des 21. Jahrhunderts wird auf dieser dramatischen Entwicklung der kirchlichen Rolle im öffentlichen Leben aufbauen, um die Fundamente des Hauses der Freiheit zu sichern, wo immer sie bedroht sind.

Identität, Zeugnis und Interessenvertretung

Die vorliegende Agenda einer tiefgreifenden Reform der öffentlichen Interessenvertretung der Kirche hängt letztlich von den Bischöfen der Kirche ab. Bischofskonferenzen, denen die Integrität der katholischen Identität am Herzen liegt, haben erkannt, dass die Neuevangelisierung wesentlich auf einem neuen Verständnis dessen beruht, wer die Katholiken sind, wofür sie stehen und warum sie dafür stehen. Bei dieser Betonung der Notwendigkeit einer klar umrissenen katholischen Identität geht es nicht darum, sich durchzusetzen oder eine Diskussion für sich zu entscheiden. Es geht darum, die Lehre des Zweiten Vatikanischen Konzils über den Auftrag der Evangelisierung umzusetzen, die nur dann zu den Herzen und dem Verstand vordringen kann, wenn sie die Fülle des katholischen Glaubens mit Überzeugung und Leidenschaft vorträgt.

Wie an so vielen anderen Fronten auch, erfordert der Übergang vom gegenreformatorischen zum evangelikalen Katholizismus ein Umdenken. In diesem Fall sind es die evangelikalen Grundmauern des kirchlichen Engagements in der öffentlichen Politik, die neu bedacht (oder, vielleicht besser, wiederentdeckt) werden müssen. Die Kirche des öffentlichen Zeugnisses ist, genau wie die Kirche, die die Sakramente feiert und über das Wort Gottes nachdenkt, dazu da, das Evangelium zu verkünden und die Welt zu bekehren. An diesem Auftrag wird alles und werden alle in der Kirche gemessen. Die Neuevangelisierung verlangt eine Kirche, die sich ihrer Identität sicher ist und fest auf die von ihr gehüteten Grundwahrheiten einschließlich der Wahrheit ihrer Soziallehre vertraut. Und deshalb muss es keine »Identitäts-Katholiken« auf der *einen* und »Soziallehre-Katholiken« auf der *anderen* Seite geben. Wenn die Soziallehre, wie es das päpstliche Lehramt seit Ende des 20. Jahrhunderts verkündet, ein wesentlicher Bestandteil der Neuevangelisierung ist, dann gibt es nur einen Katholizismus, und in diesem Katholizismus tragen die Klarheit der katholischen Identität und die Praxis sowohl zur Verkündigung des Evangeliums als auch zum kirchlichen Einsatz für die Gerechtigkeit im öffentlichen Bereich bei.

Die Erfüllung des missionarischen Auftrags und die Errichtung freier und tugendhafter Gesellschaften hängen in jeder Hinsicht miteinander zusammen.

KAPITEL ZWÖLF

Die evangelikale katholische Reform des Papsttums

Das gegenreformatorische Papsttum, das der strenge und autokratische Papst Pius V. zwischen 1566 und 1572 mitprägte, war nach der kirchenspaltenden Krise der Reformation für die Reform des Katholizismus von wesentlicher Bedeutung. Es ist schwer vorstellbar, wie die vom Konzil von Trient beschlossenen Reformen ohne eine starke und zentrale römische Führung wirkungsvoll hätten durchgesetzt werden sollen, die ihren Wert auch dann noch bewies, als die Reformationsstürme sich wieder gelegt hatten. Und es ist schwer vorstellbar, wie eine andere Quelle als dieses römische Zentrum die Energien hätte freisetzen sollen, um die Neue Welt zu evangelisieren, die die europäischen Expeditionen im 15. und 16. Jahrhundert entdeckt hatten. Doch ungeachtet dessen, was man noch im 20. Jahrhundert von seinem Fortbestehen glaubte, war das gegenreformatorische Modell ebenso zeitgebunden wie alle vorherigen Paradigmata der Ausübung des Petrusamtes. Genau genommen begann das gegenreformatorische Modell bereits im 18. und frühen 19. Jahrhundert zu verblassen, als Päpste wie Benedikt XIV. (1740–1758) und Pius VII. (1800–1823) das Amt des Petrus in einer Weise ausübten, dass es aus den institutionellen Verteidigungswällen der Gegenreformation heraustrat, um sich direkt mit der intellektuellen und politischen Moderne auseinanderzusetzen. Selbst so durch und durch auf Abwehr und Autokratie ausgerichtete Päpste wie Gregor XVI. (1831–1846), der den Sklavenhandel verurteilte (ein erster Ausblick auf die spätere Rolle des Papsttums als eines moralischen Weltgewissens) und die Missionstätigkeit der Kirche wiederbelebte, führten das Papsttum über die Grenzen des gegenreformatorischen Modells hinaus.

Der letzte der klassischen gegenreformatorischen Päpste, Pius IX., trat sein Pontifikat 1846 als Reformer an und starb zweiunddreißig Jahre später, 1878, als Symbol einer Kirche, die sich auf ideeller wie auch auf konkreter Ebene beharrlich jedweder Auseinandersetzung mit der Moderne verweigerte. Bei seinem Ableben glaubte man, der weltliche Einfluss des Papsttums gehöre der Vergangenheit an und vielleicht sei sogar die Institution des Papsttums selbst am Ende. Doch innerhalb von zwei Jahrzehnten schuf Pius' Nachfolger Leo XIII. eine neue Form der päpstlichen Einflussnahme, die eine der Grundlagen für das evangelikale katholische Papsttum des 21. Jahrhunderts legte: eine Einflussnahme, die sich auf die Macht der moralischen Vernunft, der logischen Argumentation und Überzeugung und des Zeugnisses gründete.

Ein Jahrhundert, nachdem der Tod Pius' IX. scheinbar das Ende der weltgeschichtlichen Bedeutung des Papsttums besiegelt hatte, wählten die Kardinäle einen Papst, der durch die Kraft seines evangelikalen Zeugnisses entscheidend zur Revolution von 1989 und zum Zusammenbruch des Kommunismus beitrug und so den Lauf der Geschichte in eine menschlichere Richtung lenkte. Dreimal wandten sich dieser Papst, Johannes Paul II., und sein Nachfolger, Benedikt XVI., vom Podium der UN-Generalversammlung aus an die Mächtigen der Welt und sprachen eine Sprache, wie sie kein anderer der globalen Führer hätte sprechen können, benannten und umrissen Themen, denen die Menschheit nicht aus dem Weg gehen konnte, und riefen die führenden Politiker der Welt dazu auf, ihren Erwartungshorizont und ihren Sinn für das Mögliche zu erweitern.

Diese bemerkenswerte Verwandlung des Papsttums – vom Tiefpunkt im Jahr 1870, als Pius IX. sich selbst als »Gefangenen im Vatikan« bezeichnete, bis hin zu jenem triumphalen Augenblick im Jahr 1996, als Johannes Paul II. das Brandenburger Tor durchschritt – war das Ergebnis einer langsamen, aber stetigen Rückkehr zur biblischen Idee des Petrusamtes in der Kirche. Johannes Paul II. hat die Geschichte nicht als Politiker oder Diplomat verändert, er hat die Geschichte als Seelsorger, Lehrer und Zeuge verändert. Und so ist die evangelikale Reform des Papsttums vielleicht der deutlichste Beleg für die Tatsache, dass jede wahrhaft katholische Reform tatsächlich eine »Re-Form« ist: ein Sich-Besinnen auf vergessene Elemente und Formen der von Christus gegebenen Verfasstheit der Kirche, die wieder neu zugrunde gelegt werden muss, um von diesem Fundament aus neue Modelle des katholischen Lebens und des katholischen Wirkens zu entwickeln. Deshalb muss jedes Nachdenken über die evangelikale Reform des Papsttums im 21. Jahrhundert mit einer Rückbesinnung auf das erste Jahrhundert und auf Petrus selbst beginnen.

Der Bischof von Rom als christlicher Zeuge

Petrus, der Fischer aus Galiläa, gehört zu den Personen, die uns im Neuen Testament am häufigsten begegnen. Warmherzig und impulsiv, feige und zugleich mutig, einsichtig und dickköpfig ist er eine zutiefst menschliche Gestalt und eine einzigartige Verkörperung jener Wahrheit, die sein großer Mitbruder, der heilige Paulus, den Korinthern gegenüber formuliert hat: dass der »Schatz« der Offenbarung Gottes in Christus in »zerbrechlichen Gefäßen« – den schwachen und sündigen Menschen der Kirche – aufbewahrt wird, um deutlich zu machen, »dass das Übermaß der Kraft von Gott und nicht von uns kommt« (2 Kor 4,7).

Zwei neutestamentliche Episoden, in denen Petrus im Blickpunkt der Aufmerksamkeit Jesu steht, verraten uns etwas über die Eigenart des Petrusamtes in der Kirche.

Im 16. Kapitel bei Matthäus kommen Jesus und die Zwölf nach Cäsarea Philippi, einer Handelsstadt mit einem großen Angebot an Religionen. Hier stellt der Herr seinen Jüngern eine sehr direkte Frage und erhält von Petrus eine Antwort, die dessen Leben verändert:

»Als Jesus in das Gebiet von Cäsarea Philippi kam, fragte er seine Jünger: Für wen halten die Leute den Menschensohn? Sie sagten: Die einen für Johannes den Täufer, andere für Elija, wieder andere für Jeremia oder sonst einen Propheten. Da sagte er zu ihnen: Ihr aber, für wen haltet ihr mich? Simon Petrus antwortete: Du bist der Messias, der Sohn des lebendigen Gottes! Jesus sagte zu ihm: Selig bist du, Simon Barjona; denn nicht Fleisch und Blut haben dir das offenbart, sondern mein Vater im Himmel. Ich aber sage dir: Du bist Petrus und auf diesen Felsen werde ich meine Kirche bauen und die Mächte der Unterwelt werden sie nicht überwältigen. Ich werde dir die Schlüssel des Himmelreichs geben; was du auf Erden binden wirst, das wird auch im Himmel gebunden sein, und was du auf Erden lösen wirst, das wird auch im Himmel gelöst sein.«[1]

Im letzten Kapitel des Johannesevangeliums trifft der auferstandene Herr Petrus – der sich während des Verfahrens gegen Jesus nicht gerade als ein Fels der Treue erwiesen, sondern den Herrn verleugnet hat, um dann unter Tränen zu bereuen und einer der ersten Zeugen der Auferstehung zu werden – am See von Tiberias. Nach dem wunderbaren Fischfang und einer gemeinsamen Mahlzeit sieht Petrus sich mit einer neuerlichen Herausforderung konfrontiert:

»Als sie gegessen hatten, sagte Jesus zu Simon Petrus: Simon, Sohn des Johannes, liebst du mich mehr als diese? Er antwortete ihm: Ja, Herr, du weißt, dass ich dich liebe. Jesus sagte zu ihm: Weide meine Lämmer! Zum zweiten Mal fragte er ihn: Simon, Sohn des Johannes, liebst du mich? Er antwortete ihm: Ja, Herr, du weißt, dass ich dich liebe. Jesus sagte zu ihm: Weide meine Schafe! Zum dritten Mal fragte er ihn: Simon, Sohn des Johannes, liebst du mich? Da wurde Petrus traurig, weil Jesus ihn zum dritten Mal gefragt hatte: Hast du mich lieb? Er gab ihm zur Antwort: Herr, du weißt alles; du weißt, dass ich dich lieb habe. Jesus sagte zu ihm: Weide meine Schafe! Amen, amen, das sage ich dir: Als du noch jung warst, hast du dich selbst gegürtet und konntest gehen, wohin du wolltest. Wenn du aber alt geworden bist, wirst du deine Hände ausstrecken und ein anderer wird dich gürten und dich führen, wohin du nicht willst. […] Nach diesen Worten sagte er zu ihm: Folge mir nach!«[2]

Die Szene in Cäsarea Philippi deutet an, dass das Petrusamt Ausdruck eines tiefen Glaubens sein muss: einer tiefen Überzeugung, dass Jesus wahrhaftig der Herr ist und dass alles, was Gott der Welt über sein göttliches Leben hat offenbaren wollen, in ihm offenbart worden ist. Die Erscheinung des Auferstandenen am See von Tiberias deutet an, dass diese Glaubenstiefe durch eine entsprechende Tiefe der Liebe ergänzt werden muss – eine radikale Liebe zum Herrn, die zur radikalen Hingabe für die Herde des Herrn führt. Der auferstandene Herr treibt keinen Spaß mit Petrus, als er ihm am Kohlenfeuer unweit des Seeufers neben den Überresten ihres gemeinsamen Mahles dreimal dieselbe Frage stellt, so als müsse die dreimalige Verleugnung während der Verhandlung gegen Jesus durch drei besondere Liebesbeteuerungen wieder gutgemacht werden. Nein, wie Karol Kardinal Wojtyła in einer mitreißenden Predigt in der Kirche des heiligen Stanislaus in Rom nur wenige Tage vor seiner Papstwahl es deutlich gemacht hat: Was hier geschehen ist, ist eine sehr viel größere, ja verstörende Herausforderung:

> Die Nachfolge Petri, der Ruf in das Amt des Papsttums, birgt immer auch einen Ruf zur höheren, zu einer ganz besonderen Liebe in sich. Und immer wenn Christus zu einem Menschen sagt: »Komm, folge mir nach«, dann stellt er ihm die Frage, die er auch dem Simon gestellt hat: »Liebst du mich mehr als die anderen?« Dann muss das Herz des Menschen beben. [...] Ein Menschenherz muss beben, weil diese Frage auch eine Forderung enthält. Du musst lieben! Du musst mehr lieben als die anderen, wenn dir die ganze Herde anvertraut werden soll, wenn der Auftrag: »Weide meine Lämmer, weide meine Schafe«, den Umfang erreichen soll, den er in der Berufung und Sendung des Petrus erreicht. [...] Somit hat das Gebot Christi: »Komm, folge mir nach«, in dem Ruf, den Christus nach seiner Auferstehung an Petrus richtet, eine doppelte Bedeutung. Es ist eine Berufung zum Dienen, und es ist eine Berufung zum Sterben.[3]

Das Petrusamt ist also zum einen das Amt eines Hüters über die Symphonie der Wahrheit, die die katholische Kirche lehrt, und zum anderen das Amt eines Hirten, der diese Symphonie der Wahrheit in einem Höchstmaß an pastoraler Liebe und Güte zum Ausdruck bringt. Der Bischof von Rom, der Nachfolger Petri, sorgt dafür, dass die Kirche ihr Verständnis dieser Wahrheitssymphonie mit den nötigen Argumenten vertreten kann. Der Bischof von Rom sorgt außerdem dafür, dass diese Argumente so vorgetragen werden, wie es jenen geziemt, die zu dem alles übersteigenden Weg der christlichen Liebe berufen sind.

Diese beiden zentralen Verantwortlichkeiten des Bischofs von Rom und Hirten der Weltkirche sind in den vier Pontifikaten, die das gegenreformatorische Papsttum beendet und den Übergang zum evangelikalen katholischen Papsttum beschleunigt haben, mit großer Deutlichkeit zutage getreten. Die durchscheinende Güte und Bescheidenheit Johannes' XXIII. haben das Papsttum vermenschlicht und dem Amt seine väterliche Wärme zurückgegeben, während die Kirche im selben Augenblick durch die Erfahrung eines ökumenischen Konzils ihre weltumspannende Bedeutung und ihr evangelikales Selbstvertrauen wiederzuentdecken begann. Paul VI. litt sichtbar unter den Anforderungen der petrinischen Liebe, die er in irrationalen Zeiten zu verkörpern suchte, und zahlte insbesondere in der Frage nach den angemessenen Methoden der Geburtenkontrolle auch den Preis für sein Amt als Hüter der moralischen Wahrheit. Johannes Paul II. übte das päpstliche Lehramt mit einer Konsequenz aus, wie man sie seit Jahrhunderten nicht mehr erlebt hatte. Sein Dienst in der Nachfolge Petri endete mit einem nie dagewesenen Zeugnis für das Paschageheimnis des Leidens, Sterbens und der Auferstehung Christi, das der Papst der Welt in der Erfahrung seines eigenen Leidens und Sterbens vor Augen führte. Benedikt XVI., ein meisterhafter Lehrer und Katechet, weinte mit den Opfern des sexuellen Missbrauchs und rief die Nationen zu einem tieferen Verständnis der Freiheit auf.

In alledem wird der evangelikale Katholizismus des späten 21. Jahrhunderts rückblickend die Entstehung eines neuen Modells des Papsttums erkennen, das sich auf das Neue Testament und auf das stützt, was die Kirche aus der Schrift und der Tradition über Petrus weiß. Petrus hatte es mit vielen Dingen in den ersten Jahrzehnten der Kirche zu tun. Er war einer der Ersten, die das leere Grab entdeckten, und er genoss die besondere Aufmerksamkeit des Auferstandenen. Nach der Ausgießung des Heiligen Geistes an Pfingsten hielt er die erste große christliche Predigt, wodurch sich Tausende von Gläubigen der Jerusalemer Kirche anschlossen. Er bekehrte den heidnischen Zenturio Cornelius und eröffnete damit die Mission *ad gentes*, die der heilige Paulus dann anschließend in großem Maßstab betrieb. Während der Debatte darüber, was die wachsende christliche Gemeinschaft von ihren heidnischen Mitgliedern verlangen sollte, bewährte er sich als Zentrum der Einheit, wodurch die Frage schließlich gelöst werden konnte. Schließlich ging Petrus, so die Überlieferung, die von jüngsten archäologischen Forschungen bestätigt wird, nach Rom, wo er in Neros *Circus* das Martyrium erlitt und auf dem nahe gelegenen Vatikanhügel sein Grab fand, das daraufhin sofort zu einer christlichen Pilger- und Gebetsstätte wurde.

Eines aber war Petrus bei alledem eindeutig nicht: der Geschäftsführer einer kleinen, aufstrebenden Religion, die sich bei den Konsumenten der mediterranen Spiritualitäten ihre Marktanteile sichern wollte. Doch als sich das gegenreformatorische Papsttum zu entwickeln begann, entstand zunehmend der Eindruck, dass der Nachfolger Petri zuerst und vor allem ein Manager sei: der Chef des Unternehmens *Katholische Kirchen GmbH*. Wie so manches andere ist auch dies ganz sicher ein Zeichen für den Niedergang des gegenreformatorischen Katholizismus und für die Geburt des evangelikalen Katholizismus: dass dieses

Managermodell im späten 20. und frühen 21. Jahrhundert nach und nach an Bedeutung verloren und einem Modell des Papsttums Platz gemacht hat, das sich seiner evangelikalen Sendung sehr viel stärker bewusst ist – einem Modell, in dem der Bischof von Rom vor allem anderen der erste Zeuge der Kirche ist und mit seinem Zeugnis das Zeugnis all seiner Brüder stärkt, wie es der Herr dem Apostel Petrus beim Letzten Abendmahl aufgetragen hat: »Simon, Simon, der Satan hat verlangt, dass er euch wie Weizen sieben darf. Ich aber habe für dich gebetet, dass dein Glaube nicht erlischt. Und wenn du dich wieder bekehrt hast, dann stärke deine Brüder« (Lk 22,31–32).

Diese primäre, evangelikale Aufgabe des Petrusamtes veranlasste Paul VI. dazu, mit seinen Auslandsreisen erste tastende Schritte auf dem Weg zu einem missionarischen Papsttum zu unternehmen, und seine Hinwendung zur päpstlichen Mission wurde im Papsttum Johannes Pauls II., der um die Welt reiste, um ein Vielfaches verstärkt. Johannes Paul II. betonte zu Recht, dass es ihm nicht darum ging, als eine Art päpstlicher Tourist »Vergnügungsreisen« zu unternehmen. Seine Reisen waren Pilgerfahrten, bei denen der Hirte der Weltkirche den Ortskirchen aus zwei Gründen seinen Besuch abstattete: erstens, um Zeugnis für den Glauben abzulegen, damit der Glaube in der Ortskirche gestärkt wurde, und zweitens, um (mit seinen Selig- und Heiligsprechungen überall auf der Welt) die Heiligkeit der Ortskirchen hervorzuheben, damit alle in der Kirche sehen konnten, dass Gott alte wie neue Christen gleichermaßen verschwenderisch mit seinen Gnadengaben beschenkt. Diese Gewohnheit des päpstlichen Pilgerns wurde unter Benedikt XVI. – wenn auch altersbedingt in einer etwas langsameren Gangart – beibehalten und muss im evangelikalen katholischen Papsttum im 21. Jahrhundert und darüber hinaus seine Fortsetzung finden.

Doch wo soll die Kirche nach solchen Männern suchen? Welche Eigenschaften braucht ein evangelikaler katholischer Papst?

Vorbereitung auf das Unmögliche

Das Erste, worauf man bei einem potenziellen Kandidaten für das Papsttum achten muss, ist, ob er das Amt will: Denn wenn er es will, dann ist er nicht geeignet – gar nicht so sehr, weil es ihm an Demut, sondern eher, weil es ihm an Klugheit oder gar an Vernunft fehlt. Kein vernünftiger Mann sehnt sich nach der Bürde des Papstamtes. Niemand, der weiß, was von einem Papst verlangt wird – von der rein physischen Konstitution bis hin zu der tiefen spirituellen Fähigkeit, die Wunden der ganzen Kirche auf sich zu nehmen, ohne daran zu verbluten – wird sich dieses Amt freiwillig aussuchen. Das Amt sucht sich den Mann aus.

Was das Wirken des Heiligen Geistes bei einem Konklave betrifft, gibt es verschiedene Ansichten. Zwischen dem Tod Johannes Pauls II. und der Wahl Benedikts XVI. gab Ennio Kardinal Antonelli ein Interview, in dem er erklärte, Gott habe den nächsten Papst bereits ausgesucht, die Aufgabe der Kardinäle bestehe lediglich darin, herauszufinden, auf wen Gottes Wahl gefallen sei. Interessanterweise vertrat Joseph Kardinal Ratzinger, der in dem daran anschließenden Konklave gewählt wurde, eine eher minimalistische Auffassung von der Rolle des Geistes: Die Aufgabe des Heiligen Geistes, so sagte er einmal, bestehe darin, dafür zu sorgen, dass die Kardinäle keinen Papst wählen, der die Kirche restlos zerstört. Doch ganz gleich, wo die Theologen in diesem Spektrum der Positionen zwischen Antonelli und Ratzinger stehen, legen die Erfahrungen der Kirche mit den Päpsten in der späten Moderne und der frühen Postmoderne für das Petrusamt eine Reihe von Qualifikationen nahe.

Letztendlich ist die Aufgabe eines Papstes so schwierig, dass sie an das Unmögliche grenzt, und der Ruf auf den Stuhl Petri ist, wie Kardinal Wojtyła 1978 gesagt hat, ein Ruf in den Tod, und das gleich in mehrfacher Hinsicht. Doch bei all den unmöglichen Anforderungen, mit denen das Amt seinen In- haber konfrontiert, kann die Kirche doch auf gewisse Erfah- rungen und Erkenntnisse zurückgreifen, wenn es darum geht, ein Profil der wünschenswerten Eigenschaften zu erstellen, über die die evangelikalen katholischen Päpste im 21. Jahrhun- dert und darüber hinaus verfügen sollten.

Ein tiefer und durchscheinender Glaube

In seinem Roman *In den Schuhen des Fischers* schildert Morris West ein fiktives Gespräch zwischen einem italienischen Kar- dinal, der am ersten Abend des Konklaves unter seinen Mitwählern auf Stimmenfang geht, und einem mystisch ver- anlagten Kardinal aus einer der katholischen Ostkirchen. Der Italiener versucht seinen Mitbruder davon zu überzeugen, dass ein neuer Mann in ihrer Mitte, ein Ukrainer, der erst kürz- lich aus einem sowjetischen Arbeitslager entlassen worden ist, Gottes Wahl für das Petrusamt sei. Die Antwort des östlichen Kardinals ist weise und lehrreich:

»Der Syrer Rahamani sagte in seinem geschmeidigen, höfli- chen Tone: ›Immer sucht man einen Mann mit der einen notwendigen Gabe – der Gabe, mit Gott zusammenzuarbei- ten. Auch bei guten Menschen ist diese Gabe selten. Die meisten von uns verbringen zwar das Leben damit, sich möglichst dem Willen Gottes zu beugen, aber selbst dann müssen wir oft durch gnädige Gewalt gebeugt werden. Die anderen, die seltenen, wollen instinktiv das Werkzeug in den Händen des Schöpfers sein. Wenn dieser neue Mann so ist, dann ist er der, den wir brauchen.‹«[4]

Die evangelikalen katholischen Päpste im 21. Jahrhundert und darüber hinaus müssen einen tiefen Glauben haben und in der Lage sein, die Symphonie der katholischen Wahrheit mit ihrem Wort und mit ihrem Beispiel als eine faszinierende Alternative zu den anderen Anschauungen vorzuschlagen, die die postmoderne Welt formen (oder verformen). Einem in sich verschlossenen Mann, einem Mann, dem seine Zweifel und seine Ambivalenz auf die Stirn geschrieben stehen, einem Mann, der die Weltmedien scheut, oder einem Mann, der sich in der Regel mehr für den »Dialog« als für die Evangelisierung engagiert, fehlt mithin eine wichtige Eigenschaft, die bei den Päpsten der evangelikalen katholischen Zukunft wünschenswert ist. Das Vertrauen in die Symphonie der Wahrheit, die die Kirche lehrt, muss einen Mann nicht überheblich machen (Überheblichkeit ist übrigens ebenfalls ein Ausschlusskriterium für einen potenziellen Papst); intellektuelle Sicherheit kann und soll mit Demut und mit einer spürbaren Sympathie für die Glaubenskämpfe einhergehen, die viele Männer und Frauen auszufechten haben. Gleichwohl erwartet (und wünscht) die Welt Päpste, die geradeheraus sprechen, denn das, was sie lehren, ist Ausdruck dessen, was die katholische Kirche glaubt, und damit Ausdruck dessen, wofür sie mit ihrem Leben einstehen. Die Welt wird das, was Päpste sagen, vielleicht nicht immer billigen. Aber die Welt weiß – auch wenn sie es nur selten zugibt –, dass die Menschheit ärmer wäre, wenn die Päpste plötzlich anfingen, sich in den ver-

schwommenen Kategorien des liberalen Protestantismus auszudrücken oder als neutrale Talkmaster die »Diskussionsrunde interreligiöser Dialog« zu moderieren.

Natürliche Resilienz und übernatürliche Gnade

Die evangelikalen katholischen Päpste im 21. Jahrhundert und
darüber hinaus müssen nicht nur reich mit der übernatürlichen Gabe des Glaubens und mit den menschlichen Gaben
des Intellekts und der persönlichen Ausstrahlung beschenkt
sein, um diesen Glauben auf evangelikale, attraktive Weise
anzubieten – sie müssen außerdem über eine Resilienz verfügen, das heißt, wie Johannes Paul II. in der Lage sein, aus
der sprudelnden Quelle ihres Gebets einen Überfluss an Energie, Geduld, Mitgefühl und Ausdauer zu schöpfen. Die niederdrückende Last des Papstamts ist nicht nur und nicht einmal in erster Linie eine Frage der Planung (die sich immer
korrigieren lässt); sie ist eine Frage des Geistes und der dunklen Seite des Menschseins. In einem anderen Roman, *Des Teufels Advokat*, beschreibt Morris West den Papst als einen
Mann, der »die Sünden der Welt wie einen bleiernen Mantel
auf den Schultern« trägt.[5] Was Päpste wissen, ist sehr viel
mehr, als irgendein Mensch ertragen kann: Sie wissen um
die Gemeinheit und Bosheit in der Welt im Großen (weil die
Vatikanbeamten und päpstlichen Nuntien sie regelmäßig darüber informieren), und sie wissen um den menschlichen
Kummer im Kleinen (aus der Flut von Gebetsanliegen aus
aller Welt, die sich Tag für Tag in die päpstliche Wohnung
ergießt). Dieses Wissensgewicht kann ein Mann nicht allein
tragen und es erfordert eine besondere Gnade der Stärke, die
der Herr dem Petrus verheißen hat. Diese Gnade stützt sich
jedoch auf ein menschliches Fundament der physischen und

psychischen Robustheit und Resilienz. Und das deutet darauf hin, dass der evangelikale Katholizismus, von einigen wenigen Ausnahmen vielleicht abgesehen, am besten mit Päpsten bedient sein wird, die zum Zeitpunkt ihrer Wahl im Vollbesitz ihrer physischen Kräfte und in der Lage sind, entsetzlichen Stürmen standzuhalten – und die gleichzeitig der Kirche, die gelenkt, und der Welt, die bekehrt werden muss, ermutigend zulächeln können.

Erfahrung in der Seelsorge

Der Beitrag, den Johannes Paul II. dazu geleistet hat, dass das Papsttum als Amt der evangelikalen Zeugenschaft wieder entdeckt und wieder hergestellt wurde, verdankte sich zu einem nicht geringen Teil der Tatsache, dass er, als er auf den Stuhl Petri kam, über einen reichen seelsorglichen Erfahrungsschatz als Priester und Bischof verfügte. Dass »er unser Leben von innen kannte«, wie einer seiner ältesten Laienfreunde es einmal formulierte, war ein großer Segen für sein Pontifikat, und ein Segen waren auch die praktischen Erfahrungen, die er als Oberhaupt einer Ortskirche hatte sammeln können. Tatsächlich lässt sich im Grunde jede der größeren Initiativen Johannes Pauls II. – angefangen bei den Weltjugendtagen über seine pastorale Reisetätigkeit bis hin zur Theologie des Leibes und seiner Lehre über Ehe und Familie – auf seine Erfahrung als Erzbischof von Krakau zurückführen. Diese Erfahrung war, wenn man so will, das Experimentierfeld für sein Pontifikat. Und auch wenn die Besonderheiten dieser Erfahrung einzigartig und unwiederholbar sind, ist das Modell insgesamt doch für die Zukunft durchaus sinnvoll: Von einigen seltenen Ausnahmen abgesehen, wird die Kirche am besten mit Päpsten bedient sein, die ihre evangelikale Wirksamkeit und ihre pastoralen Führungsqualitäten bereits bewiesen und sich zudem in der Auseinandersetzung mit kultivierten Religionsverächtern bewährt haben.

Menschenkenntnis

Erwiesenes Urteilsvermögen und die Fähigkeit, die Talente der Einzelnen zum Besten der Allgemeinheit einzusetzen, sind wesentliche Qualitäten der evangelikalen katholischen Päpste der Zukunft. Ein Papst mag brillant, heilig und ein guter Lehrer sein, doch wenn er die Menschen, die er in hohe Ämter an der Kurie und auf die Bischofssitze überall auf der Welt beruft, nicht beurteilen kann, wird sein Pontifikat in evangelikaler Hinsicht nicht die erforderliche Wirkung entfalten. Gerade weil die Päpste des evangelikalen Katholizismus sich nicht um jedes Detail kümmern können, müssen sie die Männer, die die Ortskirche als Bischöfe leiten sollen, klug auswählen. Und sie müssen gute Menschenkenntnis bei der Auswahl jener Männer beweisen, denen sie die Maschinerie der kirchlichen Zentralverwaltung anvertrauen, damit die in Rom geleistete Arbeit hilft, die Kirche zu heiligen und die Welt zu bekehren. Ein Mann, der in seinem Urteil über andere Menschen zu nachsichtig ist, der Tugenden sieht, wo keine vorhanden sind, und der sich Qualitäten einbildet, die es gar nicht gibt, ein solcher Mann ist den Anforderungen des päpstlichen Amtes nicht gewachsen, dessen primäre Aufgabe in der klugen Wahl von Mitarbeitern besteht, die den Papst in seiner einzigartigen Leitungsverantwortung nicht behindern, sondern unterstützen.

Offenheit und Neugier

Mit dieser Menschenkenntnis sollte die Offenheit für eine breite Palette von Auffassungen und Vorschlägen einhergehen. Ein Papst, der sich ausschließlich auf die herkömmlichen kirchlichen Informationsquellen – die Nuntiaturen überall auf der Welt und die Bischofskonferenzen, deren Berichte zuvor in der Regel von der Römischen Kurie gefiltert worden sind – verlässt, wird manches erfahren. Aber er wird nicht alles erfahren, was er erfahren sollte, und er wird vielleicht gerade die Dinge nicht erfahren, die er unbedingt wissen sollte, wie zum Beispiel die Wahrheit über seine eigenen falschen Wahrnehmungen und Fehleinschätzungen. Die nicht abreißende Flut von Besuchern, die während des Pontifikats Johannes Pauls II. in der päpstlichen Wohnung aus- und eingingen, spiegelten eine Angewohnheit, die dieser große Papst sein Leben lang nicht abgelegt hat: die Angewohnheit, aus Gesprächen zu lernen. Zukünftige Päpste müssen dem Beispiel Johannes Pauls II. nicht in allen Einzelheiten nacheifern, aber sie wären gut beraten, ebenso bereitwillig, ja begierig wie er über die üblichen kirchlichen Informationskanäle hinauszugehen und sich so eine möglichst breite Palette von Informationen zu verschaffen. Nur so wird ein Papst einen genauen Eindruck davon gewinnen, wie es dem evangelikalen Katholizismus in den vielen Stürmen dieser Welt ergeht.

Strategischer Weitblick

Die großen Päpste der späten Moderne und frühen Postmoderne waren weitsichtige Männer, deren tiefer Glaube sie befähigte, für die Zukunft zu säen und darauf zu vertrauen, dass sie das, was auf guten Boden gesät war, getrost im eigenen und in Gottes Tempo wachsen lassen konnten. Diese Tiefe des Glaubens muss durch einen strategischen Weitblick ergänzt werden. Und im evangelikalen Katholizismus der Zukunft muss dieser von den Päpsten geforderte strategische Weitblick sich auf drei Brennpunkte richten: Die Päpste im 21. Jahrhundert und darüber hinaus müssen das überwältigende Wachstum der Kirche in der Dritten Welt fördern und lenken und gleichzeitig Strategien für die Neubekehrung des nachchristlichen und spirituell überdrüssigen Westens und für eine Reaktion auf die Herausforderungen des dschihadistischen Islams entwickeln. Männern, deren vorrangige Fähigkeiten in der Handhabung bestehender Situationen liegen, fehlt es daher an einer wichtigen Eigenschaft eines evangelikalen katholischen Papstes: der Fähigkeit, Chancen und Auswege zu sehen, wo andere nur Hindernisse erblicken, und so völlig neue Situationen zu schaffen.

Mut

Nach katholischem Verständnis sind Stärke oder Mut, wie diese Eigenschaft gemeinhin genannt wird, eine der Gaben des Heiligen Geistes – diese Gaben »vervollständigen und vervollkommnen die Tugenden derer, die sie empfangen« – und gleichzeitig eine der Kardinaltugenden.[6] Der christliche Mut ist eng an den Glauben geknüpft: einen Glauben, der die Worte Jesu beim Letzten Abendmahl wörtlich nimmt: »In der Welt seid ihr in Bedrängnis; aber habt Mut: Ich habe die Welt besiegt« (Joh 16,33). Ein ängstlicher Mann, der Ambivalenzen und Dilemmata sieht, aber nicht den Mut hat, über Unklarheiten und Schwierigkeiten hinauszublicken, ist für das Papstamt ungeeignet. Und dasselbe gilt für einen Mann, der sich allzu leicht von Misserfolgen einschüchtern lässt.

In den ersten Jahrhunderten der Kirche war unverkennbar, welcher Mut von den Päpsten verlangt wurde: Bischof von

Rom zu werden, kam damals einem Todesurteil gleich. Diese Art von Mut, die auf dem felsengleichen Glauben des Petrus ruht, wird womöglich auch im evangelikalen Katholizismus der Zukunft wieder von den Päpsten verlangt werden – oder auch nicht. Fest steht jedoch, dass die Päpste der Kirche des 21. Jahrhunderts ihren Mut angesichts der postmodernen Gleichgültigkeit beweisen müssen, die in aktive Feindschaft und letztlich in das umschlagen kann, was Papst Benedikt XVI. so treffend als die »Diktatur des Relativismus« bezeichnet hat.

Päpste müssen auch den Mut haben, Disziplinarmaßnahmen zu ergreifen – insbesondere dann, wenn Lehrfragen unzweideutig geklärt oder höhere vatikanische Würdenträger oder örtliche Bischöfe zum Besten der Kirche aus ihrem Amt entfernt werden müssen. Die katholische Kirche ist keine Schule und der Papst ist nicht ihr Präfekt, der die Disziplin überwacht. Für die Integrität des katholischen Glaubens, der katholischen Praxis und der katholischen Identität in ihren Diözesen sind in erster Linie die Ortsbischöfe verantwortlich. Dennoch gibt es gewisse disziplinarische Probleme in der Kirche, die nur vom Papst gelöst werden können. Die erforderliche Bereitschaft, unpopuläre Maßnahmen zu ergreifen und die unvermeidliche Kritik auszuhalten, ist daher eine wesentliche Eigenschaft des Papstes, der solche Maßnahmen als notwendiges Mittel erkennen wird, um die Kirche bei der Erfüllung ihres Evangelisierungsauftrags zu unterstützen.

Sprachen

Wenn jemand mehrere Sprachen spricht, heißt das nicht automatisch, dass er über breit gefächerte menschliche Kompetenzen verfügt; ein Mann, der in einer Sprache nicht überzeugen oder führen kann, wird dies wahrscheinlich auch in mehreren

Sprachen nicht können. Dennoch ist die Sprachbegabung eine Qualität, die der evangelikale Katholizismus der Zukunft bei seinen Oberhäuptern schätzen wird. Angesichts der demografischen Verhältnisse des Weltkatholizismus im 21. Jahrhundert ist ein Papst, der nicht auf Englisch und Spanisch zelebrieren und predigen kann, klar im Nachteil. Und solange die Römische Kurie ihre eingefleischten Gewohnheiten und ihre institutionelle Kultur nicht ändert, ist es für einen Papst auch wichtig, sich auf Italienisch verständigen zu können.

Die Irrelevanz der Nationalität

In Anbetracht der Erwartungen, die die Kirche wie auch die Welt in die Päpste des 21. Jahrhunderts setzt, und der Eigenschaften, die für eine wirkungsvolle Ausübung des Petrusamtes erforderlich sind, sollte es selbstverständlich sein, dass die Nationalität bei der Wahl eines Papstes keine Rolle spielt. Der evangelikale Katholizismus ist nicht an irgendeine staatliche oder ethnische Zugehörigkeit geknüpft und dasselbe gilt auch für das evangelikale katholische Papsttum der Zukunft. Es wird ohnehin schwierig genug sein, Männer zu finden, die die bisher erwähnten Eigenschaften bis zu einem gewissen Grad vorweisen können. Es wäre verantwortungslos, wenn die wahlberechtigten Kardinäle sich selbst und ihre Auswahlmöglichkeiten einschränken würden, indem sie einige Nationalitäten oder Ethnien ausschlössen oder anderen den Vorzug gäben. Wer glaubt, irgendeine Nationalität habe ein besonderes Anrecht auf das Papstamt, der beweist allein schon durch diese Annahme, dass er die wesentlichen Merkmale des evangelikalen Katholizismus der Zukunft nicht begriffen hat, und seinem Rat sollte mit der gebührenden Skepsis begegnet werden.

359

Ein evangelikales Kardinalskollegium

Das Kardinalskollegium hat sich mit der Zeit entwickelt und wird sich im evangelikalen Katholizismus des 21. Jahrhunderts und darüber hinaus zweifellos weiterentwickeln. Von Pius XII. bis Johannes Paul II. haben die Päpste versucht, diesem ehemals überwiegend italienischen Gremium einen internationaleren Charakter zu geben. Zudem bemühte man sich, den Kardinälen als päpstlichen Beratern eine aktivere Rolle zuzuweisen und so an die Ursprünge des Kollegiums anzuknüpfen, das aus dem Presbyterium der Diözese Rom hervorgegangen ist. Die Vorstöße Johannes Pauls II. waren in dieser Hinsicht nicht sonderlich erfolgreich. Das Konsistorium, das er als Besprechungs- und Planungsgremium für das Heilige Jahr 2000 einberief, legte eine derart geringe Begeisterung für das Projekt an den Tag, dass der Papst die Planung schließlich selbst übernahm – mit herausragendem Ergebnis.[7] Trotz dieser unerfreulichen Erfahrung ist die Vorstellung vom Kardinalskollegium als einem Gremium päpstlicher Berater, das regelmäßig zusammenkommt, um die Situation der Weltkirche aus verschiedenen Blickwinkeln zu beleuchten, an sich durchaus vernünftig. Es wäre zum Beispiel absolut vorstellbar, dass alle zwei oder drei Jahre ein Konsistorium einberufen würde, das die weltweiten Fortschritte der Neuevangelisierung bewerten sollte. Solche regelmäßigen Treffen des Kollegiums fänden zusätzlich zu den Konsistorien statt, auf denen die neuen Kardinäle ernannt werden, und gäben den Wählern des zukünftigen Papstes somit die Gelegenheit, einander besser kennenzulernen, und das wiederum würde, wenn sie zusammentreten, um ihre vornehmste Pflicht, die Wahl eines neuen Bischofs von Rom, zu erfüllen, ihre Funktionalität als Wahlkollegium vermutlich erhöhen.

Wenn das Kardinalskollegium nicht nur nominell, sondern auch faktisch ein den Papst beratendes Gremium ist, dann sollten die Mitglieder des Kollegiums die Vielfalt der ortskirchlichen Erfahrungen innerhalb der Weltkirche widerspiegeln. In dieser Hinsicht war der Trend zu einer Re-Italianisierung des Kollegiums unter Benedikt XVI. ein Schritt zurück und sollte in künftigen Pontifikaten wieder umgekehrt werden. Wenn die Kirche Italiens eine führende Rolle bei der Neuevangelisierung übernimmt, dann mag sie zu Recht den Anspruch erheben, einen bedeutenden Anteil der Mitglieder im Kardinalskollegium zu stellen. Dasselbe gilt auch für andere Länder mit einer traditionell hohen Zahl von Kardinälen, die, wie es aussieht, im frühen 21. Jahrhundert den Vorsitz über eine sterbende oder siechende Ortskirche führen. Umgekehrt haben die Ortskirchen des globalen Südens, wo der Katholizismus rasch wächst, allen Grund zu der Annahme, dass ihre Erfahrungen im Kardinalskollegium der Zukunft besser repräsentiert sein werden. Die Größe des Kardinalskollegiums – das von Paul VI. und Johannes Paul II. auf eine maximale Anzahl von 120 Papstwählern beschränkt worden ist – scheint angemessen. Bei einer höheren Zahl von wahlberechtigten Kardinälen würde sich der Prozess des Konklaves sehr schwerfällig gestalten. Doch die Verteilung der Wähler sollte die Wirklichkeit des evangelikalen Katholizismus der Gegenwart und der Zukunft und nicht die in ihren Augen berechtigte Führungsrolle einiger Italiener widerspiegeln.

Die traditionelle Hierarchie innerhalb des Kardinalskollegiums sollte aus der Sicht des evangelikalen Katholizismus und im Hinblick auf die Frage überdacht werden, welches Gesicht die Kirche der Welt zeigen will. Traditionell sind die Kardinäle in drei »Kardinalsklassen« unterteilt: Kardinalbischöfe (die Titularbischöfe der suburbikarischen Bistümer im Umkreis von

Rom), Kardinalpriester (in der Regel residierende Bischöfe in ihren jeweiligen Ländern) und Kardinaldiakone (die meist ein Amt in der Römischen Kurie bekleiden). Dekan des Kollegiums ist der ranghöchste Kardinalbischof. Der apostolischen Konstitution *Universi Dominici gregis* (»Hirte der gesamten Herde des Herrn«) zufolge, die Johannes Paul II. 1996 veröffentlichte, hat der Kardinaldekan im Todesfall eines Papstes drei wesentliche Aufgaben: Er führt den Vorsitz bei den täglichen Versammlungen der Kardinäle zwischen dem Tod des Papstes und der Versiegelung des Konklaves, das seinen Nachfolger wählt; er ist der Hauptzelebrant bei den Exequien des verstorbenen Pontifex; und er zelebriert die Messe *pro eligendo Romani Pontificis* (»für die Wahl des römischen Pontifex«), unmittelbar ehe die Kardinäle sich zum Konklave zurückziehen, um mit der Abstimmung zu beginnen. 2005 hat diese Regelung sehr gut funktioniert: Nach allem, was man hört, war Joseph Kardinal Ratzinger bei den Zusammenkünften der Kardinäle während des Interregnums ein hervorragender Diskussionsleiter; bei den Exequien für Johannes Paul II. erwies er sich einmal mehr als meisterlicher Zelebrant und Prediger; und in der Messe *pro eligendo Romani Pontificis* hielt er eine bemerkenswerte Predigt über die Gefahren der »Diktatur des Relativismus«. Seine brillante Arbeit während des Interregnums trug zu einem »Konsens der Wertschätzung« und damit letztlich zu seiner raschen Wahl als Papst Benedikt XVI. bei.

Mit der Zeit veränderte sich jedoch die Situation: Kardinaldekan Angelo Sodano, unter Johannes Paul II. Staatssekretär, wurde am 23. November 2007 achtzig Jahre alt und verlor damit sein Wahlrecht bei einem zukünftigen Konklave; der Vizedekan Roger Kardinal Etchegaray war sogar noch fünf Jahre älter als Sodano. Anders als Bernardin Kardinal Gantin, der an seinem achtzigsten Geburtstag freiwillig als Kardinaldekan zurückgetreten war (und damit den Weg für seinen Vizedekan Ratzinger freigemacht hatte), legte Kardinal Sodano in den Jahren nach seinem achtzigsten Geburtstag nicht die geringste Neigung an den Tag, sein Amt als Dekan freiwillig aufzugeben – und selbst wenn er es getan hätte, hätte der noch ältere Etchegaray seine Nachfolge angetreten (wenn er denn nicht ebenfalls verzichtet hätte); weder der eine noch der andere werden jedoch beim Konklave, das Benedikts Nachfolger wählt, stimmberechtigt sein.

Diese Situation sollte sich sowohl aus evangelikalen als auch aus praktischen Gründen nicht wiederholen. Die Exequien eines Papstes sind eine der größten katechetischen Gelegenheiten der Kirche auf Weltebene, und es scheint nicht eingängig und wahrscheinlich auch kontraproduktiv, ihre Leitung einem achtzigjährigen oder noch älteren Kardinal anzuvertrauen, der, wenn schon nicht *de iure*, so doch auf jeden Fall *de facto* längst das Pensionsalter erreicht hat. Und ebenso wenig erscheint es sinnvoll, wenn ein Kardinal, der gar nicht an der Abstimmung im Konklave teilnehmen darf, bei den täglichen Zusammenkünften des Kardinalskollegiums während eines päpstlichen Interregnums den Vorsitz führt. Die Teilnahme der nicht wahlberechtigten Kardinäle an diesen Zusammenkünften kann insofern sinnvoll sein, als sie dem Kollegium mit ihrer großen und differenzierten Erfahrung helfen, sich während des Interregnums ein möglichst genaues Bild vom Zustand der Kirche und ihrer evangelikalen Sendung zu machen. Doch der Kardinal, der bei diesen Überlegungen den Vorsitz führt und den Ton angibt, sollte auch Wahlverantwortung tragen. Und da die Kirche bei der Beseitigung solcher Abweichungen nicht immer mit der Demut eines Kardinal Gantins rechnen kann, sollte sowohl der Dekan als auch der Vizedekan des Kollegiums dazu verpflichtet werden, ihre

Positionen mit Erreichen des 80. Lebensjahres und mit Verlust der Stimmberechtigung beim Konklave aufzugeben, falls sie selbst nicht schon zurückgetreten sind.

Die Reform der Römischen Kurie

Das meiste von dem, was die Welt über die Römische Kurie zu wissen meint, ist tatsächlich falsch. Die Welt stellt sich vor, die Kurie sei eine gewaltige Bürokratie; Tatsache ist, dass die Weltgemeinschaft der katholischen Kirche – um die 1,2 Milliarden Menschen – von einer Zentralverwaltung mit etwa 3 000 Angestellten betreut wird, von denen vielleicht vierzig echte operative Verantwortung oder Entscheidungsbefugnisse haben. Die Welt glaubt, die Zentralverwaltung der Kirche verfüge über gewaltige Reichtümer; tatsächlich wirtschaftet die Kurie nicht selten defizitär und große Teile der kirchlichen Hilfsleistungen für den Katholizismus in der Dritten Welt stammen aus den Mitteln deutscher katholischer Entwicklungshilfeorganisationen (die mit deutschen Steuergeldern finanziert werden) und nicht aus Rom.

Die Reform der Römischen Kurie im 21. Jahrhundert und darüber hinaus wird von einer grundlegenden Voraussetzung ausgehen: Die Lebenskraft des evangelikalen Katholizismus hängt in erster Linie von der Heiligkeit, dem missionarischen Eifer und dem Weitblick der gesamten Kirche und nicht von der Funktionsweise einiger römischer Behörden ab. Mit dieser Voraussetzung hängt jedoch noch ein weiterer Punkt zusammen, in dem Klarheit herrschen muss: Strukturen sind wichtig und die zentralen Verwaltungsstrukturen der Kirche sollten die Kirche in ihrer universalen Berufung zur Heiligkeit und in der Ausübung ihrer universalen missionarischen Verantwortung nicht behindern, sondern unterstützen – ebenso wie diese Strukturen den Papst in seinem Dienst als universaler Hirte der Kirche nicht behindern, sondern unterstützen sollten.

Das war in den ersten Jahrzehnten des 21. Jahrhunderts nicht immer der Fall, als die Kurie Benedikt XVI. wiederholt in akute Verlegenheit gebracht, seinen evangelikalen, katechetischen und pastoralen Bemühungen Steine in den Weg gelegt und ihm bei seinem Versuch, die Agenda der globalen Debatte wieder neu an den entscheidenden Menschheitsfragen auszurichten, so manchen Bärendienst erwiesen hat. Dass diese Missgriffe parallel zu einer Re-Italianisierung der Kurie erfolgten, legt den Gedanken nahe, dass die Kurie als ein Werkzeug, das die Mission des Papstes als Pontifex und Hirten der Weltkirche erleichtern soll, besser aus dem Talente-Pool der gesamten Weltkirche, statt aus dem deutlich seichteren Becken irgendeines beliebigen einzelnen Landes geschöpft werden sollte.

Eine ernsthafte Kurienreform war eine der Prioritäten des künftigen Pontifikats, die die Kardinäle benannten, als sie 2005 nach dem Tod Johannes Pauls II. zusammenkamen. Diese Reform hat unter Benedikt XVI. nicht stattgefunden und in mancher Hinsicht hat sich die Situation sogar noch verschlechtert. Das evangelikale Zeugnis muss für jeden Papst oberste Priorität haben. Doch wenn die Kurie den päpstlichen und kirchlichen Evangelisierungsauftrag effektiver unterstützen soll, werden sich die Päpste nach Benedikt XVI. um die lang aufgeschobene Reform der Römischen Kurie kümmern müssen. Einige Elemente dieser Reform sollen im Folgenden kurz skizziert werden.

Einstellung und Kultur

Der Kirche ist nicht gedient, wenn die Römische Kurie auf allen Ebenen aus zu vielen ehrgeizigen Klerikern besteht, die ein Amt in Rom in erster Linie als Aufstiegsmöglichkeit auf der kirchlichen Karriereleiter betrachten. Als Faustregel mag hier gelten, dass die, die unbedingt in der kirchlichen Zentralverwaltung arbeiten wollen, am wenigsten dafür geeignet sind. Wenn Leben und Kultur der Kurie von klerikalem Ehrgeiz dominiert werden, gerät ihr Selbstverständnis in eine Schieflage, werden die Leitungsaufgaben erschwert und wird das Volk Gottes wie Vieh behandelt – und nicht wie eine Herde, die geweidet und gehütet werden muss.[8]

Die traditionelle 36-Stunden-Woche, über sechs Tage verteilt, ist ein Spiegel alter Bräuche und hat nichts mit organisatorischer Effizienz zu tun. Die Römische Kurie sollte wie der überwiegende Rest der Welt, mit dem sie es zu tun hat, an fünf Tagen vierzig Stunden in der Woche arbeiten.

Eine Reform der Arbeitspläne und der institutionellen Kultur könnte auch der Trägheit abhelfen, mit der die Kurie auf Krisen reagiert – wenn etwa die Kirche in Irland sich nach der Enthüllung jahrzehntelanger Verbrechen und Vertuschungen im freien Fall befindet oder wenn der Gründer der Legionäre Christi sich als Soziopath erweist, der ein zügelloses Leben geführt und die Kirche über seine wahren Beweggründe hinweggetäuscht hat. Die typische (und, wenn man so will, typisch italienische) Tendenz der Kurie, Krisen zu bagatellisieren – weil ja alles schon einmal dagewesen ist und es niemandem hilft, wenn man in Panik gerät – hat durchaus eine gewisse Berechtigung. Andererseits gibt es jedoch Situationen, die eine rasche, entschlossene und wirkungsvolle Reaktion erfordern: nicht nur, weil die Medien in Aufruhr sind, sondern vor allem, weil es zum Besten der ganzen Kirche ist. So hätte man dem Zusammenbruch des irischen Katholizismus angesichts des sexuellen Missbrauchs seitens der Kleriker und des Amtsmissbrauchs seitens der Bischöfe mit konsequenten und wirksamen Maßnahmen begegnen und auch auf die Krise der Legionäre Christi schneller reagieren müssen. Doch nichts dergleichen geschah und damit unterstreicht sowohl die eine als auch die andere Krise, wie wichtig eine tiefgreifende Reform der Kultur und der Arbeitsgewohnheiten der Römischen Kurie ist.

Kommunikation

Die vatikanische Kommunikation war in den ersten vier Jahren des Pontifikats Benedikts XVI. ein solcher Scherbenhaufen, dass endlich Maßnahmen ergriffen wurden, um den Schaden zu beheben. Doch es bleibt noch viel zu tun, wenn der Kommunikationsprozess, für den die Römische Kurie verantwortlich ist, die Kirche in ihrem evangelikalen Sendungsauftrag unterstützen soll. Die Einrichtung eines vatikanischen *Web-Hubs* [»Internet-Knotenpunkt«, Anm. d. V.] war ein Schritt in die richtige Richtung, doch die verschiedenen Seiten, auf die dieser Knotenpunkt die *User* weiterleitet, bedürfen dringend einer Überarbeitung. Radio Vatikan sollte aufhören, Sender wie BBC und CNN zu imitieren, und sich in seinen Reportagen und Kommentaren besser mit dem kirchlichen Leben als mit Wahlen in kleinen Ländern und internationalen Begegnungen befassen, die keine nennenswerten Folgen zeitigen. Der *L'Osservatore Romano* sollte internationalisiert werden, statt sich weiterhin als italienische Tageszeitung mit begrenzten Ressourcen zu präsentieren. Wenn die halbamtliche Zeitung des Vatikans ihr Personal und ihre Talente aus der gesamten Weltkirche schöpfen könnte, würde der *L'Osservatore Romano* vielleicht sogar von den hochrangigen Würdenträgern des Heiligen Stuhls ernst genommen, deren Gleichgültigkeit einer der Gründe dafür ist, dass das Blatt in den ersten Jahrzehnten des 21. Jahrhunderts nicht reformiert worden ist.

Die Kurie muss außerdem anerkennen, dass – selbst wenn Italienisch ihre *Lingua franca* bleibt (zumindest so lange, bis das Englische, wie in allen irgendwie relevanten internationalen Zentren, auch die Arbeitssprache der vatikanischen Behörden wird) – die überwältigende Mehrheit der Katholiken weltweit das Italienische weder spricht noch liest. Deshalb sollten alle wichtigeren päpstlichen oder vatikanischen Verlautbarungen erst dann herausgegeben werden, wenn für die Pressekonferenz, auf der das betreffende Dokument veröffentlicht und vorgestellt wird, auch die amtlichen englischen und spanischen Übersetzungen verfügbar sind.

Kompetenz

Bischöfe sollten wissen, dass die Entsendung talentierter Priester an die Römische Kurie für die Ortskirche zwar oft ein großes Opfer, doch für die Weltkirche ein großes Geschenk ist. Die Bereitschaft der Bischöfe, ihre Priester für eine Weile nach Rom gehen und in der Kurie oder im diplomatischen Dienst des Heiligen Stuhls arbeiten zu lassen, ist ebenfalls eine wesentliche Voraussetzung für die Internationalisierung der kirchlichen Zentralverwaltung.

Umgekehrt müssen der Papst und seine hochrangigsten Mitarbeiter wissen, dass der Dienst im päpstlichen diplomatischen Corps einen Mann nicht zwangsläufig für eine mittlere oder höhere Führungsposition in der Römischen Kurie qualifiziert, auch wenn man sich in den letzten Jahrzehnten des 20. und den ersten Jahrzehnten des 21. Jahrhunderts oft auf diese

Arbeitshypothese gestützt hat. Die höheren Kirchenämter sind nicht beliebig austauschbar und diplomatische Dienste sollten nicht automatisch mit einer hohen Position in der Kurie belohnt werden. Zudem sollte auch die Nationalität bei der Ernennung höherer Würdenträger keine Rolle spielen.

Die Kurienreform setzt ferner voraus, dass Inkompetenz in einem kurialen Amt weder belohnt noch ignoriert werden sollte. Einer solchen Inkompetenz ist es zum Beispiel geschuldet, dass Benedikt XVI. in eine überaus peinliche Situation – und ins Visier der Weltpresse – geriet, weil niemand in den zuständigen Büros der Kurie auf die Idee gekommen war, die Suchmaschinen zu bemühen und herauszufinden, dass ein lefebvristischer Bischof, dessen Exkommunikation vom Papst aufgehoben werden sollte, ein geistesgestörter Holocaust-Leugner war, oder dass weder der Nuntius in Polen noch die Bischofskongregation rechtzeitig herausfanden, dass der neu ernannte Erzbischof von Warschau mit der Geheimpolizei im kommunistischen Polen kollaboriert hatte, oder dass der Kardinalstaatssekretär einen überschwänglichen Lobesbrief an einen polnischen Priester schrieb, dessen Radiosender sich regelmäßig für eklatant parteipolitische Belange starkmachte und sich auch zu gelegentlichen antisemitischen Anspielungen hinreißen ließ, oder dass das kuriale Unverständnis für die politischen Gegebenheiten in Castros Kuba zu einem Papstbesuch auf dieser leidgeprüften Insel führte, der nicht einmal mehr die Note »befriedigend« verdient.

Eine reformierte Kurie würde auch nicht von den höchsten Autoritäten der Kirche dazu benutzt werden, Probleme, die eigentlich angemessene Disziplinarmaßnahmen erfordern, auf bürokratischem Weg zu lösen. So sollte mit der Einrichtung eines neuen Päpstlichen Rates für die Neuevangelisierung im Jahr 2011 unter anderem das Problem eines prominenten italienischen Bischofs »gelöst« werden, der sich im schwierigen Fall einer Vergewaltigung mit nachfolgender Schwangerschaft eine grobe Fehleinschätzung geleistet hatte – ein perfektes Beispiel dafür, wie die Dinge im evangelikalen Katholizismus der Zukunft nicht gehandhabt werden sollten.[9]

Vorstellungen

Wie jede andere Bürokratie hat auch die Römische Kurie mit der Zeit standardisierte Denkweisen entwickelt: Vorstellungen, die den *Modus Operandi* dieser Institution prägen und, wenn denn überhaupt, dann nur selten überprüft werden. In den ersten Jahrzehnten des 21. Jahrhunderts folgten diese standardisierten Denkweisen in denjenigen Bereichen der Kurie, die als Schnittstellen zwischen den kirchlichen und den weltlichen Angelegenheiten dienten, einem Muster, das nach dem Zweiten Vatikanischen Konzil aufgekommen war, und spiegelten tendenziell die standardisierten Denkweisen anderer internationaler oder länderübergreifender europäischer Körperschaften wider: eine Vorliebe für immer größere Machtanhäufungen auf internationaler Ebene (gipfelnd in der Äußerung eines hohen Kurienfunktionärs, der 2012 sagte, dass jeder Katholik, der ein Gegner einer politischen Weltautorität sei, ein schlechter Katholik sei), einen entschiedenen, an Vermeidung grenzenden Widerwillen, die Wirklichkeit des dschihadistischen Islams und seiner Auswirkungen auf die Religionsfreiheit und die Weltpolitik anzuerkennen, und eine Abneigung gegen die Vorstellung, dass bewaffnete Gewalt überhaupt ein irgendwie nützliches oder moralisch angemessenes Werkzeug der Staatsführung sein kann.[10]

Wenn die unten vorgeschlagene strukturelle Reform der Kurie dergestalt durchgeführt wird, dass die meisten der seit dem II. Vaticanum eingerichteten Päpstlichen Räte zu kurien-internen Ideenschmieden werden, dann werden besagte Ideen-schmieden unter anderem die Aufgabe haben, diese und ande-re standardisierte Denkweisen in der Römischen Kurie im Sinne des evangelikalen Katholizismus und der im vorigen Ka-pitel skizzierten neuen Form der katholischen öffentlichen In-teressenvertretung zu überdenken.

Struktur

Die nachkonziliare Struktur der Römischen Kurie, in der das Staatssekretariat sowohl den Kongregationen (Kurienbehörden mit Verwaltungsgerichtsbarkeit wie der Kongregation für die Bischöfe und der Kongregation für den Klerus) als auch den Päpstlichen Räten (wie etwa dem Päpstlichen Rat für die Laien oder dem Päpstlichen Rat für Gerechtigkeit und Frieden, die keine Jurisdiktionsgewalt haben) übergeordnet ist, sollte im Licht der theologischen Sichtweise des evangelikalen Katholi-zismus und der Erfordernisse einer vernünftigen Leitungspra-xis überprüft werden.

Eine grundlegende Veränderung, von der während des In-terregnums 2005 gerüchteweise die Rede war, würde die Erste Sektion des Staatssekretariats (die für die inneren Angelegen-heiten der Kirche zuständig ist) in eine päpstliche Exekutivbe-hörde und die Zweite Sektion des Staatssekretariats (die die diplomatischen Beziehungen des Heiligen Stuhls mit den Staa-ten regelt) wieder in die unabhängige Behörde verwandeln, die sie früher war. Dann stünden keine Bürokraten mehr an der Spitze der kurialen Struktur (auch wenn die Arbeit der üb-rigen Kurie nach wie vor in der reformierten päpstlichen Exe-kutivbehörde zusammenfließen würde), und mit der Kongre-gation für die Glaubenslehre nähme wieder eine theologische

Körperschaft den ersten Platz unter den Kurienabteilungen (im Vatikanjargon »Dikasterien« genannt) ein.

2005 wurde außerdem vorgeschlagen, dass die Päpstlichen Räte im Rahmen dieser Reform aus den Interessenvertretungen, zu denen sie sich entwickelt hatten, wieder in interne Ideenschmieden zurückverwandelt werden sollten, als die sie ursprünglich gedacht gewesen waren. In diesem Fall müssten die Päpstlichen Räte nicht länger von Kardinälen geleitet werden, wodurch sich die Anzahl der Mitglieder des Kardinalskollegiums, die durch ein Kurienamt gebunden sind, automatisch verringern würde. Eine solche Umgestaltung der Päpstlichen Räte würde zudem ein Problem lösen, das während des Pontifikats Benedikts XVI. an verschiedenen Punkten akut geworden ist: die Tendenz einiger Päpstlicher Räte, Verlautbarungen oder Dokumente herauszugeben, die nur so viel Autorität beanspruchen konnten wie ihre Autoren, die aber von großen Teilen der Kirche und praktisch von der gesamten Weltpresse als Ausdruck der Meinung des Papstes und/oder der kirchlichen Lehre wahrgenommen wurden. In einer reformierten Kurie würden die Päpstlichen Räte die Ergebnisse ihres Nachdenkens innerhalb der Kurie und vielleicht im Austausch mit den Bischofskonferenzen besprechen, sie aber nicht in irgendjemandes Namen öffentlich verlauten lassen.[11]

Eine solche Umgestaltung hätte außerdem den Vorteil, dass sie diesen Gremien Gelegenheit gäbe, die verfestigten Denkweisen, die sich in den letzten Jahrzehnten des 20. und den ersten Jahrzehnten des 21. Jahrhunderts innerhalb der Päpstlichen Räte etabliert haben, zu überdenken. So könnte etwa der Päpstliche Rat für Gerechtigkeit und Frieden, wenn er sich erst einmal als innerkuriale Ideenschmiede zu den Beziehungen der Kirche mit den Staaten und der Haltung der Kirche gegenüber der Weltpolitik neu konstituiert hätte, einige der standardisierten Denkweisen hinterfragen, von denen oben bereits die Rede war. Ähnlich könnte auch der Päpstliche Rat zur Förderung der Einheit der Christen sein langjähriges Engagement für den bilateralen Dialog mit verschiedenen Körperschaften des liberalen Protestantismus, der allem Anschein nach nur sehr bescheidene Ergebnisse zeitigt, überdenken und neue Gespräche mit den evangelikalen, fundamentalistischen und pfingstlichen Protestanten eröffnen, denn dies sind die protestantischen Gemeinschaften, die im 21. Jahrhundert und darüber hinaus wachsen.[12]

Natürlich gibt es vielerlei Arten, wie man sich eine umgestaltete Römische Kurie vorstellen kann. Dass ihre Reform notwendig ist, wird kaum jemand bezweifeln. Doch bei jeder Umgestaltung sollte eine wesentliche Frage im Zentrum der Überlegungen stehen: Wie kann die Römische Kurie dem Diener der Diener Gottes, dem Bischof von Rom, und der gesamten Weltkirche auf effizientere Weise bei ihrer Aufgabe helfen, den Missionsauftrag zu erfüllen?

Wie jede andere Facette der tiefgreifenden Reform der Kirche sollte auch die Reform der Römischen Kurie an den Zwillingskriterien der Wahrheit und der Mission gemessen werden: Spiegelt diese Struktur die Wahrheit des katholischen Glaubens wider und fördert sie die allgemeine Berufung zur Heiligkeit? Bringt diese Struktur die Mission der Kirche und die Bekehrung der Welt voran?

Heiligkeit und Mission

Jeder Christ kennt die Versuchung, der Petrus erlegen ist, nachdem Jesus am Ölberg verhaftet worden war: die Versuchung, dem Herrn »aus der Entfernung« nachzufolgen.[1] Sich in sicherer Entfernung von Jesus, dem Herrn, zu halten, ist eine Möglichkeit, das Risiko gering zu halten, in Sachen Nachfolge »vernünftig« zu sein und diese Geschichte mit dem Glauben nicht allzu fanatisch anzugehen.

Doch Jesus, der Herr, wollte nicht, dass wir Abstand halten. Sein Ruf an die ersten Jünger ist genauso wie sein Ruf an diejenigen, die im 21. Jahrhundert und im dritten Jahrtausend seine Jünger sind und sein werden, einfach und unzweideutig: »Kommt her, folgt mir nach! Ich werde euch zu Menschenfischern machen« (Mt 4,19). »Folgt mir nach« und ihr werdet die Heiligkeit finden, nach der sich euer Herz im tiefsten Inneren sehnt. »Folgt mir nach« und lasst euch aussenden in die Mission.

In seiner dogmatischen Konstitution über die Kirche hat das Zweite Vatikanische Konzil die allgemeine Berufung zur Heiligkeit in eindrucksvollen Worten beschrieben. Der Herr selbst, so erinnerten die Konzilsväter, »hat die Heiligkeit des Lebens [...] allen und jedem Einzelnen seiner Jünger in jedweden Lebensverhältnissen gepredigt: ›Seid ihr also vollkommen, wie auch euer Vater im Himmel vollkommen ist‹ (Mt 5,48)«. Zur Heiligkeit getauft, werden die Christen vom heiligen Paulus dazu aufgerufen, so zu leben, »wie es sich für Heilige gehört« (Eph 5,3), und sich als Gottes auserwählte Heilige »mit aufrichtigem Erbarmen, mit Güte, Demut, Milde, Geduld« zu bekleiden (Kol 3,12). Die Schrift macht also deutlich, »dass alle Christgläubigen jeglichen Standes oder Ranges zur Fülle des christlichen Lebens und zur vollkommenen Liebe berufen sind«, um »seinen [Christi] Spuren folgend und seinem Bild gleichgestaltet, dem Willen des Vaters in allem folgsam, sich mit ganzem Herzen der Ehre Gottes und dem Dienst des Nächsten hinzugeben«.[2]

Für die, die ihre Taufe ernst nehmen, ist die Heiligkeit nicht einfach eine Option. Heiligkeit ist eine Pflicht, die nicht »aus der Entfernung«, sondern in immer innigerer Umarmung mit dem »Lamm Gottes« erfüllt werden muss, »das die Sünde der Welt hinwegnimmt« (Joh 1,29).

Deshalb besteht die erste Aufgabe des evangelikalen Katholizismus darin, die Heiligkeit aller Menschen in der Kirche zu fördern. Und das wiederum führt direkt zur Mission.

Wie Johannes Paul II. in *Redemptoris missio* geschrieben hat, ist »die universale Berufung zur Heiligkeit [...] eng mit der universalen Berufung zur Mission verbunden«. Zudem ist die Übernahme dieser evangelikalen Verantwortung selbst schon ein Mittel der Heiligung, denn »die missionarische Spiritualität der Kirche ist ein Weg zur Heiligkeit«. Deshalb ist der wahre Evangelist, der wahrhaft missionarische Jünger »der Mensch der Seligpreisungen«. Der Herr selbst hat dies durch die Art und Weise deutlich gemacht, wie er die ersten Jünger auf die Mission vorbereitete: »Jesus unterweist die Zwölf, ehe er sie aussendet, das Evangelium zu verkünden, indem er ihnen die Wege der Mission aufzeigt: Armut, Sanftmut, Annahme von Leiden und Verfolgung, Verlangen nach Gerechtigkeit und Frieden, Liebe, also die im apostolischen Leben verwirklichten

Seligpreisungen.« Und so, wie es damals war, muss es auch im dritten Jahrtausend der christlichen Zeugenschaft sein: »In einer von so vielen Problemen verängstigten und bedrängten Welt, die zum Pessimismus neigt, muss der Verkünder der ›Frohbotschaft‹ ein Mensch sein, der in Christus die wahre Hoffnung gefunden hat.«[3]

In den letzten Jahrzehnten des gegenreformatorischen Katholizismus hat Papst Pius XI. – der Papst, der es mit dem Faschismus, dem Nationalsozialismus, dem Kommunismus und dem mörderischen mexikanischen Antiklerikalismus zu tun hatte – die Aufmerksamkeit der Kirche auf ein evangelikales Paradox gelenkt: Die Katholiken sollten Gott dafür danken, dass sie inmitten dieser Herausforderungen und in diesen schwierigen Zeiten leben dürfen, in denen es nicht erlaubt sei, mittelmäßig zu sein. In den ersten Jahrzehnten des aufkommenden evangelikalen Katholizismus hat Papst Johannes Paul II. dieses Thema seines Vorgängers aufgegriffen und in seinem apostolischen Schreiben zum Abschluss des Heiligen Jahres 2000 an die Weltkirche geschrieben, »dass es widersinnig wäre, sich mit einem mittelmäßigen Leben zufriedenzugeben, das im Zeichen einer minimalistischen Ethik und einer oberflächlichen Religiosität geführt wird«.[4] Deshalb muss der evangelikale Katholizismus der Zukunft tief graben, um auf die Quellen der Heiligung in Wort und Sakrament zu stoßen. Und er muss wie die Jünger auf den See von Tiberias hinausfahren, dorthin, wo das Wasser tief ist, und die Netze »zum Fang« auswerfen (Lk 5,4). Der evangelikale Katholizismus des dritten Jahrtausends muss die Wahrheit seiner bräutlichen Beziehung zu Christus, dem Bräutigam, leben, indem er die Welt durch die Mission zum Hochzeitsmahl des Lammes einlädt.

Jede wahre Reform in der Kirche des 21. Jahrhunderts und darüber hinaus ist also auf Heiligkeit und Mission ausgerichtet. Die Kirche ist *semper reformanda*, immer reformbedürftig – aber nicht, um sich »dieser Welt« anzugleichen (vgl. Röm 12,2), sondern um in der Heiligkeit für die Mission geläutert zu werden. Die Kirche ist *semper reformanda* – aber nicht im Sinne guter Leitungspraktiken, sondern dergestalt, dass ihre wesentlichen Strukturen die allgemeine Berufung zur Heiligkeit und die allgemeine Berufung zur Mission unterstützen.

Im Rückblick auf das Heilige Jahr 2000 hat Johannes Paul II. geschrieben, dass die einjährige Zweitausendjahrfeier der Menschwerdung Gottes, »wenn unser Pilgerweg echt war, [...] unsere Beine gleichsam gelockert [hat] für den Weg, der auf uns wartet«.[5] Dasselbe ließe sich über die Jahrzehnte zwischen den Pontifikaten Papst Leos XIII. und Papst Benedikts XVI. sagen: Diese Jahre waren ein Pilgerweg, der die Kirche vom gegenreformatorischen zum evangelikalen Katholizismus geführt hat. Und dieser Weg ist noch nicht vorbei, denn die tiefgreifende Reform der Kirche, die sich in diesem Übergang von der einen historischen Seinsweise des Katholizismus zur anderen vollzieht, ist noch nicht abgeschlossen. Die Forderung der Heiligkeit bleibt bestehen. Der Aufruf zur Mission bleibt bestehen.

Es gibt noch viele Wege nach Emmaus, die gegangen sein wollen. Und auf diesen Wegen werden die evangelikalen Katholiken, die dem Auferstandenen in Wort und Sakrament begegnet sind, auch in Zukunft allen, die Ohren haben, zurufen: »Wir haben den Herrn gesehen« (Joh 20,25).

Danksagungen

Dieses Buch ist das Ergebnis eines rund dreißigjährigen Nachdenkens über die Zukunft der katholischen Kirche. In diesen drei Jahrzehnten hatte ich das Privileg, mit Katholiken praktisch aller Altersstufen, die sich in den unterschiedlichen Lebensverhältnissen überall auf der Welt befanden, über die tiefgreifende Reform der Kirche diskutieren zu können. Es wäre ein Ding der Unmöglichkeit, alle mit Namen zu nennen, denen ich für ihre Einsichten, Korrekturen und Anregungen Dank schulde – eine Unmöglichkeit, für die einige meiner Gesprächspartner womöglich sogar dankbar sind. Doch es wäre undenkbar, nicht zu erwähnen, was mein Denken den beiden Männern zu verdanken hat, denen dieses Buch gewidmet ist.

Meine Freundschaft mit Pfarrer Jay Scott Newman begann während seiner Studentenzeit in Rom. In den beiden Jahrzehnten, die seit unseren Spaziergängen auf den Aventin und über den Palatin vergangen sind, haben wir praktisch über jedes Thema gesprochen, das ich in diesem Buch behandelt habe. Außerdem hat mir Pfarrer Newmans Arbeit in verschiedenen Pfarreien in South Carolina gezeigt, was evangelikaler Katholizismus in der Realität bedeutet. Das Allermeiste von dem, was ich in diesem Buch über das Gemeindeleben schreibe, hat sich dank Pfarrer Newman bereits im Gemeindeleben bewährt.

Russell Hittinger und ich haben eineinhalb Jahrzehnte lang – vor allem während der Sommerwochen in Krakau, als wir beide am *Tertio Millennio Seminar on the Free Society* gelehrt haben – über die Schlüsselrolle diskutiert, die Papst Leo XIII.

bei der Entwicklung des Katholizismus des 20. und 21. Jahrhunderts gespielt hat. Professor Hittingers bahnbrechende Arbeit über die Lehre und das Erbe Leos XIII. waren die wesentliche Grundlage für meine These, dass die tiefgreifende Reform der Kirche mit Leos historischem Pontifikat begonnen hat, das den Übergang vom gegenreformatorischen zum evangelikalen Katholizismus in Gang gesetzt hat.

Da sowohl Dr. Hittinger als auch Pfarrer Newman mein Interesse am Amerikanischen Bürgerkrieg teilen, hatten wir außerdem erfreulicherweise Gelegenheit, auf gemeinsamen Ausflügen viele der hier erörterten Themen durchzusprechen und so auf Strecken, über die die Nord-Virginia-Armee und die Potomac-Armee Mitte des 19. Jahrhunderts marschiert sind, über den Weg nachzudenken, den die katholische Kirche im 21. Jahrhundert wird beschreiten müssen.

Deshalb ist es für mich sowohl eine Pflicht als auch ein Vergnügen, dieses Buch zwei engen Freunden und Mitarbeitern zu widmen.

Ich bin sehr froh darüber, dass Lara Heimert und John Sherer mich zu *Basic Books* zurückgebracht haben, und ich danke ihnen für ihren herzlichen Empfang nach meiner Rückkehr – die mir durch meine langjährige Agentin und Freundin Loretta Barrett erleichtert wurde. Lara Heimerts stichhaltige redaktionelle Vorschläge haben mir geholfen, ein strafferes Buch mit einem kritischeren Profil zu verfassen. Katherine Streckfus ist eine großartige Korrektorin; die Leser sollten ihr für ihre zahlreichen treffenden Anregungen ebenso dankbar sein, wie ich es bin.

Mehrere Themen des vorliegenden Buchs wurden als Test in der Zeitschrift *First Things* veröffentlicht, wo auch eine frühere Version des elften Kapitels erschienen ist. Ich danke meinen Kollegen von der *First-Things*-Redaktion sowie dem Herausgeber Dr. R. R. Reno für ihren Zuspruch. Außerdem konnte ich einige Themen bei Vorträgen am Assumption College in Worcester, Massachusetts, an der FASTA-Universität in Mar del Plata in Argentinien und in den Büros der Argentinischen Bischofskonferenz in Buenos Aires erproben; mein Dank gilt jenen, die mich an diese Orte gebracht, und jenen, die mit ihren Fragen auf die eine oder andere Weise dazu beigetragen haben, meine Darlegungen zu präzisieren.

Das *Ethics and Public Policy Center* ist seit 1989 meine berufliche Heimat und es ist mir ein Vergnügen, meinen Kollegen am *EPPC* für ihre Freundschaft, Unterstützung und kluge Beratung zu danken. Ein besonderer Dank gebührt dem *EPPC*-Präsidenten Edward Whelan und Stephen White, meinem Kollegen im Rahmen des *EPPC*-Programms für katholische Forschung. Dass wir unsere Arbeit tun können, haben wir unseren philanthropischen Partnern zu verdanken – daher verdienen auch sie ein öffentliches Wort der Wertschätzung.

Für die hier vorgetragenen Argumentationen und Anregungen bin selbstverständlich ich allein verantwortlich.

– G. W.

29. Juni 2012

Fest der heiligen Apostel Petrus und Paulus

Anmerkungen

1 Karl Rahner, *Strukturwandel der Kirche als Aufgabe und Chance*, Freiburg, 1972, S. 91, 93 ff.
2 George Weigel, *Der Papst der Freiheit*, Paderborn 2011, 411.

VORWORT

1 Amerikanische katholische Wochenzeitschrift (Anm. d. V.)
2 Internationale katholische Wochenzeitschrift (Anm. d. V.)
3 Pius XII. war nach der Bibel die in den Dokumenten des II. Vaticanums am häufigsten zitierte Quelle. Wie der Titel bereits andeutet, entwirft die 1943 promulgierte Enzyklika *Mystici corporis Christi* (»Über den mystischen Leib Christi«) ein stärker biblisch geprägtes Bild von der Identität der Kirche, als es im gegenreformatorischen Katholizismus bis dato üblich gewesen war, der die Kirche typischerweise als eine im rechtlichen oder juristischen Sinne »vollkommene Gesellschaft« (*societas perfecta*) beschrieben hatte. Ferner förderte Pius die liturgische Bewegung durch seine 1947 promulgierte Enzyklika *Mediator Dei* (und mehr noch durch seine nachfolgende Reform der Karwochenliturgie) und gab der katholischen Bibelforschung in seiner Enzyklika *Divino afflante Spiritu* (1943) wichtige Impulse. Die Kritik an gewissen Formen der katholischen Nachkriegstheologie, die Pius XII. in seiner Enzyklika *Humani generis* (1950) geübt hatte, die Tendenz der »progressiven« Katholiken, einen Gegensatz zwischen Pius XII. und Johannes XXIII. zu konstruieren (der gut zu der von diesem Lager propagierten Deutung passt, wonach das II. Vaticanum einen »Bruch« in der Entwicklung der Kirche markiert habe), sowie die kontroverse Debatte über die Rolle Pius' XII. während des Zweiten Weltkriegs haben dazu beigetragen, seine Bedeutung als Reformer und maßgeblichen Impulsgeber des Konzils in Vergessenheit geraten zu lassen.
4 *Evangelii nuntiandi* (»Die Verkündigung des Evangeliums«) erhielt durch den zweiten Nachfolger von Paul VI., Johannes Paul II., besonderes

Gewicht, dessen Wahl im Oktober 1978 möglicherweise auch durch Pauls nachdrücklichen Appell beeinflusst wurde, dass die Kirche sich nach einem Jahrzehnt der internen Streitigkeiten wieder auf ihren evangelikalen Sendungsauftrag besinnen solle. Und noch eine zweite Verbindung wird durch dieses wichtige apostolische Schreiben zwischen den beiden Päpsten hergestellt: Der Entwurf zu *Evangelii nuntiandi* stammte von dem brasilianischen Dominikaner Lucas Moreira Neves, der im Pontifikat Johannes Pauls II. als Präfekt der Bischofskongregation eine wichtige Rolle spielte.

⁵ Vgl. J. H. H. Weiler, *Un' Europa Cristiana? Un saggio esplorativo*, Milano 2003 (Deutsch: *Ein christliches Europa: Erkundungsgänge*, Salzburg 2004).

KAPITEL EINS

¹ Einen Überblick über die Errungenschaften des Pontifikats Johannes Pauls II. bietet George Weigel, *The End and the Beginning. Pope John Paul II – The Victory of Freedom, the Last Years, the Legacy*, New York 2010, 430 ff. (Deutsch: *Der Papst der Freiheit: Johannes Paul II. Seine letzten Jahre und sein Vermächtnis*, Paderborn 2011, 379 ff.).

² Johannes Paul II., Apostolisches Schreiben *Novo Millenio Ineunte* (»Zu Beginn des neuen Jahrtausends«), 6. Januar 2001.

³ Vgl. Henri de Lubac SJ, *The Drama of Atheist Humanism*, San Francisco 1995 (Deutsch: *Die Tragödie des Humanismus ohne Gott*, Salzburg 1950); und Owen Chadwick, *The Secularization of the European Mind in the Nineteenth Century*, Cambridge 1990.

⁴ Wäre man Mannings Vorschlag gefolgt, hätte man in der Tat gleich mehrere *ironies* (»Eisen«) im Feuer gehabt.

⁵ Vgl. Leo XIII., *Aeterni Patris*, 1879.

⁶ Vgl. Leo XIII., *Providentissimus Deus*, 1893. Dieses Dokument gilt allgemein als die Charta der modernen katholischen Bibelwissenschaft. Dass Leo 1902 die Päpstliche Bibelkommission gründete, war ein weiterer und vielleicht noch wichtigerer Katalysator der modernen katholischen Bibelforschung.

1883 machte Leo XIII. die Archive und die Bibliothek des Vatikans allen qualifizierten Wissenschaftlern zugänglich, weil er der zuversichtlichen Überzeugung war, dass die historische Wahrheit der Sache der Kirche und ihrer Sendung nur helfen könne.

[8] Mit dem Verhältnis der Kirche zur politischen Moderne hat sich Papst Leo XIII. in *Immortale Dei*, 1885, *Libertas*, 1888, und zahlreichen anderen lehramtlichen Texten befasst; zu seiner politischen Theorie vgl. Russell Hittinger, »Pope Leo XIII (1810–1903)«, in: *The Teachings of Modern Roman Catholicism on Law, Politics, and Human Nature*, hg. v. John Witte jr. u. Frank S. Alexander; New York 2007, 39–75.

[9] In der 1895 promulgierten Enzyklika *Longinqua oceani* zum 100. Jahrestag der ersten katholischen Bischofseinsetzung in den Vereinigten Staaten setzte Leo XIII. den intellektuellen Prozess in Gang, an dessen Ende die Erklärung des II. Vaticanums über die Religionsfreiheit, *Dignitatis humanae*, stand; darin lehrte er, dass das amerikanische Kirche-Staat-System, bei dem der Staat keine theologische Kompetenz beanspruchte, *tolerari potest* (»toleriert werden kann«). Eine Diskussion dieser wichtigen Etappe im modernen päpstlichen Lehramt (die in mancher Hinsicht durch eine Predigt vorbereitet worden war, die der Kardinal von Baltimore, James Gibbons, 1887 in seiner römischen Titelkirche Santa Maria in Trastevere gehalten und in der er das amerikanische Modell lobend hervorgehoben hatte) konnte der Wahrheit der Sache der Kirche und ihrer Sendung nur helfen; vgl. Gerald P. Fogarty SJ, *The Vatican and the American Hierarchy from 1870 to 1965*, Wilmington, DE 1985.

[10] Vgl. John Henry Newman, »Note on Liberalism«, in: *Apologia pro vita sua*, New York, 1994, 252–262 (Deutsch: »Anmerkung zum Liberalismus«, in: *Apologia pro vita sua: Geschichte meiner religiösen Überzeugungen*, Illertissen 2010, 403 ff.).

[11] Peter L. Berger, *Adventures of an Accidental Sociologist: How to Explain the World Without Becoming a Bore*, Amherst, NY 2011, 248.

[12] Joseph Ratzinger, *Images of Hope: Meditations on Major Feasts*, San Francisco 2006, 71–73. (Deutsch: *Bilder der Hoffnung: Wanderungen im Kirchenjahr*, Freiburg 1997, 84–86). »Ikone« meint hier eine innerweltliche Realität, die eine spirituelle Realität gegenwärtig und sozusagen greifbar macht.

[13] Die Kirche des 21. Jahrhunderts liest Auszüge aus den *Jerusalemer Katechesen* in der Lesehore des Dienstags, des Freitags und des Samstags der Osteroktav.

[14] Den Zusammenhang zwischen Heiligkeit und Mission hat der selige John Henry Newman, ein Prophet des evangelikalen Katholizismus, ak-

kurat und elegant in einer Predigt beschrieben, in der er über Christen nachdenkt, die um der Bekehrung der Welt willen dazu berufen sind, »in der Welt« Heilige zu sein:

> Sie streifen ihre natürlichen Gaben nicht ab, sondern nutzen sie zur Verherrlichung ihres Gebers […]. Die Welt ist für sie ein Buch, zu dem sie sich um seiner selbst willen hingezogen fühlen, das sie fließend lesen, das sie von sich aus interessiert – wenn sie es auch kraft der ihnen innewohnenden Gnade zur Ehre Gottes und zum Heil der Seelen studieren und mit ihm Umgang pflegen. So hegen sie die Gedanken, Empfindungen, Geisteshaltungen, das einnehmende Wesen, die Sympathien und Antipathien wie andere Menschen, soweit sie nicht sündhaft sind; nur dass in ihnen diese Eigentümlichkeiten der menschlichen Natur geläutert, geheiligt und erhöht sind; und sie besitzen allein schon darum mehr Beredsamkeit, dichterische Kraft, Tiefe und Geistigkeit, weil sie heiliger sind – John Henry Newman, »St. Paul's Characteristic Gift«, in: *Sermons Preached on Various Occasions,* London 1857, 92–93 (Deutsch: »Die charakteristische Gabe des heiligen Paulus«, in: *Predigten, Gesamtausgabe, Bd. 10, Predigten zu verschiedenen Anlässen,* Stuttgart 1964, 113 f.).

KAPITEL ZWEI

[1] *Dei verbum,* 2.

[2] Ebd., 1.

[3] Auch in dieser Hinsicht ist John Henry Newman, den Papst Benedikt XVI. 2010 seliggesprochen hat, einer der Wegbereiter des evangelikalen Katholizismus. Wie Edward Short schreibt, war Newman »kein religiöser Suchender; er war ein religiöser Finder. 1874 schrieb er an einen unbekannten Briefpartner: ›Die *Mittel* hören immer da auf, wo der *Zweck* erreicht ist. Man hört auf zu gehen, wenn man zu Hause angekommen ist – ginge man weiter, würde man alles falsch machen. Das *Forschen* hat ein Ende, wenn man über das, was man erforscht hat, endlich Bescheid *weiß.* Wenn das Wasser kocht, nimmt man den Kessel vom Feuer; sonst würde das Wasser verdampfen. Genauso ist es mit dem privaten Urteil; bis man die Wahrheit gefunden hat, ist es der einzige Weg, der zu ihr führt – doch hat man die Wahrheit erst einmal gefunden, muss man keine weiteren Nachforschungen anstellen.‹« Davon abgesehen, dass man na-

türlich das eigene Verständnis der empfangenen Wahrheit vertiefen muss; doch dafür gibt es die von den Wahrheiten der Schrift und der apostolischen Tradition disziplinierte Theologie – Short, *Newman and His Contemporaries,* London 2011, 7.

[4] Short, *Newman and His Contemporaries,* London 2011, 332.

[5] Kursivsetzung d. d. Autor.

[6] Leo XIII., *Annum sacrum,* 8. Der Titel der Enzyklika verweist auf das bevorstehende »Heilige Jahr« 1900.

[7] Vgl. Peter H. Wilson, *The Thirty Years' War: Europe's Tragedy,* Cambridge 2009. Diese wichtige Untersuchung der betreffenden Periode in der europäischen Geschichte arbeitet – entgegen der Behauptung, der Dreißigjährige Krieg sei im Wesentlichen ein »Religionskrieg« gewesen – vor allem die politischen, wirtschaftlichen und dynastischen Ursachen des Konflikts heraus.

[8] Vgl. Timothy Snyder, *Bloodlands: Europe between Hitler and Stalin,* New York 2010 (Deutsch: *Bloodlands: Europa zwischen Hitler und Stalin,* München [4]2012).

[9] Vgl. George Weigel, *The Cube and the Cathedral: Europe, America, and Politics Without God,* New York 2005.

[10] Zur Bedeutung der göttlichen Barmherzigkeit im Denken Johannes Pauls II., vgl. George Weigel, *The End and the Beginning: Pope John Paul II – The Victory of Freedom, the Last Years, the Legacy,* New York 2010, 227–230, 438 (Deutsch: *Der Papst der Freiheit: Johannes Paul II. Seine letzten Jahre und sein Vermächtnis,* Paderborn 2011, 403 f.).

[11] Eine wichtige vorkonziliare Erörterung des Problems bietet Karl Rahner SJ, »Current Problems in Christology«, in: Rahner, *Theological Investigations I: God, Christ, Mary and Grace,* Baltimore 1961, 149–200 (Deutsch: »Probleme der Christologie von heute«, in: Rahner, *Schriften zur Theologie,* Bd. 1, Einsiedeln 1954, 169–222).

[12] Alexander Solschenizyn, »Men Have Forgotten God«, *National Review,* 22. Juli 1983, 872–876. Solschenizyn hielt diesen Vortrag am 10. Mai 1983 in London bei der Entgegennahme des Templeton-Preises.

[13] Leo XIII., *Annum sacrum,* 6.

[14] Vgl. Mt 4,17, Mk 1,14.

[15] Vgl. Apg 2,46–47.

[16] Vgl. Mt 25,34 ff. und Parallelstellen.

[17] Diese Vorstellung von den »Graden der Gemeinschaft«, von der weiter unten noch die Rede sein wird, wurde nicht etwa von der kurialen Exekutive, sondern von den Vätern des Zweiten Vatikanischen Konzils in die Diskussion eingeführt; vgl. das Dekret über die Ökumene *Unitatis redintegratio*, 19–23.

[18] Vgl. *Dei verbum*, 11.

[19] Ebd., 7.

[20] Ebd.

[21] Ebd., 10.

[22] Ebd., 24.

[23] Die Erstauflage des Buches von Schillebeeckx erschien 1959 in niederländischer und 1963 in englischer Sprache (die deutsche Übersetzung wurde 1960 veröffentlicht).

[24] Vgl. Joh 6,54–58.

[25] So schreibt der kanadische Theologe Douglas Farrow in seinen Erläuterungen zur eucharistischen Theologie des frühchristlichen Theologen Irenäus von Lyon (2. Jh. n. Chr.):

> Diese Eucharistie, so fährt Irenäus fort, gibt allen Völkern ein *Indicium Libertatis*, ein Zeichen oder einen Beweis der Freiheit. Nicht bloß deshalb, weil sie überall auf der Welt dargebracht werden kann und dargebracht wird – damit die Menschen an allen Orten und nicht nur in Jerusalem Zugang zum Himmel haben –, sondern weil die, die sie darbringen, wirklich frei sind; frei nicht nur von der Knechtschaft Ägyptens, sondern von einem unreinen Gewissen und geistlicher Unterdrückung, von politischer Ohnmacht und sozialer Zersplitterung, von der Furcht vor dem Tod und der Bedrohung des Scheol. Dadurch, dass er unsere menschliche Natur ein für alle Mal [durch die Auferstehung und Himmelfahrt] in die Gegenwart des Vaters emporgehoben hat, befreit Christus uns zum Leben im Geist […] [und ermächtigt uns], das, wozu wir andernfalls nicht fähig wären, auch die Unsterblichkeit, als Gaben zu empfangen – Douglas Farrow, *Ascension Theology*, London 2011, 68.

[26] Vgl. hierzu Servais Pinckaers OP, *The Sources of Christian Ethics*, Washington 1995; und Pinckaers, »Morality: The Catholic View«, in: *St. Augustin's Press*, 2001.

²⁷ Aldous Huxley, *Brave New World*, New York, 1968, 119–120 (Deutsch: *Schöne neue Welt*, Frankfurt 1985, 157 f.).

²⁸ Robert Bolt, *A Man for All Seasons*, New York 1962, 81.

²⁹ Douglas Farrow beschreibt das Ostergeheimnis Jesu Christi – seinen Tod, seine Auferstehung und seine Himmelfahrt – als ein Drama der vervollkommnenden Gnade, die nun das vollendet, was begonnen hatte, als der Geist, der einst über den Wassern schwebte und das Leben auf der Erde hervorbrachte, auf Maria herabkam, die einen Sohn gebar. Diese Gnade tilgt nicht nur die durch den Sündenfall bedingte Entfremdung zwischen Gott und Mensch, sondern stiftet jene vollkommene Gemeinschaft zwischen Gott und Mensch, die Gott schon bei der Schöpfung beabsichtigt hatte. Dies ist der Akt, durch den Gott im Prinzip – besser gesagt in Person – die Erschaffung des Menschen vollendet und sein Ebenbild im Menschen vervollkommnet. Indem er unsere Menschennatur mit sich heim zum Vater nimmt, bringt Jesus die menschliche Natur als solche zu ihrer wahren Fülle und ihrem Potenzial im Heiligen Geist. Er macht sie vollkommen eins mit Gott und somit zum Gegenstand (und für die anderen Geschöpfe zum Mittler) von Gottes ewigem Segen – Douglas Farrow, *Ascension Theology*, London 2011, 122.

³⁰ Vgl. Hans Urs von Balthasar, *The Threefold Garland*, San Francisco, 99–105; Balthasar, *Credo: Meditations on the Apostles' Creed*, New York 1990, 51–54; Balthasar, *In the Fullness of Faith: On the Centrality of the Distinctively Catholic*, San Francisco 1988, 20–23 (Deutsch: *Der dreifache Kranz: Das Heil der Welt im Mariengebet*, Einsiedeln ²1977, 64–68; Balthasar, *Credo: Meditationen zum Apostolischen Glaubensbekenntnis*, Einsiedeln 1996, 44–47; Balthasar, *Katholisch: Aspekte des Mysteriums*, Einsiedeln 1975, 26–29).

³¹ Richard John Neuhaus, *The Catholic Moment: The Paradox of the Church in the Post-Modern World*, New York 1987.

KAPITEL DREI

¹ Die Konzilsväter schreiben in der dogmatischen Konstitution über die Kirche, dass, obwohl »die einzige Kirche Christi, die wir im Glaubensbekenntnis als die eine, heilige, katholische und apostolische bekennen […] in der katholischen Kirche [verwirklicht ist], die vom Nachfolger Petri und von den Bischöfen in Gemeinschaft mit ihm geleitet wird«, den-

noch auch »außerhalb ihres Gefüges vielfältige Elemente der Heiligung und der Wahrheit zu finden sind« (*Lumen gentium*, 8). Dieser Punkt wird im Konzilsdekret über den Ökumenismus wiederholt, das das Verständnis der Beziehung zwischen der katholischen Kirche und den anderen christlichen Gemeinschaften innerhalb der einen Kirche Christi sogar noch weiter fasst:

> Wer an Christus glaubt und in der rechten Weise die Taufe empfangen hat, steht dadurch in einer gewissen, wenn auch nicht vollkommenen Gemeinschaft mit der katholischen Kirche. [...] Hinzu kommt, dass einige, ja sogar viele und bedeutende Elemente oder Güter, aus denen insgesamt die Kirche erbaut wird und ihr Leben gewinnt, auch außerhalb der sichtbaren Grenzen der katholischen Kirche existieren können: das geschriebene Wort Gottes, das Leben der Gnade, Glaube, Hoffnung und Liebe und andere innere Gaben des Heiligen Geistes [...] all dieses, das von Christus ausgeht und zu ihm hinführt, gehört rechtens zu der einzigen Kirche Christi (*Unitatis redintegratio*, 3).

[2] Vgl. *Catechism of the Catholic Church*, 813–819.

[3] Vgl. Offb 21,9 ff.; zur Heiligkeit der Kirche; vgl. *Catechism of the Catholic Church*, 823–829.

[4] Zur Katholizität oder Universalität der Kirche; vgl. *Catechism of the Catholic Church* 832–856; 849–856, wo betont wird, dass die Mission »eine Forderung der Katholizität der Kirche« ist.

[5] Zur Apostolizität der Kirche, vgl. *Catechism of the Catholic Church*, 857–865.

[6] Das nun folgende Profil ist, wie große Teile des oben vorgestellten Materials, weitgehend durch das Denken, die Schriften, die Predigten und das Wirken von Rev. Jay Scott Newman beeinflusst, der als Pfarrer an der St. Mary's Church in Greenville, South Carolina, tätig war. Newmans Briefe an seine Pfarrgemeinde über die Bedeutung des evangelikalen Katholizismus sind das intellektuelle Gerüst des vorliegenden Kapitels, obwohl ich die typischen »Charakteristika« des evangelikalen Katholizismus etwas anders ausgeführt habe als er.

[7] Der folgende Abschnitt aus dem *Baltimore-Katechismus* veranschaulicht diese Vorgehensweise:

62. F. Was glaubst du von Jesus Christus?
A. Ich glaube, dass Jesus Christus der Sohn Gottes, die zweite Person der Heiligsten Dreifaltigkeit und wahrer Gott und wahrer Mensch ist.
63. F. Warum ist Jesus Christus wahrer Gott?
A. Jesus Christus ist wahrer Gott, weil er der wahre und einzige Sohn Gottes, des Vaters ist.
64. F. Warum ist Jesus Christus wahrer Mensch?
A. Jesus Christus ist wahrer Mensch, weil er der Sohn der seligsten Jungfrau Maria ist und wie wir einen Leib und eine Seele hat.
65. F. Wie viele Naturen sind in Jesus Christus?
A. In Jesus Christus sind zwei Naturen, die Natur Gottes und die Natur des Menschen.
66. F. Ist Jesus Christus mehr als eine Person?
A. Nein, Jesus Christus ist nur eine göttliche Person.
67. F. War Jesus Christus immer schon Gott?
A. Jesus Christus war immer schon Gott, denn er ist die zweite Person der Heiligsten Dreifaltigkeit und seinem Vater von aller Ewigkeit her gleich.
68. F. War Jesus Christus schon immer Mensch?
A. Jesus Christus war nicht schon immer Mensch, sondern wurde Mensch zum Zeitpunkt seiner Inkarnation.
69. F. Was verstehst du unter Inkarnation?
A. Unter Inkarnation verstehe ich, dass der Sohn Gottes Mensch geworden ist.
70. F. Wie ist der Sohn Gottes Mensch geworden?
A. Der Sohn Gottes wurde durch die Macht des Heiligen Geistes im Schoß der seligsten Jungfrau Maria empfangen und ist Mensch geworden – *Baltimore Catechism* #2,London 2006, 21 f.

Auch wenn diese Formeln die amtliche Lehre dreier ökumenischer Konzilien (Nizäa I, Ephesus und Chalcedon) in ihren wesentlichen Punkten prägnant und präzise wiedergeben, sind sie doch kaum geeignet, moderne Nihilisten zur Umkehr zu veranlassen, was Evelyn Waugh in der berühmten Szene seines Romans *Brideshead Revisited* (»Wiedersehen mit Brideshead«) treffend beschreibt, als Father Mowbray, ein unter potenziellen Konvertiten einschlägig bekannter Seelenhirte, sich über die Unmöglichkeit auslässt, die religiöse Leere und mangelnde natürliche Frömmigkeit von Rex Mottram zu durchbrechen: »Er ist der schwierigste Konvertit, mit dem ich es je zu tun hatte«, sagt Pater Mowbray zu Lady Marchmain. »Ich gab ihm einen Katechismus mit. Gestern fragte ich ihn, ob unser Herr mehr als eine Natur haben könne. ›So viele, wie Sie meinen, Pater‹, lautete die Antwort. [...] Er passt in keine Schublade des Heidentums, die den Missionaren bekannt ist, Lady Marchmain.« – Evelyn Waugh, *Brideshead Revisited*, London 2000, 185 (Deutsch: *Wiedersehen mit Brideshead*, Zürich 2013, 286). – Dieser moderne Zerfall dessen, was Father Mowbray als »natürliche Frömmigkeit« bezeichnet und der durch den Übergang von der Moderne zur Postmoderne zu einem noch gravierenderen kulturellen Problem geworden ist, ist eine der Facetten der kulturellen Herausforderung, die es notwendig macht, den gegenreformatorischen Katholizismus durch den evangelikalen Katholizismus zu ersetzen.

[8] Wie die Konzilsväter auf dem II. Vaticanum es in *Gaudium et spes*, der pastoralen Konstitution über die Kirche in der Welt von heute, formuliert haben, legt Jesus, wenn er »zum Vater betet, ›dass alle eins seien ... wie auch wir eins sind‹ (Joh 17,20–22) und damit Horizonte aufreißt [...], eine gewisse Ähnlichkeit nahe zwischen der Einheit der göttlichen Personen und der Einheit der Kinder Gottes in der Wahrheit und der Liebe. Dieser Vergleich macht offenbar, dass der Mensch, der auf Erden die einzige von Gott um ihrer selbst willen gewollte Kreatur ist, sich selbst nur durch die aufrichtige Hingabe seiner selbst vollkommen finden kann« (*Gaudium et spes*, 24).

[9] Die Frage, ob Jesus sich selbst als den Gesalbten Gottes betrachtet hat, ist für viele Christen des 21. Jahrhunderts problematisch geworden, weil Prediger durch ihren unsachgemäßen Umgang mit der historisch-kritischen Methode der Bibelinterpretation Skepsis gesät haben. Dem englischen Exegeten N. T. Wright zufolge (der das Tetragrammaton YHWH als den Namen des Gottes Israels verwendet) können ernsthafte historische Gründe dafür angeführt werden, dass Jesus sich seiner messianischen Sendung bewusst und »davon überzeugt war, dass seine Berufung die Verkörperung dessen war, wovon die jüdischen Symbole des Tempels, der Thora, des Wortes, des Geistes und der Weisheit gesprochen haben, nämlich YHWH's rettende Gegenwart in der Welt, oder besser gesagt, in Israel und für die Welt. Er glaubte, dass es seine Aufgabe sei, das zu erledigen, was

nur Yhwh erreichen konnte: den großen neuen Exodus, durch den der Name und Charakter von Yhwh vollständig und abschließend offenbar und bekannt gemacht würde« – N. T. Wright, *The Challenge of Jesus: Rediscovering Who Jesus Was and Is*, Downers Grove 1999, 122–123 (Deutsch: *Herausforderung Jesus: Wer er war und wer er ist*, Böblingen 2012, 149 f.).
In einem anderen Buch arbeitet Wright diesen Punkt anhand anerkannter historischer Methoden sogar noch deutlicher heraus: »Ich schlage vor – und zwar als eine Sache der Geschichte –, dass sich Jesus von Nazareth einer Berufung bewusst war: einer Berufung, die ihm von dem gegeben worden war, den er als ›Vater‹ kannte, und die darin bestand, dass er selber das darstellte, was Gott in Israels Schriften ganz alleine zu erreichen verheißen hatte. Er würde die Wolken- und Feuersäule für das Volk des neuen Exodus sein. Er würde selbst die zurückkehrende und erlösende Tat des Bundesgottes verkörpern« – N. T. Wright, *Jesus and the Victory of God*, Minneapolis 1996, 651–653 (Deutsch: *Jesus und der Sieg Gottes*, Marburg 2013, 740). Wrights exegetische Arbeiten: *Jesus and the Victory of God* und *The Resurrection of the Son of God*, Minneapolis 2003, sind eine wichtige Stütze für die Wahrheitsansprüche des evangelikalen Katholizismus.

[10] C. S. Lewis, *Mere Christianity*, London 1952, 54 (Deutsch: *Pardon, ich bin Christ*, Basel, 2014, 71). Lewis' »Trilemma« ist zwar nicht allgemein anerkannt, aber zweifellos geeignet, die Sache auf den Punkt zu bringen.

[11] Vgl. hierzu Johannes Paul II., *Ecclesia in Europa* (Deutsch: *Die Kirche in Europa*, 76).

[12] »Unter den hauptsächlichsten Ämtern der Bischöfe«, so lehrten die Konzilsväter auf dem II. Vaticanum,

»hat die Verkündigung des Evangeliums einen hervorragenden Platz. Denn die Bischöfe sind Glaubensboten, die Christus neue Jünger zuführen; sie sind authentische, das heißt mit der Autorität Christi ausgerüstete Lehrer. Sie verkündigen dem ihnen anvertrauten Volk die Botschaft zum Glauben und zur Anwendung auf das sittliche Leben und erklären sie im Licht des Heiligen Geistes, indem sie aus dem Schatz der Offenbarung Neues und Altes vorbringen (vgl. Mt 13,52). So lassen sie den Glauben fruchtbar werden und halten die ihrer Herde drohenden Irrtümer wachsam fern (vgl. 2 Tim 4,1–4)« – (*Lumen gentium*, 25).

Vgl. auch das Konzilsdekret über die Hirtenaufgabe der Bischöfe: »Daher sind die Bischöfe durch den Heiligen Geist, der ihnen mitgeteilt worden ist, wahre und authentische Lehrer des Glaubens, Priester und Hirten geworden« (*Christus Dominus*, 2).

[13] Zur Lehrautorität des Papstes und der Bischöfe; vgl. *Lumen gentium*, 25.

[14] *Ex umbris et imaginibus in veritatem* (»Aus Schatten und Bildern zur Wahrheit«) war der Wahlspruch, den Newman auf seinen Grabstein schreiben ließ.

[15] *Baltimore Catechism #4*, 136.

[16] Douglas Farrow, *Ascension Theology* , London, 2011, 65–66.

[17] Ebd., 68.

[18] Vgl. ebd.

[19] Papst Benedikt XVI., *Ansprache zur Eröffnung der V. Generalversammlung der Bischofskonferenzen von Lateinamerika und der Karibik in Aparecida*, Brasilien, 13. Mai 2007.

[20] In der katholischen St. Patrick's Church im Londoner Viertel Soho gibt es zum Beispiel jeden Abend mehrere Stunden lang eine internationale Gebetsanliegen-Hotline. Junge Freiwillige nehmen in einer Kapelle, die für die eucharistische Anbetung reserviert ist, vor dem ausgesetzten Allerheiligen telefonische Hilfsgesuche entgegen.

[21] Damit geht auch das Problem einher, dass es Männer und Frauen außerhalb der gesetzlichen/kirchenrechtlichen Grenzen der katholischen Kirche – Angehörige anderer christlicher Gemeinschaften – gibt, die lehrmäßig, spirituell und moralisch tatsächlich in einer volleren Gemeinschaft mit der katholischen Kirche stehen als die, die nur dem Kirchenrecht nach Katholiken sind.

[22] Vgl. George Weigel (mit Elizabeth Lev und Stephen Weigel), *The Station Churches of Rome: An Itinerary of Conversion*, New York 2013.

[23] Vgl. *Unitatis redintegratio*, 19–23.

[24] Vgl. Peter L. Berger, *A Rumor of Angels: Modern Society and the Rediscovery of the Supernatural*, Garden City NY 1970 (Deutsch: *Auf den Spuren der Engel: Die moderne Gesellschaft und die Wiederentdeckung der Transzendenz*, Freiburg 2001).

[25] Vgl. hierzu Joseph Ratzinger, *The Spirit of the Liturgy*, San Francisco 2000, 22–23 (Deutsch: *Der Geist der Liturgie*, Freiburg 2013, 18 f.).

[26] Vgl. hierzu, Douglas Farrow, »The Politics of the Eucharist«, in: *Ascension Theology*, 90–120.

[27] Zu einigen der Schwierigkeiten, die in den Vereinigten Staaten auf-

getreten sind; vgl. Gerald P. Fogarty SJ, *American Catholic Biblical Scholar-ship: A History from the Early Republic to Vatican II*, New York 1989. Die En-zyklika Leos XIII., 1893, schreibt, wie der Titel es andeutet, die gesamte Offenbarung dem liebenden Plan dem »allweisen Gott der Vorsehung« zu.

[28] Vgl. Joseph Ratzinger / Pope Benedict XVI, *Jesus of Nazareth: Part Two – From the Entrance into Jerusalem to the Resurrection*, San Francisco 2011, XIV – XV (Deutsch: *Jesus von Nazareth: Zweiter Teil: Vom Einzug in Jerusa-lem bis zur Auferstehung*, Freiburg 2013, 11).

[29] Viele Bücher hätten in die Bibel Einlass finden können und wurden doch nicht aufgenommen; mithin wirft schon der Prozess der Kanonbil-dung ein bezeichnendes Licht auf die verschiedenen Teile des Kanons.

[30] Diese Methode der pastoralen Planung hat Karol Kardinal Wojtyła in seiner Zeit als Erzbischof von Krakau angewandt; vgl. George Weigel, *Witness to Hope: The Biography of Pope John Paul II*, New York 1999, 187–188 (Deutsch: *Zeuge der Hoffnung: Johannes Paul II. – eine Biographie*, Paderborn ³2011, 196 f.).

[31] John Henry Newman, »Meditations on Christian Doctrine: Hope in God – Creator, 6. März 1848«, in: *Prayers, Verses and Devotions*, San Fran-cisco 1989, 338–339 (Deutsch: *Betrachtungen und Gebete*, München 1952, 43 f.).

[32] Der einfachere *Baltimore-Katechismus* neigte dazu, diesen funktionalisti-schen Begriff des Priestertums noch zu verstärken, denn obwohl darin die durch das Sakrament der Priesterweihe verliehene »Gnade« erwähnt ist, heißt es im Vorsatz: »Die Priesterweihe ist ein Sakrament, durch das Bi-schöfe, Priester und andere Diener der Kirche geweiht werden und die Macht erhalten …, ihre heiligen Pflichten zu erfüllen«, *Baltimore Catechism* #2, 279.

[33] Vgl. Russell Shaw, *To Hunt, to Shoot, to Entertain: Clericalism and the Ca-tholic Laity*, San Francisco 1993.

[34] Vgl. Johannes Paul II., *Redemptoris missio*, 37.

[35] Vgl. hierzu Robert Louis Wilken, »The Church as Culture«, in: *First Things* 142, April 2004, 31–36. Vgl. auch George Weigel, »Diognetus Revi-sited, or, What the Church Asks of the World«, in: George Weigel, *Against the Grain: Christianity and Democracy, War and Peace*, New York 2008, 64–84.

[36] Zum zeittypischen Charakter großer Teile der kulturellen Analyse in *Gaudium et spes*; vgl. George Weigel, »Rescuing *Gaudium et Spes*: The New Humanism of John Paul II«, in: *Nova et Vetera* 8, Nr. 2, 2010, 251–267.

[37] Wie oben bereits erwähnt, wurde der Neologismus »Christophobie« von dem angesehenen Rechtswissenschaftler, Professor für Völker- und Europarecht, Joseph H. H. Weiler (selbst orthodoxer Jude) in der 2003 bis 2004 geführten Debatte über den europäischen Verfassungsvertrag erstmals auf den Kontext des 21. Jahrhunderts angewandt. Eine zusammenfassende Darstellung von Weilers Standpunkt findet sich bei George Weigel, *The Cube and the Cathedral: Europe, America, and Politics Without God*, New York 2005, 72–77.

[38] Vgl. Kenneth Clark, *Civilisation*, New York 1969, 1–32 (Deutsch: *Zivilisation*, Hamburg 1970, 13–44).

[39] Vgl. George Weigel, *The Cube and the Cathedral: Europe, America, and Politics Without God*, New York 2005, 102–105.

[40] Robert Louis Wilken, »The Church as Culture«, in: *First Things* 142, April 2004, 35.

[41] Vgl. hierzu, Aidan Nichols OP, *Criticizing the Critics: Catholic Apologias for Today*, Oxford 2010, 69–87.

[42] Johannes Paul II., *Redemptoris missio*, 62. Vgl. auch Weigel, *Witness to Hope: The Biography of Pope John Paul II*, New York 1999, 633–635 (Deutsch: *Zeuge der Hoffnung: Johannes Paul II. – eine Biographie*, Paderborn [3]2011, 666–668).

[43] Zur fortdauernden Mission; vgl. *Message* of *the Fifth General Conference of Bishops of Latin America and the Caribbean*, 17 (Deutsch: *Botschaft der 5. Generalversammlung des Episkopats von Lateinamerika und der Karibik*, Bonn 2007, Stimmen der Weltkirche 41, 15 f.).

[44] Zu *Vita consecrata* (»Das geweihte Leben«), vgl. Weigel, *Witness to Hope: The Biography of Pope John Paul II*, New York 1999, 783–785 (Deutsch: *Zeuge der Hoffnung: Johannes Paul II. – Eine Biographie*, Paderborn [3]2011, 825–828).

[45] *Lumen gentium*, 17.

KAPITEL VIER

[1] Ravasis kurze Exegese zu Mt 14,22–33 ist nachzulesen in *Messale quotidiano. Domenicale-festivo e feriale*, Mailand 1994, 1447–1448.

Im Jahr 2002 habe ich mit einem kleinen Buch auf die Missbrauchsskandale reagiert, die die Kirche in den Vereinigten Staaten erschütterten, und darin die folgende Geschichte aus dem Epizentrum der Krise erzählt; die Geschichte und meine Anmerkungen dazu sind nach wie vor aktuell:

Im März 2002 wurde Betsy Conway, eine Schwester aus dem Kloster St. Joseph im Erzbistum Boston, in Michael Kellys Kolumne, die in mehreren Zeitungen erscheint, mit den Worten zitiert: »Das ist unsere Kirche, die Kirche von uns allen, und wir müssen sie uns zurückholen.« Michael Kelly stimmte ihr zu. Beide, er und Schwester Betsy, hatten unrecht.

Die Kirche ist nicht unsere Kirche, sondern die Kirche Christi. Sie wurde nicht von uns oder den Christen früherer Zeiten oder von den Spendern des Diocesan Annual Fund, sondern von Jesus Christus gegründet – ein Punkt, den der Herr selbst in den Evangelien deutlich genug formuliert hat: »Nicht ihr habt mich erwählt, sondern ich habe euch erwählt« (Joh 15,16). Wie ein Jesuitenpater, ein genauer Beobachter und scharfer Kritiker der Missstände in seiner eigenen Gemeinschaft, mit Bezug auf Kellys Kolumne an Freunde schrieb: »Die Kirche ist nicht unsere Kirche, und wir müssen sie uns nicht zurückholen, weil sie uns nie gehört hat. In dem Moment, wo wir sie uns aneignen, sind wir verdammt. Keine rein menschliche Einrichtung, so vollkommen rein und mutig und pflichtbewusst ihre Mitglieder auch sein mögen, kann jemanden auch nur von einer einzigen lässlichen Sünde lossprechen. Das ist der Punkt, den der heilige Paulus den Römern in nicht weniger als 16 Kapiteln hat klarmachen wollen« – Weigel, *The Courage To Be Catholic*, New York 2002, 228.

[2] William Walsham How, »For All the Saints«, v. 8.

[3] Richtiges Handeln, Anm. d. V.

[4] Rechtgläubigkeit, Anm. d. V.

[5] *Caritas in veritate* lautet der Titel der dritten Enzyklika Benedikts XIV., die 2009 erschienen ist.

[6] Murray schrieb zwischen 1952 und 1955 sechs Aufsätze über die politische Theorie Leos XIII.; vgl. John Courtney Murray SJ, »The Church and Totalitarian Democracy«, in: *Theological Studies*, 13. Dezember 1952, 525–563; »Leo XIII on Church and State: The General Structure of the Controversy«, in: *Theological Studies*, 14. März 1953, 1–30; »Leo XIII: Separation

of Church and State«, in: *Theological Studies*, 14. Juni 1953, 145–214; »Leo XIII: Two Concepts of Government«, in: *Theological Studies*, 14. Dezember 1953, 551–567; »Leo XIII: Two Concepts of Government: Government and the Order of Culture«, in: *Theological Studies*, 15. März 1954, 1–33; und »Leo XIII and Pius XII: Government and the Order of Religion«, in: John Courtney Murray SJ, *Religious Liberty: Catholic Struggles with Pluralis*, hg. v. J. Leon Hooper SJ, Louisville 1993, 49–125.

[7] Zu einer ausführlicheren Darstellung dieser Krise, die 1988 eskalierte; vgl. George Weigel, *Witness to Hope: The Biography of Pope John Paul II*, New York 1999, 562–564 (Deutsch: *Zeuge der Hoffnung: Johannes Paul II. – Eine Biographie*, Paderborn [3]2011, 587–589).

[8] Vgl. George Weigel, »Rome's Reconciliation«, in: *Newsweek*, 25. Januar 2009.

[9] Ein weitaus anspruchsvolleres Frage-und-Antwort-Format findet sich im *YouCat*, im *Jugend-Katechismus der Katholischen Kirche*, der in Anlehnung an den *Katechismus der Katholischen Kirche* erarbeitet und 2011 veröffentlicht wurde. Der *YouCat* ergänzt den Frage-und-Antwort-Teil durch Diskussionen und patristische sowie Bibel- und Heiligenzitate und schöpft somit aus vielfältigen Quellen, um seine Katechese zu bereichern.

[10] Vgl. *Gaudium et spes*, 22 und 24.

[11] George Weigel, *The Cube and the Cathedral: Europe, America, and Politics Without God*, New York 2005, 73–74.

[12] Die Art, wie die Pastoralkonstitution die Zeichen der Zeit deutete, wurde schon bald von der Wirklichkeit überholt; vgl. George Weigel, »Rescuing *Gaudium et Spes*: The New Humanism of John Paul II«, in: *Nova et Vetera* 8, Nr. 2, 2010, 251–267.

[13] Mt 13,24–30.

Kapitel fünf

[1] Die entscheidenden Abstimmungen über die Fragen nach dem Wesen des Bischofsamts, dem »Kollegium« der Bischöfe und dem Verhältnis des Kollegiums zum Bischof von Rom (die beim Konzil erhebliche Kontroversen und einiges an kirchlicher Ellbogenarbeit auslösten) sind nachzulesen bei: John W. O'Malley SJ, *What Happened at Vatican II?*, Cambridge 2008, 184. Die dogmatische Konstitution über die Kirche ist gemeinhin unter ihrem lateinischen Titel *Lumen gentium* bekannt, der sich auf Chris-

tus als das »Licht der Heiden« bezieht. Der lateinische Titel des Dekrets über das Hirtenamt der Bischöfe, *Christus Dominus*, gibt die Worte wieder, mit denen das Dekret beginnt: »Christus, der Herr«.

[2] Vgl. *Lumen gentium*, 18–29; *Christus Dominus*, 2.

[3] Der Titel des Buchs, das Pater Thomas Reese über die US-amerikanische Bischofskonferenz geschrieben hat, *A Flock of Shepherds*, New York 1992, bringt unbewusst eine ganze Reihe dieser Probleme auf den Punkt. Der Hirte führt die Herde. Wenn Hirten Teil der Herde werden, dann geht etwas verloren, das für den Hirten und seine Aufgabe, das Hüten, wesentlich ist.

[4] In Afrika und Asien werden die Kandidaten für das Bischofsamt nicht von der Bischofskongregation, sondern von der Kongregation für die Evangelisierung der Völker (der früheren *Congregatio de Propaganda Fidei*) geprüft.

[5] Eine detailliertere Darstellung der zahlreichen Strategien, mit denen die Behörden im kommunistischen Polen Karol Wojtyła in der Ausübung seines Bischofsamts zu behindern und seinen Ruf zu schädigen suchten, finden sich in: »Defensor Civitatis«, dem zweiten Kapitel von George Weigel, *The End and the Beginning: Pope John Paul II – The Victory of Freedom, the Last Years, the Legacy*, New York 2010 (Deutsch: *Der Papst der Freiheit: Johannes Paul II. Seine letzten Jahre und sein Vermächtnis*, Paderborn 2011).

[6] Vgl. *Lumen gentium*, Kapitel V.

[7] Eine detailliertere Darstellung der Theorie und Praxis von Wojtyłas Episkopat in Krakau bietet George Weigel, *Witness to Hope: The Biography of Pope John Paul II*, New York 1999, Chapter 6, »Successor to St. Stanislaw« (Deutsch: *Zeuge der Hoffnung: Johannes Paul II. – eine Biographie*, Paderborn [3]2011, Kapitel 6, »Nachfolger des hl. Stanislaus«).

[8] Das Mindestalter von fünfzig spiegelte zumindest teilweise die schlechten Erfahrungen wider, die die US-amerikanische Kirche gleich nach dem II. Vaticanum gemacht hatte: Viele der Bischöfe, die damals mit Ende dreißig oder Anfang vierzig ernannt worden waren, hatten sich später in der einen oder anderen Hinsicht als problematisch erwiesen. Doch das waren andere Zeiten. Jene Männer waren in den Wirren ihrer Epoche geformt (oder verformt) worden; ihre heutigen Gegenstücke haben einen ganz anderen Bildungsprozess durchlaufen und ihr Priestertum anders erlebt.

[9] Diese Realitätsferne angesichts der Erfordernisse und Schwierigkeiten der evangelikalen Mission ist im Europa des frühen 21. Jahrhunderts (vorsichtig formuliert) extrem und kommt sehr treffend in einer Presseerklärung zum Ausdruck, mit der der Rat der Europäischen Bischofskonferenzen im Juni 2011 die Themen der bevorstehenden Zusammenkunft in der litauischen Hauptstadt Vilnius ankündigte. In der Presseerklärung hieß es, dass man unter anderem »aus kirchlicher Sicht« über »die Beziehung zwischen Kultur und Glaubensqualität«, über »spirituelles Leben und Kirchenzugehörigkeit inmitten von Schnelllebigkeit und Stress« und über »die Strukturen und Charismen der Kirche« debattieren wolle. »Das«, so ein Beobachter trocken, »wird mich ganz bestimmt von einem Leben der Hingabe, des Glaubensgehorsams und der Kreuzesnachfolge überzeugen«.

[10] St. Gregory the Great, *Homily on Ezekiel*, in the Office of Readings for the liturgical memorial of Gregory the Great, Pope and Doctor of the Church (Deutsch: Gregor der Große, *Homilien zu Ezechiel*, Einsiedeln 1983, 218).

[11] Dieser biblische und theologische Kontext – und nicht die Debatten über die korrekte Auslegung der kirchenrechtlichen Vorschrift über den angemessenen Empfang der heiligen Kommunion – sollte den Rahmen für die zukünftige Diskussion über katholische Politiker bilden, die öffentlich die Eucharistie empfangen, obwohl sie entweder aus Gründen der Lebensführung oder durch ihr öffentliches Handeln offenkundig nicht in voller Gemeinschaft mit der Kirche stehen. Unter intelligenten Bischöfen, die auf der Grundlage desselben Kirchenrechts argumentieren, herrscht deutlicher Dissens darüber, was das geltende Kirchenrecht verlangt. Das legt den Gedanken nahe, dass, so wichtig die kirchenrechtliche Klärung auch sein mag, die Frage doch tiefer reicht, als es vielleicht den Anschein hat, und die Verantwortung der Bischöfe für die Integrität des sakramentalen Systems in ihrem jeweiligen Bistum betrifft.

[12] Vgl. »The Bishop Morris Affair«, in: *Catholic World Report*, Juli 2011, 32–33. Dass es so schwierig war, die Morris-Affäre zu einem Abschluss zu bringen oder überhaupt zu klären, was unter kirchenrechtlichen Gesichtspunkten in Toowoomba eigentlich genau geschehen war, legt den Gedanken nahe, dass es hilfreich sein könnte, das kanonische Recht im Hinblick auf den Umgang mit Fällen bischöflichen Versagens zu reformieren. Eine Erläuterung zu einigen der kirchenrechtlichen Verwicklun-

gen im Toowoomba-Fall bietet Edward Peters, »What's Up Down Under?«, 8. Februar 2012, http://canonlawblog.wordpress.com.
[13] Vgl. James Kitfield, *Prodigal Soldiers: How the Generation of Officers Born of Vietnam Revolutionized the American Style of War*, Herndon, VA 1997.
[14] Vgl. z. B. die Diskussion über den frühen Episkopat bei Robin Lane Fox, *Pagans and Christians*, New York 1987.

KAPITEL SECHS
[1] Eine ausführlichere Darstellung dieser Punkte bietet George Weigel, *The Courage To Be Catholic*, New York 2002, 147–196.
[2] Vgl. *Catechism of the Catholic Church*, 1142. 1548.
[3] Der Fokus dieses gesamten Kapitels richtet sich auf das Diözesanpriestertum; von den Priestern in Ordenskongregationen und ähnlichen Männergemeinschaften wird weiter unten noch die Rede sein.
[4] Vgl. Thomas McGovern, *Priestly Celibacy Today*, Princeton, NJ 1998. Neue Erkenntnisse über die historischen Ursprünge des Pflichtzölibats in der lateinischen Kirche bieten Alfons Maria Kardinal Stickler, *The Case for Clerical Celibacy: Its Historical Development and Theological Foundation*, San Francisco 1995 (Deutsch: *Der Klerikerzölibat: Seine Entwicklungsgeschichte und seine theologischen Grundlagen*, Bobingen 2012); und Christian Cochini SJ, *The Apostolic Origins of Priestly Celibacy*, San Francisco 1990; Thomas McGovern erörtert den Zusammenhang zwischen dem Zölibat und anderen Aspekten des priesterlichen Selbstverständnisses – *Priestly Identity: A Study in the Theology of Priesthood*, Dublin 2002.
[5] Als Charta der evangelikalen katholischen Reform der Priesterseminare kann das nachsynodale apostolische Schreiben Johannes Pauls II. *Pastores dabo vobis* (»Ich gebe euch Hirten«) gelten.
[6] Ausführlichere Informationen zu diesem Meisterwerk der Apologetik bietet das Begleitbuch zur Serie: *Catholicism: A Journey to the Heart of the Faith*, New York 2011.
[7] Vgl. Joseph Ratzinger/Pope Benedikt XVI, *Jesus of Nazareth. Part Two – Holy Week: From the Entrance into Jerusalem to the Resurrection*, San Francisco 2011, XIV–XV (Deutsch: *Jesus von Nazareth: Zweiter Teil: Vom Einzug in Jerusalem bis zur Auferstehung*, Freiburg 2011).
[8] Vgl. z. B. die Bände des *Brazos Theological Commentary on the Bible*.

[9] Zur Geschichte der frühen Jahre dieses Freundesnetzwerks; vgl. George Weigel, *Witness to Hope: The Biography of Pope John Paul II*, New York 1999, 88–121 (Deutsch: *Zeuge der Hoffnung: Johannes Paul II. – eine Biographie*, Paderborn ³2011, 92–126); und zur ergreifenden Geschichte dieser Freundschaft in ihren goldenen Jahren: George Weigel, *The End and the Beginning: Pope John Paul II. – The Victory of Freedom, the Last Years, the Legacy*, New York 2010, 373–374 (Deutsch: *Der Papst der Freiheit: Johannes Paul II. Seine letzten Jahre und sein Vermächtnis*, Paderborn 2011, 379 ff.).

KAPITEL SIEBEN

[1] Joseph Ratzinger, *The Spirit of the Liturgy*, San Francisco 2000, 28 (Deutsch: *Der Geist der Liturgie*, Freiburg 1969, 24).

[2] *Sacrosanctum concilium*, 7.

[3] Interessanterweise wurde diese christliche Praxis in islamischen Streitschriften kritisiert, deren Verfasser darin einen Rückfall in die heidnische Sonnenanbetung sahen.

[4] Die Zitate von Pater Lang stammen aus: Uwe Michael Lang, *Turning Towards the Lord: Orientation in Liturgical Prayer*, San Francisco 2004 (Deutsch: Uwe Michael Lang, *Conversi ad Dominum, Zu Geschichte und Theologie der christlichen Gebetsrichtung*, Einsiedeln ⁵2010).

[5] *Vgl.* Denis R. McNamara, *Catholic Church Architecture and the Spirit of the Liturgy*, Chicago 2009.

[6] Der 25. März ist außerdem der Jahrestag der ersten Messe in den 13 ursprünglichen Kolonien, die Pater Andrew White SJ 1634 auf St. Clement's Island in der späteren *Proprietary Colony* und dem nachmaligen Bundesstaat Maryland feierte.

[7] Vgl. Paul Vitz und Daniel C. Vitz, »Messing with the Mass: The Problem of Priestly Narcissism Today«, in: *Homiletic and Pastoral Review*, November 2007.

[8] *Sacrosanctum concilium*, 116.

[9] Ein Musterbeispiel für die Art von Gesangbuch, das geeignet wäre, die hier beschriebene Reform der Reform zu unterstützen, ist das *St. Michael Hymnal* der Gemeinde St. Boniface in Lafayette, Indiana.

[10] Dieser Prozess der biblischen Katechese könnte in den Vereinigten Staaten spürbar beschleunigt werden, wenn die Bischöfe nicht nur die Verwendung anderer Übersetzungen als der überaus schwerfälligen *Revi-*

sed *New American Bibel* genehmigen, sondern die RNAB völlig aus dem liturgischen Gebrauch verbannen würden. Das Argument, die Tantiemen aus der Nutzung der RNAB (für die die US-amerikanische Bischofskonferenz die alleinigen Rechte besitzt) seien eine wesentliche Grundlage für die Arbeit der Konferenz, ist einer Bischofskonferenz nicht würdig, die den Gottesdienst der Kirche gebührend ernst nimmt.

[11] Wie irgendjemand denken kann, spitzenbesetzte liturgische Gewänder seien geeignet, die Reform des Priestertums als einer männlichen Berufung voranzubringen, ist eines der kleinen Geheimnisse des katholischen Lebens im 21. Jahrhundert.

Kapitel acht

[1] Johannes Paul II., *Vita consecrata, 14.*

[2] Ebd., 19 (Hervorhebung wie im Original).

[3] Vgl. ebd., 104.

[4] Vgl. ebd., 23, 34.

[5] Das »Gesetz der Gabe« war eine zentrale Vorstellung in Karol Wojtyłas philosophischer Anthropologie und personaler Ethik. Beispiele zu seinem diesbezüglichen Denken bietet »Die personale Struktur der Selbstbestimmung«, ein Vortrag, den Wojtyła 1974 auf einem internationalen thomistischen Kongress gehalten hat, in: Karol Wojtyła, *Person and Community: Selected Essays*, New York 1993, 187–195.

[6] Vgl. *Vita consecrata*, 91.

[7] Vgl. ebd., 87.

[8] Vgl. ebd., 88.

[9] Ebd., 16.

[10] Die *LCWR* geht auf die *Conference of Major Superiors of Women* (CMSW) zurück, die 1956 auf Anregung des Heiligen Stuhls gegründet worden war. 1971 gab sich die CMSW den Namen *Leadership Conference of Women Religious*; damals waren jedoch in den *LCWR*-Kongregationen größere und gravierendere Veränderungen im Gange als eine bloße Umbenennung ihres Dachverbandes.

[11] Schwester Mary Dominic Pitts OP, »The Threefold Response of the Vows«, in: *The Foundations of Religious Life: Revisiting the Vision*, Notre Dame 2009, 107.

[12] Ebd.

[13] Sandra Schneiders I. H. M., »Self-Determination and Self-Direction in Religious Communities«, in: *Women in the Church I*, Washington, DC 1987, 166. Eine scharfe und in manchen Teilen vernichtende Kritik an Schneiders Theologie des Ordenslebens findet sich bei Schwester Dr. Mary Prudence Allen R. S. M., »Communion in Community«, in: *The Foundations of Religious Life*, 112–154 und Anmerkungen. Manche Beobachter staunen über den scharfen Kontrast zwischen der Seriosität und Klugheit, mit der Dr. Schneider ihre Bibelforschungen betreibt, und ihrer Theologie des Ordenslebens.

[14] Eine Analyse zu den dekonstruktiven Tendenzen in den amerikanischen Frauenorden (einschließlich der schwerwiegenden Probleme der vorkonziliaren Schwesternausbildung) bietet: Ann Carey, »Sisters in Crisis: The Tragic Unraveling of Women's Religious Communities, Huntington«, in: *Our Sunday Visitor*, 1997. Careys Arbeit basiert auf gründlichen Recherchen in den Archiven der *LCWR*, auch wenn ihre Schlussfolgerungen von der *LCWR*-Führung verworfen wurden.

[15] Eine genauere Beschreibung dieser rasch durchgeführten und einschneidenden Veränderungen bietet: Joseph M. Becker SJ, *The Re-formed Jesuits: A History of Change in Jesuit Formation During the Decade 1965–1975*, 2 Bde., San Francisco 1992, 1997.

[16] Weitere Details sind nachzulesen in: George Weigel, *Witness to Hope: The Biography of Pope John Paul II*, New York 1999, 425–430 und 468–470 (Deutsch: George Weigel, *Zeuge der Hoffnung: Johannes Paul II. – eine Biographie*, Paderborn [3]2011, 446–451, 487–491).

[17] Paul Shaughnessy SJ, »Are the Jesuits Catholic?«, in: *Weekly Standard*, 3. Juni 2002, Rezension zu Peter McDonough und Eugene C. Bianchi, *Passionate Uncertainty: Inside the American Jesuits*, Berkeley 2002.

[18] Nach dem Attentat auf Johannes Paul II. hörte man im »Gegröle« einer Londoner Gaststätte einen nicht sehr diskreten Jesuiten, den Iren Cyril Barrett, sagen: »Das einzige Problem an diesem verfluchten Türken war, dass er nicht geradeaus schießen konnte.« Als Pater Barrett starb, wurde diese Bemerkung als Beleg für seinen »Abscheu gegen institutionelle Enge« angeführt; vgl. James Hitchcock, »The Failure of Liberal Catholicism«, in: *Catholic World Report*, Mai 2011.

[19] Ebd.

[20] Zitiert nach Ann Carey, »Post-Christian Sisters«, in: *Catholic World Report*, Juli 2009, 22.

[21] Dr. Schneiders Brief über die Visitation war ursprünglich nur für Freunde gedacht, geriet aber, wie es in solchen Fällen fast unvermeidlich ist, in die Blogosphäre. Anschließend wurde er mit Genehmigung der Verfasserin in der Online-Ausgabe des *National Catholic Reporter* veröffentlicht. Der falsche Vorwurf der »Unehrlichkeit« bei der nach 2002 durchgeführten Visitation der US-amerikanischen Priesterseminare – die unter anderem durch anhaltende Probleme einer homosexuellen Kultur und Praxis in einigen Seminaren veranlasst gewesen war – und der Hinweis auf »Fragen, die sie nicht stellen sollten«, löste zwangsläufig Besorgnis darüber aus, in welcher Hinsicht, von Aspekten der Rechtgläubigkeit und des Gebetslebens abgesehen, die von Dr. Schneiders vertretenen Schwestern »zurückhaltend« sein wollten. Was die Strategien des »gewaltlosen Widerstandes« angeht, würden manche vielleicht die Auffassung vertreten, dass das Verhalten, das die betreffenden Frauenorden und die *LCWR* bei den Nachforschungen des Heiligen Stuhls typischerweise an den Tag legten, vielleicht treffender als »Mauern« beschrieben werden könnte.

[22] John L. Allen jr., »Vatican Must Hear ›Anger and Hurt‹ of American Nuns, Official Says«, in: *National Catholic Reporter Today*, 7. Dezember 2010. Der amtliche Name des meist als »Ordenskongregation« bezeichneten Dikasteriums lautet Kongregation für die Institute geweihten Lebens und für die Gesellschaften apostolischen Lebens.

[23] Cindy Wooden, »Vatican Aims to Regain Trust of U.S. Religious Women, Official Says«, in: *Catholic News Service*, 10. August 2011.

[24] Im April 2012 unterstellte der Vatikan die *LCWR* – nicht die Mitgliedskongregationen, sondern den Verband selbst – als Reaktion auf eine von der Kongregation für die Glaubenslehre durchgeführte »doktrinelle Überprüfung« einer Art Zwangsverwaltung und beauftragte J. Peter Sartain, den Erzbischof von Seattle, damit, die Statuten und das Programm der Organisation zu reformieren, da die Kongregation darin gravierende (und umfassend dokumentierte) doktrinelle Probleme festgestellt hatte. Die mangelnde Bereitschaft der *LCWR*, einzuräumen, dass ihr Programm oder die darin zum Ausdruck gebrachte Vorstellung vom geweihten Leben in doktrineller Hinsicht problematisch war, verhieß nichts Gutes im

Hinblick auf eine friedliche Beilegung des Konflikts zwischen der *LCWR* und der zentralen Autorität der katholischen Kirche – einer Autorität, die die *LCWR* bei ihrer Jahresversammlung im August 2012 als letzte Instanz in Fragen des authentisch katholischen geweihten Lebens stillschweigend abzulehnen schien.

[25] Dass der Heilige Stuhl die Statuten der Legionäre Christi nach Bekanntwerden von Maciels Sünden und Straftaten änderte, hätte man ebenfalls als einen Hinweis darauf verstehen können, dass die rechtliche Antwort, die in der Anerkennung der Statuten durch den Heiligen Stuhl enthalten war, nicht endgültig gewesen war; doch dies war eine Frage, mit der sich die Kirchenrechtler würden befassen müssen.

[26] Vgl. z. B. Sandra M. Schneiders I. H. M., *Prophets in Their Own Country: Women Religious Bearing Witness to the Gospel in a Troubled Church*, Maryknoll, NY 2011; *Finding the Treasure: Locating Catholic Religious Life in a New Ecclesial and Cultural Context*, Mahwah, NJ 2000; and *New Wineskins: Re-Imagining Religious Life Today*, Mahwah, NJ 1986.

KAPITEL NEUN

[1] *Apostolicam actuositatem*, 1–2. Der lateinische Titel stimmt mit den Anfangsworten des Dekrets überein und bezieht sich auf das notwendige »apostolische Wirken« der Laien.

[2] Genau genommen trifft eher das Gegenteil zu, da der Kongress und die gesetzgebenden Organe des Staates von dürftig katechisierten und schlecht ausgebildeten Katholiken überschwemmt worden sind, die, was die Lehre der Kirche und ihre Morallehre angeht, oft nur noch größere Verwirrung stiften. Die Wahlkampagne von Senator John Kerry und die Performance von Nancy Pelosi als Sprecherin des Repräsentantenhauses und spätere Fraktionsvorsitzende sind zwei bezeichnende Beispiele für dieses traurige Phänomen.

[3] Johannes Paul II., *Ansprache zu Beginn des Pontifikats*, 22. Oktober 1978, 4.

[4] Johannes Paul II., *Christifideles laici*, 3.

[5] Ebd., 15–17.

[6] Diese Facette der Christianisierung des Mittelmeerraums ist eindrucksvoll beschrieben worden in Evelyn Waughs experimentellem Roman *Helena*, Chicago 2005 (Deutsch: *Helena*, Zürich 1988).

[7] Vgl. Rodney Stark, *The Rise of Christianity: A Sociologist Reconsiders His-*

tory, Princeton, NJ 1996 (Deutsch: *Der Aufstieg des Christentums: neue Erkenntnisse aus soziologischer Sicht*, Weinheim 1997).

[8] Der komplette Text ist zu finden in *The Apostolic Fathers, 2nd ed.*, Baker 1989, 296–306 (Deutsch: *Brief an Diognet*, Kapitel 5, in der deutschen Fassung zitiert aus: *Frühchristliche Apologeten und Märtyrerakten*, Bd. 1, Bibliothek der Kirchenväter, 1. Reihe, Band 12; Kempten u. München 1913, 165).

[9] Vgl. *Catechism of the Catholic Church*, 1656.

[10] Vgl. Allen M. Parkman, *Good Intentions Gone Awry: No-Fault Divorce and the American Family*, Lanham, MD 2000; und Judith S. Wallerstein, Julia M. Lewis und Sandra Blakeslee, *The Unespected Legacy of Divorce: A 25 Year Landmrk Study*, New York 2001 (Deutsch: *Scheidungsfolgen – die Kinder tragen die Last: eine Langzeitstudie über 25 Jahre*, Münster 2002).

[11] *Catechism of the Catholic Church*, 1617.

[12] Johannes Paul hat diesen Gedanken in seiner vierteiligen *Theology of the Body* entwickelt. Im ersten Teil, *Original Unity of Man and Woman*, lehrt der Papst, dass Männer und Frauen Abbilder Gottes sind, und zwar nicht nur in ihrem individuellen Intellekt und freien Willen, sondern vor allem »durch die personale Gemeinschaft, die Mann und Frau von Anfang an bilden [...] Der Mensch wird [...] im Augenblick der Gemeinschaft zum Abbild Gottes.« Die Vorstellung von der Ehe als dem uranfänglichen Sakrament wird im dritten Teil der *Theology of the Body* unter der Überschrift *The Theology of Marriage and Celibacy* entwickelt. Vgl. Johannes Paul II., *Man and Woman He Created Them: A Theology of the Body*, hg. u. eingel. v. Michael Waldstein, Boston 2006. (Deutsch: *Die menschliche Liebe im göttlichen Heilsplan: Eine Theologie des Leibes*, hg. u. eingel. v. Norbert u. Renate Martin, Kißlegg [2]2008, 120).

[13] Diese zunehmende Diskrepanz hat einige evangelikale katholische Priester zu dem Vorschlag veranlasst, die Kirche solle sich prophylaktisch aus den Ziviltrauungen [in den Vereinigten Staaten, Anm. d. V.] zurückziehen und ihre Priester bei der zivilen Eheschließung nicht länger als staatliche Funktionäre agieren lassen. Da die Kirche früher oder später wahrscheinlich sowieso aus den Ziviltrauungen hinausgedrängt werden wird, stellt sich die Frage, warum man dem nicht auf prophetische Weise zuvorkommen und erklären sollte, dass die staatliche Vorstellung von der Ehe in krassem Widerspruch zur kirchlichen Vorstellung steht und Diakone und Priester daher keine staatlichen Trauscheine mehr unterzeich-

nen können. Würde der Staat die Kirche aus den Ziviltrauungen herausdrängen, dann würde dies (zu Recht) so wahrgenommen, als hätte die Kirche eine politische Schlacht verloren. Käme dagegen die Kirche diesem Ausschluss zuvor, indem sie sich selbst, und zwar mit gutem evangelikalem und theologischem Grund, aus den Ziviltrauungen zurückzieht, dann könnte dies, so das Argument, den Staat zur Vernunft bringen. Und selbst wenn dies nicht der Fall wäre, hätte die Kirche ihre Integrität gewahrt. Diese Auseinandersetzung wird sich in der westlichen Welt sicherlich noch verschärfen.

[14] Diese Herausforderung scheint im Fall der Bewegung Neokatechumenaler Weg besonders groß zu sein, deren spezielle liturgische Praktiken nach Ansicht vieler eine Barriere zwischen der Bewegung und der restlichen Kirche aufgebaut haben. Eine andere Herausforderung stellt sich im Fall der Gemeinschaft Sant'Egidio, die bei der Organisation der Assisi-Tage Johannes Pauls II. eine wichtige Rolle gespielt und sich lange Zeit als eine Art unabhängige »dritte Kraft« in der globalen Diplomatie engagiert hat. In den Verhandlungen, die zu einem Ende der Bürgerkriegsgewalt in Mosambik führten, hat dieses Engagement Früchte getragen. Doch zuweilen agiert die Gemeinschaft auf eine Weise, die die eigene Diplomatie des Heiligen Stuhls untergräbt oder zumindest verkompliziert. So lud Sant'Egidio im September 2011 einen chinesischen Bischof zu einem von der Gemeinschaft organisierten interreligiösen Treffen nach München ein, der an der widerrechtlichen (das heißt nicht vom Papst oder vom Heiligen Stuhl autorisierten) Weihe eines weiteren chinesischen Bischofs teilgenommen hatte, obwohl die Gemeinschaft damit als Gastgeberin eines Mannes auftrat, der sich in der zentralen Frage des Konflikts zwischen Peking und Rom nicht auf die Seite des Vatikans, sondern auf die Seite der kommunistischen Regierung Chinas gestellt hatte.

[15] Johannes Paul II., *Weihnachtsansprache an die Kardinäle und alle Mitarbeiter der Römischen Kurie*, 22. Dezember 1987, in: »L'Osservatore Romano« (engl. Ausgabe) 11. Januar 1988, 6–8.

KAPITEL ZEHN

[1] Thomas Weinandy OFM Cap., »Faith and the Ecclesial Vocation of the Catholic Theologian«, in: *Origins 41*, Nr. 10, 21. Juli 2011, 162.

[2] Auch wenn er einräumt, dass viele Wissenschaftler, die das II. Vatica-

num mit ermöglicht hatten, »das Symbolon (d. h. die Definition) von Chalcedon als zeitgemäßen Ausweg aus der historischen christologischen Sackgasse akzeptierten« und versuchten, Chalcedon auf eine dem modernen intellektuellen Kontext angemessene Weise zu erklären, ging Tilley die Angelegenheit sehr viel direkter an und vertrat kurzerhand die Auffassung, dass die »Lösung von Chalcedon kaum eine Lösung war«. Offenbar lehnte er also die Vorstellung ab, dass die chalcedonische Christologie von den zwei Naturen in der einen göttlichen Person Christi innerhalb der Kirche normativ und verbindlich und damit der Ausgangspunkt aller weiteren christologischen Überlegungen war. Zum vollständigen Text von Dr. Tilleys Ansprache; s. Terrence Tilley, »Three Impasses in Christology«, in: *CTSA Proceedings 64*, 2009, 71–85, www.ctsa-online.org/Convention%202009/0071-0085.pdf.

[3] David Tracy, »A Social Portrait of the Theologian: The Three Publics of Theology – Society, Academy, Church«, in: Tracy, *The Analogical Imagination: Christian Theology and the Culture of Pluralism*, New York 1981, 3–46.

[4] Ryan N. S. Topping berichtet in dem Artikel: »A New Generation of Theologians«, in: *First Things*, »On the Square«, 27. September 2011, von einem Treffen nichtlehrstuhlinnehabender Theologen, das die US-amerikanische Bischofskonferenz im September 2011 zu dem Thema »Die intellektuellen Aufgaben der Neuevangelisierung« veranstaltet hatte. Der Kontrast zwischen dieser Versammlung und den jährlichen Treffen der *CTSA* hätte nicht größer sein können.

[5] Blog-Post der Kardinal-Newman-Gesellschaft, 23. Mai 2011. Derselbe Post beschrieb ähnliche »Rosa-Entlassfeiern« oder vergleichbare Veranstaltungen an der Universität von San Francisco und am St. Mary's College in der East Bay.
Zu den katholischen Abtreibungsbefürwortern und Vortragenden an katholischen Universitäten zählten im Jahr 2011 der ehemalige Gouverneur von New York, George Pataki (juristische Fakultät der Fordham University), und Second Lady [die Ehefrau des amerikanischen Vizepräsidenten, Anm. d. V.] Jill Biden (Salve Regina University).
Bei der Entlassfeier an der Seton Hall's Whitehead School of Diplomacy trat der frühere Unterstaatssekretär Timothy Wirth als Redner auf; während seiner Jahre in der Clinton-Regierung hatte auf Wirths Schreibtisch ein »Kondombaum« gestanden (der vor dem Besuch des vatikanischen

»Außenministers«, Erzbischof Jean-Louis Tauran, 1993 entfernt worden war; bei diesem Anlass war Wirth nicht bereit gewesen, irgendeinen Zusammenhang zwischen der moralischen Erziehung und dem Problem einzuräumen, dass »Kinder Kinder bekommen«, wie er es Tauran gegenüber formulierte); vgl. George Weigel, *Witness to Hope: The Biography of Pope John Paul II*, New York 1999, 716 (Deutsch: *Zeuge der Hoffnung, Zeuge der Hoffnung: Johannes Paul II. – eine Biographie*, Paderborn ³2011, 757 f.).

[6] Zitiert nach *Catholic Culture*, 19. Mai 2011.

[7] Die Erklärung der *CTSA* ist nachzulesen unter »Resolutions: 2011 Annual Convention«, Catholic Theological Society of America; www.ctsa-online.org/resolutions.html. Schwester Elizabeth Johnsons Antwort an das bischöfliche Komitee findet sich in: *Origins 41*, Nr. 9, 7. Juli 2011, 128–147. Eine ganz andere Sicht der theologischen Berufung, die diese sehr viel stärker auf die Unterstützung des evangelikalen Sendungsauftrags der Kirche bezieht, bietet: Thomas Weinandy OFM Cap., »Faith and the Ecclesial Vocation of the Catholic Theologian«, in: *Origins 41*, Nr. 10, 21. Juli 2011, 154–163.

[8] Pressemitteilung der *Catholic League for Religious and Civil Rights*, 27. September 2011.

[9] Blog-Post der Kardinal-Newman-Gesellschaft, 31. Oktober 2011.

[10] Vgl. Pater Wilson Miscamble CSC, »Mr. Notebaert, *Ex Corde Ecclesiae*, and the Future of Notre Dame«, in: *Irish Rover*, 28. Dezember 2011.

[11] Der vollständige Text ist auf der Homepage des Vatikans nachzulesen: Benedikt XVI., Apostolische Reise in die Vereinigten Staaten von Amerika und Besuch bei der Organisation der Vereinten Nationen: *Ansprache bei der Begegnung mit den katholischen Erziehern*, Katholische Universität Amerikas, Washington, D.C., 17. April 2008, Libreria Editrice Vaticana, http://w2.vatican.va/content/benedict-xvi/de/speeches/2008/april/documents/hf_ben-xvi_spe_20080417_cath-univ-washington.html.

[12] Tom Wolfe, *I Am Charlotte Simmons*, New York 2004 (Deutsch: *Ich bin Charlotte Simmons*, München 2004).

[13] Zitiert nach *Seattle Times*, 29. September 1999.

[14] Zitiert nach *First Things*, Juni/Juli 2011, 66.

[15] Johannes Paul II., Apostolische Konstitution *Ex corde Ecclesiae*, 4, http://w2.vatican.va/content/john-paul-ii/de/apost_constitutions/documents/hf_jp-ii_apc_15081990_ex-corde-ecclesiae.html.

16 Man könnte eine solche Maßnahme auch als bischöflichen Beitrag zum Verbraucherschutz beschreiben, wobei die Verbraucher in diesem Fall die Studierenden, ihre Eltern und die Geldgeber der Universitäten sind.

KAPITEL ELF

1 Vgl. George Weigel, *Witness to Hope: The Biography of Pope John Paul II*, New York 1999 (Deutsch: *Zeuge der Hoffnung: Johannes Paul II. – eine Biographie*, Paderborn ³2011); und *The End and the Beginning: Pope John Paul II – The Victory of Freedom, the Last Years, the Legacy*, New York 2010 (Deutsch: *Der Papst der Freiheit: Johannes Paul II. Seine letzten Jahre und sein Vermächtnis*, Paderborn 2011). Vgl. außerdem John Lewis Gaddis, *The Cold War: A New History*, New York 2006, (Deutsch: *Der Kalte Krieg: eine neue Geschichte*, München 2008). Zu den entscheidenden Beiträgen Johannes Pauls II. zur Entwicklung der katholischen Soziallehre; vgl.»The Free and Virtuous Society«, in: George Weigel, *Against the Grain: Christianity and Democracy, War and Peace*, New York 2008, 11–36.

2 Vgl. *Centesimus annus*, 38; *Caritas in veritate*, 51. Der Titel *Centesimus annus* (Das hundertste Jahr) bezieht sich, wie schon erwähnt, auf das hundertjährige Jubiläum der bahnbrechenden Sozialenzyklika Leos XIII. *Rerum novarum* (1891) und deutete an, dass so, wie Leo XIII. die »neuen Dinge« in der Zeit der industriellen Revolution analysiert hatte, Johannes Paul II. die »neuen Dinge« in der Zeit nach dem Kalten Krieg analysieren würde.

3 Vgl. z. B. Benedikt XVI., *Ansprache bei der UN-Vollversammlung in New York*, 18. April 2008.

4 Drei beeindruckende Beispiele sind: Benedikt XVI., *Ansprache bei der Begegnung mit Vertretern der Gesellschaft Großbritanniens, mit dem Diplomatischen Corps, Politikern, Wissenschaftlern und Wirtschaftsführern in der Westminster Hall*, City of Westminster, 17. September 2010, http://w2. vatican.va/content/benedict-xvi/de/speeches/2010/september/documents/hf_ben-xvi_spe_20100917_societa-civile.html; *Ansprache bei der Begegnung mit Vertretern aus Politik, Gesellschaft, Wirtschaft und Kultur, mit dem Diplomatischen Korps und mit den Religionsführern im kroatischen Nationaltheater* (Zagreb, 4. Juni 2011), http://w2.vatican.va/content/benedict-xvi/de/speeches/2011/june/documents/hf_ben-xvi_spe_20110604_cd-croazia.html; und seine *Ansprache beim Besuch des Deutschen Bundestags im*

Berliner Reichstagsgebäude (22. September 2011), http://w2.vatican.va/content/benedict-xvi/de/speeches/2011/september/documents/hf_ben-xvi_spe_20110922_reichstag-berlin.html.

[5] Johannes Paul II., *Evangelium vitae*, 20.

[6] Benedikt XVI., *Caritas in veritate*, 28, 51.

[7] Arendts dreibändiges Werk: *The Origins of Totalitarianism* (Deutsch: *Elemente und Ursprünge totaler Herrschaft*, Frankfurt 1955); Kołakowskis ebenfalls dreibändiges Meisterwerk: *Main Currents of Marxism* (Deutsch: *Die Hauptströmungen des Marxismus – Entstehung, Entwicklung, Zerfall*, München 1977).

[8] Eine ältere Generation von Katholiken nannte diese Dinge die *Res sacrae in temporalibus*, die »heiligen Dinge im zeitlichen Leben«, und betrachtete sie als dem Staat sowohl in historischer als auch in ontologischer Hinsicht vorgeordnet: das heißt, dass sie sowohl im Verlauf der Geschichte als auch auf der Ebene des Seins vor dem Staat existierten und ein gerechter Staat sie demzufolge respektieren und schützen muss und ihre Funktionen weder an sich reißen noch umdeuten darf. Vgl. hierzu John Courtney Murray SJ, »Paul Blanshard and the New Nativism«, in: *The Month* (New Series) 5, Nr. 4, April 1951, 224.

[9] Die vom Staat legitimierte und bescheinigte »Homo-Ehe« weist eine gespenstische Ähnlichkeit mit den staatlich arrangierten Eheschließungen der kommunistischen Regime auf, die von überzeugten Christen, die per Gesetz gezwungen wurden, daran teilzunehmen, als Farce betrachtet wurden.

[10] Johannes Paul II., *Centesimus annus*, 47, 43.

[11] Johannes Paul II., *Sollicitudo rei socialis*, 41, und Johannes Paul II., *Redemptoris missio*, 58. Dieselben Vorbehalte gegenüber »technischen Lösungen« äußert Benedikt XVI. in *Caritas in veritate*, 9.

[12] Eine Diskussion dieser vier Prinzipien und ihrer Bedeutung für die Entwicklung der kirchlichen Soziallehre bietet »The Free and Virtuous Society«, in: George Weigel, *Against the Grain: Christianity and Democracy, War and Peace*, New York 2008.

[13] Auch einige Behörden und Vertreter der Römischen Kurie haben das nicht immer ganz richtig verstanden, doch davon soll im nächsten Kapitel die Rede sein.

¹⁴ Vgl. Johannes Paul II., *Redemptoris missio*, 37, und Johannes Paul II., *Christifideles laici*, 15.

¹⁵ In seiner *Ansprache vor der Fünften Generalkonferenz der Bischöfe von Lateinamerika und der Karibik*, 13. Mai 2007, hat Papst Benedikt XVI. die typische amtskirchliche Herangehensweise an Fragen und Themen der öffentlichen Politik brillant zusammengefasst:

Diese politische Arbeit fällt nicht in die unmittelbare Zuständigkeit der Kirche. Die Respektierung einer gesunden Laizität – einschließlich der Vielfalt politischer Einstellungen – hat in der authentischen christlichen Tradition ihren wesentlichen Platz. Wenn die Kirche sich direkt in ein politisches Subjekt zu verwandeln begänne, würde sie für die Armen und für die Gerechtigkeit nicht mehr tun, sondern weniger, weil sie ihre Unabhängigkeit und ihre moralische Autorität verlieren würde, wenn sie sich mit einem einzigen politischen Weg und mit diskutierbaren Parteipositionen identifizieren würde. Die Kirche ist Anwältin der Gerechtigkeit und der Armen, eben weil sie sich weder mit den Politikern noch mit Parteiinteressen identifiziert. Nur wenn sie unabhängig ist, kann sie die großen Grundsätze und unabdingbaren Werte lehren, den Gewissen Orientierung geben und eine Lebensoption anbieten, die über den politischen Bereich hinausgeht. Die Gewissen zu bilden, Anwältin der Gerechtigkeit und der Wahrheit zu sein, zu den individuellen und politischen Tugenden zu erziehen – das ist die grundlegende Berufung der Kirche in diesem Bereich. Und die katholischen Laien müssen sich ihrer Verantwortung im öffentlichen Leben bewusst sein; sie müssen in der notwendigen Konsensbildung und im Widerstand gegen die Ungerechtigkeiten präsent sein.

Die gerechten Strukturen werden nie endgültig verwirklicht sein; wegen der ständigen Evolution der Geschichte müssen sie immer wieder erneuert und aktualisiert werden; sie müssen immer von einem politischen und humanen Ethos beseelt sein, für dessen Vorhandensein und Effizienz immer gearbeitet werden muss. Mit anderen Worten: Die Gegenwart Gottes, die Freundschaft mit dem Mensch gewordenen Sohn Gottes, das Licht seines Wortes sind immer Grundvoraussetzungen für das Vorhandensein und die Wirksamkeit der Gerechtigkeit und der Liebe in unseren Gesellschaften.

¹⁶ Vgl. Johannes Paul II., *Centesimus annus*, 5, 54.

[17] Zur Kontroverse über die »Homo-Adoption« und dem damit verbundenen »Political-Correctness-Zwang« in Akademikerkreisen; vgl. Andrew Ferguson, »Revenge of the Sociologists«, in: *Weekly Standard*, 30.07. – 06.08.2012, 24–28.

KAPITEL ZWÖLF

[1] Mt 16,13–19.

[2] Joh 21,15–19.

[3] In Auszügen zitiert nach Adam Boniecki M. I. C., *The Making of the Pope of the Millennium: Kalendarium of the Life of Karol Wojtyła*, Stockbridge 2000, 835–836.

[4] Morris L. West, *The Shoes of the Fisherman*, New Milford, CT 1964, 2003, 23 (Deutsch: *In den Schuhen des Fischers*, München 1980, 37).

[5] Morris L. West, *The Devil's Advocate*, Chicago 1959/2005, 25 (Deutsch: *Des Teufels Advokat* München, 1959, 21).

[6] *Catechism of the Catholic Church*, 1831, vgl. auch 1808.

[7] Vgl. George Weigel, *Witness to Hope: The Biography of Pope John Paul II*, New York 1999, 741–743 (Deutsch: *Zeuge der Hoffnung: Johannes Paul II. – eine Biographie*, Paderborn [3]2011, 780–782).

[8] So errichteten die für den Petersdom zuständigen Bürokraten Barrieren, um die Gläubigen in einer gewissen Entfernung vom Grab Johannes Pauls II. zu halten, das nach seiner Seligsprechung ins Hauptgeschoss der Basilika verlegt worden war. Männer und Frauen, die lange Wegstrecken zurückgelegt hatten, um an den sterblichen Überresten des Mannes zu beten, der der am wenigsten klerikale Papst seit vielen Jahrhunderten gewesen war, mussten sich in brüskem Ton darauf hinweisen lassen, dass der Gebetsraum gleich vor dem Grab »nur für Priester« bestimmt sei.

[9] Verschiedenen gut informierten Quellen zufolge geschah es auf Drängen von Tarcisio Kardinal Bertone SDB, Staatssekretär des Heiligen Stuhls, dass Bischof Rino Fisichella, der damalige Rektor der Päpstlichen Lateranuniversität und Präsident der Päpstlichen Akademie für das Leben, im *L'Osservatore Romano* das pastorale Vorgehen eines brasilianischen Bischofs im Fall eines Mädchens, das nach einer Vergewaltigung mit Zwillingen schwanger war, scharf kritisierte. Fisichella schrieb diesen Artikel, ohne die Handlungsweise des brasilianischen Bischofs genau verstanden zu haben, und

stellte in seiner Verurteilung der angeblichen Gefühllosigkeit des Bischofs zudem die kirchliche Lehre über die Abtreibung falsch dar. Fisichella weigerte sich sogar dann noch, irgendeinen Irrtum einzugestehen, als ihn die Mehrheit der Mitglieder der Akademie für das Leben mit seinen Fehlern konfrontierte. Auf den hinteren Seiten des *L'Osservatore Romano* wurde eine nichtssagende »Klarstellung« abgedruckt, doch auch die Vertreter der vatikanischen Tageszeitung wollten nicht einräumen, dass man einen Artikel abgedruckt hatte, der die katholische Lehre falsch darstellte; dass man einen guten Bischof, der unter äußerst schwierigen Bedingungen seine Pflicht getan hatte, verleumdet hatte; und dass man mit alledem den Abtreibungsbefürwortern in ganz Lateinamerika den Rücken gestärkt hatte. Als klar wurde, dass Fisichella nicht länger Präsident der Päpstlichen Akademie für das Leben bleiben konnte, wurde er seines Amts an der Lateranuniversität enthoben (und durch einen Salesianer, Mitglied desselben Ordens, dem auch Kardinal Bertone angehört, ersetzt) und zum Präsidenten eines neuen Päpstlichen Rates ernannt, der die Neuevangelisierung vorantreiben sollte. Keiner der italienischen Protagonisten dieser geschmacklosen Affäre bekam irgendwelche Konsequenzen zu spüren und Fisichella wurde de facto befördert – Ergebnisse, die sich schwerlich als Fortschritt für die Disziplin an der Kurie oder die Neuevangelisierung bewerten lassen.

[10] Eine Kritik an einigen dieser voreingestellten Positionen formuliert Douglas Farrow, »Baking Bricks for Babel«, in: *Nova et Vetera 8*, Nr. 4, Herbst 2010, 745–762.

[11] Eine solche Umgestaltung würde der Kirche auch die Peinlichkeit öffentlicher Statements Päpstlicher Räte ersparen, die wenig oder nichts mit der Neuevangelisierung, aber dafür sehr viel mit dem typisch bürokratischen Hang zu überdimensionierten Verlautbarungen zu tun haben. Man denke nur an die 2011 veröffentlichte Botschaft des *Päpstlichen Rats der Seelsorge für die Migranten und Menschen unterwegs* zum Weltzirkustag, einem Anlass, der, wie Erzbischof Antonio Vegliò hoffte, die Regierungen an ihre Pflicht erinnern würde, »die Rechte der Zirkusleute zu wahren, sodass auch sie sich als vollwertige Mitglieder der Gesellschaft fühlen können«.

[12] Ein ähnlicher Prozess der Selbsthinterfragung müsste auch an den verschiedenen Päpstlichen Akademien stattfinden. So war zum Beispiel vielen nicht klar, weshalb Wissenschaftler wie David Baltimore und Paul

Berg, die sich für die Abtreibung und für eine Embryonen zerstörende Stammzellenforschung ausgesprochen haben, Mitglieder der Päpstlichen Akademie der Wissenschaften sind oder weshalb die Päpstliche Akademie der Sozialwissenschaften den 50. Jahrestag von *Pacem in terris* (»Friede auf Erden«), der Enzyklika Johannes' XXIII. über Krieg und Frieden, mit einer Konferenz begangen hat, die zwar in vielerlei Hinsicht interessant war, aber die Entwicklung der traditionellen Lehre vom gerechten Krieg – also das normative Gerüst, auf das sich der Katholizismus bei der intellektuellen und moralischen Auseinandersetzung mit diesen heiklen Fragen stützen kann – geflissentlich ignorierte.

EPILOG
1 Mt 26,58; Mk 14,54; Lk 22,54.
2 *Lumen gentium*, 40.
3 Johannes Paul II., *Redemptoris missio*, 90, 91.
4 Johannes Paul II., *Novo millennio ineunte*, 31.
5 Ebd., 59.